Les Séquences Cultes des Classiques Disney

Remerciements

Je crois que ma passion pour Disney a commencé vers l'âge de 6 ans, bien que je ne puisse pas me souvenir du film qui a été le point de départ. Vers l'âge de 20 ans, j'ai commencé à réfléchir à ce que je pourrais faire de cette passion dévorante. Autrefois, lorsque j'étais un jeune naïf, mon rêve ultime était de devenir animateur chez Disney ou, au moins, de visiter le studio qui produisait ces films que j'aimais tant. Mais à l'époque, nous n'avions que très peu d'informations sur le studio et le visiter, surtout en tant qu'étranger, était hors de question. Comme je me suis rapidement rendu compte que mes talents de dessinateur ne me permettraient jamais d'atteindre les normes d'un studio qui n'embauchait que lentement de nouvelles recrues au début des années 1970, il est devenu évident qu'il ne restait plus que l'option 2. J'ai donc décidé de réaliser mon deuxième rêve et de trouver un moyen d'aller visiter ce studio. Parallèlement, j'avais commencé à envisager d'écrire un livre d'analyse sur les films Disney, ce qu'aucun auteur français n'avait encore fait.

Il faudrait un livre entier pour raconter le long et sinueux chemin et les nombreux obstacles que j'ai dû surmonter pour réaliser ce rêve. Mais la rencontre avec Philippe Videcoq en 1978 a été le premier pas et je me fais un devoir de le remercier de mon éternelle gratitude chaque fois que j'écris quelque chose. Non seulement il m'a accueilli, m'a offert des centaines d'objets de collection, m'a encouragé, mais il n'a jamais cessé depuis de me conseiller, de me soutenir et de m'aider. C'est une mine d'informations et aujourd'hui un homme important dans le domaine du doublage de films, écrivant les adaptations de dialogues et de chansons, y compris pour de nombreux films de Disney.

Ensuite, je dois beaucoup aux personnes qui m'ont accueilli dans différents endroits pour épargner mes économies afin de séjourner principalement à Los Angeles, Londres ou Paris pour diverses recherches : Joanne et Alan Johnston et Bérénice Robinson. Il en va de même pour mes anciens éditeurs Xavier Pezet et Thierry Steff, ou feu Michel Finas. Je dois également remercier Doug Thomas et Dan Poirier qui ont été très serviables et fidèles.

Il me faut également remercier de nombreux historiens et experts de l'animation qui, bien que très occupés, ont eu la gentillesse de m'aider en me donnant des conseils et en répondant à mes nombreuses questions : Didier Ghez et David Johnson. Pour ce volume particulier, plusieurs chapitres ne seraient pas les mêmes sans l'aide précieuse de J.B Kaufman et Brian Sibley. Richard Holliss a également eu la gentillesse de partager ses connaissances. Je tiens à remercier mon ami Jérémie Noyer, qui m'a toujours aidé et soutenu. Je remercie également Isabelle Nières, Régis Loisel, Alain Carrazé, François Rivière, feu Robin Allan, Hans Perk, Lars Emanuelson, Maria Tatar, Andrew Birkin, Donald Crafton, Oswald Iten, Lino Cappellini, Andrea Giglio, John Canemaker, Mike Barrier, Ross Care, Kathy Merlock Jackson, Jim Fanning, Don Peri, Mindy Aloff, Paula Sigman-Lowery, Jenny Lerew, Mindy Johnson, Mark Langer, James Bohn, Jim Korkis et Charles Solomon.

J'ai passé beaucoup de temps au Walt Disney Studio au fil des ans, et j'ai toujours reçu la meilleure aide et le meilleur accueil de la part de l'indispensable Howard Green. J'étais également souvent présent aux Archives Disney à la fin des années 1980 et j'ai apprécié l'aide de feu Dave Smith, Paula Sigman-Lowery, Rose Motzko et plus tard Rebecca Cline. À l'Animation Research Library, Lella Smith, Mary Walsh, Fox Carney, Vivian Procopio, Michael Buckhoff ont également été très gentils avec moi. En France, Raphaëlle Preynat m'a facilité la tâche au studio d'animation Disney. Au Royaume-Uni, je tiens à remercier Phil Wickham et son équipe pour leur accueil au musée du cinéma Bill Douglas à Exeter. Un grand merci à Janet Allan pour m'avoir autorisé à utiliser les interviews et les dossiers de son cher mari Robin.

Comme il s'agit d'une longue série de livres, au lieu de remercier les personnes qui m'ont aidé pour les films à étudier dans un volume particulier, j'ai décidé de remercier ici toutes les personnes qui ont contribué à ma meilleure compréhension, qu'elles aient été interviewées pour ce livre ou pour d'autres. Toutes ces personnes sont des artistes liés à Disney dans le cadre de la production de leurs films d'animation de 1937 à aujourd'hui. La liste s'allonge au fil des volumes.

Ollie Johnston, Frank Thomas, Bill Peet, Marc Davis, Andreas Deja, Glen Keane, Carl Fallberg, Bill Hajee, Dorse Lanpher, Randy Cartwright, Rick Rich, Don Hahn, Gary Trousdale, Kirk Wise, Tony Fucile, Hans Bacher, Sherri Stoner, Ilene Woods, Mary Costa, Michael Giaimo, John Pomeroy, Nick Ranieri, Jean Gillmore, Paul Brizzi, Gaëtan Brizzi, Don Bluth, Rick Johnston, Jim Coleman, Stan Green, Ted Kierscey, Art Stevens, Sylvia Roemer, Steve Gordon, Ted Berman, Ken O'Connor, Randy Haycock, Wayne Unten, Amy Smeed, Doug Bennett, Mark Kennedy, Brenda Chapman, Dean DeBlois, Byron Howard, Kevin Lima, Bob Tzudiker, Noni White, Sandro Cleuzo, Blaine Gibson, Rolly Crump, Walt Peregoy, James Baxter, Darlie Brewster, Mike Cedeno, Raul Garcia, Wuba O'Brien, Tina Price, Tad Gielow, Walt Stanchfield, Clair Weeks, Bill Frake, Kathryn Beaumont, Jack Buckley, Kathy

Zielinski, Jacques Muller, Phil Nibbelink, Dave Bossert, Gretschen Albrecht, Becky Fallberg, Ken Anderson, Burny Mattinson, Claude Coats, Mark Henn, Dale Oliver, Andy Gaskill, Ward Kimball, Chuck Harvey, Terry Noss, Mike Hodgson, Ken O'Brien, Betty Stark, Alice Davis, Hendel Butoy, Mike Gabriel, Joe Hale, Ed Handsen, Bob Broughton, Rachel Bibb, Renée Holt, Bill Schwab, Jessica Julius, Bérénice Robinson, David Pimentel, Chris Sanders, John Webber, Dan Haskett, Shiyoon Kim, Tony Bancroft, Glenn Vilppu, Steve Hullett, Frank Armitage, Margaret Kerry, Jin Kim, Tony DeRosa, Tab Murphy, Roland Wilson, Willys Pyle, Alice Dewey, John Musker, Ron Clements, Dave Goetz, Roy Conli, Mike Show, Ken Duncan, Linda Larkin, Eric Goldberg, Anne-Marie Bardwell, Doug Krohn, Vance Gerry, Joe Grant, Ruben Procopio, Lisa Keene, Chris Jenkins, Peter Demund, Christophe Charbonnel, Dominique Monféry, Thomas De Bitus, Jean-Christophe Poulain, Stéphane Sainte-Foi, Florence Montceau, Yoshi Tamura, Bolhem Bouchiba, Russell Hall, George Scribner, Paul Briggs, John Ripa, Malcon Pierce, Becky Bresee, Brittney Lee, Marc Smith, Lorelay Bove, Neisa Bove, Tom Sito, Christophe Vacher, Joe Oh, Floyd Norman, Andreas Wessell-Therorn, Ron Husband, Gary Wolf, Bud Hester, Richard Sherman, Michelle St. John, Tailhin Agoyo. Betsy Baytos, Caroline Hu, Rasoul Azadani, Dave Kupczyk, Darrel Rooney, Virginia Parmele, Rebecca Rees. Nathan Greno, Leon Joosen, Mauro Maressa, Nancy Beiman, Barry Cook, Julie Svendsen, Danielle Moné Truitt, Willie Ito, Dave Pruiksma, Tod Polson, Gary Goldman, Fraser Mc Lean, Jim Cox, Lorna Cook, Darleen Carr, Roger Allers, Robina Ritchie Barker, Mark Kotsier, Emily Jiuliano, Karen Dotrice, et Rick Farmiloe.

Malheureusement, de nombreux artistes des anciennes générations sont décédés, et j'ai été heureux de pouvoir interviewer certains de leurs fils et filles. Je commencerai par le très généreux et aimable Ted et son frère Doug Thomas (Frank Thomas), Bruce Reitherman (Woolie Reitherman), Peter Fraser (Hugh Fraser), Will Peet Jr (Bill Peet), Alan Coats (Claude Coats), Steve Hullett (Ralph Hullett), Carla Fallberg (Carl Fallberg), Bob Hathcock (Jerry Hathcock), Steve Mc Avoy, Jerry et Dale King (Hal King), Jennifer Castrup Grant (Joe Grant), Miri Clark Weible (Les Clark), Kim Patterson (Ray Patterson), John O'Connor (Ken O'Connor), Zorine et Wiley Rinaldi (Joe Rinaldi), Julie Lucas Runco (Dick Lucas), David Nietmetz (Hélène Stanley) Gregg Sherman (Dick), Jeffrey Sherman (Bob), et Jeff Jonas (Homer Jonas).

Et bien sûr, je remercie chaleureusement Valérie et Sarah, dont l'aide, le soutien et l'amour ont été, plus que jamais, cruciaux.

Christian Renaut, 15 mai 2024

Préface

Qui ne connaît pas ces grandes séquences animées des classiques de Disney : Peter Pan guidant les enfants Darling loin de leur chambre, au-dessus des toits et des monuments de Londres, jusqu'au Pays imaginaire ; le romantique dîner italien de spaghettis et de boulettes de viande de Belle et le Clochard ; le prince Phillip luttant contre Maléfique transformée en dragon pour retrouver et réveiller sa belle endormie. La première apparition de Cruella D'Enfer, la méchante la plus scandaleuse de Disney, les effets pyrotechniques éblouissants lorsque Merlin et Madame Mim se lancent dans un duel de sorciers, Mary Poppins et Bert faisant des cabrioles sur un trottoir de craie pendant leur escapade, et Baloo et le roi Louie déchirant l'écran dans un inoubliable numéro de scat-jazz.

Après avoir vu ces scènes (probablement plus de fois que nous ne pouvons nous en souvenir), il arrive trop souvent que leur éclat soit terni et que leur acuité soit atténuée, et nous ne parvenons pas à apprécier à quel point elles sont des chefs-d'œuvre d'animation, embrassant, comme elles le font, tous les aspects de la réalisation d'un film : conception et style, personnages, action, chorégraphie et synchronisation, voix, son et musique, décors, éclairage et tous les autres choix cinématographiques et décisions éditoriales nécessaires pour créer un réalisme tridimensionnel dans un support bidimensionnel.

Heureusement, nous disposons de ce livre inestimable de Christian Renaut qui, comme ses deux précédents volumes, offre une recherche minutieuse et une analyse perspicace de ces séquences clés : il nous ouvre les yeux sur le développement et la réalisation de ce qui est maintenant reconnu comme des jalons de l'animation.

Comme le fait remarquer Christian dans son introduction, la majorité des films abordés ici sont essentiellement anglais, ce qui nous rappelle que de nombreux classiques de Disney produits pendant la vie de Walt - et même depuis - doivent leur origine aux mythes, légendes, contes de fées et classiques pour enfants d'Europe. Il est vrai que les Européens concernés n'ont pas toujours apprécié les résultats ! Les Italiens n'ont pas été enchantés par la version de *Pinocchio de* Disney, les Autrichiens ont critiqué sa version de *Bambi* et les Britanniques ont bien sûr été mécontents, comme il se doit, de ce qui est arrivé à *Peter Pan*, *Winnie l'ourson* et *Alice au pays des merveilles*.

Plus récemment, les Grecs n'ont pas apprécié *Hercule*, tandis que *La Petite Sirène* a contrarié les Danois ! Cependant, dans tous ces cas, les artistes de Disney (d'hier et d'aujourd'hui) se sont révélés être de véritables successeurs des nombreuses générations de scénaristes et de folkloristes qui ont réécrit des « contes vieux comme le monde » pour les adapter à une nouvelle époque. Ce faisant, et malgré leur traitement parfois plus brutal des « originaux », ces films sont devenus des références de la culture populaire des XXe et XXIe siècles et méritent d'être mieux compris et appréciés.

Il est donc temps d'aligner les DVD de ces sept films réalisés entre 1953 et 1967 et, avec le commentaire de Christian Renaut, de se préparer à en découvrir plus, *beaucoup plus*, sur la fabrication de ces moments mémorables de Disney.

Premier arrêt : la *deuxième étoile à droite !*

Brian Sibley, juin 2024.

Introduction

Voici donc le dernier volume de la trilogie consacrée aux films d'animation réalisés sous la direction de Walt Disney. De *Peter Pan* (1953) au *Livre de la Jungle (1967)*, il couvre plus ou moins deux décennies, les années 50 et les années 60. Même si la passion de Walt pour l'animation s'est émoussée et qu'il est de plus en plus difficile de le voir dans les réunions de scénario, il a toujours le dernier mot, ce qui provoquera encore plus de panique à sa mort. Cependant, certains aspects pouvaient encore attirer son attention et raviver la flamme : le format Cinémascope, le style d'Eyvind Earle, l'histoire d'une nounou britannique ou les animaux des livres de Kipling. Ces deux décennies ont connu des hauts et des bas, tant en termes d'implication que de succès. Des triomphes de *Mary Poppins* (1964) ou des *101 Dalmatiens* (1961) aux désillusions de *La Belle au bois dormant* (1959) ou de *Merlin l'Enchanteur* (1963).

C'est aussi une période de changements radicaux : Mary Blair, dont l'impact est encore très visible dans *Peter Pan*, cesse de travailler pour les films d'animation Disney, certains artistes prennent la relève, Eyvind Earle, Walt Peregoy ou Ken Anderson. Mais surtout, c'est la fin de l'encrage délicat et raffiné sur les cellos. L'avènement de la xérographie est une transformation majeure, et Walt mettra du temps à s'en rendre compte...

Je ne sais pas pourquoi j'éprouve un sentiment particulier pour les films de cette période, peut-être parce qu'il s'agit des premiers films que j'ai vus au cinéma lors de ressorties. Peut-être parce que *La Belle et le Clochard* (1955) a déclenché une passion pour les chiens, puis pour les animaux, peut-être parce que j'ai dû tomber amoureux de Julie Andrews (à l'âge de 6 ans !), ou peut-être parce que *Le Livre de la jungle* a été le premier film dont j'ai suivi la sortie de A à Z. Bientôt, j'appris avec stupéfaction que le magicien à l'origine de tous ces joyaux n'était pas immortel.

Cela ne doit pas être mal compris par les artistes qui ont réalisé des films Disney même longtemps après sa mort, mais pour moi, ce ne serait plus jamais la même chose. D'ailleurs, beaucoup d'artistes qui ont travaillé sur les films de 1970 à aujourd'hui sont d'accord avec moi et ils sont tous en admiration devant les films réalisés sous Walt. Ils y font toujours référence et il y a des raisons à cela, que j'essaie de développer dans cette série de livres.

De nombreux films de ce volume 3 ont un lien étroit avec le Royaume-Uni. Tous sauf deux sont basés sur des livres écrits par des auteurs britanniques : Sir James Barrie, Dodie Smith, P.L. Travers, T.H. White et Rudyard Kipling. Les aurais-je jamais lus si je n'avais pas vu les versions de Disney ? Plusieurs d'entre eux se déroulent dans ce pays. Par ailleurs, l'historien de Disney qui a été le plus proche de P.L. Travers est certainement Brian Sibley. Il a même coécrit une suite avec elle. Il est non seulement l'un des meilleurs spécialistes de l'animation Disney, qui a écrit de nombreux livres et articles, mais il connaît également très bien Lewis Carroll, de nombreux illustrateurs tels que Ronald Searle ou Ernest H. Shepard, et bien d'autres domaines artistiques, comme il l'a montré dans de nombreuses conférences ou émissions pour la BBC. Malgré un emploi du temps chargé, il a toujours été prêt à m'aider lorsque je lui demandais des conseils ou des relectures. J'ai eu la chance de le rencontrer en novembre 2023. Nous chérissons tous deux la mémoire de notre cher et regretté ami Robin Allan. Pour toutes ces raisons, j'ai pensé qu'il était l'homme qu'il fallait pour écrire la préface de ce dernier volume. Je le remercie vivement d'avoir accepté. Comme d'habitude dans ce volume, chaque fois qu'un interviewer n'est pas cité, cela signifie que l'interview a été menée par moi-même.

Comme indiqué dans les remerciements, j'ai rencontré de nombreuses personnes merveilleuses au cours de ces nombreuses années de recherche, d'entretiens et d'écriture, et malheureusement, beaucoup d'entre elles ne sont plus parmi nous. Je me sens particulièrement redevable à Joanne et Alan Johnston, et malheureusement, ce dernier nous a quittés récemment ; ce livre lui est légitimement dédié.

LES SEQUENCES CULTES DES CLASSIQUES DISNEY : VOLUME TROIS

PETER PAN (1953)

Apprendre à voler (Séquence 02.1) /Vol vers le Pays imaginaire (Séquence 03.0) De 16'58 à 19'50

Walt Disney a évoqué à plusieurs reprises à quel point il avait été frappé par le film *Blanche-Neige* avec Marguerite Clark qu'il avait vu lorsqu'il était enfant, ce qui l'a incité à faire de cette histoire son premier film d'animation. Mais un autre spectacle a eu un impact durable sur lui lorsqu'il avait environ 9 ans et il a rapidement interprété le rôle clé : « Le plus excitant était la vision de Peter volant dans les airs. Aucun acteur ne s'est jamais autant identifié au rôle qu'il jouait que moi. Et j'étais plus crédible que Maude Adams sur au moins un point : J'ai vraiment volé dans les airs ! Roy me hissait à l'aide d'une poulie et d'un palan. Il a cédé et j'ai volé en plein dans les visages du public surpris ». Il est difficile d'imaginer aujourd'hui le succès qu'a connu la pièce de Sir James M. Barrie à l'époque.

Après sa création le 27 décembre 1904, au Duke of York's Theatre de Londres, la pièce a été jouée à maintes reprises en Grande-Bretagne avant de partir en tournée aux États-Unis, en commençant par Broadway le 6 novembre 1905. L'heureux producteur du spectacle était Charles Frohman, dont les biographes ont écrit : « *Peter Pan...* est devenu une vogue nationale. Des enfants ont été nommés d'après lui[1]. » Plus de deux millions de personnes ont vu Maude Adams jouer Peter Pan au cours des deux décennies suivantes, même si elle était parfois remplacée. L'une d'entre elles s'appelait Walt Disney. Ce n'est que plus tard, en 1911, que le dramaturge James Barrie a écrit un roman à partir de cette pièce, intitulé *Peter et Wendy*. Profitant de cette célébrité soudaine, Barrie s'intéresse de plus en plus à cette invention qu'est le cinéma et, dès 1915, il réalise son propre film, une parodie de Macbeth, *The Real Thing at Last*, d'une durée d'environ 30 minutes. Il va sans dire que de nombreux producteurs le pressent d'envisager une adaptation cinématographique de son histoire bien-aimée, celle du garçon qui n'a jamais grandi. Il refusa plusieurs offres jusqu'à ce qu'il écrive lui-même un scénario qu'il vendit à la Paramount. Pour Barrie, le meilleur acteur pour incarner Peter Pan n'était autre que l'idole et l'ami de Walt, comme l'a rappelé Charlie Chaplin : « Barrie me dit qu'il cherche quelqu'un pour jouer Peter Pan et qu'il veut que ce soit moi. Il m'a complètement séduit[2]. »

En 1924, la première version cinématographique sort, réalisée par Herbert Brenon, se passant du scénario de Barrie. Est-ce pour cela, Barrie n'a pas apprécié le film. D'une certaine manière, ce film muet apparaît comme une transition entre James Barrie et Walt Disney. En effet, ce dernier l'a projeté dans son studio pour que son équipe ait une base de travail, bien que Walt n'ait pas non plus tenu compte de l'adaptation de Brenon. Avec sa confiance en soi habituelle, Walt est certain d'être le seul capable d'honorer l'œuvre de Barrie et même de la surpasser : « Je ne crois pas que ce que James M. Barrie voulait réellement ait jamais été mis en scène. Si vous lisez la pièce attentivement, en suivant les suggestions de l'auteur en matière d'interprétation et de mise en scène, je pense que vous serez d'accord. C'est presque un véhicule parfait pour la caricature. En fait, on pourrait penser que Barrie a écrit la pièce en pensant aux dessins animés. Je ne pense pas qu'il ait jamais été satisfait de la version scénique. Les acteurs sont limités, alors qu'avec les dessins animés, on peut donner libre cours à l'imagination. »

Nous avons vu dans le volume 2 que Walt avait de nombreux projets en tête lorsqu'il s'agissait de déterminer ce qui suivrait *Blanche-Neige*. Il y avait des films qu'il pensait « devoir faire » comme *Alice au pays des merveilles*, ceux qu'il pensait pouvoir faire un jour comme *Bambi*, ou ceux qu'il fallait faire pour sauver le studio de la faillite comme *Cendrillon*. Mais tout au long de ces années, il est devenu comme obsédé par l'idée de faire sa version animée de la fantaisie britannique. Comme les autres films mentionnés, et peut-être plus encore, le travail sur le film a commencé, puis il a été mis de côté, repris, jusqu'à ce qu'il atteigne finalement les écrans en 1953. Dans les photos ou les séquences montrant des artistes au travail au studio, on trouve très souvent une maquette, une figurine ou un croquis des personnages de l'histoire. Un exemple parmi tant d'autres est le film *Le Dragon recalcitrant* (1941) tourné en 1940 où l'on voit un Capitaine Crochet tout de noir vêtu se dresser au-dessus des planches à dessin.

Walt a commencé à envisager sérieusement de s'attaquer à *Peter Pan dès* 1935, après avoir lancé *Blanche-Neige*. Il n'est pas facile pour le studio d'obtenir les droits de la Paramount mais la question est résolue en octobre 1938 et en janvier 1939, le studio conclut un contrat avec l'hôpital Ormond à qui Barrie a offert ses droits. Le travail commence dès la vente des droits par la Paramount, le 20 octobre 1938 précisément, et comme il est d'usage, c'est à Dorothy Ann Blank qu'il revient de faire les premières recherches. Elle propose un premier synopsis sommaire le 2 novembre 1938. Elle l'appelle *Peter Pan dans les jardins de Kensington*, en référence au livre que Barrie avait écrit sur la naissance de Peter dans le célèbre parc londonien, *The Little White Bird*. Cette femme très appliquée avait fait des recherches dans les dossiers des critiques de la pièce depuis la première aux États-Unis. Elle est un peu déconcertée par l'œuvre, comme l'exprime une note qu'elle écrit à Walt : « C'est une belle histoire, mais M. Barrie s'est un peu perdu et l'a rendue aussi confuse que possible ». Pendant toute la première partie de l'année 1939, elle est aidée par une autre femme, Bianca Majolie. Jack Miller réalise les premières esquisses. Majolie travaille avec ses pastels habituels. À l'époque, il semble que les pirates allaient voler la vedette au regard du travail conséquent sur leurs dessins, leurs personnalités et Bill Tytla a même été choisi par Walt pour les animer tandis que Fred Moore devait s'occuper de la fée Clochette, comme l'a dit Walt lors d'une réunion sur l'histoire : « Je trouve dans *Peter Pan* des séquences qui, à mon avis, conviendraient parfaitement à des animateurs comme Fergy, Tytla et des hommes comme eux. Il y a des sections sur les pirates, vous savez, et ces gars-là, vous savez qu'ils peuvent le faire. »

Mme Blank a admis qu'elle avait du mal à trouver un scénario viable : « J'essaie de formuler une histoire simple et directe, mais ça part un peu dans tous les sens pour l'instant ». Puis, au printemps, un Irlandais qui n'a fait qu'un bref passage au studio mais qui était incroyablement prolifique, Dave Hall, a réalisé de merveilleuses peintures de situations. Il travaillait simultanément beaucoup sur *Alice au pays des merveilles* et un peu sur *Bambi*. Hall s'est davantage concentré sur les enfants Darling, à la fois à la maison et au Pays imaginaire.

En octobre 1939, Mme Blank fut affectée à d'autres tâches tandis qu'Earl Hurd prenait la relève. Hurd prit une direction qui était largement influencée par le premier livre sur l'enfance de Peter, et Walt le rejeta. À leur tour, Bob Carr et Hal Sloane travaillent sur une autre version. En décembre, une équipe plus importante est au travail, dirigée par le fidèle duo Joe Grant/Dick Huemer dont le travail sur *Fantasia* est presque achevé. Hurd, Majolie et Sloane sont rejoints par Bill Cottrell, Ray Kelley, Lyle Robertson pour l'histoire, ainsi que par les dessinateurs Dennis Mc Carthy, Roy Forkum et un artiste qui travaillait également avec Hall sur *Alice au pays des merveilles*, Ray Jacobs. À plusieurs reprises, le projet est mis de côté, mais en 1940, Miller propose des dessins pour presque tous les personnages. En janvier 1940, une bobine Leica est réalisée par Perce Pearce, avec quelques idées au piano de Frank Churchill, mais sans succès. En 1941, Ed Penner et T. Hee proposent un autre scénario, mais le projet est presque abandonné pendant les années de guerre, comme presque tous les projets de longs métrages d'animation.

En 1946, alors que Walt hésite entre *Cendrillon*, *Alice au pays des merveilles* et *Peter Pan*, le travail reprend. Pour se décider, il décide enfin de lire entièrement le livre original en décembre 1946. Hal Sloane est toujours impliqué et propose un script de 72 pages en mars, suivi d'un autre en juillet par Frank Gabrielson. Il semblait que *Peter Pan* allait être le prochain long métrage et Jack Kinney fut nommé réalisateur, s'investissant corps et âme dans le projet. Walt avait appris que Kinney était courtisé par la MGM et lui confia donc les rênes de *Peter Pan*. Mais ce fut un coup terrible pour Kinney lorsqu'il apprit plus tard que *Cendrillon* allait avoir la priorité, ce qui l'enragea comme on peut le sentir dans cette interview qu'il a donnée pour Robin Allan : « *Peter Pan* a été mis au placard environ quatre fois. Walt a dit : 'Nous allons faire avancer ce projet du début à la fin. Nous nous retrouverons dans mon bureau tous les matins pour le scénario. Finalement, il a approuvé tout le scénario, les story-boards (Don Da Gradi, Dick Kinney, Tom Oreb...) J'ai auditionné des voix pour ce film - j'ai auditionné Jean Arthur pour la voix de Peter Pan. La voix d'un garçon. Hans Conried, Helen Colefax (aujourd'hui Terry Moore) pour Wendy. J'avais tout le casting. Bonne musique. 39 story-boards en face de la bibliothèque. Mais après avoir tout présenté, Walt s'est tourné vers *Cindy*. Jean Arthur était très contrariée et l'a montée sur scène à la place[3]. » Kinney sera encore plus furieux lorsqu'il verra qu'il n'est même pas au générique.

Après un certain temps, Walt relit le livre en octobre 1948 et l'histoire est remaniée par Joe Grant qui revient sur ce que Dorothy Blank avait proposé des années auparavant. Les choses deviennent sérieuses et en 1950 apparaissent les premiers story-boards de la version presque finale avec la contribution des scénaristes qui ont un impact réel sur tous les films des années 1950 : Ed Penner, Joe Rinaldi et Don Da Gradi. Les principaux animateurs à apporter des idées sont également Frank Thomas, Ollie Johnston et John Lounsbery. Clyde Geronimi et Wilfred Jackson sont nommés réalisateurs. L'un des tout derniers changements fut que, contrairement à ce que Mme Blank avait préconisé, Wendy ne serait plus la narratrice hors-écran. Les voix sont enregistrées en janvier 1951, tandis que Milt Kahl travaille à la conception des personnages. Tout au long de l'année 1951, suivant une routine initiée par *Cendrillon*, on filme divers acteurs pour référence, toujours sous la supervision du troisième réalisateur Ham Luske, et l'animation commence.

Comme il l'avait fait dans *Alice au pays des merveilles*, Walt savait qu'il aurait à nouveau affaire à un chef-d'œuvre culte, qui le paralyserait inévitablement. Lors d'une réunion sur l'histoire datée du 28 janvier 1941, il déclara : « Nous ne voulons pas faire ce film pour les quelques adultes qui idôlatrent Barrie. Je crains que nous ne prenions Barrie trop au sérieux. Nous voulons donner notre interprétation pour que les adultes assis là ne se sentent pas si embarrassés et pourtant c'est notre interprétation de Barrie ». Il a dû se sentir encore plus gêné après avoir lu les critiques acerbes au Royaume-Uni lors de la sortie d'*Alice au pays des merveilles* en

1951, et compris que certains écrivains semblent intouchables. Frank Thomas le confirme : « Il n'était pas très sûr du film, alors il a travaillé dur sur l'histoire[4]. »

Nous avons vu que Walt pensait pouvoir mieux réaliser ce que Barrie avait en tête que Barrie lui-même, et que le dramaturge aurait été enchanté par sa version cinématographique. Barrie étant décédé en 1937, nous ne le saurons jamais. Pourtant, la lecture des recommandations de Barrie pour une version cinématographique peut nous amener à nous interroger : « Crochet doit être joué avec le plus grand sérieux, et l'acteur doit éviter toute tentation de jouer le rôle comme s'il était conscient de son humour. Cette tentation existe, et dans la pièce de théâtre, les acteurs du rôle y ont parfois cédé, avec des résultats fatals ». Crochet est certes un méchant menaçant avec Disney, mais il est aussi plutôt grotesque et drôle lorsqu'il prend froid ou lorsqu'il est un lâche terrorisé par le crocodile. De plus, Barrie tenait absolument à ce que la fée Clochette ne soit jamais vue en gros plan, ce que l'équipe de Disney n'a absolument pas pris en compte.

C'est peut-être l'une des raisons pour lesquelles le scénario a été constamment remanié. Quoi qu'il en soit, des décisions ont dû être prises et parmi les plus radicales, on peut citer : L'élimination du personnage de Liza la servante, la longue parade des Peaux-Rouges/Pirates/Garçons perdus au Pays imaginaire, l'ambiguïté dé à coudre/baiser bien que les deux aient longtemps été conservés, la maison en bois construite pour Wendy, le vol en cerf-volant pour sauver Wendy d'une situation fâcheuse, mais surtout le légendaire processus de sauvetage pour « ressusciter » Clochette.

Nous avons vu qu'ils avaient étudié l'adaptation de la Paramount, mais qu'ils ne s'en étaient pas beaucoup inspirés, se contentant de la plupart des décors de la chambre des enfants Darling. Mais ils n'ont pas voulu faire des Darling une famille américaine comme l'avait fait la Paramount. Ils avaient également accès aux notes de Barrie sur les représentations théâtrales, mais il est difficile de savoir s'ils ont lu les notes de Barrie sur l'adaptation cinématographique.

Si *Peter Pan* est connu et acclamé dans les pays anglo-saxons, la plupart des autres publics ont découvert cette histoire à travers le film de Disney. Cela signifie qu'ils ne l'ont pas jugé par rapport au livre original, contrairement aux critiques britanniques par exemple, qui seront loin d'être enthousiastes. Cependant, même les plus critiques reconnaissent que la séquence dite « Tu t'envoles » est mémorable et constitue certainement le point fort de la version de Disney.

« Vol vers le Pays imaginaire » est introduit par une longue séquence « Apprendre à voler » où tous les personnages sont présentés. Il était logique pour cet auteur de commencer l'analyse un peu avant pour comprendre le contexte. Cela semblait d'autant plus logique que la même équipe était aux commandes, Wilfred Jackson à la réalisation et McLaren Stewart à la mise en scène. De plus, les deux chansons « La deuxième petite étoile » et « Tu t'envoles » sont complètement fusionnées.

Assise sur un bloc de construction, la fée Clochette se moque de Wendy

(Même si les noms sont devenus respectivement Jean pour John et Michel pour Michael dans la dernière version française, nous garderons les prénoms originaux.) Les enfants Darling viennent d'essayer de voler alors que le refrain musical de la chanson « Tu t'envoles » se fait entendre, mais ils tombent rapidement et enfermée dans son tiroir, la fée Clochette se moque d'eux. La plupart des scènes dans le tiroir ont été animées par Les Clark, mais les plans plus rapprochés sont de Marc Davis. Ce rire est accompagné de quelques flûtes joyeuses et des jingles habituels. Dorothy Ann Blank a rapidement compris comment faire « parler » la fée: « ...nous pourrons l'imaginer si adorable qu'il serait tout à fait fantastique que le langage féerique des cloches soit son seul moyen de transmettre son message ». Le magicien des effets sonores Jim MacDonald était chargé de ce son récurrent, mais MacDonald a eu du mal, comme s'en souvient Frank Thomas : « Il y a des histoires amusantes sur la façon dont il a créé ces choses. Il n'arrivait pas à obtenir des carillons, ils ne sonnaient pas bien, il n'arrivait pas à obtenir des cloches, elles ne sonnaient pas bien, alors il a finalement pris des morceaux de clochettes d'une sorte d'aluminium (...) il les a enfilés et ils ont fait le bon son en s'entrechoquant, alors il pouvait en ajouter d'autres, en enlever d'autres et obtenir différents effets sonores[5]. » Comme la fée Clochette était muette, ils ont créé tout un catalogue de carillons, de cloches et de tintements qui exprimaient ses émotions. Ils ont fait appel à des musiciens spécialisés dans les cloches, Bernard et Dorothy Mason, qui sont arrivés avec tout leur attirail. Mais c'est Jim MacDonald qui supervisa le tout. Dans le livre, elle parle, mais seulement à Peter qui traduit ses tintements. Le point commun était que les sons devaient être très aigus pour correspondre à la qualité surnaturelle et légère d'une fée. Mais, comme si elle était punie pour sa méchanceté, elle tombe sur le dos, le tout mis en valeur par un peu de Mickey Mousing.

Peter Pan, qui vole facilement dans les airs dans la chambre, se demande pourquoi le trio ne peut pas voler. Ce plan en contre-plongée est animé par Eric Larson. Depuis le début du film, la plupart des plans d'ensemble ont été réalisés par Larson, tandis que les plans plus rapprochés sont de Milt Kahl. En particulier, Larson a réalisé toute la première partie du film lorsque Peter Pan est vu en silhouettes sur le toit. Les story-boards ont été réalisés par divers scénaristes : Ted Sears, Bill Peet, Milt Banta, Winston Hibler, Ralph Wright, Bill Cottrell et Erdman Penner, mais le principal responsable de cette séquence était Joe Rinaldi.

Les peintres de décors avaient opté pour un papier peint rose à rayures. La chambre étant destinée aux enfants, la couleur rose avait une connotation enfantine et Michael lui-même est habillé en rose. Al Dempster explique leur choix : « Dans la chambre des Darling, un papier peint à rayures verticales apparaît en arrière-plan. Il a été peint de manière à ne pas distraire l'attention de l'action. Dans les gros plans, en particulier, le papier peint devait être très 'doux' et discret[6]. » D'ailleurs, cette chambre d'enfant est probablement la plus grande jamais réalisée. Alors que M. Darling est victime de divers problèmes, les panoramiques se multiplient et on a l'impression que la chambre est sans fin. Cela contredit le premier plan d'ensemble de la maison édouardienne des Darling. Il y a un rez-de-chaussée et deux étages. Le premier est celui des parents et, en haut à droite, celui des enfants. Nous voyons que la chambre d'enfant éclairée est censée être très petite, avec une seule fenêtre.

Nous avons vu que la version cinématographique de 1924 avait transféré l'histoire de l'Angleterre aux États-Unis. Walt tenait absolument à ce que l'histoire se déroule dans son cadre original, c'est-à-dire dans le quartier de Bloomsbury, comme l'indique la voix off dans le prologue. C'est un quartier très chic, connu pour le British Museum et la gare de St Pancras où un certain Harry Potter prendra plus tard le train. Mais l'une des raisons du choix de ce quartier est qu'il se trouve également à proximité du Great Ormond Hospital, un bâtiment en briques rouges, fondé en 1852. En 1929, James Barrie avait décidé de donner tous les droits d'auteur de sa création bien-aimée à cet hôpital et toute personne souhaitant adapter l'histoire devait passer par l'hôpital pour les obtenir. Une statue de Peter Pan se trouve dans l'enceinte de l'hôpital.

En ce qui concerne la classe sociale des Darling, l'équipe de Disney n'a pas respecté ce que Barrie avait en tête, comme le montre sa remarque pour une éventuelle adaptation cinématographique : « Les images nous montrent que la chambre se trouve au sommet d'une maison dans une rue pauvre, mais respectable, de Londres. » À plusieurs reprises dans ses commentaires, Barrie insiste sur la situation financière difficile de la famille, loin de la version Disney. Les Darling appartiennent clairement à la classe supérieure et les parents sont élégamment vêtus et sophistiqués.

À l'époque, les artistes ne voyageaient pas à l'étranger pour leurs recherches. On sait que pour des films comme *La Belle et la Bête* (1991) *Le Roi Lion* (1994) ou *La Reine des neiges* (2013), tout un groupe de collaborateurs a passé quelques semaines en immersion dans les pays concernés, à les croquer et à les photographier. Mais pour les quelques moments qui se passant à Londres, la Bibliothèque Disney et quelques informations délivrées par le Disney London Office devaient suffire. McLaren Stewart et Ken Anderson se sont donc appuyés sur ces éléments pour imaginer les meubles comme les coffres, les horloges ou les lits qui devaient avoir l'air anglais.

Les trois enfants Darling sont sur le lit et regardent Peter

Alors que les trois enfants animés par Harvey Toombs (Wendy) et Hal King (John et Michael) lèvent les yeux, la réplique de Peter est typique d'une habitude de Disney que nous avons déjà rencontrée. Chaque fois que des pouvoirs magiques sont utilisés, les scénaristes du studio écrivent un langage poétique avec des rimes claires. Nous l'avons vu avec la Fée Bleue dans *Pinocchio* et la Marraine dans *Cendrillon.* Nous en avons déjà expliqué les raisons dans le volume 1. Peter dit : « Je ne comprends plus, ça marchait au début ? Il suffit d'y croire dur comme fer, oh mais j'oubliais quelque chose, la poussière ! » C'est aussi une façon intelligente d'introduire la chanson à venir. Tout cela est dit par un Peter animé par le même Eric Larson. Sur le gros plan suivant de Peter se grattant la tête, on remarque que ses yeux sont un peu plus inclinés, ce qui lui donne une touche légèrement asiatique.

Pendant ce temps, ignorant ce qu'elle va bientôt devoir endurer, nous voyons Clochette se brosser avec un plan d'ensemble puis un plan moyen. Elle est incontestablement l'une des grandes stars du film, et son héritage est inégalé pour un personnage de long métrage. Sur scène, la créature n'était qu'une lumière, mais pour l'écran, elle devait vraiment devenir un personnage. Lorsque Barrie a dû coucher sur le papier qui était censé être cet éclair de lumière, il a dû être plus précis quant à son apparence physique : « Cette fille-fée nommée Clochette-la-Rétameuse, était vêtue d'une feuille taillée très court, ce qui avantageait sa gracieuse silhouette, légèrement encline à l'embonpoint ». Ce dernier détail se retrouve dans une scène précédente où « Clochette » est consternée de voir ses hanches dans le miroir. Pour l'adaptation cinématographique, l'auteur a donné plus d'informations : « La fée Clochette devrait mesurer 13 cm et, si l'effet peut être obtenu, ce devrait être l'une des images les plus pittoresques du film, l'apparence d'une vraie fée. »

La question est de savoir ce qu'est « l'apparence d'une vraie fée ». On prétend que les illustrateurs européens comme Albert Hurter, Kay Nielsen ou Gustav Tenggren étant repartis, les dessinateurs du studio n'étaient pas très enthousiastes à l'idée de dessiner des fées. Ils étaient beaucoup plus attirés par les pirates. Est-ce la raison pour laquelle Walt s'est tourné vers des artistes féminines ? Bianca Majolie fut la première à travailler sur la fée. Lors d'une réunion du 20 mai 1939, elle avait dit : « Rackham a de jolies fées. Certaines ressemblent à des souris et d'autres à des gobelins - de jolis petits visages ». Arthur Rackham avait illustré *Peter Pan in Kensington Gardens*, qui faisait à l'origine partie de l'œuvre précédente de Barrie, *The Little White Bird (Le petit oiseau blanc)*. Les chapitres de *Peter Pan* ont été extraits et publiés séparément en 1906. Ces dessins ont renforcé la réputation de Rackham. Ses fées portent une longue robe et d'immenses ailes, avec une touche de style art déco. Majolie avait déjà créé les fées de la *suite Casse-Noisette* de *Fantasia,* mais on les voyait rarement de près et elles n'avaient pas de véritable personnalité. De plus, Walt avait été clair : « Nous devons nous éloigner de l'idée de la *Suite Casse-Noisette*. Nous devons donner un nouvel élan à cette histoire de fées, ou bien la laisser tomber et l'oublier ». C'est pourquoi ses études au pastel sont plus raffinées et plus précises que celles qu'elle avait proposées pour *Fantasia*. Elle hésita encore entre ses fées minces et diaphanes typiques et des fées plus rondes et galbées. Bien sûr, elle n'était pas la seule à travailler sur elle et d'autres artistes avaient opté pour des fées plus banales et plus potelées, Fred Moore étant l'un des nombreux à faire des suggestions. Dans certains croquis, elle ressemblait à une véritable nymphette en maillot de magazine. Parmi eux, David Hall a réalisé des centaines de peintures magnifiques et il a opté pour une fée plus sensuelle et féminine avec de grandes ailes. Mais le design était loin d'être fixé, comme l'a rappelé Frank Thomas à Bob Thomas : « Walt n'a jamais vu les fées comme des petites choses mignonnes qui dansent comme des clochettes. Nous avons eu du mal à lui vendre la petite fée[7] . »

En ce qui concerne le costume, il apparaît de plus en plus clairement que la longue robe envisagée par Barrie a été abandonnée. Esquisse après esquisse, il semble que sa robe soit de plus en plus courte, au point qu'elle apparaisse parfois vêtue de sortes de maillots de bain. En fait, c'est l'idée d'une beauté des plages qui a été retenue. On a longtemps essayé des tenues en feuilles, mais ensuite abandonnées. Il est difficile de ne pas voir l'influence des magazines de mode et de cinéma de l'époque. C'était devenu une tendance pour ces magazines de présenter des stars de cinéma en maillot de bain. Joe Rinaldi l'avait dessinée ainsi vêtue. Dans le livre de Mindy Johnson sur la fée Clochette, on apprend que le scénariste Bob Carr a proposé que la fée change très souvent de vêtements, comme si elle était une sorte de star des podiums. Petit à petit, la fée devenait très sexy, d'où l'idée erronée qu'elle s'inspirait de Marilyn Monroe. Mindy Johnson ajoute que pendant un certain temps, « leurs suggestions pour représenter la petite niche de Clochette dans le mur impliquaient des jeux d'ombres turques avec Clochette derrière le rideau de mousse ». L'auteur insiste sur le fait qu'il s'agissait d'un « élément de sex-appeal[8]. »

Ce sex-appeal était apparu très tôt dans le script de Dorothy Ann Blank : « Une petite fée espiègle... La Fée Clochette ne semble pas être le type doux, gentil et bon comme notre Fée Bleue, mais une créature plutôt coquine avec beaucoup de sex-appeal d'une manière délicate ». Il va sans dire que les artistes ne pouvaient pas aller trop loin dans cette direction. Après tout, Disney était synonyme de divertissement familial et le début des années 1950 n'était pas encore une époque de libération, comme l'indique Margaret Kerry, le modèle de la fée : « Dans les années 1950, les gens n'étaient pas aussi immergés dans le sexe. C'était l'époque de *Father Knows Best* et de *Leave it to Beaver*. Contrairement à ce qui se passe aujourd'hui, les films et les magazines ne contenaient que très peu d'éléments à caractère sexuel. Nous croyions en la famille et, après la Seconde Guerre mondiale, il faut réaliser que le gouvernement voulait que toutes les femmes restent à la maison et repeuplent l'Amérique[9] . » Mais même si elle était jeune, elle devint une fille très mûre, et son corps galbé faisait le reste.

Le costume étant arrêté, les cheveux passent par différentes couleurs avant que le roux ne soit choisi. En 1940, Jack Miller, du département des maquettes, a presque trouvé le modèle final, avec les fameuses pantoufles garnies de pompons qu'elle allait garder. Lorsque Mary Blair a réalisé ses dessins à la gouache, elle ne s'est, comme d'habitude, pas trop préoccupée des personnages. Ce qui compte pour elle, ce sont surtout les couleurs et les ambiances. Quand le travail sur le film a repris, Marc Davis s'est vu confier le personnage. En 1951, il trouve le look définitif. Elle a maintenant les cheveux clairs, une mèche sur le front, un petit nez. Elle a une taille minuscule et des cuisses fortes. En ce qui concerne les ailes, il a plus ou moins suivi Jack Miller. Il les avait largement réduites. Margaret Kerry s'en souvient : « Marc m'a dit qu'il avait fait la partie supérieure de Clochette d'une petite fille et la partie inférieure d'une personne plus âgée. Je l'ai jouée comme si elle avait environ 11 ans et qu'elle commençait à s'épanouir... Ses rondeurs ont dérangé beaucoup de gens au studio, m'a-t-on dit... mais si vous lisez la première description de Clochette dans le livre de Barrie, vous verrez où Marc a puisé son inspiration[10] . »

Pour son visage, Mindy Johnson raconte que Bill Cottrell avait d'abord proposé quatre modèles : Rosalind Russell, Anita Louise, Ann Rutherford et Jane Preisser. La plupart d'entre elles étaient des enfants actrices et, outre leur physique, Cottrell souhaitait probablement que les créateurs insufflent une touche de jeunesse au personnage, bien que Barrie n'ait pas donné d'âge. Mme Johnson ajoute qu'une charmante dame du département Encre et Peinture avait souvent été photographiée pour du matériel publicitaire. C'est ainsi qu'en 1951, on demanda à Ginni Mack de poser à nouveau pour le personnage de la fée Clochette. D'après Marc Davis, créer la fée n'était finalement pas si difficile : « Vous savez, il s'agissait d'une pièce de théâtre, et il ne pouvait pas y avoir de petite fée Clochette volant partout, elle n'était qu'un point de lumière, alors quand on m'a demandé de la faire, ils voulaient la visualiser, alors j'ai fini par faire ce dessin et ils l'ont aimé. J'ai juste essayé de faire quelque chose de mignon, un peu comme un lutin[11]. » Mais ce qui agaçait Marc Davis, c'est que les gens croyaient qu'elle avait été modelée d'après Marilyn Monroe. Il n'a cessé de le nier, et de toute façon, d'un point de vue historique, ce n'était guère possible. À l'époque, elle était à peine connue, faisant surtout du mannequinat et des seconds rôles. Elle a commencé à être remarquée dans *Love Nest* (1951) alors que la production de *Peter Pan* commençait. Peut-être était-ce préférable, car un an avant la sortie du film de Disney, ses clichés nue pour un calendrier en 1949 firent scandale quand ils furent connus du grand public.

L'intégralité du récit étant tourné en réel d'abord, le modèle de Clochette fut Margaret Kerry. Elle servit également de modèle pour l'une des sirènes. Elle expliqua très souvent comment les choses étaient faites : « Il a fallu un peu plus de dix mois... On m'appelait lorsqu'ils étaient prêts pour la séquence suivante. Je travaillais à mon émission télévisée hebdomadaire *Teleteen Reporter* et à une émission hebdomadaire pour ABC avec Charlie Ruggles. Nous avons donc inséré les sessions Disney lorsque tout le monde était disponible[12] . » Il ne faut pas en déduire qu'elle a travaillé pendant dix mois, mais seulement quelques jours au cours de ces dix mois. Comme d'habitude, une équipe restreinte était présente pendant le tournage, et le fait qu'elle ne fût vêtue que d'un maillot de bain posait quelques problèmes à l'époque. Marc Davis a veillé à ce que personne ne fasse de commentaires désobligeants ou de mauvais goût, Mme Kerry précise : « Marc Davis était en charge, avec l'aide de Gerry Geronimi. Il y avait une équipe de tournage réduite et une équipe complète pour les accessoires et l'éclairage. Le coiffeur n'est pas monté sur scène. L'atmosphère était agréable, même lorsque M. Disney passait par là[13]. » Elle a donc dû se produire dans des situations incroyables, avec des ciseaux gigantesques, des cubes énormes, compte tenu de la taille minuscule du lutin. Elle a gardé d'excellents souvenirs de cette expérience : « Travailler aux studios Disney était différent. C'était et c'est toujours l'endroit le plus heureux du monde (M. Disney prétendait que Disneyland était l'endroit le plus heureux du monde et je ne le contredirais jamais). En 76 ans, je n'ai jamais été aussi bien traitée. Aujourd'hui, lorsque je me rends à Disneyland, je ressens toujours ce sentiment d'excitation et de créativité que M. Disney et son frère Roy, si important, ont encouragé. Ce ne sont que de bons souvenirs et la cerise sur le gâteau ? Je peux voyager et répandre de la poussière de fée partout[14]. » Cependant, bien que Davis ne veuille pas la blesser, il a précisé qu'elle n'était pas le modèle pour le dessin : « J'ai demandé à une fille de tourner quelques plans pour la fée Clochette et elle pense qu'elle était le modèle, mais ce n'est pas le cas, elle a juste fait quelques actions pour moi[15]. »

Si Marc Davis était le superviseur de son animation, il a expliqué plus précisément comment les choses se passaient : « J'ai animé toutes les scènes de personnalité de la fée Clochette. Quand elle devait aller d'un endroit à l'autre, quelqu'un d'autre s'occupait de son animation[16]. » Ainsi, d'une manière générale, lorsqu'elle était vue en pied ou de loin en action, c'était à d'autres animateurs ou assistants de la faire, comme Clair Weeks. Cependant, Les Clark, qui avait l'habitude d'animer des filles, la réalisa également lorsqu'on la voyait de plus près, comme lorsqu'elle est jetée dans le tiroir.

Elle était peut-être muette, mais elle avait un sacré tempérament. Dès le début, Dorothy Ann Blank a su qu'elle avait quelque chose de spécial, comme elle l'a écrit dans un des premiers scripts : « La fée Clochette est une sensation garantie, car le médium de l'animation peut enfin rendre justice à sa forme minuscule et ailée et à son caractère fantaisiste ». Lors de plusieurs réunions sur l'histoire, dont celle du 1er mars 1940, Walt montra qu'il pensait qu'ils tenaient là un numéro gagnant : « Je pense que nous devrions la voir plus souvent. Elle serait comme Jiminy Cricket. On peut la mettre au beau milieu des accessoires, elle peut être très mignonne ». Plus tard, Walt a commenté la fée Clochette : « L'humain typique d'aujourd'hui est mince, avec un visage, un torse et des jambes. Il se prête mal à l'animation. Trop rigide. Trop limité. Nous avons créé la fée Clochette pour qu'elle puisse être plus souple, et elle l'a été à coup sûr ».

Barrie avait tout écrit : « Clo n'était pas foncièrement méchante : plus exactement, elle était tantôt foncièrement méchante, tantôt foncièrement bonne. Les fées ne peuvent être que tout l'un ou tout l'autre ; elles sont si petites qu'il n'y aurait pas place pour plusieurs sentiments à la fois. » Et dans le livre, elle ne cesse de traiter Peter d'idiot. S'il y a bien un sentiment qu'elle éprouve, c'est la jalousie. Très tôt dans le travail sur l'histoire, ce thème est apparu comme majeur. Lors des réunions, Walt répétait que c'est ce qui définirait le personnage : « La fée Clochette est maintenant une femme jalouse. Wendy est la nouvelle fille qui entre dans la vie de Peter, elle est en quelque sorte amoureuse de Peter. Elle a des envies romantiques, vous savez, mais Peter reste un garçon et elle est jalouse ». Ou encore : « La fée Clochette veut se débarrasser de Wendy. Nous devons nous mettre dans la tête ici - nous devons être capables de suivre cette intrigue jusqu'au bout. Cette dame est jalouse de cette jeune femme. Elle amoureuse de ce type, et il n'en sait rien, mais c'est Peter ! » Comme l'a expliqué Barrie, elle peut être très bonne pour Peter et se sacrifier pour le sauver, mais elle est très mauvaise lorsqu'il s'agit de se débarrasser de sa rivale Wendy. Mais la jalousie est omniprésente dans *Peter Pan* : Wendy est jalouse de Lily-La-Tigresse, tandis que les sirènes, comme Clochette, sont jalouses de Wendy. Et ce petit coq de Peter, il adore ça !

Ils avaient prévu beaucoup d'autres moments pour Clochette qui ont fini par être coupés. Il y aurait pu y avoir toute une cérémonie et un bal avec diverses fées où elle aurait été célébrée comme une reine, le tout préparé par Bianca Majolie. Cela était prévu de longue date puisque, dans son script manuscrit de 1950, voici comment Walt l'introduit : « Maison souterraine. Peter ordonne aux fées de préparer un banquet et un spectacle en l'honneur des enfants. Les fées servent le repas. Spectacle avec animation féerique. Orchestre de jazz des fées. Clochette danse. Divers numéros pour amuser Wendy et les garçons ». Majolie avait conçu une autre séquence complète dans laquelle elle emmenait les enfants Darling sous l'eau, où ils étaient transformés en créatures de mer explorant un bateau de pirates englouti. Bien que Walt ait loué son travail, il a été abandonné : « Bianca a travaillé sur des séquences très colorées dans lesquelles Pan montre comment il peut appeler les fées à sortir de leur isolement en jouant de sa flûte. »

Mais pour tous ceux qui avaient apprécié la pièce sur scène, il manquait *le* moment de l'interaction avec le public, une idée très moderne à l'époque. Lorsque

Clochette meurt après avoir sauvé la vie de Peter (il avait bu un poison), le public est censé applaudir pour exprimer qu'il « croit aux fées ». Le fait de voir des adultes retourner à l'enfance pour un court instant a été le triomphe de Barrie. Il en connaissait les risques lors de la première : que se passerait-il si personne ne réagissait ? Il avait prévenu les musiciens de l'orchestre de lancer les applaudissements. Mais c'était quelque chose que l'on pouvait faire « en direct ». Qu'en est-il d'un film ? Étonnamment, ils ont longtemps envisagé cette possibilité, comme le prouve cette remarque de Walt lors d'une réunion du 20 mai 1939 : « Vous devriez essayer et avoir un plan établi pour pouvoir y parvenir (...) ne l'affaiblissez pas en le faisant à moitié. Testez-le, si ça ne marche pas, retirez-le ». Webb Smith a même suggéré de pré-enregistrer des applaudissements pour encourager les gens à le faire. Mais ils se sont rendu compte qu'il y avait peut-être d'autres moyens, comme le montre ce commentaire du scénariste Erdman Penner : « En ce qui concerne les applaudissements pour donner vie à la fée Clochette, y aurait-il une chance de changer cela ? Peter lui pardonne, et elle reprend vie. » Cette citation montre qu'ils n'étaient pas très sûrs et qu'ils ont finalement abandonné l'idée. Le public britannique attendait cette scène et fut plutôt déçu qu'elle ait été supprimée, bien que le service de publicité de Disney ait publié une note justifiant son choix.

Comme tout le monde le sait, la fée Clochette a ensuite vécu une longue vie, introduisant les émissions télévisées *Le monde merveilleux de Disney* et ses nombreuses variantes, apparaissant dans des publicités, des bandes dessinées et des suites, ce qui a plu à Marc Davis : « Elle s'est inscrite dans la durée, c'est très gratifiant[17]. »

« Poussière ! » La fée Clochette s'envole, pour ne pas être utilisée

Mais Clochette n'était pas une simple petite fille. Elle avait des ailes et une lueur l'entourait, sans parler de la fameuse poussière de fée qui la suivait partout où elle allait. Marc Davis a rendu hommage aux personnes du département des effets spéciaux : « N°1, je ne pense pas que nous savions comment faire ça et N°2, ces gars le faisaient si bien, nous, animateurs de personnages, n'avons jamais eu la patience et je ne pense pas que la moitié du temps nous savions comment le faire. C'étaient des spécialistes et c'était une partie très importante du film, c'était comme la finition, la cerise sur le gâteau[18]. » Nous avons déjà expliqué comment cette poussière de lutin a été réalisée dans le Volume 2. Les animateurs d'effets spéciaux, dont Ed Aardal, devaient réaliser une grande partie de cette poussière. Les ailes ont été réalisées sur une feuille et un cellulo séparés, à l'aide d'une peinture transparente spéciale. Parfois, comme ici, le battement des ailes est souligné par des traces de pinceau sec. Quant à la lueur autour d'elle, elle a été traitée après coup, comme l'a expliqué Jack Buckley, animateur d'effets spéciaux à l'époque : « Ils ont fait un masque d'elle, et ils ont placé un petit quelque chose entre elle et l'arrière-plan pour que la lumière s'échappe autour d'elle[19]. »

Plusieurs gros plans de mains sont réalisés par Clair Weeks, qui s'occupe également de la fée, tandis que le trio qui lève la tête est réalisé par les mêmes animateurs Toombs et King. Davis est de retour lorsque Peter lui donne une douce fessée pour obtenir sa poussière magique au son des clochettes. C'est bien sûr une terrible humiliation pour Clochette et sa colère va croître tout au long de ces scènes. Les trois enfants réagissent, Wendy, animée par Harvey Toombs, Michael et John, tous deux animés par Hal King. En trois plans très brefs, chaque personnalité est déjà bien campée, Wendy la romantique, Michael l'enfant qui a un peu peur de tout cela, et John le curieux qui se demande à quoi rime cette poussière.

Le Peter d'Eric Larson vole à nouveau dans les airs. Cela peut sembler simple à première vue, mais l'animation de ces corps volants a été un véritable défi. Comment transmettre le poids dans de telles conditions ? Les animateurs ont dû y faire très attention. Kathryn Beaumont, la voix de Wendy et son modèle en prise de vue réelle, explique : « L'élément principal était bien sûr le vol, et j'étais attachée à un harnais. L'idée de l'absence de gravité et de la flottaison dans l'espace est un concept que les artistes ont trouvé un peu difficile. Ils avaient besoin d'un point de départ pour montrer le décollage du sol, le flottement et l'atterrissage sur le sol, et ce que fait le corps lorsque cela se produit[20]. »

Pour la référence à l'action réelle, le défi consistait cette fois à faire voler les acteurs. Il est certain que le fait de voir de telles prouesses sur scène à l'époque de Barrie a dû largement contribuer au succès de la pièce. Mais il savait à quel point cela pouvait être dangereux et avait demandé à George Kirby, de la Flying Ballet Company, de trouver un système plus approprié de harnais révolutionnaire. Mais les acteurs détestent généralement ce genre de cabriole.

C'est Margaret Kerry, référence de tournage pour Clochette, qui a conseillé au studio d'engager Roland Dupree pour jouer Peter Pan. Elle l'a rencontré lorsqu'il était directeur de la danse à la Fox. Roland Dupree a expliqué comment tout s'est passé à l'époque : « J'avais 24 ans alors, et la fille qui jouait la fée Clochette était une de mes étudiantes lorsque je donnais des cours de jazz. Ils lui ont demandé si elle connaissait un danseur capable d'interpréter Peter Pan en action réelle. Elle a répondu 'oui, Roland Dupree'. Ils m'ont donc contacté. J'ai été interviewé et auditionné, et j'ai obtenu le rôle[21] . » L'homme aurait pu avoir une carrière différente s'il avait été un peu plus grand, mais il mesurait 1,70 m, un handicap pour devenir un jour danseur principal romantique. Au lieu de cela, il a souvent dansé et chorégraphié pour des films et des émissions de télévision. Des années plus tard, il se souvint de son expérience : « Bobby Driscoll a fait la voix de Peter Pan, et ce que j'ai fait, c'est que j'ai ramené à la maison un enregistrement de lui en train de faire le dialogue, et j'ai mémorisé le dialogue, puis j'y suis allé le jour suivant. Les animateurs me disaient : 'Ok, fais un peu d'action sur cette réplique'. Je disais donc la réplique et je faisais l'action que j'improvisais au fur et à mesure. S'ils n'aimaient pas ça, ils me disaient : 'Donne-nous quelque chose de différent'. Et c'est ce que je faisais (...) Je devais voler. Il n'y a eu qu'un seul jour de vol, mais l'engin était vieux. Ce n'était pas dangereux, mais le treuil dans lequel je volais n'était pas agréable[22] . »

Les séances de vol se limitaient au strict nécessaire, et principalement aux scènes de combat avec le capitaine Crochet. Mais il y en avait aussi avec Wendy, et Kathryn Beaumont était reconnaissante à Dupree de faire tout ce qu'il pouvait pour la rassurer alors qu'il n'était lui-même pas très enthousiaste à l'idée de ces pratiques acrobatiques. Elle se souvient : « Je me souviens m'être sentie très mal à l'aise avec tout cela. Vous êtes là, attachée avec un corset autour de la taille, puis un fil attaché derrière vous, et vous êtes censée jouer ces scènes en restant calme alors que vous volez dans les airs[23] . » On sait peu que Roland Dupree et Kathy Beaumont ont également dû jouer pour certaines références en prises de vues réelles de *La Belle au bois dormant* (1959) en août 1953, mais d'autres les ont remplacés par la suite.

Le fait de confier le rôle à un danseur était une bénédiction pour la crédibilité d'une créature volante. Les animateurs, méfiants, pensaient que le risque était d'avoir un garçon dont les mouvements pouvaient paraître un peu trop efféminés. Andreas Deja souligne un autre problème : « Je sais pertinemment que plusieurs animateurs ont eu du mal à traduire le physique musclé de Dupree dans des dessins dignes de Peter Pan, car le personnage était beaucoup plus jeune[24] . » En 1946, Walt a déclaré à la chroniqueuse Hedda Hopper qu'il voulait « l'endurcir un peu, en faire un vrai garçon ».

Michael s'efforce de rêver sa vie en couleurs

Alors que Peter encourage tout le monde à rêver leur vie en couleurs la musique de « Tu t'envoles » se fait déjà entendre, ouvrant la voie à la séquence suivante. Le Michael de Hal King est plein de charme, avec des gestes typiquement enfantins. La magie de la poussière de fée commence à opérer et l'enfant flotte sur le lit. Vient ensuite Wendy, qui agite avec grâce et enthousiasme sa chemise de nuit comme un oiseau. Eric Larson l'a bien rendue, même s'il ne l'a pas beaucoup dessinée tout au long du film. Sur des dialogues à nouveau écrits avec des rimes, le John de King s'élève d'une manière moins gracieuse. Il est à noter que chaque personnage ne flotte pas de la même façon, et les animateurs ont été très attentifs à ce que chacun d'entre eux ait une façon différente qui corresponde à sa personnalité. Eric Larson fait en sorte que Wendy sauve Michael d'une manière beaucoup plus gracieuse à chaque fois qu'elle fait quelque chose.

Les deux enfants ont été principalement animés par Hal King, nous y reviendrons plus tard. Ici et là, d'autres les animaient dans des scènes de groupe en particulier : Art Stevens, Judge Whitaker, Bill Justice et bien sûr Milt Kahl. John est censé être l'intellectuel raisonnable, d'où ses grosses lunettes rondes et son visage habituellement sérieux. Quand viendra le temps de chasser les « Peaux-Rouges », c'est lui qui théorisera sur le type de tribu. Le chapeau et le parapluie sont déjà une façon de le rendre plus vieux et un peu terne. Il a peut-être joué avec Michael au début dans la chambre, mais très vite il est nettement moins enjoué que son petit frère. Jack Miller, qui avait réalisé les premiers dessins sérieux en 1940, l'avait rendu beaucoup plus jeune et il portait un pantalon au lieu de la longue chemise de nuit. Sa voix est celle de Paul Collins. L'acteur anglais explique comment il a travaillé sur le rôle : « J'avais quinze ans et je devais me comporter comme un enfant ! (Rires) À ce moment-là, je n'étais aux États-Unis que depuis quatre ou cinq ans et j'étais donc encore un peu britannique. J'avais encore un accent, pour l'essentiel. J'ai dû travailler sur cet accent pour le perdre. Lorsque je suis arrivé aux États-Unis, je portais des pantalons courts que tous les écoliers britanniques portaient. J'étais assez britannique et l'adolescent que j'étais encore a été engagé pour jouer ce rôle. Depuis, en tant qu'adulte, j'ai étudié avec Uta Hagen ». Comme Kathryn Beaumont, il a assumé à la fois la voix et les prises de vue réelles : « J'ai commencé par faire la voix. Comme il n'y avait pas d'ordinateurs à l'époque, il était difficile de rendre les mouvements des personnages fluides. Nous avons donc commencé par enregistrer les voix en studio, puis, une fois l'enregistrement terminé, nous sommes allés sur le plateau, vêtus de nos costumes respectifs, et nous avons joué et synchronisé les lèvres avec les voix enregistrées qui étaient diffusées par un haut-parleur[25]. »

Qu'il s'agisse des enfants ou d'autres personnages, Walt se sentait totalement libre à l'égard des personnages : « Nous avions l'impression d'avoir une grande marge de manœuvre avec les personnages. Dès la première représentation sur scène, ils ont été interprétés par des acteurs vivants. Ils n'ont jamais vraiment été des types physiques. Nous avons donc dû créer notre propre concept d'apparence, de parole et de gestuelle pour les transformer en personnalités de dessins animés ». Michael Darling est cet enfant mignon qui essaie sans cesse de suivre et d'imiter les autres. Il tient toujours son petit ours en peluche. Le réalisateur Ham Luske n'est pas allé très loin pour trouver la voix et le modèle comme l'expliqua Jim Korkis: « En mars, l'une de ses filles, Carol Jean Luske, m'a raconté : 'Dans *Peter Pan*, pour le personnage du plus jeune des Darling, Michael, papa avait besoin de la voix de quelqu'un et il a utilisé mon frère Tom pour la voix et comme modèle pour Michael. Michael a fini par ressembler beaucoup à Tom, car l'artiste s'est servi de lui pour dessiner le personnage'[26]. » Ce n'était pas la première fois que Ham Luske utilisait les voix de ses enfants, ils avaient interprété des fleurs dans *Alice au pays des merveilles* (1951). Malheureusement, Tom Luske est décédé tragiquement dans un accident de voiture en 1990.

Les deux derniers plans de cette séquence ont été animés par l'assistant d'Eric Larson, Clarke Mallery. C'était une bonne occasion pour les assistants de montrer qu'ils pouvaient faire des bouts d'animation, généralement des plans éloignés ou des plans d'action, car on ne leur aurait pas confié l'animation délicate des scènes de personnalité. Cependant, il n'a pas fait assez de séquences pour être crédité. Par ailleurs, la synchronisation de la chanson est parfaite : les enfants crient « On s'envole » au moment même du refrain, mais celui-ci n'est pas encore chanté, il est seulement prononcé de manière rythmique. Walt était très attentif aux mots utilisés et n'hésitait pas à s'éloigner du style de Barrie comme il l'a exprimé le 21 octobre 1939 : « Je pense qu'il [Barrie] échoue sur le dialogue. C'était peut-être bien en 1905, mais ce n'est plus le cas aujourd'hui. Le cinéma a changé les choses, il les a rendues plus naturelles. »

Ce moment apparaît donc comme le point culminant de l'effort pour pouvoir voler. Les scénaristes ont fait un travail formidable pour créer l'excitation, en appliquant ce que Walt avait dit lors d'une réunion le 28 janvier 1941 : « Ensuite, le nouvel intérêt qui se manifeste est qu'il est Peter Pan de ce Pays Imaginaire qui intéresse tout le monde. Tous les enfants. C'est donc leur nouvel intérêt. Nous continuons à parler du Pays Imaginaire et de ce à quoi il ressemble, et nous faisons en sorte que ces enfants soient vraiment enthousiasmés par le Pays Imaginaire, et le seul moyen pour eux d'y arriver est de voler. »

Peter à la fenêtre, invitant tout le monde à partir : « En avant les amis »

La séquence « Vol vers le Pays Imaginaire » commence alors pour de bon. Le Peter de Larson se tient fièrement à la fenêtre, incitant tout le monde à s'envoler par la fenêtre. C'est à ce moment précis que commencent les voix extraordinaires de la chanson « Tu t'envoles ». Il y a un crescendo rapide de chœurs chantant « OU », et cela semble correspondre parfaitement à ce que Walt avait imaginé lors d'une réunion du 28 janvier 1941 : « Je me demandais si nous ne pouvions pas écrire une musique qui ressemblerait plus à un vol - vous savez, qui décolle et qui a une petite montée en puissance, comme un avion qui décolle. Et un accompagnement avec un grondement en dessous. »

Cet auteur est tout à fait d'accord avec l'expert en musique James Bohn : « Je pense que 'Tu t'envoles' est la pièce maîtresse musicale du film. Au début, le dialogue rimé est accompagné de la même manière qu'un récitatif à l'opéra[27] . » Tout le reste de la séquence n'aura nullement besoin de dialogue, tout sera visuel et musical. La chanson « porte » littéralement l'action.

Plusieurs compositeurs ont participé à la création de la musique et des chansons du film. Comme très souvent, et compte tenu de la très longue histoire de la conception de ce film, Frank Churchill puis Charles Wolcott ont écrit quelques chansons dans les années 1940. Eliot Daniel y a également contribué, mais tout a été jeté sauf une chanson. Les chansons dont la mélodie devait être simple, comme « La vie d'un pirate », basée sur des paroles originales de James Barrie, et « A la file Indienne », ont été composées par Oliver Wallace. Ed Penner a écrit les paroles de la première, Winston Hibler et Ted Sears celles de la seconde. Le seul héritage de Churchill, « Ne souris jamais à un crocodile », avec des paroles de Jack Lawrence, n'est jamais *chanté* dans le film.

Des paroles de chansons avaient été écrites par James Barrie, la musique composée par John Crook, mais elles n'ont pratiquement pas eu d'influence sur la version de Disney. Cependant, ils ont brièvement envisagé d'utiliser certaines de ces paroles. Walt et ses collaborateurs ont hésité un moment sur la question de savoir si la musique devait être plus moderne. Ils ont trouvé une solution à mi-chemin, en donnant un ton plutôt opératique à certaines chansons comme « Tu t'envoles ». Comme ils l'avaient fait pour *Cendrillon*, ils ont eu recours à un duo extérieur : Sammy Fain et Sammy Cahn. La partition est celle d'Oliver Wallace, orchestrée par l'infatigable Edward Plumb. Le pianiste autodidacte Sammy Fain avait déjà travaillé sur *Alice au pays des merveilles*. Sammy Cahn pouvait également composer et écrire des paroles. Il avait surtout travaillé avec Saul Chaplin. Les deux Sammy étaient des auteurs chevronnés de Broadway.

Nana se réveille et voit ce qui se passe là-haut

Avec une vue de haut et un plan plus rapproché, nous nous concentrons sur Nana, la fidèle infirmière. C'est le dernier hommage du légendaire Norman Ferguson. Son chien est tellement sa signature qu'il nous semble reconnaître Pluto ou Bruno dans *Cendrillon*, comme l'a dit Eric Larson à John Culhane : « Nana était une analyse typique du personnage de Fergy. Il avait un don pour les chiens. Qu'il s'agisse d'un chien maigre ou d'un chien gras, ils suivaient tous la même formule. C'étaient tous des formules à la Pluto[28]. » Pour l'anecdote, ce n'est pas un Pluto mais une grande poupée Mickey qui a été utilisée pour aider les acteurs à imaginer la présence du chien lors des tournages.

Nous avons vu dans le volume 2 que l'ancien réalisateur avait été « puni » par Walt. Il était revenu à l'animation. Au générique, il est le seul des animateurs superviseurs à ne pas être considéré comme l'un des Neuf Sages. Mais en fait, il a été comme un professeur pour tous les autres, comme l'ont reconnu Frank Thomas et Ollie Johnston : « Le style d'animation de Fergy a influencé les jeunes animateurs et est toujours utilisé, en particulier le test rapide pour vérifier une animation et maintenir la flexibilité dans n'importe quel plan. Cela correspondait à sa façon de penser. Si cela vous convient, faites-en encore plus[29]. » Ferguson n'était pas très heureux à l'époque, et l'alcool commençait à faire des ravages. Plusieurs animateurs de premier plan savaient ce qu'ils lui devaient, mais leur sentiment était que, de toute façon, Fergy était dépassé en tant qu'animateur, comme l'a expliqué Milt Kahl à Robin Allan : « Fergy dirigeait depuis longtemps et Walt s'est fâché avec lui en tant que réalisateur et l'a remis à l'animation. Et l'animation l'avait dépassé. C'était un type très gentil, mais il en avait un peu assez, je crois[30]. » Il était toujours prévu d'utiliser Fergy sur un autre chien pour le projet suivant, *La Belle et le Clochard* (1955), mais Walt l'a transféré des longs métrages vers les courts métrages. Une nouvelle humiliation. Une fois qu'il a quitté Disney, il s'est réfugié dans l'alcool. Il avait été l'un des premiers et des plus importants membres de l'équipe Disney, mais cette longue histoire touchait à sa fin. Il a rejoint Shamus Culhane pour une courte période. Il lutta contre le diabète et mourut en 1957. Une légende disparaissait.

Nana a été inspirée par le chien de Barrie, Porthos, un Saint-Bernard que Barrie avait acheté en Suisse pour sa femme. Il avait l'habitude de l'emmener à Kensington Gardens où il rencontra la famille Lellewlyn Davies qui allait changer sa vie comme nous le verrons plus tard. Cependant, la Nana du livre est un chien Terre-Neuve, qui était le deuxième chien de Barrie. Dans sa description, Barrie indique que « les Darling avaient fait sa connaissance dans le parc de Kensington », ce qui nous rappelle à quel point Barrie s'est servi de ses propres expériences. Nana est un personnage très original car elle est censée être un chien mais elle se comporte comme une nounou et donne aux enfants leurs médicaments. Dans tout le prologue qui présente les personnages, on la voit essayer patiemment et avec pugnacité de mettre de l'ordre dans la chambre d'enfant contre vents et marées. Dès le début, Walt comprend son potentiel (20 mai 1939) : « Ce chien est plutôt bon. Je me demande si nous ne pourrions pas demander à un type de le pantomimer - juste pour l'expression. Il y a beaucoup de choses pour lesquelles ce type est plutôt doué (...) Nous pouvons développer un excellent personnage avec ce chien. Et pourtant on le laisse tomber. C'est vraiment dommage. » Le succès du chien tient en partie au fait qu'il est tout en pantomime, mais aussi qu'il est à part des autres et que l'on joue sur les contrastes. Tout le monde dans la chambre était stressé (M. Darling), surexcité (John et Michael), occupé (Wendy et Mme Darling), tous parlaient fort et avec frénésie, tandis qu'elle essayait tranquillement de garder la tête froide et concentrée. La chambre d'enfant était un véritable capharnaüm alors qu'elle était ordonnée. L'un des épisodes impliquant Nana que l'équipe de Disney a supprimé de la version de Barrie est l'anecdote burlesque de M. Darling couchant dans sa niche. En guise d'autopunition, M. Darling s'imposait de remplacer Nana et de dormir dans la niche tant que leurs enfants n'étaient pas revenus.

Comme nous l'avons dit, nous avons déjà vu ce chien dans plusieurs courts métrages tels qu' *Alpine Climbers* (1936), dans un style plus simpliste. Mais le visage tombant et triste est déjà là, avec des poches d'yeux bleutées. Bien sûr, la touche de Milt Kahl a affiné le dessin, mais il s'agit toujours d'un chien de Ferguson. Les sourcils noirs très épais sont un outil précieux pour souligner son regard triste. Les couleurs sont variées, allant du brun au beige, et la tête est coiffée d'un joli bonnet.

Suite à l'enthousiasme de Walt pour la chienne, les scénaristes ont développé de nombreuses scènes pour elle, et elle devait à l'origine accompagner les enfants dans leur vol vers le Pays Imaginaire. Ils fourmillaient d'idées comme le montre cet extrait d'une réunion datée du 20 mai 1939, Dorothy Ann Blank dit : « Nana a beaucoup de mal à voler. Walt : Nana voit un oiseau et devrait penser à un truc chouette. Elle n'y arrive pas, alors on finit par lui donner de la poudre de fée. » Ils avaient même envisagé un jour de faire raconter l'histoire par Nana. Mais ils ont été tellement inspirés par le chien qu'ils ont failli perdre de vue l'essentiel de l'histoire, comme l'a rappelé Frank Thomas à Jim Korkis : « Il y avait beaucoup de choses différentes à faire avec ces personnages, mais avant de s'en rendre compte, il y avait trop de Nana. Il fallait essayer de garder un équilibre[31]. » L'idée d'envoyer Nana au Pays imaginaire a longtemps été conservée, puis abandonnée. Y emmener Nana aurait été une rupture nette avec Barrie. Dans son livre, Nana se précipite pour avertir les Darling qui sont en train de dîner un peu plus loin dans la rue, puis ils regardent tous les enfants s'envoler. Mais lorsque l'équipe Disney a finalement décidé de s'en tenir à la version de Barrie, elle a été incroyablement fidèle à ce qu'il avait écrit : « Puis Nana dans la cour, déchirant sa chaîne, et regardant la fenêtre de la chambre d'enfant qui est la seule éclairée ».

Peter saute du rebord de la fenêtre en criant : « Nous partons pour le Pays Imaginaire ! »

Walt pensait qu'il ne fallait pas aborder cette séquence trop tôt : « C'est une chose que vous devriez laisser pour la fin, parce que c'est un pont, et ces ponts devraient être laissés pour plus tard. Par 'plus tard', j'entends une fois que vous aurez bien planifié votre continuité et que vous saurez ce que vous voulez, et alors cette séquence pourra être travaillée à peu près en même temps. » Il était loin de se douter que cette scène deviendrait l'un des moments forts du film. Alors que le Peter de Larson s'envole dans un long panoramique gauche, Nana n'en croit pas ses yeux, mais d'autres surprises l'attendent : la Wendy de Larson sort elle aussi de la chambre, suivie du John de King qui a failli perdre son chapeau. Pendant ce temps, les paroles de la chanson commencent par « Rêve ta vie en couleurs... » La Nana de Ferguson se colle les oreilles sur les yeux. Dans une scène précédente, nous avions vu à quel point ces oreilles pouvaient être utiles, pour pousser un plateau par exemple. Ferguson les utilise comme des mains.

La fée au caractère bien trempé fait la moue, debout sur le rebord de la fenêtre, alors que tous les autres s'amusent. Elle boude parce qu'elle se rend compte qu'elle n'a pas voix au chapitre, même en ce qui concerne l'utilisation de sa poussière magique pour le bien des enfants, et en particulier de Wendy. Certes, Marc Davis en était le principal animateur, mais Clair Weeks (1911-1996) a aussi fait sa part, et pas seulement de loin, mais de plus près comme ici. Il n'est pas très connu et l'une des raisons est qu'il a eu une carrière très inhabituelle. Il est né en Inde, fils d'un missionnaire méthodiste. Ses collègues de Disney se moquaient souvent de lui dans de nombreuses caricatures. Il quitte l'Inde à l'adolescence et est engagé par Disney en 1936. Artiste très important sur *Bambi*, il décide de quitter le studio une fois son travail sur *Peter Pan* achevé. Il expliquait : « Je lui ai dit que j'avais cette opportunité et il a pensé que c'était très bien, il m'a beaucoup aidé et soutenu. Je n'ai pas brûlé les ponts au studio, j'étais là depuis 26 ans, vous voyez, nous étions en plein milieu de *La Belle au bois dormant*, je faisais Aurore. Walt était très compréhensif, il ne m'a jamais fait de reproches, mais il m'a fait démissionner parce que je partais pour plus d'un an. Ils étaient venus d'Inde pour recruter des gens ici, mais j'avais un avantage parce que je connaissais la langue, le pays et la culture, et c'était un gros plus[32]. » Avait-il le mal du pays ? Il est retourné à Bombay après avoir été invité par le gouvernement indien à créer le tout premier studio d'animation du pays, dans le cadre de la mission américaine de coopération technique. Mais c'était un véritable défi : « En Inde, j'ai dû leur enseigner tous les aspects de l'animation, la mise en scène, l'histoire, l'animation, les décors, bien sûr, ils avaient des techniciens, des caméramen, mais le caméraman a été formé ici et a passé plusieurs mois dans le pays. Nous avons même dû fabriquer les tables d'animation, mais j'ai dû expédier de la peinture, des cellulos et tout le reste, et c'était un véritable exercice que de s'occuper de la logistique, en venant d'une structure hautement organisée et sophistiquée comme celle-ci, avec tous les spécialistes, c'était vraiment quelque chose d'entreprendre un projet comme celui-là[33]. »

Ce qui aurait dû être un emploi d'un an s'est transformé en plusieurs années, comme il l'expliqua : « J'ai ensuite travaillé pour le service des affaires étrangères dans le domaine des films audiovisuels, pendant de nombreuses années, réalisant des documentaires, des formations, des films éducatifs, des graphiques, d'abord pour le service des affaires étrangères, puis pour l'ONU. Je revenais tous les deux ans, en congé, pour voir tous mes pairs, comme Frank, Ollie, Milt et les autres, puis je repartais dans un autre pays et je me remettais à enseigner l'animation, à un moment donné, je suis revenu et j'ai commencé à enseigner à l'Orange Coast College, pour lancer un studio d'animation, alors je me suis dit 'très bien, j'ai du temps', donc nous avons rassemblé quelques personnes de la rue avec peu de talent, aucune connaissance de ce qu'il fallait faire et nous avons lancé un petit studio commercial, et en 3 mois nous avons eu un spot de 62 secondes à vendre[34]. » Il était très occupé à gérer des studios en Asie du Sud-Est et au Népal. Un an après s'être installé en Inde, il a commencé à travailler sur un film, *The Banyan Deer* (1957), dans lequel le personnage central ressemble beaucoup à Bambi. Weeks a formé de nombreux futurs artistes indiens de premier plan. Il est retourné aux États-Unis pour enseigner l'animation, mais a continué à se rendre en Inde de temps en temps.

Clair Weeks avait été assistant sur plusieurs longs métrages, à commencer par *Blanche-Neige*, il fut vite catalogué : « J'ai commencé sur *Blanche-Neige*, en faisant la fille, puis on m'a associé aux personnages de filles avec Alice, Cendrillon, Wendy[35]. » Il a beaucoup appris de Jack Campbell, qui avait lui-même dessiné Blanche-Neige et la Fée bleue. C'est donc tout naturellement qu'on lui a demandé de travailler sur la fée : « Marc Davis et moi avons travaillé ensemble sur Clochette, on me demande encore et toujours de faire des dessins d'elle, mais il faut vraiment que je retourne voir les modèles car on ne peut pas simplement dessiner ces personnages de tête, il faut s'entraîner et apprendre beaucoup pour pouvoir les animer. J'ai aussi fait d'autres choses comme Peter, les enfants, comme John[36]. »

Nana fait de son mieux pour suivre, elle arrive au bout de la corde

Barrie avait opté pour une chaîne, mais une corde semblait probablement plus facile à animer. Comme d'habitude, de nombreuses mains ont été nécessaires pour aider au story-board et à la mise en scène du passage. Sous la direction de McLaren Stewart, Ken Anderson a été très actif ici, mais Ken O'Connor est connu pour avoir largement contribué à la partie assez complexe où ils survolent Londres. Pour commencer, il y a ce plan en contre-plongée où l'on voit encore les choses du point de vue de Nana, les quatre personnages faisant un « plongeon en forme de cric-crac silhouetté contre la lune », comme le dit le script. L'idée est répétée avec des plans plus rapprochés de John, puis de Michael, chacun ralenti par son parapluie ou son ours en peluche. Pendant longtemps, les scénaristes avaient prévu de laisser John Darling à Londres. Il était considéré comme trop sérieux, trop cartésien et trop ennuyeux, mais le dessinateur Ralph Wright a convaincu Disney de faire partir John avec les autres au Pays Imaginaire.

Nous avons vu que depuis le début, les plus jeunes enfants, John et Michael ont été animés par Hal King (1913-1986), et qu'il les fera jusqu'à la fin de la séquence et dans d'innombrables séquences du film, ce qui est une tâche énorme. Bien qu'il ait beaucoup travaillé sur de nombreux longs métrages, le gaucher Hal King reste l'un des animateurs méconnus. Il est né dans le Minnesota. Jerry, l'un de ses fils, se souvient de son apparence : « Papa était, d'une certaine manière, un personnage de dessin animé lui-même... de petite taille mais avec des manières merveilleusement chaleureuses et câlines... à l'image des personnages dont il était le spécialiste. Ce qui est curieux, c'est que ceux qui l'ont rencontré ne l'ont jamais vu comme petit. Il n'avait pas une 'grosse personnalité', mais plutôt une confiance tranquille et bien dans sa peau[37] ». Sa carrière chez Disney a débuté à la fin des années 1930 en tant qu'assistant animateur sur des courts métrages et *Pinocchio*. Elle a pris de l'ampleur pendant les années de guerre, lorsqu'il travaillait soit sur Donald, soit sur les « films composites ». On lui confie de plus en plus de séquences et, dans les années 1950, il devient un animateur à part entière, dont l'assistante sera plus tard Doris Plough.

Pour beaucoup, c'était un homme très sympathique, comme s'en souvient son collègue Rolly Crump : « C'était un plaisir de travailler pour Hal King. Il était facile de parler avec lui. Je me souviens d'une chose que Hal partageait avec nous : il avait une petite manie. Il tenait un tableau comparatif des prix des denrées alimentaires. Il suivait les prix des denrées alimentaires depuis la fin des années 30, début des années 40, lorsqu'il s'est marié, jusqu'aux prix actuels dans les années 50[38]. » Sa personnalité est confirmée par l'un de ses fils, Jerry : « Papa était une personne très discrète. Il ne recherchait ni l'attention ni la reconnaissance. J'ai l'impression qu'il considérait son travail comme un simple travail. Il travaillait de manière assez traditionnelle de 8 à 5, du lundi au vendredi. Je ne me souviens pas qu'il ait jamais ramené du travail à la maison'... au sens propre comme au sens figuré. Il était d'humeur égale, heureux et agréable à côtoyer. Il aimait sa vie et, surtout, c'était un excellent père[39]. » Si certains ont été catalogués spécialistes des héroïnes, d'autres des scènes burlesques, Hal King est devenu une sorte de spécialiste des petits, des enfants mignons aux chiots. Michael en est un bon exemple, mais il fera plus tard les chiots dalmatiens, Mowgli et les louveteaux dans *Le Livre de la jungle* (1967) et les chatons des *Aristocats* (1970). Ted Berman le regrette un peu : « Hal King faisait toujours des choses mignonnes, on ne lui confiait jamais un personnage lourd comme Stromboli ou un personnage méchant. D'un côté, c'était une bonne chose, mais d'un autre côté, c'était une mauvaise chose parce que vous n'aviez jamais l'occasion de... J'ai entendu des gens dire à propos d'animateurs, 'il est bon pour les trucs rapides', mais pas pour les trucs avec de la personnalité. Mais parfois, la personnalité est dix fois plus facile que la rapidité[40]. » L'assistant animateur Dale Oliver pensait que c'était son atout : « Il a su capter le côté mignon, un certain charme[41] . » Son autre fils, Dale King, explique : « Je crois qu'il était plus à l'aise avec les petits animaux mignons qu'avec n'importe quoi d'autre. Je pense qu'il trouvait les humains (Mowgli, le jeune roi Arthur) plus difficiles et un peu moins agréables[42] . » Hal King aimait se caricaturer lui-même et s'intéressait beaucoup à l'histoire militaire et aux plus grandes batailles, mais il était aussi un campagnard et n'aimait pas les villes. Gary Goldman a travaillé avec lui lors de l'une de ses dernières missions : « Il était dans l'aile 1B, dans le bâtiment original de l'animation. J'étais dans l'aile 1D, où j'ai passé la plupart de mes trois premières années. Je n'ai rencontré Hal qu'une seule fois, lors du clean-up d'une de ses scènes sur *Robin des Bois*, vers la fin de l'animation de nettoyage en août 1973. C'était un homme sympathique, dans la soixantaine, amical et beau, avec une grande carrière derrière lui de plus de 40 courts et longs métrages d'animation Disney de 1942 à 1973. Quelle expérience extraordinaire ! Je ne me souviens pas de la scène que j'ai cleané pour lui. Il a eu des problèmes de santé et a fini par travailler à un rythme plus lent sur quelques émissions télévisées d'animation avant de mourir ». Ce fut en 1986.

L'un après l'autre, chaque personnage vole autour du toit de cheminée

Dans un gag typique des courts métrages, Michael est le seul à ne pas y arriver et s'engouffre dans une fenêtre du grenier. C'est peut-être l'hiver, mais les fenêtres sont ouvertes la nuit ! Discrètement, mais très efficacement, il y a du Mickey Mousing tout au long des différentes actions, sur les grands chœurs et les cordes qui suscitent l'admiration de l'expert en musique James Bohn : « L'action visuelle de l'animation offre de riches possibilités de représentation musicale, dont l'arrangement tire pleinement parti. En particulier, les fioritures des instruments à vent qui accompagnent les changements de direction des enfants devant la lune et la musique qui accompagne le grand mouvement de descente. J'aime aussi les nombreux changements de tempo. Ils permettent à la musique de rester fraîche. Bien que cette musique ne soit pas un numéro du même genre que 'Entrez dans la danse' de *Mary Poppins*, je pense que la synchronisation étroite entre la musique et l'action (chorégraphie) lui donne un sentiment similaire à celui d'un numéro de show[43] . » Ces arrangements sont l'œuvre d'Ed Plumb, mais comme nous l'avons déjà dit, les voix sont absolument époustouflantes, et tout cela grâce au talent de Judd Conlon.

Son nom complet était Justin Norbert « Judd » Conlon (1910-1966). Né à Cuba City, dans le Wisconsin, il fréquente la Colombia Academy et le Colombia College à Dubuque, dans l'Iowa, et se spécialise déjà dans les arrangements vocaux. Il joue de l'accordéon. Bing Crosby l'engage pour sa série radiophonique, ce qui leur permet de réaliser 230 émissions et plus de 40 enregistrements. Cette association l'amène à participer aux enregistrements de Crosby pour *La Légende de la vallée endormie* dans *Ichabod and Mr. Toad* (1949). Il est très présent au studio Disney dans les années 1940/1950. Il était arrangeur vocal et avait deux groupes, The Rhythmaires et The Judd Conlon's Singers. Il est intéressant de noter qu'il n'avait qu'un seul fils qui s'appelait... Michael. Bien qu'il n'ait pas été crédité, il avait déjà travaillé sur les arrangements vocaux de *Bambi*, mais il est devenu plus célèbre pour son travail sur *Alice au pays des merveilles*. Après *Peter Pan*, il a travaillé dans des émissions de radio avec Stan Freberg en 1957. Il est revenu travailler sur *Le Pays des jouets* (*Babes in Toyland* (1961) pour Disney. Enfin, il a participé à des émissions télévisées, comme le *Judy Garland Show*, en tant que chef de chœur (1963/1964), mais il est mort à l'âge de 56 ans.

La caméra descend le long des ombres des quatre personnages sur le côté inférieur de la maison

Depuis le début, le thème de l'ombre est omniprésent. D'ailleurs, si Peter revient chez les Darling, c'est pour récupérer son ombre. Ici, dans une succession de deux plans, leurs ombres sont utilisées sous différents angles : le très intelligent panoramique le long d'un mur de briques et la remontée montrant les ombres qui tournent autour de Nana, seule dans la cour. Habituellement, les ombres sont animées par des artistes spécialisés dans les effets spéciaux, mais apparemment ici, King les a également animées, tandis que Ferguson a bien sûr fait le chien. Tous deux continuaient à animer leurs personnages, et il convient de noter l'excellente animation de Michael flottant légèrement dans les airs avant d'attraper une Clochette boudeuse, réalisée à nouveau par Clair Weeks. La poussière de fée permet au chien de Ferguson de s'élever, mais la corde l'empêchera de rejoindre les autres. Le tout se termine par une animation très difficile de Nana qui s'élève et flotte jusqu'à nous. Ferguson n'était peut-être pas très doué pour l'anatomie, mais son animation est tout à fait crédible. Chaque partie est chantée alternativement par des voix masculines ou féminines, qui se rejoignent au refrain.

Le groupe survole un étang avec des cygnes

Le magnifique paysage est probablement celui de Kensington Park. Si c'est le cas, le lac où Peter Pan atterrit pendant son vol devrait être la rive ouest de Long Water dans les jardins de Kensington. Cette position de Peter Pan chevauchant deux cygnes tout en jouant du pipeau est l'allusion la plus évidente au dieu Pan. Dans le registre d'animation, on l'appelle le « numéro du cavalier romain ». Il y aura une autre allusion aux Romains plus tard. C'est Don Lusk qui dessine le groupe de loin, puis les cygnes et Peter jouant du pipeau. Il n'en joue pas très souvent dans le film, bien que ce soit ce qui reste de la source mythologique du personnage. En fait, le nom vient du dieu grec Pan. Il était connu pour être mi-chèvre, mi-dieu. C'est la raison pour laquelle, sur les premiers programmes de théâtre de la pièce de Barrie, Peter était représenté chevauchant une chèvre. Selon la mythologie, ce dieu jouait de la Syrinx, sorte de pipeau musical. À l'époque où la pièce a été jouée, c'est-à-dire la période édouardienne, il y avait un véritable engouement pour le dieu Pan. Dans le film, presque chaque fois que Peter joue de cet instrument, on entend un thème de trois notes jouées sur une flûte de Pan. Curieusement, quand l'équipe hésitait à opter pour de la musique moderne, il fut brièvement envisagé que Peter joue un air de Benny Goodman ! Rappelons que le musicien était au studio pour *Make Mine Music* comme expliqué dans le volume 2. Ce thème simple des trois notes est joué plusieurs fois, même avec l'orchestre au complet. Cette petite mélodie symbolise Peter Pan et correspond à ce que Barrie avait en tête comme il l'indiquait dans une note pour son scénario à l'écran : « La musique de la pièce jouée, telle qu'elle a été spécialement écrite pour elle, doit accompagner les images. Il y a donc la musique qui annonce toujours les apparitions de Peter, la musique de la Fée Clochette, la musique des pirates, la musique des Peaux-Rouges, la musique des crocodiles, etc... Toutes ces musiques ont une signification dramatique et aident à raconter l'histoire[44]. » Scénaristes et compositeurs Disney suivirent fidèlement cette ligne.

Quant au nom du héros, Sylvia Jocelyn Du Maurier avait appelé son fils « Peter » en référence à Peter Ibbetson. Elle était la fille de George du Maurier qui a écrit *Peter Ibbetson*. Sylvia épousa Arthur Llewelyn Davies et eut quatre fils. Ils ont tous inspiré les aventures littéraires de Barrie. C'est en promenant son chien à Kensington Gardens que Barrie rencontre cette famille, composée alors de trois fils, George, Jack et Peter, et qu'il se prend d'affection pour eux. Ils s'entendent bien et bientôt, George impressionnera tellement Barrie qu'il écrira *Le petit oiseau blanc* à son sujet. Un livre qui raconte la petite enfance de Peter Pan. L'écrivain passait ses vacances avec eux près de Tilford, au Black Lake Cottage, imaginant des histoires étonnantes de pirates, d'îles et de fées. Tous les enfants participaient activement, apportaient des idées et Barrie commença à prendre des notes jusqu'à ce qu'il arrive à un manuscrit rempli de 35 photos, intitulé *The Boy Castaways of Black Lake Island (Les garçons naufragés de l'île de Black Lake)*. Barrie n'a cessé de répéter que la future pièce de théâtre *Peter Pan* avait été écrite par les enfants eux-mêmes, mais le biographe et réalisateur Andrew Birkin précise : « La générosité de Barrie est peut-être exagérée, car bien que les enfants Davies soient omniprésents dans *Peter Pan* et le deviendraient de plus en plus au fur et à mesure qu'il le soumettrait à une révision annuelle constante - c'est Barrie lui-même qui imprègne chaque personnage et chaque situation à un degré inégalé dans toutes ses autres pièces[45]. » Un cinquième fils est né dans la famille Davies avant que la pièce ne soit jouée sur scène pour la première fois. Nous pouvons constater que la plupart des noms ont été intégrés à la pièce : George, l'aîné, était le prénom de M. Darling, bien que le personnage ait été largement inspiré par Arthur, leur père. Michael est devenu le plus jeune des enfants. Quant à Peter, on sait qui il a inspiré. En revanche, Sylvia, la mère, dont Barrie s'est peut-être entiché, a inspiré en partie les rôles simultanés de Mme Darling et de Wendy.

Après la mort des deux parents, Barrie a généreusement pris en charge et payé l'éducation de tous les garçons. Mais le destin de ces garçons fut terrible. Tout d'abord, George a été tué sur le front pendant la Première Guerre mondiale, à 21 ans, dans les Flandres. Ensuite, Michael s'est noyé avec un de ses amis alors qu'il se baignait à Oxford. Selon son frère Nico, il s'agirait d'un suicide. Inutile de dire que Barrie était dévasté et qu'il ne s'en est jamais vraiment remis. Mais après la mort de Barrie, le pire était à venir : Peter, qui devait rester à jamais « le véritable Peter Pan », eut du mal à supporter ce statut et se jeta sous une rame du métro londonien à la station Sloane Square en 1960, à l'âge de 63 ans.

Peter Pan est donc un mélange de ces « vrais » enfants, et Barrie a été très précis quant à ses traits de caractère, répétant dans son roman que « la vanité était l'une de ses plus attachantes qualités ». Peter se vante : « Comme je suis malin! » et dans ses notes pour un scénario de film, Barrie indique : « Personne d'autre ne peut être aussi gai que Peter, ni aussi sérieux, ni aussi galant, ni aussi vaniteux ». En fait, l'équipe de Disney s'est vite rendu compte qu'elle était confrontée au même problème qu'avec Pinocchio : Peter n'était finalement pas un garçon si agréable. Ted Sears l'a exprimé lors d'une réunion du 21 octobre 1939 : « C'est un petit personnage très désagréable tout au long du livre. Il est égoïste et ne fait rien pour personne. Nous pourrions le rendre drôle et l'adoucir un peu ». Bill Peet s'est plaint qu'il était trop égocentrique et arrogant pour être sympathique. Dans le livre de Barrie, Peter Pan est en effet très égocentrique, négligent, égoïste (« il ne pensait qu'à lui »), distrait, orgueilleux et sans cœur. Walt en était conscient : « Gardez la vanité de Peter, mais de manière à ce que vous l'aimiez quand même. » (1er mars 1940) Et comme pour *Alice au pays des merveilles*, il reprocha même aux personnages d'être trop froids.

Lorsque Barrie a conçu le garçon, il a été très influencé par les héros de ses lectures tels que *Huckleberry Finn* (1884), *Tom Sawyer* (1876) de Mark Twain, ou Jim Hawkins dans *L'île au trésor* (1883) et ses favoris Ralph, Piggy et Jack de *L'île de Corail* (1857) de Robert Michael Ballantyne. Les Robinsonades étaient très populaires à l'époque et Barrie a même déclaré : « J'aurais l'impression d'avoir enlevé mes vêtements si je devais écrire sans île ». Walt aimait aussi ce genre de héros, et en particulier celui de Mark Twain, il a donc opté pour ce type d'aventurier, en essayant de le rendre moins désagréable que dans le roman. Cependant, il s'est abstenu de scènes où Peter s'avérait trop sensible et pleurait même. C'est ce qu'il fait dans le livre, allant jusqu'à pleurer dans son sommeil, mais ce comportement mystérieux n'est jamais expliqué par Barrie.

En ce qui concerne le design, l'équipe de Disney n'a pas eu le même problème qu'avec *Alice au Pays des Merveilles*. Nous avons vu dans le tome 2 combien il avait été difficile de faire fi du succès des dessins de John Tenniel. La première édition de *Peter Pan* a été illustrée par Francis Donkin Bedford en 1911 et 1915. Il avait déjà illustré des livres de Charles Dickens, George MacDonald et E.V. Lucas. C'est cette même édition que Walt avait empruntée et annotée à la bibliothèque Disney, il connaissait donc les illustrations. Pourtant, elles ne sont pas devenues des dessins emblématiques.

Cependant, l'équipe de Disney a lu comment Barrie l'avait imaginé : « C'était charmant petit gars, vêtu de feuilles et des résines qui suintent des arbres. » Comme pour la fée Clochette, ils ont commencé à dessiner Peter dans une tenue de feuilles brunâtres et verdâtres. Dave Hall avait opté pour un garçon aux cheveux clairs avec une tunique brune/rougeâtre et des chaussures lacées à la romaine. Mais, pour des raisons économiques et esthétiques, ils ont simplifié le projet et choisi la tunique verte. La partie inférieure et les manches courtes terminées par des formes de feuilles rappellent ces premières intentions. Le bonnet à plume est une invention de Disney. Jim Korkis nous en dit plus à ce sujet : « Ce type de chapeau est officiellement connu sous le nom de bycocket, un style de chapeau qui était à la mode pour les hommes et les femmes en Europe occidentale du XIIIe au XVIe siècle avec une pointe à l'avant comme un bec d'oiseau[46]. » Il porte également des collants verts et des mocassins. Avec Bedford, Peter était pieds nus. L'expert Oswald Iten remarque : « Dans les productions scéniques originales, Peter était rouge et brun parce que ses vêtements étaient censés être faits de feuilles (d'automne). La décision très influente de lui donner une apparence naturellement verte semblable à celle de Robin des Bois a donc dû être un choix très délibéré de la part des réalisateurs[47]. » L'élément de base des jeunes garçons de Disney, la mèche de cheveux proéminente, est de nouveau présent. Dans les premiers dessins, Peter était moins musclé, plus maigre et portait une ceinture sur l'épaule. La plume était beaucoup plus longue. Il ressemblait beaucoup aux premières esquisses de Pinocchio. Il avait quelque chose d'un lutin ou d'un farfadet. Jack Miller l'a retravaillé jusqu'à ce que Milt Kahl prenne le relais comme d'habitude.

Quant à son visage, ce qui est remarquable, ce sont les oreilles pointues et les yeux légèrement en amande. De telles oreilles sont assez courantes dans les représentations celtiques des korrigans et des lutins. Dans ses notes de scénario, Barrie insistait sur le fait que Peter devait avoir les dents de la chance, mais Kahl n'en a pas tenu compte. Walt l'avait rappelé à son équipe : « Peter a 12 ans pour toujours, simplement parce qu'il refuse de grandir au-delà de cet âge confortable ». Mais il est évident que le Peter final est bien plus âgé que 12 ans. C'était un problème et le colérique Kahl s'en souvenait : « Une fois, Walt a téléphoné pour se plaindre de ce 'maudit Peter Pan'. Dans certaines scènes, le personnage semblait trop vieux et trop musclé. 'Quelque chose ne va pas en bas', a-t-il aboyé depuis les hauteurs olympiennes du troisième étage ». Kahl rétorqua : « Vous voulez vraiment savoir ce qui ne va pas ? Vous n'avez pas le moindre talent dans cette maison ! Voilà ce qui ne va pas[48]. » Le problème de Kahl était qu'il avait essayé de combiner des éléments de Roland Dupree, le modèle de l'action réelle qui était beaucoup plus âgé, et du garçon qui faisait la voix, Bobby Driscoll. Au final, Peter avait plutôt l'air d'avoir 16 ans, ce qui était l'âge de Driscoll à l'époque. En ce qui concerne le corps, comme les jambes et les bras étaient visibles, l'animer nécessitait une bonne connaissance de l'anatomie humaine, en particulier de l'emplacement des muscles. Andreas Deja a analysé les feuilles de modèle réalisées par Kahl : « Chacune est un dessin de maître, plein de vie avec cet attrait unique que seul Milt pouvait apporter à un personnage. Les proportions subtiles de Peter Pan sont essentielles. Un peu plus de réalisme, et vous obtiendriez des images d'apparence stérile. Un peu plus de caricature et le personnage perdrait de sa crédibilité. Milt savait instinctivement comment trouver cet équilibre parfait et précieux. C'est la raison pour laquelle Walt a voulu qu'il anime Peter, alors que le méchant Capitaine Crochet a été confié à Frank Thomas[49]. »

Nous avons vu que Walt partageait le même intérêt que Barrie pour *L'Île au trésor,* et il l'a prouvé en l'adaptant pour sa première incursion dans les films en prises de vues réelles en 1950. Pourtant, sa première intention avait été de tourner *Tom Sawyer*, un autre des personnages préférés de Barrie. Pour le rôle de Jim Hawkins, il avait choisi une fois de plus un enfant acteur qu'il semblait particulièrement apprécier. Bobby Driscoll apparaît effectivement dans nombre de ses films, à commencer par *Mélodie du Sud* (1946) dans le rôle de Johnny, *Melody Time* (1948) et *Danny, le petit mouton noir* (*So Dear to my Heart*, 1949). Il a également fait la voix de Goofy Jr. Walt était très fier de son acteur, comme il l'a avoué au journaliste de Cine-Revue Joe Van Cottom : « (...) Bobby Driscoll, il sera Peter Pan avec tout le cran contagieux des adolescents[50]. » Ce choix peut paraître étrange car il était américain dans une histoire très britannique. Walt avait été attentif à l'utilisation de Kathryn Beaumont pour Alice parce qu'elle avait un accent nettement anglais, mais il ne semblait pas s'en préoccuper ici. Il ne pouvait pas l'oublier car la nationalité de Driscoll avait causé de nombreux problèmes lors du tournage en Angleterre de *L'Île au trésor*. La loi britannique interdisait aux acteurs non anglais de jouer dans des films tournés sur leur sol et le pauvre Driscoll dut jouer presque en secret. Milt Kahl se souvint pour Robin Allan d'un fait qui pourrait être un présage de ce qui allait se passer plus tard : « C'était un gentil petit garçon, mais il avait une mère absolument épouvantable. C'était l'une de ces mères hollywoodiennes tyranniques, et vous savez qu'il a fini dans la rue. C'est une honte. Un gentil petit garçon[51]. »

La vie de Bobby Driscoll (1937-1968) est peut-être l'une des plus tragiques d'un enfant star à Hollywood. Né dans l'Iowa, mais arrivé à Los Angeles à l'âge de 4 ans, il commence sa carrière à 5 ans, a 9 ans lorsqu'il signe un contrat de 7 ans avec Disney, reçoit un Oscar à 12 ans et est la voix de Peter Pan à 16 ans. Cette célébrité soudaine va rapidement prendre fin car son contrat avec Disney est écourté. Il exerce différents métiers et échoue dans plusieurs universités. Il réapparaît pour l'inauguration de Disneyland en 1955 à bord du bateau Jolly Roger, mais passe surtout son temps à se droguer et à aller en prison. Il se marie et se remarie, obtient quelques petits rôles dans des émissions télévisées et un dernier film important en 1958. Il s'adonne au collage artistique. Plus tard, il se rendit à New York, se liant d'amitié avec Andy Warhol et fit brièvement partie de la « Factory ».

L'acteur Billy Gray, un de ses amis qui a joué dans le célèbre feuilleton télévisé *Father Knows Best*, a déclaré : « Il ne s'est pas vraiment remis d'avoir été abandonné par Hollywood. Il a été durement touché. Il était héroïnomane. C'était tragique et il n'y avait pas grand-chose à faire. Il était fort, il avait une bonne intelligence et il aurait dû faire preuve de plus de discernement. Mais c'était un choix qu'il avait fait, et on ne pouvait pas l'en dissuader[52]. » Driscoll était très lucide sur la fin, comme il l'a exprimé dans une rare interview ultérieure : « J'aimerais pouvoir dire que mon enfance a été heureuse, mais je ne serais pas honnête, j'étais seul la plupart du temps. L'enfance d'un enfant acteur n'est pas normale. Le fait que les gens disent continuellement 'Quel beau petit garçon !' crée une vanité innée. Mais l'adulation n'est qu'un aspect de la situation. Le fait d'être une star l'éloigne des gens normaux. Les autres enfants font leurs preuves une fois, mais je devais les faire deux fois avec tout le monde ». Pendant des années, il a traîné à New York et on ne sait rien de ses déplacements et de ses activités. Penser à son enfance glorieuse reste douloureux : « J'étais très amer à l'égard de ce métier. Je ne laisserais aucun de mes enfants devenir un enfant star, comme je l'ai été. C'est un métier pourri, mais en même temps, c'est un métier merveilleux...[53] » L'issue sinistre est résumée dans cet article du site *Entertainment* : « Les romans policiers se terminent généralement de cette façon, pas les contes de fées de Disney. En mars 1968, deux enfants jouant dans un immeuble abandonné de Greenwich Village, à New York, découvrent un jeune homme mort sur un lit de camp, entouré de bouteilles de bière et de documents religieux. Il n'y avait aucun signe évident d'acte criminel. Il n'avait aucune pièce d'identité. Le corps était inconnu et n'a pas été réclamé[54]. » Il a été enterré sur Hart Island, une île perdue de New York, comme le sont les sans-abris. Il avait 31 ans.

Pour des raisons restées obscures, Peter Pan a toujours été joué par une fille sur scène. La professeure et historienne Maria Tatar y voit cependant une raison : « Une raison pragmatique - une petite femme pourrait ressembler davantage à un garçon qu'à un homme adulte. Et la voix ! Pan n'est pas joué par une fille, mais par une jeune femme. Il y avait des règles concernant les heures de travail des enfants dans les théâtres[55]. » Il est vrai que si le rôle avait été interprété par un jeune garçon de moins de 14 ans, les règles auraient compliqué les choses. Il était plus facile d'avoir une personne plus mûre, mais dans ce cas, une voix masculine aurait sonné trop vieux, il fallait donc une jeune femme. On sait que Nina Boucicault a été la toute première Peter, et qu'aux Etats-Unis, Maude Adams a fait le tour du pays. D'ailleurs, cette dernière était tellement associée au rôle que le réalisateur Ham Luske lui proposa de jeter un coup d'œil au travail sur l'histoire qu'ils avaient fait en 1940, mais elle refusa, pensant que toute autre interprétation que la sienne ne serait qu'une pâle copie. Ils avaient également contacté Mary Martin pour le rôle. Elle jouera le rôle pendant deux ans à Broadway après la sortie du film. Mais pour le public britannique, voir Peter en garçon est une vraie révolution.

Le moins que l'on puisse dire, c'est que Milt Kahl a animé à contrecœur Peter et quelques autres personnages comme Wendy. Il l'a expliqué lors d'une conférence : « Ce sont des personnages qui posent problème. C'est ce stade entre garçon et homme pour utiliser une expression ringarde. Ce sont des personnages difficiles à rendre. Vos princes, vos princesses et vos héros types ont toujours été les plus difficiles ». L'une des raisons pour lesquelles il était si en colère était que, jusqu'à son dernier jour, il regrettait qu'on lui ait « volé » le méchant qu'il aurait aimé animer : « Il y a tant de choses que j'aurais aimé faire sur ces films, comme le capitaine Crochet, la Reine de Cœur et, oh, Ichabod Crane. Mais bon sang, je suis coincé avec Peter Pan, Wendy, Alice et le maudit prince de *La Belle au bois dormant*[56]. » Les trois personnages qu'il enviait furent confiés à Frank Thomas. Kahl a sûrement gardé rancune pendant des années parce qu'il s'est senti berné. Il a développé : « Peter Pan était assez intéressant, mais j'aurais aimé avoir l'occasion de faire Crochet, parce que c'est là vous avez du matériau[57]. »

Comme nous avons déjà pu le constater, Kahl n'était pas le seul à travailler sur Peter Pan, Eric Larson en a fait presque autant. D'autres animateurs ont fait des plans de groupe ou quelques actions ici et là : Harvey Toombs, Hal Ambro, Ken O'Brien, Les Clark, Eric Cleworth, Bob Carlson et Clarke Mallory. Le principal assistant de Milt Kahl était John Freeman. Mais comme d'habitude, Kahl fut omniprésent et s'en plaignit à Robin Allan et William Moritz : « J'ai fait une grande partie de ce travail. Je concevais les personnages et j'aidais les gars à les faire. C'était frustrant pour moi, parce que je commençais des choses et que quelqu'un d'autre me relayait, si bien que je ne peux pas dire de tel ou tel plan, c'est de moi[58]. »

Wendy glisse sur l'eau et voit son propre reflet

Les changements de tempo et les accélérations ajoutent à la complexité de la chanson, ce qui n'a pas dû être facile pour les chanteurs. Don Lusk incarne tous les personnages dans cette succession de plans, après Peter vient Wendy, puis Clochette. Alors que Wendy se coiffe, son reflet est brisé par la fée Clochette jalouse. Elle hoche la tête avec méchanceté et révèle à nouveau son mauvais caractère. Mais chaque fois qu'elle est méchante, elle est punie. Cette fois-ci, elle est presque attrapée par un gros poisson, également réalisé par Lusk. Il connaissait bien l'animation des poissons puisqu'il avait réalisé Cleo dans *Pinocchio* (1940) et le ballet oriental des poissons dans la *suite de Casse-Noisette* dans *Fantasia* (1940).

Le nom complet de Wendy est en fait Wendy Angela Moira Darling. Il a été inventé par Barrie et provient de Margaret, la fille de W.E. Henley, qui a baptisé Barrie « mon ami » (friendy), mais comme elle n'arrivait pas à prononcer les R, le nom est devenu "Wendy". Malheureusement, cette petite fille est morte à l'âge de 6 ans. Barrie lui a donc rendu hommage et a même gardé sa cape préférée pour le costume de scène. Il donnait peu d'informations sur Wendy, si ce n'est qu'elle était une « fille proprette » et, en effet, dans la première séquence, on la voit ranger des choses dans la chambre d'enfant. Tout d'abord, les scénaristes de Disney la voyaient comme une jeune fille de 15 ans, et c'était du pain béni pour Fred Moore, comme l'a expliqué Walt : « Je pense que Wendy devrait aussi avoir un peu de cran. Nous essayons d'obtenir davantage le type de fille sur lequel Fred a travaillé. Nous allons nous éloigner du rotoscope dans cette histoire ». Bien que Moore ait suggéré quelques dessins, il n'aurait rien à voir avec l'animation du personnage, se concentrant sur les sirènes, certaines scènes de Mouche et des Garçons Perdus. Ce commentaire montre également que Walt était très préoccupé par la rigidité des personnages : « Nous avions encore du mal à rendre les corps souples, mais le pouvoir de l'histoire elle-même, plus le désir du public de croire en sa fantaisie fondamentale. Je m'envole, je m'envole, ont fait oublier la rigidité du mouvement ».

Wendy est plutôt polie, peu loquace (sauf avec une squaw peau-rouge), en un mot, bien éduquée. Certains de ces traits de caractère se retrouvent également chez Alice. Il s'agissait d'une autre jeune fille anglaise, vêtue de bleu, dont la voix était également interprétée par Kathryn Beaumont. Cette dernière la définit : « Wendy était la sœur aînée responsable, au seuil de l'adolescence. Elle oscille typiquement entre la jeune femme mature et la petite fille effervescente[59]. » Le défi était de ne pas en faire une autre Alice. Kathryn Beaumont se souvint pour Robin Allan : « Ils voulaient qu'en voyant Wendy juste après Alice, le public ne retrouve pas Alice. Ils ont donc essayé de créer une couleur de cheveux différente, un ton de peau différent. Ainsi, toutes ces choses seraient différentes[60]. » Un autre risque était d'avoir un personnage plutôt fade, comme Walt l'avait souligné. Jackie Wullschläger explique qu'elle l'est déjà dans le roman de Barrie : « Wendy demeure une sorte de Sainte Vierge. Elle ira rejoindre, en même temps que Mrs. Darling, la cohorte de figures maternelles idéalisées et sexuellement insignifiantes qui vont hanter le roman anglais dans les deux décennies à venir[61]. » Il est vrai que la plupart des jeunes héroïnes victoriennes sont des victimes frêles et vulnérables.

Wendy oscille constamment entre le statut de mère, d'épouse et de petite amie. On ne sait jamais si Peter est amoureux d'elle, mais on devine que Wendy éprouve des sentiments pour lui. Certains ont interprété cette dernière nuit dans la nursery comme le rite de passage de l'enfance à la puberté. Walt ne s'est certainement pas soucié de cela. Mais beaucoup de choses font d'elle une fille plus mûre. Ne veut-elle pas un baiser de Peter ? Ce dernier ne sait pas ce que c'est et propose un dé à coudre à la place. Cela figure dans le livre de Barrie et a longtemps figuré dans la version de Disney, jusqu'à ce qu'elle soit abandonnée. Le fait que toutes les jeunes filles de l'histoire soient jalouses de Wendy prouve à lui seul qu'elle est considérée comme *la* menace et la chouchoute de Peter. Mais est-elle vraiment consciente de la menace qu'elle incarne ? Elle ne semble pas jouer dans la même cour que les sirènes, comme l'écrit l'historien Donald Crafton dans son excellent article : « Les jeux érotiques des sirènes avec Peter et les taquineries de Wendy sur sa pudeur ('elle porte sa chemise de nuit') suggèrent une conscience sexuelle[62]. » Barrie écrit : « Wendy se sentit femme des pieds à la tête ». En fait, ce sont les différentes jeunes filles qui l'entourent qui la poussent à devenir plus mature et à adopter un certain statut de femme. Dans le livre de Barrie, elle dit à Peter : « Je vais te la recoudre *mon* petit homme », ou encore le narrateur nous dit « ... Wendy lui fit un signe de se rapprocher, en tapotant sa chemise de nuit avec une grâce d'habituée de salon. » Elle demande : « Peter (...) quels sont exactement tes sentiments pour moi ? » et à la fin du livre, elle s'exclame « Peter (...) je t'aimerais même barbu ! »

Mais dans le chapitre 10 intitulé « Un foyer heureux », nous voyons un vrai couple à la maison et Peter dit même : « Ah ma vieille (...) quoi de plus agréable après une dure journée de labeur, que de se reposer au coin de l'âtre, toi et moi, avec tous ces chérubins autour de nous. » C'est tout ce que recherchent Peter et les Garçons Perdus. Même Michael croira un jour qu'elle est sa mère. Dorothy Ann Blank a conseillé de se débarrasser de cet aspect : « Je ne pense pas que nous devrions choisir la maternité comme thème, mais seulement comme élément de notre intrigue. » Et c'est exactement ce qu'ils ont fait. Tout cela est très ambigu. Mais Barrie adorait jouer avec l'ambiguïté. N'est-ce pas le cas lorsqu'il fait jouer le rôle de Peter par une fille ? Dorothy Ann Blank en était bien consciente et elle écrivit : « Dans notre personnage de Peter Pan, nous éliminons à jamais tout doute sur le sexe, et nous faisons de notre héros un garçon amusant, féroce, courageux et un peu dur ». Mais il y a aussi le fait que traditionnellement, le même acteur jouait à la fois M. Darling et Capitaine Crochet. Disney respecte cette règle non écrite. Cela rend clairement les choses mystérieuses et de nombreux psychanalystes l'ont analysé. Barrie a ajouté plus d'ambiguïté à Crochet : « Comme chez tous les grands pirates, il y avait dans son âme ténébreuse cette pointe de sensibilité féminine qui lui inspirait parfois d'heureuses intuitions. » Quant au crocodile, Barrie alterne « il » et « elle ». Toutes ces confusions de genres sont totalement absentes de la version de Disney. Il est amusant de constater qu'après avoir assisté à la représentation théâtrale, le scénariste Ted Sears avait fait la remarque suivante : « Nous devrions éviter de troubler le public, nous devrions éviter d'inquiéter la censure en limitant la présence de garçons et de filles dans le même lit à cause de l'étroitesse d'esprit du public américain[63] . »

C'est à nouveau Milt Kahl qui la dessine, après que plusieurs artistes lui aient suggéré des idées, de Fred Moore à Jack Miller. Il a essayé différents types de coupes de cheveux. Son corps est divisé en deux parties et son buste est très court avec une ceinture placée très haut. Nous avons vu qu'il n'était pas très enthousiaste à l'idée de l'animer, mais il ne la fit que partiellement. Elle a été principalement dessinée par Harvey Toombs, aidé par Hal Ambro, Les Clark, et quelques scènes par Eric Larson et Don Lusk. Harvey Toombs (1909-1968) est responsable de toute l'animation depuis ce moment jusqu'à la fin de la séquence.

Il fait partie de ces animateurs qui n'ont jamais pu vraiment défier les Neuf Sages (Nine Old Men) bien établis. On sait peu de choses sur cet animateur né à Kansas City et engagé par Disney le 8 février 1937 pour travailler sur *Pinocchio*. Il rencontre sa future femme Leota Anne Wharton, qui travaillait au département Encre et Peinture et qui rejoint ensuite le département de l'animation. Ils se marient en 1947. Ils auront deux enfants, Launie et Kim. Sa femme quitte Disney pour les élever avant de revenir en 1962 pour travailler dans les parcs. Son visage est celui de la boule de cristal de la Maison Hantée. Entre-temps, Harvey Toombs a travaillé sur presque tous les films d'animation jusqu'à *La Belle au bois dormant*, ainsi que sur *Les aventures de Donald au pays des Mathématiques.* Il était apprécié de ses collègues, comme l'a avoué l'assistant Dale Oliver à Wes Sullivan : « Harvey était un type sympa. Je l'aimais bien, mais il avait toujours l'impression d'être sous pression. C'était un peu comme si Walt lui-même regardait constamment par-dessus son épaule, mais Harvey faisait un travail admirable en matière de volume d'animation. Il faisait beaucoup et vite[64] . » Après cela, il a travaillé pour des séries télévisées, animant 15 épisodes de *Popeye*, puis les *Pierrafeu, Johnny Quest, Spiderman*, etc. Il est décédé à un âge assez jeune à Glendale, mais sa fille Kim Irvine a repris le flambeau et est devenue Imagineer pour les parcs Disney, puis même Executive Creative Director.

C'était la deuxième expérience de Kathryn Beaumont avec Disney. Elle l'a beaucoup appréciée, même si elle avoua plus tard être un peu fatiguée de vivre à l'écart des autres dans le monde du cinéma. Il lui était difficile d'essayer de se socialiser en tant qu'enfant star à qui l'on donnait des leçons particulières, et elle avait envie d'aller à l'école publique. Elle raconte qu'elle est allée demander conseil à Walt, qui lui a dit de « suivre son cœur », ce qu'elle a fait et a abandonné le métier d'actrice pour devenir enseignante. Dans les années 1980, les Imagineers l'ont rappelée pour quelques enregistrements. La fée Clochette peut échapper au poisson et rejoint le quatuor dans le ciel alors que la musique ralentit sur un motif descendant, c'est la fin de la première partie.

Big Ben apparaît par un fondu-enchaîné

Ce plan en contre-plongée avec un Big Ben incliné est une image célèbre du film. Mary Blair avait peint ce plan parmi ses nombreuses créations à la gouache. Cependant, son travail a eu beaucoup plus d'impact sur les séquences du Pays imaginaire que sur la partie londonienne. Elle n'a peint que quelques ciels stellaires avec le quatuor volant, mais rien qui n'ait vraiment influencé la version finale du vol. Dans le coin inférieur droit, on peut voir la statue de Boadicea et de ses filles, également à Westminster. Elle était la reine de la tribu des Iceni, une tribu britannique originaire de l'actuelle East Anglia, martyre sous le joug romain

Dans le plan suivant, nous les voyons tous, animés par Toombs, se poser sur l'aiguille des minutes, presque en silhouettes. L'horloge indique 8:04. Peu de gens le remarquent, mais à la fin de l'aventure, lorsqu'ils seront tous de retour chez les Darling, une horloge indiquera que la soi-disant nuit aurait en fait duré 3 heures. La durée de ce voyage a fait l'objet de plusieurs interprétations. Ann Blank avait sa vision : « Bien que cela puisse sembler un changement assez radical, je devrais suggérer à nouveau ici que nous envisagions de comprimer le temps de cette grande aventure - la période que les enfants passent avec Peter Pan loin de la chambre - en une seule nuit. En d'autres termes, il s'agit d'une fuite dans l'imaginaire plutôt que d'une absence réelle de plusieurs semaines et de plusieurs mois. » Une vraie rupture en effet. Pour Barrie, c'était bien plus long : « (...) John estimait qu'ils en étaient à la deuxième mer et à la troisième nuit ». Tout cela se passe dans la première partie du chapitre 4 « Le voyage dans les airs » et même si cela ne prend que quelques pages, les personnages prennent le temps de dormir pendant qu'ils volent ou se demandent comment ils vont manger. Ils sont confrontés à divers dangers comme un requin.

Le temps est récurrent. Après tout, l'histoire est celle d'un enfant qui ne vieillit jamais. L'importance du temps nous est rappelée à plusieurs reprises : le tic-tac de l'horloge dans le ventre du crocodile, qui perturbe Crochet, ou la bombe à retardement qui devait tuer Peter. Dans son article passionnant, Donald Crafton développe : « Il est donc naturel que le voyage des enfants depuis Londres commence par un vol autour de Big Ben, symbole non seulement de la temporalité et de la causalité, mais aussi du maintien de l'ordre dans l'arène commerciale de la City de Londres, où M. Darling travaille comme banquier. Les horloges, en particulier les gardiens du temps publics monumentaux, ont toujours été associées à la banque en raison de leur lien symbolique avec l'accumulation d'intérêts sur le capital ('le temps, c'est de l'argent')[65]. » Ceci sera confirmé par le rôle de M. Banks dans *Mary Poppins* (1964) tel que vu par Walt Disney. Mais, comme pour *Alice au pays des merveilles*, Walt ne s'est pas intéressé au sous-texte. En effet, le fait même que Peter ne vieillisse pas est à peine exploité dans son film. C'est d'autant plus surprenant que Walt disait typiquement : « L'enfance. Le but de mon travail a toujours été de réveiller un sentiment de jeunesse chez les hommes, chez les adultes. Parce que la meilleure partie de la vie d'un homme, c'est son enfance » et qu'il ne pouvait pas être plus proche de ce que Barrie avait en tête lorsqu'il a écrit *Peter Pan*. Walt voyait avant tout une aventure et, des années plus tard, il a peut-être compris qu'il avait manqué quelque chose, comme il l'a avoué à Peter Martin : « J'ai eu du mal à l'obtenir [l'émotion] dans *Peter Pan*, mais je ne pense pas l'avoir obtenue. Mais j'ai eu tellement d'autres choses dans *Peter Pan*. Avec le capitaine Crochet et le crocodile, j'ai eu plus d'aventures, plus d'action et d'aventure. Mais je ne pourrai jamais me rapprocher de Peter Pan[66]. »

Peter Pan pointe dans la bonne direction : « Deuxième étoile à droite »

En utilisant l'expression qui est également le thème d'une autre chanson « La deuxième étoile » (et la phrase exacte de Barrie), Peter montre la direction. Le plan suivant montre l'une des deux étoiles scintillant au loin au-dessus d'une vue de Londres. Notons les lignes curieusement incurvées des nuages. Mais nous verrons que les nuages joueront bientôt un rôle important. Pendant ce temps, la cloche sonne. Sur un glissando de harpe, les chœurs reprennent et s'envolent.

C'est maintenant que commence la succession de panoramiques compliqués sur Londres. Sur son fascinant blog, Hans Bacher a analysé et recréé les décors à partir d'une très longue feuille de layout qu'il a pu trouver : « L'ensemble de la scène est très bien planifié, les personnages se déplaçant de loin à des gros plans extrêmes, ils tournent autour de leurs axes et - pour rendre les choses encore plus confuses - la caméra se déplace en s'inclinant dans et hors de l'arrière-plan, vers le fond apparemment avec plusieurs couches de nuages, au-dessous et au-dessus des personnages. Étonnant[67] ! » En recréant les décors, il a permis de mieux comprendre la façon dont ils avaient conçu la mise en scène : « Dans ce cas, je dois admettre que c'est la 'reconstruction' la plus compliquée que j'aie jamais faite. Les personnages étaient partout, couvrant beaucoup de détails dans les décors, la caméra se déplaçait constamment et s'inclinait... cela a pris du temps ! »

Le premier plan est celui de St Paul dans le quartier de la City. Une observation image par image permet de constater que les visages des personnages sont à peine dessinés, même à mi-distance. Tout va si vite que seul le visage de Peter est dessiné, les autres étant soit vides, soit avec seulement deux points pour les yeux. Dans le livre, les enfants espiègles passent un certain temps à survoler les bâtiments de Londres : « Au début, ses compagnons se fièrent aveuglément à lui. C'était si agréable de voler qu'ils perdirent beaucoup de temps à tournoyer autour des clochers et des tours, seulement pour le plaisir. » Mais étonnamment, avec Barrie, en l'espace d'une vingtaine de lignes, ils sont déjà en train de survoler la mer. Walt avait une autre idée, et il put exprimer son amour pour l'Angleterre et Londres.

Diane Miller Disney, la fille de Walt, a avoué à Robin Allan : « Nous aimons tellement l'Angleterre, tout comme ma mère et mon père... nous l'adorions. Ils adoraient y aller. Ils avaient l'habitude de séjourner au Dorchester[68]. » Il existe une photo bien connue du couple Disney posant dans une Disney Street à Londres. Le maquettiste Joe Hale a confirmé : « Comme vous le savez, après la Seconde Guerre mondiale, Walt a réalisé plusieurs films en Angleterre grâce aux bénéfices générés par les films Disney qui y étaient diffusés (ces bénéfices devaient être dépensés en Angleterre). Walt s'est fait des amis là-bas et ses ancêtres étaient originaires des îles britanniques. Il aimait aussi la possibilité de converser directement avec les gens et il aimait l'architecture anglaise (vous pouvez voir cette influence anglaise sur Main Street Disneyland)[69]. » Ce qu'il aimait particulièrement, c'est en effet l'architecture, et surtout les vieilles maisons victoriennes et les manoirs tels qu'on les voit dans d'innombrables films, qu'ils soient d'animation ou de prise de vue réelle. Notons qu'entre 1951 et 1965, 5 des 7 films d'animation (dont *Mary Poppins* avec sa grande partie animée) se déroulent en Angleterre.

Gros plan extrême sur Peter et les autres, et basculement soudain vers le bas

Une fois de plus, on se rend compte de l'intelligence avec laquelle la musique s'imbrique dans l'action. Un glissando de cordes accompagne le fait que tous les personnages changent soudainement de direction, et le motif descend rapidement. Ensuite, la caméra s'incline et nous les voyons se précipiter à grande vitesse vers les sites célèbres de la ville. C'est ici qu'Eric Larson a pris en charge l'animation du groupe, après un long travail d'Harvey Toombs, dont il s'est souvenu pour David Johnson : « En fait, nous avons réalisé un parcours sur la partie 'au-dessus de Londres', en commençant par le moment où Peter Pan quitte la maison et où les enfants étaient avec lui, puis passant devant d'autres bâtiments avant de quitter Londres. Nous avons bossé tout cela de manière très approximative avec des poses, en essayant de travailler sur les mouvements de caméra, de sorte que lorsque nous sommes arrivés au mouvement de caméra final, tout a été calculé avec précision par les gars du département de planification des scènes[70] . » Toute cette mise en scène incroyablement difficile était l'œuvre de Ken O'Connor. Il aimait les défis, comme il l'avait prouvé avec les angles complexes de la marche "Hi-Diddle-Dee-Dee" dans les rues du village de *Pinocchio* ou la marche des cartes dans *Alice au pays des merveilles*. Il avoua : « Heureusement que j'avais étudié la perspective, c'est une chose essentielle à connaître[71] . » Ici, il planifia soigneusement chaque plan et surtout les transitions audacieuses entre eux. Il a tout dessiné dans un cahier qu'il utilisait souvent pour ses étudiants lorsqu'il enseignait à CalArts. En fait, il avait élaboré tous les plans depuis le moment où les enfants s'envolent de la chambre jusqu'à la fin de cette séquence. Ken Anderson a cependant apporté son aide.

Cela peut paraître étrange aujourd'hui, mais John Hench, qui a également participé, a souligné pour Robin Allan l'un des nombreux problèmes qu'ils ont rencontrés : « Nous ne pouvions pas trouver de prises de vue aériennes, alors nous avons dû tricher. On a ajouté beaucoup de nuages[72] . » Il est vrai qu'ils ont dû concevoir ces prises de vue aériennes avec les documents qu'ils ont pu se procurer à la bibliothèque Disney et au bureau de Londres. Mais le peintre de décors Claude Coats a finalement trouvé une solution, comme le raconte son fils Alan : « Si le mérite de la conception des bâtiments anglais revient en grande partie aux maquettistes, les peintures de papa résultent de recherches habituelles dans les livres, les photos, etc. et d'un peu d'imagination. Je sais que papa aimait particulièrement les films du studio Ealing avec Alec Guiness des années 40 et 50, et qu'il a peut-être été influencé par ces films[73] . »

Certes, les arrangements de choeurs et la mise en scène sont les points forts de cette séquence, mais il ne faut pas oublier les magnifiques décors sous des angles très variés. Alan Coats ajoute fièrement : « Papa a peint toute la séquence en commençant par la maison, survolant les toits et les cheminées, en atterrissant sur les aiguilles de l'horloge de Big Ben, puis en descendant en zigzaguant au-dessus du Tower Bridge le long de la Tamise en direction de la 'deuxième étoile à droite', accompagné par la superbe musique de 'Tu t'envoles[74]'. »

Ils traversent le Tower Bridge

Les principaux monuments de Londres apparaissent : La Tour de Londres et le Tower Bridge qui enjambe la Tamise. Il n'y avait aucune référence de ce type dans le livre de Barrie, où aucun détail géographique n'est donné. Cependant, il a été plus précis dans les notes de son scénario : « Nous voyons les fuyards survoler la Tamise et les Maisons du Parlement. Puis une séance ordinaire de la Chambre des communes, fidèlement reproduite. Un policier se précipite dans l'auguste hémicycle et interrompt les débats en annonçant une nouvelle surprenante sur ce qui se passe dans les airs. Tous se précipitent pour voir ce qui se passe, le Speaker, que l'on reconnaît facilement à sa perruque, étant le premier. Ils atteignent la terrasse de la Chambre et regardent avec excitation le groupe volant disparaître ». Dans ces notes, Barrie donne d'autres indications : « Ensuite, nous les voyons reprendre leur voyage. Ils traversent l'Amérique et aperçoivent le Niagara. Puis ils survolent le Pacifique, où se trouve le Pays Imaginaire ». Ils devaient également voler autour de la Statue de la Liberté. L'équipe de Disney l'avait également envisagé, mais Walt a tenu à ce qu'ils se limitent à l'Angleterre, le reste du voyage se déroulant dans les airs, loin au-dessus des nuages.

Peter s'envole au-dessus d'un nuage d'où transparaît Londres

Voici donc le moment dont tant de gens se souviennent et qui est l'une des raisons mêmes de cette analyse. Peter et ses amis survolent Londres que l'on aperçoit à travers les nuages. Eric Larson n'était pas peu fier de leur réalisation : « Dans ces scènes, nous ne suivions pas l'action avec la caméra, mais pour ajouter de la vitalité à l'effort de perspective déployé dans l'animation, nous nous déplacions également à l'intérieur et à l'extérieur sur les personnages avec la caméra pour ajouter de la portée et un effet dramatique (...) Le vol au-dessus de Londres avec Pan et les enfants aurait manqué d'attrait et de fantaisie si nous n'avions pas utilisé le plein cadre et les mouvements de caméra à l'intérieur et à l'extérieur pour donner la perspective souhaitée et les effets dramatiques dans la conception du vol[75] . » Ce spectacle à couper le souffle est dû à l'utilisation intelligente de la Multiplane. Nous devons garder à l'esprit à quel point un tel travail sur la Multiplane est fastidieux, avec plusieurs couches de nuages à l'aérographe, les ombres de chacun des personnages, l'animation, et par-dessus le marché avec un panoramique incliné. Hans Bacher explique : « Le mouvement précis de chaque niveau de la caméra Multiplane devait de toute façon être planifié à l'avance. Les ombres ont simplement été connectées à chacun des niveaux de nuages où elles devaient apparaître. L'animation a été réalisée en fonction de la disposition de chaque niveau de nuage et a été posée en tant que cel-overlay sur chacun d'entre eux. C'est un peu compliqué au stade de la planification, mais le même département a géré des missions plus compliquées, comme le zoom à travers environ 12 niveaux et l'animation dans *Pinocchio* [la séquence du lever du jour, étudiée dans le volume 1][76] . »

L'image est tridimensionnelle bien avant que les ordinateurs ne puissent le faire aussi facilement, et Eric Larson a fièrement rappelé à David Johnson que ce n'était pas une partie de plaisir : « C'est moi qui l'ai fait ! Nous n'avons pas seulement utilisé la Multiplane, nous avons tiré le maximum de cette caméra : des champs/contre-champs, des extensions à l'intérieur et à l'extérieur, en s'éloignant et en s'approchant de vous. En plus de dessiner tout ça, nous avons appuyé cela en utilisant la caméra, en employant des inclinaisons. C'était un travail mécanique magnifique. En planifiant tout cela, j'ai dit : 'Je veux être dans certaines situations à à certains moments'[77] . » Le plan au-dessus de Londres est extrêmement bref, mais c'est probablement l'un des plans les plus étonnants de tous les films d'animation Disney, mais un tel travail était habituel à l'époque, comme s'en souvient l'assistant-metteur en scène Joe Hale : « La séquence du survol de Londres a été filmée à l'aide d'une caméra Multiplane. La qualité de ces scènes n'était pas considérée comme inhabituelle car ce niveau de qualité était attendu[78] . »

Panoramique jusqu'à la deuxième étoile à droite au loin

Dans un crescendo musical avec des cuivres, des chœurs et enfin des harpes, la caméra s'élève et nous apercevons la célèbre étoile. Ce qui est également remarquable ici, c'est la légèreté et la délicatesse des nuages. Pour les artistes de Disney, l'Angleterre a toujours été associée à une certaine météo, comme l'avoue Claude Coats : « Je pense que nous avons pensé à l'Angleterre, aux rues de l'Angleterre et nous avons fait des choses un peu brumeuses, je pense qu'au début de chaque long métrage, nous essayions de trouver ce qui soutenait le mieux l'histoire[79]. » Cette texture est due au talent de Claude Coats, comme l'explique son fils Alan : « Un élément qui rendra tout Claude Coats reconnaissable est... les nuages. Dans de nombreux films, vous remarquerez ces nuages ronds et gonflés dans le ciel. Les nuages étaient l'une de ses marques de fabrique, probablement créée par son habileté unique à manier l'aérographe[80]. » Claude Coats devait travailler sur ces longues feuilles de papier avec différentes nuances de bleu et varier les types de nuages. Alan Coats raconte une anecdote sur ses parents un an après la sortie du film : « Lorsque Claude et Evelyn ont fait leur premier voyage en Europe en 1954 après avoir terminé *Peter Pan*, papa a raconté qu'en survolant Londres, il a regardé par le hublot de l'avion et a vu exactement la scène en-dessous qu'il avait peinte pour le film ». Cette séquence a connu un tel succès que lorsqu'il s'est agi de concevoir une attraction liée au film à Disneyland, le choix s'est porté sur Peter Pan's Flight, qui est l'une des plus anciennes et des plus populaires.

Comme nous l'avons dit, le voyage est très court ici, Walt savait qu'il ne pouvait pas être trop long. Mais comme il était beaucoup plus long dans le livre, Barrie l'avait rendu plus mouvementé. Peter disparaissait parfois, laissant le trio livré à lui-même : « (...) Ils se sentaient un peu seuls là-haut, Peter les avait délaissés pour courir une aventure à laquelle ils n'auraient aucune part. » Il les secourait aussi à la dernière minute lorsqu'ils s'endormaient. Une autre preuve de l'espièglerie de Peter.

Comme il l'avait fait pour *Alice au pays des merveilles* deux ans plus tôt, Walt prépara le public britannique à sa version : « Nous n'avons pratiquement pas modifié un mot du scénario, et la musique est venue exactement aux mêmes endroits que d'habitude - le ballet indien est toujours présent, et j'ai fait tout le combat de manière très musicale, bien qu'extrêmement réaliste. La musique était d'une grande jeunesse et d'une grande joie. Il y avait deux chansons supplémentaires pour Wendy, et c'est une question d'opinion de savoir si c'était une amélioration ou non. Tout ce que je peux dire, c'est que les Américains l'adorent et qu'il présente le Peter de Barrie avant que celui de Disney n'entre en scène ». Il l'a également qualifié de « plus grand défi auquel je me suis confronté » et « Nous avons mis l'accent sur l'action, la comédie et le spectacle... La technique du dessin animé nous a donné de nombreux avantages par rapport à la mise en scène de l'époque de Barrie. Je crois que notre traitement nous a permis d'aller plus loin vers l'intention originale du dramaturge, à savoir un plaisir qui tienne la route et plein d'aventures. »

Mais les critiques n'ont pas été aussi positives et Margaret Hinxman l'illustre : « C'est peut-être très bien pour le Middle West, où Peter n'est peut-être pas le personnage adoré qu'il est ici. Mais est-ce bien juste pour tous les enfants pour qui *Peter Pan* fait partie du processus de croissance ? (...) Disney aurait-il dû s'attaquer à *Peter Pan* s'il n'était pas prêt à en faire une œuvre entièrement, traditionnellement britannique, dans l'esprit de Barrie[81] ? » Le public britannique est très pointilleux lorsqu'il s'agit de s'attaquer à ses héros préférés et le fait que Peter Pan soit interprété par un Américain a suscité la controverse, comme l'explique Jympson Harman : « L'un des meilleurs moments de la pièce était la construction de la Maison dans les arbres à la fin du spectacle - une sorte de retour en arrière pour les enfants Darling, pour indiquer que nous pouvons tous retrouver un peu de notre jeunesse si nous voulons essayer. Disney ne fait pas cela. C'est un Américain, qui produit avant tout un divertissement pour les Américains. Les Américains, surtout les enfants, ne veulent pas regarder en arrière. Le passé est mort. L'histoire, pensent-ils, appartient à d'autres nations[82] . »

Pourtant, Walt Disney a quelques raisons de se réjouir. Il s'est vu offrir un prix spécial au 6ème Festival de Cannes en 1953 par le jury présidé par le fidèle Jean Cocteau. Mais *Cinémonde* rapporte un événement qui a peut-être touché Walt : « Un hommage plus discret mais certainement plus émouvant dans sa simplicité a été rendu par cet acteur noir du Congo belge qui est monté sur scène, et, les larmes aux yeux, a déclaré publiquement : Je n'avais encore jamais vu de film. Ce que je viens de voir est si beau que je ne pense pas que l'on puisse concevoir quelque chose de plus admirable. Pour cet homme, *Peter Pan* sera éternel[83] . »

---

[1] MARCOSSIN, I et FROHMAN, Daniel, *Charles Frohman : Manager and Man*, Bodley Head, New York, 1915.

[2] CHAPLIN, Charlie, *I Meet the Immortals, My Trip Abroad*, New York : Harper & Brothers, 1922

[3] Interview par Robin Allan, juin 1985.

[4] Entretien avec l'auteur, juillet 1988.

[5] Peter Pan Bonus DVD.

[6] KORKIS, Jim, *Disney's pre-production Peter Pan*, Persistence of Vision Disney magazine : Volume 1 Issue # 1, Winter 1992.

[7] GHEZ, Didier, *Walt's People, Volume 10, Talking Disney with the artists who knew him*, Xlibris Corporation, 2011.

[8] JOHNSON, Mindy, Clochette, *une évolution*, Éditions Disney, 2013.

[9] Entretien avec l'auteur, octobre 2012.

[10] Entretien avec l'auteur, octobre 2012.

[11] Entretien avec l'auteur, juillet 1998.

[12] Entretien avec l'auteur, octobre 2012.

[13] Entretien avec l'auteur, octobre 2012.

[14] Entretien avec l'auteur, octobre 2012.

[15] Entretien avec l'auteur, juillet 1998.

[16] Entretien avec l'auteur, juillet 1998.

[17] Entretien avec l'auteur, juillet 1998.

[18] Entretien avec l'auteur, juillet 1998.

[19] Entretien avec l'auteur, juillet 1988.

[20] ARMSTRONG, Josh, *Beaumont et Kerry : Peter Pan's Leading Ladies*, Animated Views, 2007.

[21] https://accessreel.com/article/roland-dupree-peter-pan/d Dupree - Peter Pan

[22] https://accessreel.com/article/roland-dupree-peter-pan/d Dupree - Peter Pan

[23] KORKIS, Jim, *Disney's pre-production Peter Pan*, Persistence of Vision Disney magazine : Volume 1 Issue # 1, Winter 1992.

[24] http://andreasdeja.blogspot.com

[25] Interview par Todd Garbarini, Blog Cinemaretro, Mars 2013.

[26] KORKIS, Jim, *In their own words : Hamilton Luske Remembered by His Children*, Cartoon research, 26 septembre 2015.

[27] Entretien avec l'auteur, décembre 2020.

[28] GHEZ, Didier, *Walt's People, volume 24*, Theme Park Press, 2020.

[29] THOMAS, Frank et JOHNSTON, Ollie, *Disney Animation, The illusion of life*, New York, Abbeville Press, 1981.

[30] Interview par Robin Allan, juin 1985.

[31] KORKIS, Jim, *Disney's pre-production Peter Pan*, Persistence of Vision Disney magazine : Volume 1 Issue # 1, Winter 1992.

[32] Entretien avec l'auteur, juillet 1988.

[33] Entretien avec l'auteur, juillet 1988

[34] Entretien avec l'auteur, juillet 1988

[35] Entretien avec l'auteur, juillet 1988

[36] Entretien avec l'auteur, juillet 1988

[37] Entretien avec l'auteur, octobre 2011

[38] Entretien avec l'auteur, mai 2011.

[39] Entretien avec l'auteur, octobre 2011.

[40] Entretien avec l'auteur, juillet 1987.

[41] Entretien avec l'auteur, juillet 1987.

[42] Entretien avec l'auteur, octobre 2011.

[43] Entretien avec l'auteur, décembre 2020.

[44] TATAR, Maria, *The annotated Peter Pan the Centennial edition*, Norton, 2011.

[45] BIRKIN, Andrew, *J.M Barrie and the Lost Boys*, Constable and Company, 1979.

[46] KORKIS, Jim, *Off to Neverland, 70 years of Disney's Peter Pan*, Theme Park Press, 2002.

[47] http://colorfulanimationexpressions.blogspot.com/

[48] CANEMAKER, John, *Walt Disney's Nine old men*, New York, Disney Editions, 2001.

[49] http://andreasdeja.blogspot.com/April 2021.

[50] COTTOM, Joe, *Walt Disney me parle de Peter Pan*, Cine Revue, 4 décembre 1953.

[51] Interview par Robin Allan, 9 juin 1985.

[52] RICE, Lynette, Oscars Flashback : *The tragic life and death of former Disney star Bobby Driscoll*, Entertainment website, 22 janvier 2019.

[53] BROWN, Fred D. *The Nightmare Life of an Ex-Child Star*, 1961. Movieland et TV Time. Septembre 1961 (avec l'aimable autorisation de Bobbydriscoll.com)

[54] RICE, Lynette, Oscars Flashback : *The tragic life and death of former Disney star Bobby Driscoll*, Entertainment website, 22 janvier 2019.

[55] Courrier à l'auteur, mars 2021.

[56] KAHL, conférence de Milt, 2 avril 1976.

[57] Interview par Robin Allan et William Moritz, juin 1985.

[58] GHEZ, Didier, *Walt's People, Volume 1, Talking Disney with the artists who knew him*, Xlibris Corporation, 2005.

[59] Entretien avec l'auteur, octobre 1988.

[60] Entretien avec Robin Allan, juillet 1985.

[61] WULLSCHLAGER, Jackie, *Enfances rêvées*, Methuen, 1995.

[62] CRAFTON, Donald, *The Last night in the Nursery, Walt Disney's Peter Pan,* The Velvet light trap, Vol 24, Fall 1989.

[63] HUEMER, Dick, *Huemeresque : Ted Sears*, Funnyworld, N°18, 1978.

[64] GHEZ, Didier, *Walt's People, Volume 2, Talking Disney with the artists who knew him*, Xlibris Corporation, 2006.

[65] CRAFTON, Donald, *The Last night in the Nursery, Walt Disney's Peter Pan,* The Velvet light trap, Vol 24, Fall 1989.

[66] Interview de Walt Disney par Pete Martin, 1962.

[67] https://one1more2time3.wordpress.com/

[68] Entretien avec Robin Allan, 5 août 1986.

[69] Entretien avec l'auteur, novembre 2010.

[70] JOHNSON, David, *Snow White's people*, Vol 1, 2017.

[71] Entretien avec l'auteur, juillet 1987.

[72] Interview par Robin Allan, mai 1985.

[73] Entretien avec l'auteur, mai 2010.

[74] Entretien avec l'auteur, mai 2010.

[75] LARSON, Eric, *50 years in the Mouse House*, Theme Park Press, 2015.

[76] https://one1more2time3.wordpress.com/

[77] JOHNSON, David, *Snow White's people* , Vol 1, 2017.

[78] Entretien avec l'auteur, novembre 2010.

[79] Entretien avec l'auteur, juillet 1987.

[80] Entretien avec l'auteur, mai 2010.

[81] HINXMAN, Margaret, *Disney dreams again*, Picture goer avril 1953

[82] HARMAN, Jympson, *Stop panning Peter !* Picture Goer, 18 juillet 1953

[83] BESSY, Maurice, *Walt Disney fait un pèlerinage aux sources de l'éternelle jeunesse : " les aventures de Peter Pan. "*Cinémonde, Noël 1953.

LA BELLE ET LE CLOCHARD
(1955)

Dîner chez Tony (Séquence 07.0) de 40'53 à 45'29

Sans qu'on en soit vraiment conscient à l'époque, *Peter Pan* (1953), avait marqué la fin d'une époque. Et ce, pour plusieurs raisons. Tout d'abord, il s'agissait du dernier film où les légendaires Neuf Sages travaillaient ensemble. Certains allaient rejoindre la WED (future Imagineering) pour travailler sur les parcs, d'autres travailleraient à la télévision. Deuxièmement, des piliers du studio ont démissionné ou ont été licenciés : par exemple les animateurs Fred Moore et Norm Ferguson. Les deux piliers Joe Grant et Dick Huemer sont partis. À quelques mois d'intervalle, deux grands maquettistes décèdent : Hugh Hennessy et Charles Philippi. La très influente Mary Blair est partie en 1953 pour devenir illustratrice de livres. Par ailleurs, le studio s'est attaqué à tous les projets qui prenaient la poussière depuis des années, en particulier *Alice au pays des merveilles* (1951), *Peter Pan* et, pour finir, *La Belle et le Clochard*. Enfin, l'esprit d'innovation des films d'animation qui avait prévalu pendant l'âge d'or comme pendant les années de guerre a disparu. Seuls le format Cinémascope et le court-métrage *Toot, Whistle, Plunk and Boom* (1953) semblent briser une sorte de routine installée, poussés par la concurrence d'UPA.

Walt avait lui aussi beaucoup changé. Il était de moins en moins intéressé par les films d'animation et avait trouvé trois gros jouets avec lesquels jouer et qui lui prenaient la majeure partie de son temps : Disneyland, les films en prises de vue réelles et la télévision. L'un des trois réalisateurs, Wilfred Jackson, s'en plaint dans son journal (janvier 1953) : « Je suis mal à l'aise à cause du manque de contact avec Walt ces derniers temps. On me laisse en dehors des réunions et je n'arrive pas à savoir ce que je vais faire sur *Belle et le Clochard*[1] ». Walt semble s'être lassé du long processus d'animation alors que les films en prises de vues réelles et les émissions de télévision sont beaucoup plus rapides à réaliser. Joe Grant avait senti les choses et le regrettait, comme il l'a avoué à Robin Allan : « Il (Walt) a été sevré oui, l'aspect financier, le tout, la durée de réalisation d'un film, les tournages en réel par rapport à l'animation. En fait, il s'agissait d'une évolution naturelle. Il avait d'autres projets ».[2] Il a peut-être aussi été déçu par les résultats médiocres d'*Alice au pays des merveilles* et, dans une moindre mesure, de *Peter Pan*. Dans ces deux cas, il s'est senti paralysé par l'aspect intouchable de deux chefs-d'œuvre britanniques vénérés. Mais il savait aussi que ces classiques avaient des atouts : « Pendant des années, j'ai dû choisir des titres qui étaient en quelque sorte déjà vendus, comme *Cendrillon, Peter Pan* et *La Belle au bois dormant*. Lorsque je trouvais une petite histoire originale, je n'arrivais pas à convaincre les distributeurs de l'acheter. Ils disaient 'Eh bien, personne ne connaît ça'. J'ai d'autres histoires qui sont restées en plan. Des histoires que je voulais réaliser. Maintenant, avec la télévision, je peux aller de l'avant et faire ces choses-là. C'est une liberté de produire des choses que je pense pouvoir réussir, plutôt que de devoir suivre à la lettre un titre que quelqu'un pense être de prestige, mais qui n'est peut-être pas une bonne histoire pour nous ».

L'homme devient également de plus en plus conservateur et, bien qu'il n'ait jamais appartenu à un parti politique, il est clair qu'il adhère aux idées des Républicains, poussé par sa haine des communistes. Il avait témoigné pour l'HUAC de Joe Mc Carthy en 1947. Il a côtoyé l'un des champions de cette organisation, Richard Nixon. Dans le contexte incertain de la guerre froide, Walt Disney apparaît aussi comme un ancrage sûr des valeurs américaines et du patriotisme. D'innombrables magazines vantent ses mérites et son incarnation des fondements des États-Unis. Dans le même temps, les intellectuels et des personnalités comme Eisenstein, qui l'avaient salué comme un artiste novateur dans la période d'avant-guerre, lui tournent le dos.

Même si les premières racines de *La Belle et le Clochard* sont bien plus anciennes, il est indéniable que le film tel qu'on le connaît aujourd'hui est fortement influencé par cette évolution. C'est un film sur la nostalgie, le foyer et le sentiment d'appartenance. Il s'agit également de la première histoire originale écrite pour le studio et non d'un conte pour enfants à proprement parler. En ces temps troublés de la chasse aux sorcières, de la guerre de Corée et de la guerre froide en général, il y a dans ce film un besoin de revenir à une époque d'insouciance, de prospérité et de paix. Cette période, autour de 1910 (déjà vue dans *Peter Pan*) est celle dans laquelle Walt a grandi. Il n'a jamais cherché à dissimuler son sentiment : « J'aime la nostalgie. J'espère que nous ne perdrons jamais certaines choses du passé ». Et il offre dans ce film une version idéalisée des États-Unis avec de belles maisons victoriennes, des trains, des immigrants nouvellement installés et des familles heureuses. Est-ce une coïncidence que la première du film ait eu lieu le 15 juin 1955 à Chicago, sa ville natale ? Il convient également de noter qu'il n'y a pas de véritable méchant dans cette histoire. Tante Sarah et ses chats siamois en seraient les plus proches, mais ils semblent très secondaires dans l'intrigue. Cependant, pendant longtemps, le rat, que l'on ne voit plus que se battre à la fin, a joué un rôle important et a même eu un nom, Herman.

« *La Belle et le Clochard* était un cas à part pour nous au studio. Grâce à mon ami Ward Greene, j'ai eu une idée de base pour cette histoire. J'avais la Lady et beaucoup de situations la concernant. Ward Greene a apporté quelques histoires courtes, dont l'une sur Happy Dan, un chien un peu particulier, qui était une sorte de solitaire libre, qui refusait de s'attacher à un maître, qui ne voulait pas porter le collier de quelqu'un et qui allait d'une maison à l'autre. J'ai pensé que Lady devait rencontrer ce personnage. J'ai donc renvoyé mon histoire à Ward[3]. » Pendant de nombreuses années, c'est cette version officielle qui a été rendue publique par le studio. Mais, à l'image de l'anecdote du chiot offert à sa femme Lillian dans une boîte à chapeau, Walt réinvente largement les choses. Grant, vrai auteur de cette trouvaille, est resté amer jusqu'à sa mort, comme il l'a déclaré à John Canemaker : « C'est une véritable tragédie en ce qui me concerne, pour ce qui est du mérite. Je n'ai jamais pardonné cela à Walt. Il savait très bien d'où venaient tous ces trucs [4] ! »

Pendant des années, cette version a exaspéré un homme qui a quitté à contrecœur un studio auquel il avait tant contribué, et il a fallu la détermination d'Eric Goldberg pour rétablir la vérité dans la dernière version du DVD du film. En 1936, en pleine production de *Blanche-Neige*, Grant offre un cocker springer à sa femme dans une boîte à chapeau. Il commence à imaginer de petites histoires autour de leur animal et réalise de nombreux croquis qui attirent suffisamment l'attention de Walt pour qu'il enregistre le titre *Lady* en novembre 1937. Le mois suivant, il reprend sérieusement le travail. Mais, comme beaucoup de projets, il est mis en sommeil. Puis, de juillet à octobre 1939, Jack Miller, Martin Provensen, Bill Cottrell et Ted Sears y retravaillent, suggérant d'autres personnages et d'autres situations. Sam Cobean et Frank Tashlin, qui s'en souvenait vaguement pour Michael Barrier, apportèrent d'autres contributions : « Joe Grant avait des modèles de la chienne, Lady, et Sam et moi avons écrit une histoire. Je n'ai jamais vu le film... Je crois que nous avions des rats qui s'en prenaient au bébé à la fin... Est-ce qu'ils avaient gardé ça ? Alors c'est ce que nous avons fait[5]. »

A l'époque, l'histoire est racontée du point de vue de Lady. Dick Huemer apporte son aide (il ne sera pas crédité non plus) en septembre 1940. La tante Sarah et ses chats siamois apparaissent, ainsi que Boris, un barzoï dont le rôle sera de plus en plus important. Un bâtard appelé Homer apparaît également... Les deux chiens semblent être des challengers pour gagner le cœur de la belle cocker. L'histoire se déroule à San Francisco. Bozo, un type chien errant, remplace Homer en 1941.

En 1943, Walt reçoit les premiers story-boards aboutis, mais n'aime pas ce qu'il voit. Entre-temps, le 26 avril 1943, un écrivain du nom de Ward Greene, alors directeur du King Feature Syndicate, écrit plusieurs histoires, dont *Happy Dan the*

Cynical Dog (Happy Dan, le chien cynique) qui est publiée dans *Cosmopolitan*. Walt est intéressé et lui demande d'écrire un script de 77 pages que Huemer et Grant utilisent comme nouvelle base de développement. Il s'agit de combiner l'histoire de Lady et celle de Grant. Grant n'est pas emballé par l'idée. En janvier 1944 apparaissent M. et Mme Peabody, les noms des chats Spic et Span, et un Ernie le Nez à l'esprit libre. Pour la première fois, en 1945, apparaît le nouveau titre *La Belle et le Clochard* avec des contributions de Charles Palmer et Homer Brightman.

Le 25 septembre 1945, un document de 19 pages propose une version qui commence à ressembler à la version finale, mettant en scène Clochard sous différents noms. De mai à juin 1951, une équipe de six scénaristes dirigée par Ed Penner et Joe Rinaldi réalise une grande partie du travail sur l'histoire. En juillet, les voix sont distribuées et Norm Ferguson se voit confier l'animation du terrier Scottie et Ward Kimball celle des chats siamois. Frank Thomas est le premier à animer les personnages clés pour faire un essai le 9 octobre 1951, puis Milt Kahl le 14 novembre. Des bribes sont utilisées comme modèles.

Walt savait que son prochain film étant basé sur une histoire inconnue, il devrait se retrousser les manches pour la vendre. Il décide d'abord de publier une version de l'histoire par Ward Greene en 1953, illustrée par Joe Rinaldi. Mais bien que proche, l'histoire n'est pas complète et entre cette publication et la sortie du film, plusieurs changements sont à noter. Les deux séquences que nous allons analyser sont manquantes. Tante Sarah, dont on dit qu'elle est la sœur de Darling, et ses chats, bien que mal intentionnés, vont finalement compatir au malheur de Clochard et l'aider. Tante Sarah elle-même contribuera à sauver Clochard. Plus de temps est consacré aux habitudes et à l'éducation de Lady. Le castor est, contrairement au bourreau de travail du film, un fainéant et les chiens de la fourrière n'existent pas.

Au fil des années, des séquences entières ont été supprimées comme celle se déroulant dans le quartier chinois de San Francisco lors des festivités du Nouvel An avec un dragon, une séquence de retournement des rôles de chiens et d'êtres humains, le cauchemar de Lady sur les bébés qui se multiplient, le tout dans la veine de la Parade des éléphants roses de *Dumbo*. Un spectacle où Lady a été piégée pour devenir une attraction avec des caniches de cabaret ne verra jamais le jour. Le fossé entre deux sociétés était également moins visible. De manière manichéenne et maladroite, on dit de Lady qu'elle était « de sang noble qui porte un collier et vit du bon côté de la ville ».

Ce qui est étonnant, c'est que l'une des séquences les plus célèbres et les plus appréciées de tous les films d'animation Disney, le dîner chez Tony, réalisé par Gerry Geronimi, aurait pu ne jamais voir le jour. Dale Oliver, l'assistant de Frank, explique : « Frank parcourait tous les story-boards, il pensait qu'il manquait quelque chose à l'histoire et un jour, il a trouvé une 'séquence spaghetti' et il s'est dit : 'Oh mon Dieu, c'est génial ! Pourquoi l'ont-ils enlevée ?' Ils l'avaient écartée parce que qui allait s'intéresser à un couple de chiens mangeant des spaghettis ? C'est impossible. Il a donc travaillé seul sur ce projet, dessinant des esquisses et des esquisses [6]. » Andy Gaskill, directeur artistique et ami proche de Thomas, se souvient : « Frank a raconté comment, lors d'une réunion sur l'histoire, il a suggéré que les chiens pourraient partager un dîner de spaghettis. Walt n'était pas du tout impressionné : 'Ahh, les chiens ne mangent pas de spaghettis'. Frank était tellement convaincu que la scène fonctionnerait qu'il en a animé des parties chez lui, sur son temps libre[7]. » Mais Thomas n'était pas sûr de bien faire, il savait que Walt n'était pas facile à manipuler et ne voulait pas l'ennuyer en insistant. Il a donc parlé au scénariste Ed Penner qui lui a dit : « Si vous y tenez, je pense que vous devriez aller de l'avant et l'animer. Je ne pense pas que cela fasse une grande différence dans l'esprit de Walt si vous faites ça et que c'est de bon goût'[8]. » Gaskill ajoute : « Il a finalement présenté à Walt une ébauche de test au crayon. Après une pause, Walt s'est tourné vers Frank et lui a dit : 'OK, tu as gagné'. Grâce à la détermination de Frank, Lady et le clochard mangeront des spaghettis pour l'éternité[9] ! »

Comme nous l'avons vu dans le Volume 2, sur *Bambi* (1942), Frank Thomas avait déjà décidé d'exhumer une séquence abandonnée qu'il avait travaillée seul chez lui pour convaincre Walt de se lancer dans l'aventure. A nouveau, ce ne fut pas tâche facile, comme se souvint Ken Anderson pour Paul F. Anderson : « C'est un cas où Frank a gagné. Il a continué à insister sur le fait qu'il y avait quelque chose là-dedans et que c'était mieux qu'il n'y paraissait. Walt n'arrêtait pas de lui dire : 'Bon sang, ne fais pas ça !', mais Frank était assez têtu pour le faire[10]. » Finalement, la séquence, en partie mise en scène par Hugh Hennesy qui a offert sa dernière contribution, mais surtout par Don Griffith et largement animée par Frank Thomas et John Lounsbery à leur meilleur niveau, restera un sommet de l'animation.

Lady et le clochard se promènent sur le trottoir dans la nuit, elle évoque sa terrible journée

La décision tardive d'utiliser le format Cinémascope allait avoir de nombreuses conséquences que nous détaillerons dans le chapitre suivant. Mais l'un de ses impacts positifs fut de permettre de montrer des décors somptueux. Si les films de la période de la guerre, mais aussi *Alice au pays des merveilles* et *Peter Pan*, avaient bénéficié de l'influence de Mary Blair, le style de ce film s'éloigne de son style bien connu et de son utilisation des couleurs. Non pas qu'elle n'y ait pas contribué. En fait, elle a participé mais à un stade très précoce et à une époque où son utilisation bien connue des couleurs était encore à venir. Elle a réalisé des aquarelles, ressemblant au style de son mari Lee. Mais elles n'avaient pratiquement rien à voir avec le résultat final. En fait, en termes de style, il s'agit d'un film de transition. Un nouveau venu, Eyvind Earle, qui avait déjà peint les décors de *Peter Pan*, était intervenu et avait stylisé certaines séquences, comme la promenade romantique dans le parc après le dîner de spaghettis. Il a suggéré le schéma général des couleurs pour cette soirée. Ici, le style est plus académique, réaliste avec une touche de l'approche de Norman Rockwell, l'un des préférés de Walt.

Comme nous l'avons vu plus haut, Walt avait opté pour le début du siècle, comme il le faisait souvent pour ses films en prises de vues réelles, notamment *Mary Poppins* (1964), qui se déroule dans les années 1910. *La Belle et le Clochard* aurait très bien pu être une histoire contemporaine, mais Walt voyait les choses différemment, comme il l'a expliqué lors d'une réunion du 14 octobre 1952 : « Si vous prenez une période, ça ne vieillit pas. La période que nous vivons aujourd'hui sera encore valable dans 50 ans. Cela pourrait être la période de 1910 à 1920, ou quelque part entre les deux (...) Je veux dire environ 1910 ou 1915 - nous devrions choisir la meilleure période. En 1915, c'était les pantalons à pinces. Je sais, et les concerts dans le parc. Nous ne voulons pas remonter trop loin ». Nous avons déjà dit que ce film était placé sous le signe de la nostalgie, et Walt était heureux de pouvoir voir défiler sur les grands panoramiques les paysages de son enfance. Cette nostalgie se retrouve également dans la toute première ligne de la version du livre de Ward Greene : « Il était une fois - une époque pas si lointaine mais où les gens utilisaient encore les lampes à gaz et préféraient les chevaux et les calèches aux véhicules au gaz, vivait dans une maison blanche et verte d'une rue agréable, un cocker nommé Lady ». Ce sont ces mêmes « lampes à gaz » que l'on peut voir dans cette rue huppée.

Bien que le cadre soit clairement américain, aucune ville ni aucun État n'est jamais mentionné. Les maquettistes se seraient inspirés de vieilles maisons victoriennes de Los Angeles. Nous verrons que c'est le cas pour les trois grandes demeures voisines. Dans sa grande analyse, le regretté Jim Korkis donne plus d'informations sur l'architecture : « Dans le film, la maison est une représentation fidèle de l'architecture Queen Anne, qui était la mode préférée de la fin des années 1800 aux alentours de 1910. L'architecture Queen Anne est devenue le style prédominant dans les petites villes américaines qui ont connu une augmentation de leur richesse au tournant du siècle et qui voulaient s'approprier un peu du parfum sophistiqué des grandes villes[11]. » Ce « mouvement Queen Anne » a vu le jour en Angleterre au milieu du siècle dernier et son champion était Richard Normal Shaw, un gothique. Les architectes se référaient alors à la « bonne reine Anne » pendant son court règne de 1702 à 1714. Le renouveau américain de ce style dans les années 1880 est encore plus ornemental et ses caractéristiques sont celles que l'on retrouve dans les luxueuses maisons du film : tours, tourelles, porches et baies. Les toits sont souvent très complexes. Les surfaces sont recouvertes d'ornements de pignons, de coudes, de balustrades et de consoles. Le but était de rester asymétrique. C'est pourquoi, bien que cela ne soit pas dit, la Nouvelle-Angleterre pourrait être un cadre probable. C'est d'autant plus vrai que Don Da Gradi, l'un des scénaristes, était réputé aimer la Nouvelle-Angleterre.

Plusieurs artistes du studio avaient reçu une formation en architecture, comme Ken Anderson, Ken O'Connor ou Claude Coats. Ils aimaient passer leur temps à imaginer les maisons, mais aussi les intérieurs et même le mobilier. Mais Claude Coats, qui a joué ici un rôle majeur avant de devenir un magicien de la WED, se souvenait : « Je crois que j'ai aussi fait une petite maquette de la maison. J'ai pensé que cela aiderait peut-être les gens du Layout pour les perspectives[12]. » L'imagineer Bruce Bushman a également apporté sa contribution. Les maquettes de l'intérieur de la maison de Lady, d'une taille d'environ 30 cm, ont été photographiées et agrandies. Mais Coats ajoute : « Ken Anderson a réalisé une grande partie des aménagements. Il a eu des idées intéressantes, comme les trois maisons pour les trois chiens ». Mais son fils Alan Coats se souvient très bien de ce qui a inspiré son père : « Les compétences de papa en matière d'architecture et de modélisme ont sans doute contribué à la réalisation des intérieurs et des bâtiments du film. Je ne dirais pas qu'il était un spécialiste, mais il savait exactement où trouver des exemples des trois manoirs du chien. Elles se trouvent près de son école, l'USC, dans un quartier aujourd'hui désigné comme le Historic West Adams District de Los

Angeles. Elles ont été construites par de riches habitants de l'Est qui passaient l'hiver en Californie du Sud [13]. » L'observation de leurs fiches très détaillées d'intérieurs ou de façades est un vrai régal. Claude Coats avait certainement un attachement particulier pour ce film et le considérait même comme son préféré. Il était heureux d'utiliser cette technique qui lui était chère : « Je pense que *La Belle et le Clochard* a été réalisé presque uniquement à l'acrylique. Nous avions beaucoup plus de contrôle qu'avec des aquarelles[14]. » Coats a peint de nombreux décors dans cette séquence, ainsi qu'un grand nombre d'entre eux autour de la maison de Lady et au zoo. Le directeur artistique Hans Bacher est impressionné : « Il faut voir les décors originaux, dont il reste heureusement beaucoup dans les archives de Disney. Ils ont l'air si librement peints, créés par des professionnels absolus. Le style est proche du réalisme, avec une touche Disney simplifiée. Mais les peintres étaient si habiles après tous les films qu'ils avaient réalisés, que leur travail semble facile. Des coups de pinceau très grossiers quand on regarde de près, mais de loin, tous ces coups révèlent quelque chose de nouveau, comme dans un matte painting[15]. »

Très souvent, les jeunes générations s'inspirent de ces modèles, comme l'a fait le designer James Aaron Finch pour *La princesse et la grenouille* (2009) : "Nous savions que nous travaillions sur un film d'époque et qu'une partie de l'architecture avait un air de Garden District et de quartier français. Nous nous sommes donc inspirés du film *La Belle et le Clochard*, pas tant pour l'application de la peinture que pour la caricature des formes et les éléments de composition. De grands éléments au premier plan utilisant la forme de l'écran, puis un espace de profondeur, des motifs, et un bel équilibre et un rythme de formes légères[16]. » Lance Nolley, responsable de la mise en scène, a confié à Don Peri qu'ils utilisaient de telles références : « Il y a tellement de petites choses auxquelles je repense. C'était super de travailler sur ce film. Le design n'a jamais posé problème. C'était nostalgique ; Inutile de l'inventer. Vous pouviez fouiller dans le passé et trouver des références sur le type de maisons, les rues, les magasins, tout[17]. »

Tous les anciens du département de la mise en scène figuraient encore sur ce film, à l'exception de Charles Philippi. Hans Bacher souligne un autre effet du changement de format : « Il est très intéressant de voir comment la caméra était utilisée dans ce format : le personnage mène toujours l'action de la caméra. Cela signifie qu'un personnage commence à bouger en premier, puis la caméra le suit en se déplaçant dans la même direction plus tard. Le format est tellement grand que dans certaines scènes, un mouvement de caméra n'était même pas nécessaire, les personnages ayant suffisamment d'espace pour se déplacer latéralement. Les gros plans sont plus critiques. Dans un plan de tête normal, il reste beaucoup d'espace 'vide' à côté du personnage[18] . » Ce plan illustre très bien cette observation.

Comme il est d'usage pour les scènes de nuit, le bleu est la couleur dominante. Dans une scène aussi courte où les personnages passent de zones peu éclairées à des zones éclairées, les coloristes ont dû trouver de nombreuses teintes différentes de couleurs pour les deux chiens. Claude Coats confirme : « Nous avons toujours eu des problèmes avec les personnages sombres sur un fond sombre, bien sûr, parfois les copies Technicolor revenaient et c'était un peu plus sombre que ce que nous espérions[19] . »

Don Lusk anime à la fois le couple au trot et le gros plan sur Clochard qui énumère les obstacles que Lady a dû surmonter. Son animation est excellente, même si Frank Thomas ou Milt Kahl ont pu donner un coup de main, comme ils en avaient l'habitude. C'est ensuite Eric Larson qui prend le relais pour une bonne section, depuis le moment où ils traversent la rue jusqu'à celui où Clochard renifle la bonne odeur. Ce n'est que lorsque Clochard se gratte les oreilles que George Kreisl prend le relais. Ce dernier interviendra à nouveau dans le même genre de long plan lorsque Clochard dira « J'ai l'impression qu'il y a du ragoût dans l'air » et nous voyons ici que les museaux des chiens étaient un problème car celui de Clochard est beaucoup plus long qu'il ne devrait l'être. Mais la même difficulté s'applique à Lady, comme le rappelle Joe Hale, co-responsable de la mise en scène : « Le museau de Lady était un problème. Il devait être dessiné juste ce qu'il fallait pour conserver l'aspect du cocker[20] . »

Plan d'ensemble arrière sur le couple qui va sauter sur le mur

Don Lusk est de retour pour les animer jusqu'à ce que Clochard imite les Allemands. Ce long plan est très typique d'un film où les responsables de la mise en scène multiplient les perspectives. Le fait même de prendre le point de vue des chiens demandait en effet d'abaisser le niveau du regard, entraînant de nouveaux angles. Cette approche a été expliquée par Ken Anderson à Paul F. Anderson : « Walt voulait essayer un truc où l'on ne voyait pas de visages humains ou au-dessus de la taille. On ne voyait que la taille. On l'acceptait parce qu'on voyait la famille à travers les yeux des chiens. Raconter toute une histoire et la laisser se dérouler à travers les yeux des chiens, c'est vraiment une idée courageuse. C'était l'idée de Walt[21] . » Mais en plus de cela, ils se sont délectés à dessiner de longs plans de rues et de maisons comme jamais auparavant. Cela pouvait s'avérer très fastidieux lorsque les murs étaient, comme ici, faits de briques et les trottoirs de grandes dalles. Cela prenait encore plus de temps lorsque les artistes devaient dessiner et peindre les innombrables motifs et dessins sur les tapis et les papiers peints à l'intérieur de la maison de Lady. Notons que quelques nouveaux venus rejoignaient pour la première fois les maquettistes chevronnés : Collin Campbell, Jacques Rupp et Bill Bosché ont tous commencé à travailler sur ce film, tandis que Victor Haboush avait déjà travaillé sur *Peter Pan*. Il est intéressant de noter que les trois premiers travailleront ensuite beaucoup sur les attractions de Disneyland.

Le plan sur un Clochard sûr de lui en haut du mur et une Lady à peine visible en bas de ce mur est révélateur de leurs statut. Clochard est le leader, il connaît toutes les ficelles et semble la dominer. Inversement, elle est en territoire inconnu, naïve et innocente, et en position d'infériorité. Ce qui la laisse perplexe, c'est la conception qu'a Clochard d'une vie passée à traîner d'une famille à l'autre. Elle lui a demandé « vous n'avez pas de famille ? » et maintenant « Le bistrot du lundi ? » Nous avons déjà mentionné que le foyer et la famille étaient les thèmes principaux du film, et ce au moment même où Walt Disney était considéré comme une sorte de modèle du père de famille américain. Il apparaissait de plus en plus dans des magazines comme *Life* ou *McCall's,* où il exprimait volontiers ses valeurs, comme le développe le livre de Steven Watts : « ...L'engagement persistant de Disney dans une série de questions domestiques a produit une puissante résonance sociale. Il en est résulté ce que l'on pourrait appeler la doctrine Disney : l'idée que la cellule familiale, avec ses rituels de mariage, de parentalité, d'instruction émotionnelle et spirituelle, et de consommation, était la pièce maîtresse du mode de vie américain[22] . » Ce film ne pouvait pas mieux illustrer ses idées sur ce qu'il appelait « le caractère sacré du foyer ». Bien que libre d'esprit, Clochard finira par se conformer aux principes de Walt...

Gros plan sur Clochard qui imite l'Allemand Schultz

On sait que ce que l'on appelle les « scènes de personnalité », c'est-à-dire où il fallait représenter des visages expressifs, des sentiments pour qu'ils soient incontestablement crédibles, étaient réservées aux Nine Old Men, et plus particulièrement à Frank Thomas. Dans cette séquence, il va donc les aborder tous, et ce passage est indéniablement un chef-d'œuvre qui rappelle une scène similaire qu'il avait réalisée avec Milt Kahl plus tôt, celle de Clochard imitant le comportement des parents à l'arrivée d'un bébé. Lorsque Clochard imite ses hôtes allemands, il devient un véritable acteur, et l'accent allemand est délicieux. C'est pourquoi le commentaire d'Ollie Johnston est assez surprenant : « Frank a trouvé que la voix de Clochard était trop peu nuancée, mais il est pourtant un bon personnage[23]. »

Comme nous l'avons vu, Clochard est un mélange de plusieurs bâtards qui apparaissent à la fois dans la version de Grant et dans la nouvelle de Ward Greene sous le nom de Happy Dan. Bien que Joe Grant ait conçu une histoire centrée sur sa propre chienne Lady, il avait prévu de lui donner de la compagnie, comme on le voit dans cette réunion du 25 septembre 1945 : « Grant : Je veux trouver des bâtards. Dick Huemer : Je pense que le Clochard devrait être un bâtard. Walt : Un bâtard qui a l'air correct. Je ne pense pas qu'il faille en faire un type au physique marrant. Après tout, c'est notre acteur principal. Il doit être un Cary Grant. Il faut qu'il ait un petit quelque chose qui vous plaise ». Il passe en revue différents noms : Homer, Rags et Bozo. Finalement, Walt opte pour Clochard, contre l'avis de Ward Greene, mais Walt s'en moque comme le montre son commentaire : « Ward n'a jamais vraiment aimé ce titre, mais moi si. Je me suis donc battu pour lui. » Car non seulement il s'appellerait Clochard, mais son nom figurerait dans le titre. De même, les distributeurs n'ont pas apprécié ce titre. Ils pensaient peut-être à « The Lady is a tramp », une chanson tirée de la comédie musicale de Rodgers et Hart *Babes in Arms* (*Place au rythme*,1937), qui est devenue un succès pour Frank Sinatra lorsqu'il l'a chantée pour Rita Hayworth dans le film *Pal Joey* (1957).

Comme il était censé être un bâtard, il n'y avait pas d'espèce précise sur laquelle se fonder. Ward Greene lui-même était resté assez vague dans la version du livre : « Il ne ressemblait à aucun autre chien de sa connaissance - ni petit, ni grand, d'aucune race reconnaissable, pas sale mais certainement pas lavé. Il lui semblait simplement fruste. Son seul signe distinctif, une langue rouge et saine, s'agite comme un drapeau dans le plus amical des sourires ». Les premières versions de 1940 montrent une sorte de terrier à l'aspect plutôt terne, avec un long museau poilu et quelques taches.

Le défi était qu'il devait être à la fois attirant et plutôt banal. Il fallut le génie de Milt Kahl pour parvenir à la conception finale, avec la contribution de plusieurs personnes, dont Jack Miller et le scénariste Joe Rinaldi. Kahl semble avoir eu une meilleure idée, comme il l'exprime lors d'une réunion du 15 mai 1952 : « Le clochard devrait être un peu plus grand que Lady, tout en restant mignon. Vous ne voudriez pas que le chien ait la taille d'un berger allemand. Un petit chien, mais plus grand que Lady. Le genre de chien qu'un enfant pourrait avoir ». Dans l'un des films promotionnels réalisés, *A Story of Dogs*, Kahl explique : « Nous avons d'abord imaginé le Clochard comme un chien aux yeux noirs, et nous avons pensé qu'il serait plutôt mignon, une sorte de petit dur de l'autre côté de la ville. Mais il n'avait pas la qualité débonnaire que nous pensions que le personnage devait avoir ». Cependant, il s'agissait de scénarios pré-écrits pour la promotion et il convient donc de prendre ces commentaires filmés avec des pincettes.

La couleur grise était un bon moyen de le faire passer inaperçu. Mais Kahl et ses collègues avaient besoin d'un modèle pour trouver l'inspiration et ils ont eu du mal à le trouver. Ils ont presque renoncé à le trouver quand soudain... Frank Thomas s'est très bien souvenu de cette histoire : « Ils n'arrivaient pas à trouver le bon chien pour Clochard. Un jour, en rentrant chez lui, Ed Penner a vu ce chien, Clochard, mais il ne pouvait pas s'arrêter parce qu'il était en retard et qu'il avait des choses à faire. Il est donc retourné sur ses pas et a essayé de retrouver le chien, il a sonné aux portes, mais les gens lui ont dit qu'il y avait beaucoup de chiens dans le quartier. Ils sont allés à l'école et sont rentrés à la maison à 15h30. Il est donc revenu à 15h30 et les enfants sortaient tous. 'Oh, vous savez, ce chien est égaré, nous ne savons pas d'où il vient, mais il pourrait être récupéré par la fourrière, et il a dû visiter toutes les fourrières. Il l'a finalement trouvé à une fourrière et il était censé aller à la chambre à gaz le lendemain matin. Ils devaient donc le gazer le lendemain parce qu'ils n'avaient pas de place pour le garder. Il a donc essayé de faire un marché, mais 'non, si vous voulez prendre le chien, vous devez le ramener à la maison'. Il s'est donc occupé du chien, l'a emmené au studio et il s'est avéré qu'il s'agissait d'une femelle âgée de dix mois. Un chien très gentil. Ils ont donc passé la journée à prendre des photos, quelques photos publicitaires avec moi en train de dessiner. Puis nous l'avons envoyée à l'endroit où nous gardons les chiens utilisés pour les tournages et elle y a vécu sa vie. Et elle a été la reine d'un jour[24]. » L'endroit où Clochard s'est retrouvé se trouvait dans l'arrière-cour de Disneyland, à la Ferme des Poneys dirigée par Owen Pope et sa femme Dolly. Ils vivaient là et s'occupaient des chevaux du parc.

Sur la base des croquis de Joe Rinaldi et avec l'aide de Ken Anderson, Milt Kahl a donc affiné et fixé le dessin final du bâtard. C'est un beau dessin, mais il n'était pas facile d'être à la hauteur des dessins de Kahl ou de Thomas, et les personnes chargées du clean-up devaient être de premier ordre. John Freeman était le meilleur assistant de Kahl et Dale Oliver celui de Thomas. On sait qu'Iwao Takamoto (nous reviendrons sur lui plus tard) était chargé de contrôler les dessins de Lady, mais il n'est pas certain qu'il l'ait fait pour Clochard. Certains prétendent qu'il l'a fait, mais même le biographe de Takamoto, Michael Mallory, n'en est pas certain : « Iwao n'a jamais parlé de son travail sur Clochard, je ne peux donc pas le confirmer[25]. » Quoi qu'il en soit, les assistants se sont démenés et certains dessins intermédiaires ne sont pas aussi bons, mais dans l'ensemble, le personnage est une véritable prouesse. Les scènes de personnalité sont un vrai régal, et il semble que Frank Thomas et Milt Kahl étaient à leur meilleur, et Walt Disney le savait : « Dans la production de notre long métrage *La Belle et le Clochard*, cette technique d'humanisation des personnages animaux atteint un point de quasi-perfection ». L'élasticité de l'animation du chien est remarquable, que ce soit lors de la première apparition de Clochard par Kahl, lorsqu'il s'est réveillé, s'étirant, secouant l'eau, ou ici dans cette imitation, il s'agit d'une animation de premier ordre. La démarche sautillante du Clochard par Kahl est un chef-d'œuvre, avec une certaine légèreté parfaitement maîtrisée. Mais Andreas Deja a pu constater de légères différences entre les approches de Kahl et de Thomas : « Pour autant que je sache, Milt Kahl a repris des dessins de Frank parce que Frank avait dessiné Clochard différemment, avec un museau plus petit et des yeux un peu plus bas (...) J'ai un Clochard de Milt par-dessus celui de Frank et Milt a tout affiné, avec un sourire, la façon dont les joues réagissent avec les paupières, c'est tout le travail de Milt. »

Les oreilles battantes de Clochard signifiaient que chaque mouvement du corps devait être soigneusement accompagné des réactions de ces oreilles. Comme pour le museau, la taille des oreilles varie parfois et Cliff Nordberg avait tendance à les agrandir. En ce qui concerne l'animation des marches et des courses, l'expérience acquise sur *Bambi* s'est avérée très utile. Placer les articulations, maintenir la bonne distance entre les pattes arrière et avant, tout en veillant à ce que l'impression de poids soit correcte. Bien que Kahl et Thomas aient été les principaux animateurs de Clochard, beaucoup d'autres ont travaillé sur lui : Cliff Nordberg, Don Lusk, Hal King (lorsqu'il revient après la séquence de la fourrière), Jerry Hathcock (paniqué lorsqu'il réalise que Lady a disparu), Eric Larson, occasionnellement George Kreisl et quelques bribes d'Ed Aardal. Freeman a eu droit à quelques courtes scènes en plus de sa tâche de clean-up pour Milt Kahl. Il s'est plaint de son statut comme Mike Barrier et Fred Kopietz l'ont évoqué dans une interview : « Barrier : John Freeman était vraiment amer à ce sujet. Il pense qu'il a été tenu à l'écart par certains des Neuf Sages et qu'on l'a empêché d'avoir son nom au générique sur *La Belle et le Clochard*. Kopietz : Je pense que cela peut être vrai. En ce qui concerne les crédits à l'écran, cependant, j'en ai eu suffisamment avec Disney pour me qualifier auprès de l'Academy of Motion Picture Arts and Sciences, dont j'étais membre. [Freeman] a travaillé avec Milt Kahl. Milt m'a toujours frappé dans le mauvais sens du terme. Milt n'a jamais cherché à vanter les mérites de qui que ce soit. C'était un très bon animateur, un bon dessinateur et tout le reste, mais je n'aimais pas trop Milt[26] . »

Parmi les nombreux assistants, l'un d'entre eux, Blaine Gibson, a été loué par ses collègues, dont Dale Oliver : « J'ai également travaillé avec Blaine Gibson, qui était à la fois sculpteur et animateur. Blaine était doué pour l'anatomie des animaux, il pouvait les faire bouger magnifiquement, il pouvait articuler ces choses, il a animé Clochard, c'était un maître[27] . » Gibson est resté humble et a rendu hommage à ses mentors : « Frank et Ollie étaient très minutieux ; ils voulaient que tout soit bon. C'est la meilleure chose qui pouvait m'arriver : j'ai appris davantage. Tous deux étaient extrêmement attachés à la qualité. Frank et Ollie étaient ceux qui apportaient la qualité à ce qu'ils faisaient[28] . »

Clochard est un personnage bicolore avec deux tons de gris, clair pour le ventre et l'intérieur des pattes et plus foncé pour la majeure partie. L'intérieur des oreilles est lavande. Mais comme nous l'avons déjà évoqué, le gris plus foncé de sa robe posait problème dans les moments sombres. Pourtant, dans certaines circonstances particulières, ils pouvaient en faire un avantage, comme l'explique Claude Coats : « Parfois, comme avec le rat, c'est plus mystérieux s'il est sombre sur un fond sombre. De temps en temps, on le perd de vue ou on voit ses yeux. C'est bien de laisser le public le chercher, ça semble plus dangereux comme ça[29] . » Comme vu dans le volume 2, ils en avaient joué dans le combat des cerfs de *Bambi* (1942).

Restait le casting de la voix. L'homme qui jouait Clochard a eu un itinéraire très étrange et même un destin terrible. Disney engageait généralement des acteurs de la radio ou du grand écran, mais Larry Roberts (1926-1992), né Lawrence Saltzman, a été trouvé par un scénariste, probablement Ed Penner, alors qu'il jouait dans une pièce sur scène. C'était un homme de théâtre passionné qui avait d'abord collaboré au Circle Theatre sous un nouveau nom, Larry Salters. Il a ensuite fondé sa propre compagnie, The Players Ring, à Hollywood. En fait, son rôle dans *La Belle et le Clochard* était un one-shot puisqu'il n'a plus jamais joué pour le cinéma, mais seulement pour des séries télévisées. Il se produisit en Corée pour les troupes. Finalement, il abandonna le métier d'acteur et retourna à Cleveland pour travailler dans l'entreprise de vêtements de son oncle. Dès lors, il mena une seconde carrière en tant que créateur de mode dans le secteur de l'habillement, cette fois à New York. Il meurt malheureusement du sida en 1992.

Le but était de sonner « type des rues » sans être grossier ou trop familier. C'est surtout grâce aux noms affectueux qu'il utilisait pour appeler Lady que l'image du mauvais garçon qui a roulé sa bosse s'est imposée. Il l'appelle généralement « beauté » ou « princesse ». Ce qui importe c'est sa personnalité : un garçon des rues décontracté et insouciant qui a trouvé le moyen de rendre sa vie plutôt confortable. Cela montre à quel point il est intelligent. Bien sûr, il fallait qu'il enfreigne un peu la loi. C'est ainsi qu'il libère ses copains du préposé de la fourrière (un ajout tardif), qu'il chasse les poules alors que c'est interdit. Mais surtout, l'accent est mis sur sa liberté. Cela a sûrement causé des soucis aux scénaristes, car Clochard semble tellement heureux de la façon dont il vit, sans contraintes ni attaches, que son acceptation soudaine à la fin d'un collier et d'un foyer familial est très abrupte. Bien sûr, c'est par amour pour Lady, mais il est difficile de croire qu'il a complètement changé d'avis. Pour un « bâtard aux idées radicales ridicules » comme s'est plaint Jock, c'est un revirement soudain. Bien sûr, le couple pauvre gars des rues/fille sophistiquée de la classe supérieure sera utilisé à maintes reprises dans les films de Disney avec O'Malley/Duchesse, Robin des Bois/Marian, Aladdin/Jasmine ou Flint/Rapunzel. Dans le livre de 1953, Clochard sifflait tout le temps, mais cette idée a été abandonnée. Pour ce qui est de la conversation, il a été décidé que les animaux parleraient ensemble, mais qu'il n'y aurait pas de communication orale avec les êtres humains, seulement des aboiements.

Plus particulièrement, Clochard doit être considéré comme un coureur de ...jupons. Nous verrons dans la séquence de la fourrière que la longue liste des conquêtes féminines tape sur les nerfs de Lady et qu'elle lui en veut profondément. Bref, Clochard est quelqu'un qui n'a pas d'attache, d'où la chanson qu'il était prévu de lui faire chanter : « I'm Free as the Breeze » (Je suis libre comme le vent). Cette chanson, qui réapparaît dans l'édition Blu-ray du film, a été écrite par Ray Gilbert (paroles) et Eliot Daniel (musique). Gilbert avait été un parolier très prolifique dans les "films composites" des années de guerre. Les paroles sont assez explicites : « Je voyage tout seul, le monde est mon trône, je suis le roi - et qui plus est, je suis riche sans un dollar parce que je ne porte le collier de personne ». Cette dernière phrase fait allusion au titre original de cette chanson qui était « I Wear no Man's Collar » (Je ne porte le collier de personne). Elle faisait partie des huit chansons écrites par le duo en 1945, mais aucune d'entre elles n'a été portée à l'écran. Lorsque le duo

Burke/Lee prend le relais au début des années 1950, il tente également d'écrire des chansons pour Clochard avec « I'm Singin' ('Cause I Want to Sing) ». Finalement, le verdict fut que Clochard ne chanterait pas.

Le service de publicité a compris qu'il pouvait exploiter les personnages du film en utilisant Clochard, par exemple, pour faire de la publicité pour des aliments pour chiens. La marque Pard « au bon goût de bœuf » a signé un contrat pour utiliser la nouvelle célébrité afin de convaincre les consommateurs.

Ils franchissent le mur vers la maison des O'Brien

Ed Aardal a animé ce petit passage où Clochard dit « grosse régal » et saute du mur. Nous voyons ensuite une autre magnifique maison dans le style Queen Anne que nous avons dépeint plus tôt. C'est l'occasion d'une nouvelle imitation d'une famille irlandaise, les O'Brien. On ne sait pas s'ils ont choisi ce nom en l'honneur de l'animateur Ken O'Brien qui a surtout animé Jim Dear et Darling. Avec un autre panoramique à hauteur de chien, nous suivons le couple toujours animé par Aardal. Suit une animation signée Don Lusk, c'est ensuite Cliff Nordberg qui anime la marche du couple et après un fondu-enchaîné, un chant se fait entendre... Il va sans dire que tous les accessoires et éléments ont fait l'objet de recherches afin de coller à la réalité de l'Amérique du début du siècle. C'était une nouveauté pour le studio. Jusqu'à présent, ils avaient situé leurs histoires dans des pays imaginaires (les contes de fées, le Pays des Merveilles et le Pays Imaginaire) et des univers (le cirque). Lorsqu'ils avaient dû se rapprocher de décors existants, ils se les étaient appropriés, comme les villages du nord de l'Italie de *Pinocchio* (1940) ou les palais de *Cendrillon* (1950*)*. Ce n'est qu'avec quelques aperçus des rues de Londres dans *Peter Pan* (1953) qu'ils ont essayé d'être précis. C'est un défi que l'animateur Ollie Johnston, qui a principalement réalisé Jock, César et Lady, a beaucoup apprécié : « *La Belle et le Clochard* était intéressant parce que, pour une fois, ça se déroulait à une époque précise, ce qui était rare pour nos films, qu'il s'agisse de 1910 ou de 1915, mais c'est ce que Claude Coats et ses collègues ont fait pour déterminer l'architecture. Il a son propre style, les maisons, les bâtiments, tout est très crédible, un certain type de choses que l'on peut s'attendre à voir. Il y a aussi de très bons personnages et de très bonnes voix[30] . » Les voitures et la pompe à incendie ont donc été dessinées avec justesse, et Walt y aurait veillé, car son enfance était à chaque coin de rue.

Long plan sur l'entrée du restaurant Tony's

Cette prise de vue à hauteur de chien est un autre exemple de ces perspectives qui sont un élément essentiel du film. La rue est très révélatrice d'une époque où le passage des calèches aux voitures était une réalité quotidienne. Dans le livre, tante Sarah se vante même d'avoir une voiture électrique dernier cri ! Don Lusk a dû transpirer pour que le couple s'éloigne en réduisant progressivement ses dimensions. C'était toujours délicat, et ils dessinaient généralement des lignes de perspective avec des extrêmes qui donnaient les dimensions voulues. Et les premières notes de la chanson « Bella Notte » se font entendre au loin...

Habilement, les scénaristes ont trouvé le moyen de creuser un fossé entre les univers de Lady et de Clochard. Le début du film montre un chien choyé dans une immense maison confortable d'un quartier huppé habité par des chiens de race. Dès le début, Clochard est vu dans un terrain abandonné, un dépôt de trains et des ruelles. Il s'agit d'un message fort d'une société dans laquelle deux classes de chiens et d'hommes vivent à l'écart l'une de l'autre. À ce moment-là, la Lady de Don Lusk se dirige vers la porte d'entrée du restaurant, tandis que Clochard indique un autre chemin, toujours dans une ruelle. Mais il a une façon de prendre les choses en l'appelant « mes entrées privées. » C'est la philosophie de Clochard sur la vie qui lui permet d'apprécier son mode de vie. Dans la vitrine du restaurant, bien que située dans un coin à droite et à peine visible, se trouve déjà un indice de l'aspect italien avec une bouteille de chianti dans le célèbre emballage de paille.

« Attends-moi là » dit Clochard

Alors que la musique s'intensifie, nous voyons un décor qui a déjà été rencontré auparavant lorsque Clochard s'est rendu à cet endroit précis pour obtenir un os de Tony. Mais cette fois, une dame se cache dans l'obscurité. Le tout est animé par Don Lusk. Juste après que Clochard ait gratté sur la porte, il y a un arrière-plan en contre-plongée très intéressant. Beaucoup ne l'ont peut-être pas remarqué, mais sur le côté droit est collée une petite affiche annonçant une pièce de théâtre. Il s'agit de *La Case de l'oncle Tom,* censée être jouée à l'Opéra. Cela ne peut être le fruit du hasard. Ce roman très populaire a été écrit par Harriet Beecher Stowe en 1852, soit environ 58 ans avant l'époque supposée de *La Belle et le Clochard*, mais il était encore très souvent joué sous forme de pièce de théâtre à l'époque, en particulier dans la version de George Aiken. Il est bien connu qu'il s'agit du premier livre qui a mis l'accent sur le sort des esclaves afro-américains et a sensibilisé l'opinion à leur condition. Faut-il comprendre que ces deux cuisiniers italiens se sentent liés à ces laissés-pour-compte afro-américains ?

Bien sûr, l'accent n'est pas mis sur cette affiche dans l'obscurité, mais bien sur la première apparition du propriétaire des lieux, Tony, dont on entendait déjà le fort accent italien avant qu'il ne vienne voir qui grattait. Avec plusieurs artistes d'origine italienne en charge de cette séquence, il était sûrement tentant de créer des personnages plus grands que nature. Rappelons qu'ils ne figuraient pas dans la version du livre de Ward Greene commandée par le studio. La séquence a été ajoutée plus tard. Le directeur de la séquence, Gerry Geronimi, le scénariste principal, Joe Rinaldi, et le co-scénariste, Don Da Gradi, avaient tous des racines italiennes. De plus, San Francisco devait être le cadre de l'histoire, et plus précisément au moment du tremblement de terre de 1906, et Rinaldi y avait passé son enfance. Joe Rinaldi a bien été une figure de proue dans l'écriture de l'histoire, n'avait-il pas illustré le livre de Ward Greene ? De même, ses dessins seront omniprésents dans les émissions spéciales de promotion à la télévision. Son nom est même inscrit dans un salon de coiffure lorsque l'on voit Clochard errer dans les rues après son réveil.

Joe Rinaldi (1917-1974) était l'un des trois fils d'une famille italienne de Bene Vagienna, près de Trinita, et le seul à ne pas y être né. Après la naissance de Joe, la famille y est retournée pendant environ 7 ans, au cours desquels un troisième fils, Luiggi, est né. Ils s'installèrent à Oakland où Joe obtint son diplôme de fin d'études secondaires et exerça plusieurs métiers comme chauffeur de camion ou peintre d'enseignes, mais il continuait à dessiner. A San Francisco, son père est en relation avec le fondateur de la Banque d'Italie (future Bank of America) Amadeo P. Giannini. Wiley, le fils de Joe, explique l'importance de cette relation : « Parce que les Italiens ne pouvaient pas obtenir de prêts, qu'ils étaient vraiment des citoyens de seconde zone, il y avait bien sûr beaucoup d'immigrants, des Irlandais, des Italiens, etc. Giannini a donc créé sa banque à San Francisco pour aider les immigrés italiens et beaucoup d'entre eux sont allés à San Francisco, où leur influence fut évidente. Les parents de mon père ont rencontré Giannini, ils ont peut-être travaillé pour lui en nettoyant des bureaux. Apparemment, Giannini a aidé Disney, il lui a prêté de l'argent pour *Blanche-Neige* et il a peut-être présenté mon père à Disney[31]. » Il arrive en même temps que son futur ami Bill Peet, et ils sont choisis parmi 100 candidats. Il a contribué un peu à *Dumbo*. Il épouse une peintre du département Encre et Peinture, puis s'engage dans la marine pendant les années de guerre. À son retour, il devient progressivement l'un des scénaristes les plus influents, avec un apport considérable à tous les longs métrages, de *Cendrillon* (1950) à *La Belle au bois dormant* (1959), et quitte l'entreprise en 1964 après *Babes in Toyland* (1961), dont il n'était pas satisfait. Sa fille Zorine explique comment il en est venu à quitter le studio : « Il fallait qu'il crée tout le temps et il s'en inquiétait sans cesse, et cela lui pesait physiquement, et il a d'abord pris un congé médical, puis il l'a prolongé et il n'est pas retourné sur le site [32]. » Son fils Wiley est un peu plus direct : « Il a démissionné parce qu'il voulait travailler sur ses propres projets, il était fatigué de ce qu'il appelait la 'course de rats'. Il se sentait parfois sous pression et je ne pense pas que Disney ait été très démonstratif dans son appréciation des artistes, il était critique d'une certaine manière [33]. »

Joe Rinaldi était avant tout un dessinateur, et l'un des meilleurs selon le maquettiste Lance Nolley ou Bill Peet, comme le développe Zorine : « Je pense que mon père avait besoin d'être associé à quelqu'un comme Ed Penner pour pouvoir pousser les choses et les articuler vraiment bien, alors que mon père pouvait s'asseoir là et vous raconter une histoire, mais il devait vraiment la dessiner et vous montrer des images à ce sujet. Il pouvait mettre ses idées en images et les rendre très claires, alors qu'à l'oral, c'était différent, et je pense qu'il s'est fait une raison. Lorsqu'il s'agissait d'explications, Ed était celui qui les donnait [34]. » Il souffrait presque d'un complexe d'infériorité parce qu'il n'avait pas obtenu de diplôme universitaire comme son ami Bill Peet, et qu'il avait également bégayé lorsqu'il était plus jeune. Mais il y avait aussi autre chose, poursuit Zorine : « Je pense qu'il avait beaucoup de problèmes liés au fait d'être un immigré, de ne pas s'exprimer et de ne pas avoir de droits, alors que Bill Peet était très franc, mon père gardait la tête baissée pour mieux survivre (rires). Comme la plupart des immigrants aux États-Unis dans les années 1930, vous aviez essayé de vous débarrasser de votre héritage, les Italiens n'étaient même pas considérés comme des Blancs. C'est quelque chose que j'ai appris depuis, les gens changeaient de nom, des choses comme ça, et je pense que dans une certaine mesure, c'était acceptable à Disney [35]. »

C'est peut-être pour cela qu'il s'est autant investi dans les deux hommes du restaurant italien. Le propriétaire s'appelle Tony, comme son frère aîné (Antonio). Si Joe n'avait pas vraiment d'accent, Tony, lui, en avait un. On peut donc dire que le Tony du dessin animé a été largement inspiré par l'aîné de la famille Rinaldi. John Lounsbery a réalisé toute l'animation des deux Italiens et dès le premier plan, on voit qu'il a conservé certains gestes typiques des Italiens expressifs lorsqu'ils parlent, en gesticulant à l'excès. Lounsbery raconta qu'il s'était rendu dans le quartier italien de Los Angeles pour les observer. À l'époque, il y avait encore une Little Italy dans ce qui fait aujourd'hui partie de l'Arts District et du Civic Center. Les Watts Towers ont été construites par un immigrant originaire de Serino. Mais il avait suffisamment de personnes d'origine italienne autour de lui pour s'en inspirer. Ils se sont révélés utiles, comme s'en souvient Ollie Johnston : « Lounsbery a fait faire une chose obscène à l'un des Italiens sans qu'il le sache et Geronimi l'a remarqué et l'a fait changer[36]. »

Tony est le propriétaire du restaurant et tout au long de la séquence, il veut que cela se sache. Dans un délicieux duo de vaudeville, Tony porte la culotte et le pauvre Joe, servile, doit se soumettre à lui. Il y a quelque chose de pittoresque et de grotesque à être aussi autoritaire dans un petit restaurant où il n'y a apparemment que deux personnes qui travaillent, mais Tony semble avoir une haute opinion de lui-même. Il se donne en spectacle lorsqu'il s'occupe des chiens.

Joe Rinaldi a proposé quelques idées graphiques jusqu'à ce que Milt Kahl y apporte sa touche finale. La tête chauve est grosse avec un cou charnu, la moustache (comme celle de Rinaldi) est finement peignée, des sourcils épais et foncés sont visibles au-dessus des petits yeux. Le nez est très gros, il s'agit bien d'une caricature. Il y a une couleur bleuâtre plus foncée sur ses yeux, comme pour le « vieillir » un peu ou mettre en évidence une trace de longues heures de travail. Tony est un stéréotype des Italiens de l'époque plus particulièrement. Tony est en surpoids et, bien sûr, le duo avec Joe fait penser à Laurel et Hardy. Rien d'étonnant à cela puisque Lounsbery adorait ces acteurs, comme le rappelle Ollie Johnston : « Lounsbery a grandi dans le Colorado. Il avait à peu près mon âge. J'ai pu voir quelques vaudevilles au début des années 20 et un peu dans les années 30, mais ils ont disparu à cause du cinéma. Fergy a été influencé par cela et par Walt. Je pense qu'ils ont inévitablement influencé les personnages de l'histoire de cette manière, bien que ce type de personnages soit né du cinéma et des pièces de théâtre. Les relations entre les personnages ont toujours été bonnes, ce qui n'est pas lié au vaudeville, mais aux bons films, aux bonnes comédies. Les comédies musicales avaient beaucoup de ce type de relations[37]. »

Comme à l'accoutumée, des séquences en prises de vues réelles ont été tournées avec les deux compagnons (avec une poupée Pluto pour les chiens). Don Barclay joua le rôle de Tony, mais l'animateur dut ultérieurement agrandir le corps. Barclay s'y connaissait en dessin puisqu'il avait été caricaturiste de célébrités hollywoodiennes pendant des années avant d'être régulièrement engagé par Disney pour des voix et même d'incarner M. Binnacle dans *Mary Poppins* (1964). Walt disait qu'il était son « porte-bonheur ». Si George Givot a été choisi pour la voix, c'est parce que cet acteur de radio, qui a également joué dans les Ziegfield Follies, était célèbre pour ses imitations d'accents ethniques. Il était particulièrement connu pour un personnage qu'il avait inventé, « l'Ambassadeur grec de bonne volonté », un immigrant grec à l'accent très prononcé et à l'anglais approximatif. Mais il a également joué un Russe, un Français, un Mexicain et bien d'autres personnages au cours de sa carrière cinématographique. Son interprétation de Tony est parfaite, roulant les « R » avec aisance.

Dès ce premier plan, on se rend compte du talent de dessinateur de John Lounsbery, et plus particulièrement lorsqu'on étudie la façon dont il a dessiné les mains. Les doigts charnus sont si délicatement dessinés et si expressifs qu'ils complètent l'extraordinaire animation de ces hommes. Comme l'a dit Dale Oliver : « John Lounsbery était excellent, très souvent, en voyant de nombreux dessins au studio, les gens pensaient qu'il s'agissait de dessins de Milt, mais souvent il s'agissait de dessins de Lounsbery[38] . » Il est certain que Lounsbery a été sous-estimé en raison de sa discrétion et de son profil bas, mais il n'était pas du genre à se plaindre, comme l'a expliqué l'animateur Bob Mc Crea à Dave Smith : « Louns a toujours eu l'impression d'appartenir à la 2ème classe parce qu'il ne faisait pas partie de l'élite là-bas. Et bien sûr, dans un sens, ils lui retiraient des scènes qu'il voulait faire ou lui donnaient des choses qui étaient un peu grossières à faire[39] . » Eric Larson, autre des Neuf Sages, était on ne peut plus d'accord : « John Lounsbery était un animateur exceptionnel. Il était connu pour être l'animateur de l'animateur. Il étudiait les choses à fond. Il n'était pas rare qu'il passe des heures, la pipe et le café à portée de main, à discuter avec d'autres personnes d'une scène qu'il était en train de planifier - l'activité concernée, la personnalité du personnage, ce qu'il pourrait faire et comment il le ferait pour faire passer au mieux l'histoire - en somme, une discussion sur tous les aspects divertissants de la scène.[40] . »

Lounsbery avait une façon bien à lui de commencer une scène. L'animateur et professeur Walt Stanchfield a expliqué comment il procédait généralement : « Il avait une technique, je vais vous donner une idée des différentes techniques : il prenait une scène du réalisateur et essayait d'obtenir ensuite autant d'informations que possible du réalisateur, de l'histoire, etc... Il allumait ensuite une cigarette, faisait un tour, prenait une tasse de café et parlait, parlait, un tas de banalités, etc... Mais en fait, toutes ces choses tournaient dans sa tête et on pouvait voir quand ça se mettait en place. On pouvait presque voir son regard, il se levait, allait dans son bureau, prenait une feuille de papier et tout était planifié pour lui, et tout sortait de son esprit, et tout était fait en un rien de temps[41]. » Et tout cela avec un crayon très spécial. Dale Baer se souvient qu'il était le seul à utiliser un crayon de charpentier (un crayon rectangulaire avec un morceau de mine de 60mm de large). Il utilisait des crayons rouges et bleus avant de réaliser le dessin final avec un crayon noir. Glen Keane a pensé que ce type de crayon correspondait parfaitement à son approche et a commencé à l'utiliser également.

En plus d'être très talentueux, il était l'homme le plus gentil qui soit, comme le rappelle l'un des animateurs qu'il a pris sous son aile, Art Stevens : « John Lounsbery m'a enseigné un truc qui consiste à regarder la scène d'une personne, la scène d'un jeune animateur, supposons que vous apportiez une scène d'un animateur débutant, ça peut être assez terrible, vous n'avez pas tout ce qu'un homme expérimenté aurait. Il la regardait sur la Moviola et en relevait immédiatement les points positifs ; peut-être seulement deux ou trois, mais il disait 'hé, tu as vraiment bien fait ça et ça avance', puis il commençait progressivement à la démonter si subtilement que tu ne t'en rendais pas compte, et tu finissais par vouloir apprendre les choses qu'il soulignait. Johnny m'a appris, et c'est très vrai, que si vous n'êtes jamais satisfait d'une scène, c'est qu'elle est nulle. Elle fonctionne, mais j'aurais pu faire mieux, c'est comme un pianiste qui n'est jamais satisfait de son récital. C'est comme un pianiste qui n'est jamais satisfait de son récital. En fait, s'il l'est, c'est qu'il est satisfait et qu'il ne fait pas du bon travail. J'ai travaillé avec John Lounsbery pendant 10 ans et c'était un prince. Peu de gens avaient la capacité d'enseigner et de transformer de nouvelles personnes en animateurs[42]. »

Lounsbery adorait l'animation et, alors que beaucoup auraient été fiers de devenir réalisateurs, ce n'était pas sa tasse de thé, comme s'en souvient Walt Stanchfield : « C'était un réel plaisir de travailler avec lui. Il est devenu plus tard réalisateur chez Woolie, mais j'ai l'impression qu'il s'est vraiment trompé de casting[43]. » La jeune génération qui lui a succédé a ressenti la même chose à son égard, comme Gary Goldman par exemple : « John Lounsbery était un grand animateur et un excellent dessinateur. C'est pour cela qu'il faisait partie des Nine Old Men. Je ne pense pas qu'il se soit jamais senti en dessous des autres grands. Je ne pense pas qu'il y ait pensé. Il était calme, sachant ce qui fonctionne et ce qui ne fonctionne pas. Je ne l'ai jamais entendu hausser le ton ou parler des autres ténors, dont il était pourtant l'un des membres. Tout le monde le connaissait et l'appréciait. Il disait de Milt Kahl qu'il était le meilleur dessinateur et animateur de l'industrie et il m'avait raconté qu'à l'époque, lorsqu'il se préparait pour une scène, qu'il faisait ses dessins de poses, il allait parfois dans le bureau de Milt avec l'un de ses dessins et demandait à Milt de dessiner par-dessus le sien. J'ai demandé pourquoi. Il m'a répondu : 'Si je pouvais obtenir un seul bon dessin de Milt, je pourrais réaliser une grande scène'. C'était un homme humble mais un brillant artiste animateur et un excellent mentor[44]. »

Le plan suivant est vu du point de vue de Tony en plan large et le Clochard de Don Lusk est en train d'aboyer. Il faut souligner l'utilisation très subtile de la lumière avec des ombres plus ou moins prononcées. Les talentueux maquettistes et peintres de décors n'ont pas oublié de peindre quelques rayures, trous et peinture écaillée ici et là sur les montants et les encadrements de portes. Ces Italiens ne sont pas riches et la cuisine d'un restaurant de seconde zone n'est jamais l'endroit le plus propre. Ce restaurant n'a rien d'extravagant et l'historien italien Lino Cappelini ajoute : « Le restaurant est très simple car il s'agit d'une trattoria. Ces Italiens apportent partout ce sentiment de convivialité. Ils viennent de Sicile, on le voit bien, en Italie on les a même doublés avec l'accent sicilien[45]. »

Claude Coats a joué un rôle majeur dans le film, comme nous l'avons vu, mais Dick Anthony, Ralph Hulett, Al Dempster, Eyvind Earle, Jimi Trout, Ray Huffine, Brice Mack et une femme, Thelma Witmer, y ont également contribué. Il est très frustrant pour les historiens de ne pas savoir qui a fait quoi en matière de décors ou de mise en scène, et Steve Hulett, le fils de Ralph Hulett, est du même avis : « J'aurais du mal à regarder n'importe lequel des films et à dire qui a peint tel ou tel arrière-plan. Mon problème, c'est que je ne sais pas quels décors il a peints dans les films, et lesquels il n'a pas peints. Je suis fier de beaucoup d'entre eux[46]. »

Dans les mêmes réactions exagérées qui rappellent tant les latinos, Tony est fou de joie et salue Clochard qu'il appelle « Bandito ». Puis Tony sort et appelle son employé Joe. Il s'agit maintenant d'un grand panoramique où l'on peut admirer à nouveau les décors. Comme on pouvait le voir à l'arrivée de Clochard dans l'arrière-cour, les murs sont faits de cette brique rouge typique de la Nouvelle-Angleterre et des tenements d'immigrés de New York.

Joe s'avance dans l'embrasure de la porte et répond

Nous découvrons le deuxième personnage italien, le cuisinier, comme le montre sa toque. Pendant ce temps, Lady, par George Kreisl, se cache dans l'obscurité, le blanc de ses yeux perçant l'obscurité de sa cachette. Clochard saute sur Tony dont le grand corps est maintenant allongé sur le sol dans l'une des rares animations de Cliff Nordberg dans cette séquence. Alors que Joe quitte la porte pour aller chercher des os, nous voyons un Clochard fier de guider Tony vers la cachette, animé par Don Lusk. Les actions très crédibles du Clochard proviennent clairement de l'observation des chiens. De nombreux animateurs possédaient des chiens, mais ils ont également filmé des séquences et relevé des comportements typiques.

Il convient également de noter que plusieurs animateurs méconnus ont joué un rôle majeur dans l'animation de Lady et Clochard. George Nicholas a animé la longue introduction de la routine de Lady en tant qu'adulte et George Kreisl a fait beaucoup de choses, en particulier ici. Le point commun de ces deux animateurs est qu'ils étaient principalement des animateurs de courts métrages, et particulièrement de Pluto. On pensait qu'ils maîtrisaient suffisamment l'animation difficile des quadrupèdes, et surtout des chiens, pour qu'on leur confie de telles parties à animer.

Pendant que des instruments à vent sont joués, Tony se penche et regarde Lady avec surprise. Le plan suivant montre à nouveau Lady, mais dans une ambiance moins sombre, de sorte que l'on peut voir qu'elle sourit et qu'elle prend peu à peu confiance en elle, cette fois par Ed Aardal. Tony appelle Joe et, sans beaucoup de tact, présente Lady comme la « nouvelle copine » de Clochard. Joe est de nouveau accroupi et Lounsbery a probablement réutilisé une partie de son animation de la première réaction de Joe.

Joe déclare que Lady est une « Espagnole », confondant probablement « Espagnole » et « Epagneule »! A l'origine, cette phrase aurait dû être prononcée par Tony, mais ils l'ont changée. Il s'agit ici de souligner que les deux hommes n'ont pas dû recevoir une éducation scolaire et qu'ils commettent souvent des erreurs. Il y a certainement quelque chose de Joe Rinaldi ici, car nous avons vu qu'il se sentait mal à l'aise de ne pas avoir reçu d'éducation comme d'autres artistes du studio. Dans le plan suivant, nous voyons Lady se faire caresser par un Tony qui est soudain plus calme et manifestement sous son charme.

Puis vient une autre remarque dénuée de tact : « Si tu veux l'avis de ton ami Tony, celle-là tu devrais l'épouser ». Bien qu'il pensât l'avoir chuchoté à Clochard, elle l'entendit très bien. Bien sûr, Lady ne pouvait pas rester silencieuse et elle demande avec méfiance plus d'explications sur le « celle-là ». Après un cello figé pour son corps, Clochard réagit du mieux qu'il peut. Thomas anime les deux chiens, puis le merveilleux gros plan de Clochard qui fait de son mieux pour se justifier et imite l'accent de Tony pour échapper aux doutes de Lady. C'est une autre preuve du talent de Frank Thomas pour l'animation de la personnalité, avec un traitement très méticuleux du squash and stretch, dans une série de dessins vivants.

Tony met la table

Si un animateur d'effets spéciaux se charge de la nappe et de la bouteille de chianti, George Kreisl doit s'occuper des deux chiens et de dos de Tony. Ensuite, Lounsbery se délecte dans l'exagération et les gags. Tony fait tomber le plateau des mains de Joe. Ce dernier pensait qu'un tas d'os ferait l'affaire, mais Tony avait d'autres plans pour impressionner le couple. Le script indique que Tony « explose à la Stromboli ». Bien sûr, Tony étant un personnage plutôt gros et outrancier qui bouge tout le temps, il était facile de faire le lien avec le méchant de *Pinocchio* qui avait été animé par Bill Tytla. Lounsbery n'avait pas travaillé sur lui comme nous l'avons vu dans le volume 1, mais sur Grand Coquin et Gédeon. Il savait cependant que l'animation de Stromboli avait été critiquée pour être un peu trop exagérée. Frank Thomas se souvient que lors de la première, W.C. Fields ne cessait de dire qu'il « bougeait trop ». Lounsbery est donc conscient qu'il ne doit pas tomber dans ce piège. Kreisl est de retour pour animer Lady intimidée qui réagit.

Dans l'animation suivante de Lounsbery, où Tony explique la situation à Joe, l'anticipation est remarquablement rendue, comme l'a analysé Andreas Deja : « Tony anticipe un grand geste en levant la tête et les bras. Les montées comme celle-ci sont délicates. Le nez est-il suffisamment incliné vers le haut pour montrer les narines ? Ou allez-vous tricher un peu et vous contenter de la forme du nez ? Tout semble assez exagéré ici, mais Lounsbery n'a pas oublié les subtilités. J'aime la définition de la bouche en 'U', la lèvre inférieure couvre partiellement la bouche ouverte, ce qui ajoute de la dimension[47] . » Tony n'est que colère et désarroi.

George Kreisl anime Clochard qui fait un clin d'œil à Lady avant que Tony ne présente le menu. Cette fois, c'est Eric Larson qui se charge de faire aboyer Clochard pour qu'il choisisse son repas. Comme cela avait été la nouvelle stratégie sur *Bambi*, l'animateur fait les deux personnages, Lady et Clochard. Mais Lounsbery est le seul et unique à faire Tony et Joe, ce qui signifie qu'il avait une quantité incroyable de scènes à faire. On le voit encore, Tony est autoritaire avec Joe. Il est tout sourire lorsqu'il s'occupe des chiens, mais très autoritaire lorsqu'il donne des ordres à Joe. Il doit montrer qui est le patron, pour satisfaire son égo. Les personnages qui ont des défauts évidents sont beaucoup plus intéressants que les personnages fades et parfaits, comme on le sait. Pour souligner cette autorité,

Lounsbery a décidé de remonter le torse de Tony, comme lorsqu'il tape dans ses mains pour presser Joe.

Ce qui est également très subtil et touchant, c'est que Lady, ne sachant pas comment se comporter, imite tout ce que fait Clochard. Ici, Kreisl anime Clochard en train de se lécher les lèvres et elle fait de même. Elle est plus basse, une fois de plus, étant plus petite, elle semble donc très timide et maladroite dans l'univers de Clochard. Mais elle lui fait entièrement confiance, parce qu'il est dans « sa » maison. Tout doit lui être étranger, mais le fait de voir à quel point les Italiens sont accueillants et joyeux avec eux lui donne envie de le suivre et de l'aimer. Tous ces petits détails sont habilement mis en scène tout au long de la séquence.

De profil, Joe est occupé au fourneau

L'un prend la commande et donne des instructions, l'autre s'affaire dans la cuisine brûlante. Que pourraient-ils cuisiner d'autre que des spaghettis... avec des boulettes de viande ? Et voici à nouveau le merveilleux dialogue entre un Joe lucide et un Tony enthousiaste qui est le seul à qui le chien parle : Joe sait qu'il doit céder « tu es le patron ». Et d'un seul geste magique, tous les spaghettis et les boulettes de viande sont déjà dans l'assiette. Joe marmonne, mais on l'entend clairement dire le légendaire « Mama mia » italien. Bien qu'il apparaisse très brièvement, nous pouvons voir un calendrier sur le mur à côté de Tony qui est revenu. Il est écrit Geronomie Noodle Co. Il pourrait bien s'agir d'une référence interne à Gerry Geronimi, le directeur de la séquence. Comme on peut s'y attendre, Tony arrache l'assiette des mains de Joe sur fond de Mickey-Mousing. Tony est celui qui va servir les invités, il ne laissera pas son employé avoir ce privilège.

Joe est peut-être un peu moins connu que Tony parce qu'il est toujours derrière, mais il est aussi très bien rendu. Maigre, plus petit, une grosse moustache, des cheveux frisés et une énorme toque, son corps a la forme d'un long cône avec de grosses chaussures et un pantalon large. Une tenue qui n'est pas très éloignée du clochard de Charlie Chaplin. Bien sûr, Lounsbery était un grand fan de l'acteur/réalisateur britannique. Alors que Tony ne porte qu'un tablier, Joe est habillé en cuisinier. Nous avons vu que Tony avait été nommé d'après le frère aîné de Joe Rinaldi, qui a cette fois utilisé son propre prénom pour le baptiser. Mais peut-être s'est-il aussi inspiré d'un restaurant bien connu de Little Italy à Los Angeles, « Little Joe's », qui a ouvert ses portes en 1927 à l'angle de College Street et de Broadway.

La voix est celle d'un des acteurs qui a peut-être fait la plus longue liste de personnages au studio Disney, et en particulier sur ce film. Cette voix aiguë est celle de Bill Thompson. Il a également interprété Jock, le Scottish terrier et Dachsie à la fourrière, le policier devant le zoo, et la voix hors-champ d'un des amis de Jim Dear. Il était partout au studio dans les années 1950, le dodo et le lapin blanc dans *Alice au pays des merveilles* (1951), Mouche dans *Peter Pan* (1953), le roi Hubert dans *La Belle au bois dormant* (1959) ou le hibou dans *Toot, Whistle, Plunk and Boom* (1953). L'acteur qui a fait la référence en live-action est Nick Dennis. Il n'était pas très connu et jouait surtout des seconds rôles. Mais une fois de plus, c'était un acteur célèbre pour ses rôles ethniques, et plus particulièrement grecs. La raison en est qu'il est né en Thessalie, en Grèce. Son rôle principal était celui de Pablo Gonzales dans la pièce de Tennessee Williams, *Un tramway nommé désir*, rôle qu'il a également joué au cinéma en 1951. Aardal anime une partie du corps de Tony qui sert l'assiette et les deux chiens, mais c'est le maestro Frank Thomas qui va réaliser l'une de ses animations les plus connues.

Belle et le clochard se regardent devant leur assiette de spaghettis

Sur la table, quelques accessoires pour créer l'ambiance italienne, comme l'a noté Andy Gaskill : « La scène comporte également de nombreux stéréotypes de la direction artistique des années 1950 sur les restaurants italiens : la bouteille de chianti enveloppée de paille avec une bougie à l'intérieur, les nappes à carreaux rouges, le bocal de gressins[48]. » Le maquettiste Joe Hale se souvient de la façon dont ce décor a dû être conçu : « Pour autant que je sache, c'est le fruit de l'imagination du maquettiste. Nous avons conçu le site comme on voudrait qu'un restaurant italien soit, mais pas nécessairement comme certains d'entre eux le sont réellement[49] ». Cependant, l'expert italien Lino Cappelini nous dit que tout cela est très exact : « On trouve encore des endroits où l'on met ce genre de nappe, la bouteille de vin et le glicini, la bouteille est une bouteille de chianti typique[50]. » La bande sonore est un mélange de Mickey Mousing et d'instruments à vent, des clarinettes, ainsi que des cordes pour une ambiance plus romantique. Walt avait une approche différente pour ce film, comme il l'a exprimé lors d'une réunion sur l'histoire le 9 juillet 1954 : « Je pense que cette façon d'essayer de faire de la musique pour tout... n'est pas bonne. Mettez de la musique en fond des films qui en ont besoin, et s'il y a des endroits vacants, nous pourrons toujours revenir en arrière et mettre de la musique ». Cette partition d'Oliver Wallace sera son dernier film d'animation. Par la suite, il a surtout écrit de la musique pour la télévision et les films en prises de vue réelles.

Avant de s'attarder sur ce moment légendaire, il convient de rappeler l'ampleur du défi. Il s'agissait de montrer deux chiens tombant amoureux autour d'un plat de spaghettis. Dit comme cela, il n'est pas étonnant que Walt n'ait pas été convaincu que cela pouvait marcher. Mais, à partir des idées de Joe Rinaldi, Frank Thomas a trouvé des moyens incroyablement subtils de faire croire à cette scène, qui a été parodiée à maintes reprises depuis. Mais il était bien conscient de la difficulté de la tâche, comme l'indique le livre qu'il a écrit avec son fidèle ami Ollie Johnston : « Ce plat semblait un choix improbable pour l'animateur, car les spaghettis et les boulettes de viande donnent du fil à retordre à beaucoup d'entre nous, même avec un couteau et une fourchette. Pourtant, c'est justement ce dilemme qui est devenu notre point d'accroche avec le public. Les chiens mangeaient les spaghettis comme des humains, Clochard avec un air satisfait et une assurance masculine, et Lady avec un air très féminin et délicat[51]. » Encore une fois, Lady cherche à être guidée et conseillée, et Clochard doit donc lui apprendre à faire les choses, c'est pourquoi il se lance en premier comme Frank Thomas l'avait prévu : « Johnny Lounsbery a fait le cuisinier et Joe, ce qui a permis d'établir le plan de ce que j'essayais de faire avec eux et j'ai pensé que moins elle aurait à manger de spaghettis, mieux ce serait, alors tout ce qu'elle a mangé, c'est le premier brin et ensuite ça monte jusqu'au nez[52]. »

L'une des premières idées brillantes est ce petit gag de Lady qui suce les spaghettis jusqu'à ce qu'ils touchent son museau, souligné par un son de triangle. Frank Thomas explique comment il a eu cette idée un soir au restaurant : « Il y avait une fille qui travaillait beaucoup dans le mannequinat, elle était très belle, elle attirait le regard des gens. Elle a remarqué qu'il y avait quelque chose d'étrange : elle mangeait des spaghettis et était un peu distraite. Elle n'a pas compris que le batteur du groupe faisait tout pour ajouter des effets sonores à ce qu'elle faisait. Si elle faisait 'flurp', il frappait les cymbales, elle sentait quelque chose, mais elle ne pouvait pas mettre le doigt dessus. J'ai trouvé cela amusant. C'était quelque chose qui me trottait dans la tête[53]. »

Tony commence à chanter Bella Notte avec son accordéon

Comme c'est désormais la routine, Walt engage des compositeurs extérieurs pour ses chansons. Cette fois, il s'agit de Sonny Burke. Lorsqu'il est engagé par Disney, il est surtout connu comme arrangeur et leader de big band. Ce sont probablement ses deux succès « Black Coffee » en 1948 et « Midnight Sun » (1954) coécrits avec Lionel Hampton qui ont dû attirer l'attention de Walt. Burke travaillera plus tard avec les plus grands jazzmen et produira le légendaire « My Way » de Frank Sinatra. « Black Coffee » est le titre du premier album de Peggy Lee en 1953 et elle travaille de plus en plus avec Burke, jusqu'à ce qu'ils coécrivent les chansons de *La Belle et le Clochard*. « Bella Notte » est une valse romantique qui est devenue le thème principal du film et qui est entendue pour la première fois pendant le générique de début. Ensuite, une phrase est chantée par Tony la toute première fois que l'on voit Clochard lui demander de la nourriture. Les instruments sont principalement l'accordéon, la guitare et la mandoline supposée être jouée par Joe. Il y a indéniablement une touche italienne. Les mandolines jouent la même mélodie que la voix de Givot. Le tempo est assez irrégulier, l'accent étant mis sur les émotions, la chanson ralentit parfois. À la fin de cette séquence, lorsque le couple traîne dans le parc, la chanson est chantée par un chœur.

Les paroles romantiques sont de Peggy Lee, mais tous deux ont échangé des idées sur la mélodie et les paroles. Il s'agit d'une chanson très bien conçue, ce que le musicologue James Bohn confirme en ajoutant : « L'aide conduit le retour de la mélodie principale après le pont, la demi-cadence qui conclut le pont passe à un accord augmenté sur la dominante, ce qui donne une échelle de degré deux élevée, menant à la première note de la mélodie principale[54]. » Bien qu'assez courte (2'50), la chanson est efficace, basée sur la formule à succès d'un refrain chanté en premier, répété plusieurs fois avec seulement un pont.

Typiquement, Tony prend toute la place lorsqu'il joue de l'accordéon et chante, tandis que Joe essaie de trouver sa place en bas pour participer et jouer de la mandoline. C'était un défi pour Lounsbery car les deux devaient être des personnages drôles sans pour autant gâcher la corde sentimentale. Cela convenait parfaitement à Joe Rinaldi, comme l'a remarqué son fils Wiley : « Je pense qu'il aimait vraiment rendre les choses amusantes et les scènes comiques, comme on peut le voir dans les relations entre les deux Italiens dans 'Bella Notte'. Il faisait vraiment des choses extrêmes. Mais je pense que mon père aimait les deux, qu'il s'agisse de faire ressortir le cœur et les sentiments des personnages ou de développer l'humour[55]. » Mais comme d'habitude, c'est la combinaison des talents des scénaristes et des animateurs qui a permis cela. Zorine Rinaldi insiste sur ce point : « Je pense qu'il [Joe, son père] a vraiment apprécié la collaboration sur ce projet, c'était un groupe assez serré, juste trois scénaristes, Ed Penner, Don Da Gradi et mon père qui aurait été l'artiste des trois[56]. » N'oublions pas que Ralph Wright a également contribué à l'histoire.

Le fait que Clochard continue à manger pendant que Lady est distraite est également très bien observé. Il est plus terre à terre et pragmatique, alors qu'elle est complètement sous le charme de cette « Bella Notte ». Avec subtilité, Thomas anime une Lady bouleversée dont les yeux trahissent une profonde émotion. Voici comment il envisageait les choses : « C'est la première fois qu'elle sort, qu'elle va quelque part, et il faut qu'elle soit innocente, qu'elle ait les yeux pleins d'étoiles et qu'elle soit captivée par tout ce qui se passe. Et comme c'est le genre de fille qu'elle est, elle ne dit pas : 'Oh, regardez ça, regardez ça !' comme une adolescente pétillante, elle est juste subjuguée par tout ça[57]. » Thomas était un artiste très analytique. Il avait besoin de comprendre ses personnages, d'où ils venaient, ce qu'ils ressentaient et était complètement absorbé par eux. Et comme son ami Ollie Johnston, il essayait souvent de s'inspirer de ses émotions personnelles, comme il l'a avoué un jour à Nancy Beiman : « Frank Thomas m'a dit : 'J'ai modelé l'animation sur moi et ma femme (Jeanette). Pas sur notre apparence, mais sur ce que nous ressentions l'un pour l'autre'[58]. »

Thomas n'a jamais été satisfait de son travail comme s'en souvenait l'assistant Willie Ito : « Ma fonction d'intermédiaire était très basique. La scène emblématique du baiser spaghetti était déjà animée, assistée, et prête pour l'encre et la peinture. Cependant, l'animateur, Frank Thomas, n'a cessé de revoir la scène sur sa Moviola et a décidé de la ralentir davantage. Il a donc exigé que la scène soit complétée par des dessins intermédiaires supplémentaires. J'ai donc été chargé d'ajouter des chiffres entre 1 et 2, comme 1 1/2, 2 1/2, etc.[59]. »

Plan éloigné sur le couple et les musiciens

À l'arrière-plan, on aperçoit de loin le linge typique suspendu à des fils, comme c'est le cas dans de nombreuses rues d'Italie. Ensuite, la caméra fait un panoramique de Tony qui chante, puis se penche sur Lady, qui est sous le charme, et regarde ensuite Clochard, qui est lui-même rejoint par Joe. Un motif ascendant est joué à la fois par les cordes et la mandoline, et Lounsbery l'a utilisé pour montrer Joe jouant ce crescendo sur des notes plus aiguës. Pour le concertina, Lounsbery ne perdait pas son temps précieux à dessiner tous les plis, un animateur d'effets spéciaux le faisait ensuite.

Puis vient *le* moment iconique qui a été parodié à maintes reprises. L'idée absolument géniale était de faire s'embrasser le couple, mais cela aurait semblé grotesque de voir deux chiens s'embrasser. Joe Grant lui-même avait depuis longtemps imaginé une situation dans laquelle le bâtard arrivait nez à nez avec Lady en creusant en même temps sous une clôture. Rinaldi et Thomas ont eu une meilleure idée : les deux chiens prennent le même brin de spaghetti et se rapprochent sans le savoir jusqu'à s'embrasser. Ted Thomas s'est fait raconter la genèse de ce moment par son père : « Frank a rendu visite à Ed Penner pour regarder les planches parce qu'il essayait de comprendre comment mettre ça en scène, comment la construire, et Frank s'est souvenu et a dit 'n'y avait-il pas une variante de l'intrigue où ils partagent le dernier brin de spaghetti ?' Ed Penner a répondu : 'Eh bien, vous savez, cette variante a été abandonnée parce que Walt ne voyait pas comment quelqu'un pourrait le faire', et Frank a dit : 'Eh bien, il n'aimait pas l'idée ou il ne voyait pas comment cela pouvait être fait'. Ed Penner est resté ambigu et a dit 'il n'a pas dit qu'il n'aimait pas ça'[60] ! »

Ni Clochard ni Lady ne pouvait voir ce qu'il en était parce qu'ils regardaient tous les deux les musiciens de chaque côté. C'est un storyboard brillant. Ensuite, Thomas a ajouté de petites touches de réactions et de mouvements subtils comme la surprise, avec les oreilles en alerte, Lady se sentant confuse et s'éloignant, les yeux fermés comme une ingénue, tandis que Clochard chevronné continue à regarder et pousse une boulette de viande comme une manière de s'excuser. Aucun mot, tout est pantomime, mais tout est dit dans ce zoom où les deux se regardent. Andreas Deja ajoute : « Inspiré par les croquis de Joe Rinaldi, Frank s'est surpassé, si c'est possible. Son jeu émotionnel et sa synchronisation dépassent l'entendement. Il n'y a pas de référence à un tournage préalable qui vous donnerait un coup de pouce. C'est l'imagination et le talent de l'animateur qui ont permis de réaliser cette scène dans laquelle deux chiens tombent amoureux au cours d'un dîner de spaghettis. Je pense que c'est l'une des scènes les plus parfaites jamais animées par Disney. Je me souviens que Frank parlait du moment où Clochard pousse la dernière boulette de viande vers Lady. Il a dû faire des compromis sur l'anatomie du chien pour réussir cette scène. 'Aucun vrai chien ne peut se mettre dans une telle position', disait-il. Il parlait de la mise en scène de Clochard et du fait qu'il aurait dû prendre une pose complètement différente pour être anatomiquement correct. Mais tout cela a été écarté au profit de l'idée de transmettre l'émotion la plus juste[61]. » Grâce à ce geste plein de tact et de douceur, Clochard a gagné le cœur de tout le monde, comme l'a dit Walt : « Ce type n'est pas ordinaire. C'est un bon gars en fin de compte. » Après un plan large de Lounsbery sur les quatre compagnons, vient un gros plan sur Lady.

Mais l'animation reste un travail d'équipe, et malgré tout le talent de Frank Thomas, il fallait des assistants doués pour ne pas tout gâcher, comme l'a rappelé

Paul Carlson à Didier Ghez : « ... la scène dont je me souviens le mieux est celle des spaghettis. Je me souviens que Frank Thomas a animé cette scène, que Dale Oliver était l'assistant animateur, que Walt Peregoy était le breakdown et que j'étais l'intermédiaire[62] . » Oliver était un assistant compétent et fiable, mais Thomas était très exigeant, comme se souvient Oliver : « Frank avait une approche différente de l'animation, de la façon dont les choses bougent. Il manipulait les dessins, parfois je l'aimais bien en tant qu'intermédiaire, je mettais mon papier à l'envers sur les ergots. Frank travaillait de cette manière, personne ne pense comme Frank, mais dans cette direction, peu à peu, j'avais une idée de sa façon de penser. Travailler pour Frank était un travail difficile, et j'ai travaillé pendant 20 ans pour lui, mais il était aussi dur avec lui-même. Il mettait des notes sur ce que je considérais comme mes meilleurs dessins et il disait 'nous devrions le faire de cette façon' ou... vous savez, j'ai gardé ces notes[63] . »

Zoom sur un gros plan de Lady avec des étoiles dans les yeux

Lady est éprise et complètement charmée par l'atmosphère générale. Il s'agit d'un gros plan très délicat mais bien conçu d'un mouvement très lent de la tête de Lady regardant vers le ciel, grâce à George Kreisl mais largement aidé par Iwao Takamoto qui a joué, comme nous le verrons, un rôle majeur, car c'était un personnage difficile à animer, même pour le très compétent Milt Kahl. C'est certainement l'un des personnages les plus charmants que Kahl ait jamais conçus.

Comme indiqué plus haut, l'histoire de Lady est une longue histoire qui trouve son origine chez Joe Grant. C'est lui qui a réalisé les premiers croquis et, à l'époque, elle était un peu grossière et s'inspirait de son propre chien : toute blanchâtre avec quelques grandes taches brunes. En janvier 1939, Jack Miller proposa une feuille de modèle où elle était plus raffinée, mais toujours assez poilue avec les mêmes grandes taches dans une teinte beaucoup plus foncée et quelques taches plus petites sur les pattes. Ses oreilles étaient également plus longues, ouvrant la voie aux gags. Une fois qu'ils ont commencé à travailler sérieusement sur le film, Milt Kahl a pris les choses en main et a proposé ce qui était presque le design final. Pendant longtemps, et certaines photos publicitaires en attestent, Lady avait de grandes taches de la même couleur que son ventre autour de ses yeux. Des modèles en couleur ont été réalisés, mais l'idée a finalement été abandonnée.

Bien sûr, le défi était de la rendre attrayante et féminine. Mais c'était un cocker. D'ailleurs, son espèce même a évolué avec le temps. La femme de Bill Tytla se souvient : « Il (Joe Grant) s'est inspiré de sa chienne Lady pour le film *La Belle et le Clochard*. En réalité, Lady était un Springer Spaniel, pas un cocker. Elle avait beaucoup d'attrait. Je l'adorais. Un jour, en la caressant, j'ai découvert des bosses sous sa peau. Je les ai malheureusement signalées à Jennie ; une visite chez le vétérinaire a confirmé qu'il s'agissait d'une tumeur maligne. Peu de temps après, l'adorable Lady a été euthanasiée, mais elle a été immortalisée dans le film[64]. » Cela signifie que le chien qui a inspiré l'histoire était parti depuis longtemps lorsque les animateurs ont essayé de trouver un modèle. Ils en ont eu plusieurs, comme l'a dit Peggy Pinefrock, la fille du réalisateur Ham Luske, à Jim Korkis en choisissant son film préféré : « Probablement *La Belle et le Clochard,* pour moi en tout cas, parce que ma chienne, Blondie, a servi de modèle pour Lady. Elle a pu aller au studio Disney et 'poser'. Je me demande si elle savait qu'elle allait devenir si célèbre[65]. » Mais un autre chien était également dans les parages, comme l'explique Frank Thomas : « Nous avions parlé d'avoir des chiens pour les étudier en action, nous savions donc que le petit cocker conviendrait à Lady, et Verna Felton qui a fait la voix de Tante Sarah en avait un, nous pouvions en amener un quand nous le voulions, c'étaient des chiens très populaires à l'époque[66]. » C'était une affaire de famille puisque le fils de Verna Felton, Lee Carson Millar Jr, a fait la voix de Jim Dear ainsi que celle de l'employé de la fourrière.

Kahl a décidé de raccourcir le museau du cocker et de dessiner une large bande du cou jusqu'au sommet de la tête. Cette bande et son ventre seraient de la même couleur beige. Ses yeux, comme toujours chez les personnages féminins, sont grands et ses cils sont longs. Ses sourcils sont fins mais poilus. Mais l'idée la plus intelligente était d'utiliser ses longues oreilles comme des cheveux, ce qui serait la cerise sur le gâteau pour lui donner un air féminin. Mais ce fut un long combat, comme s'en souvient Iwao Takamoto, superviseur de Lady : « 'Bon sang, il aime toujours ce que je fais !' se plaignit Milt, visiblement vexé. Il semble que Walt lui ait dit que Lady n'était pas assez féminine. 'Je ne sais vraiment pas ce qui pourrait la rendre plus féminine', a-t-il dit. Cela a duré un quart d'heure, Milt étant assis là, à dessiner ceci, cela pour que Lady ressemble davantage à une dame, tandis que je me tenais au-dessus de son épaule, à regarder ses tentatives. Finalement, je lui ai dit : 'Tu sais, ces oreilles duveteuses que tu lui as dessinées, pourquoi ne ferais-tu pas quelque chose comme exagérer les cheveux dans le style de Veronica Lake ?'[67]. » Cette actrice très populaire dans les années 1940/1950 était connue pour ses longs cheveux épais. Il est intéressant de noter qu'elle inspirera à nouveau les animateurs des années plus tard pour Jessica Rabbit. Takamoto a donné plus d'indications pour Wes Sullivan : « Alors, je me tenais derrière lui pour regarder ce qu'il faisait. Je crois que c'était à l'époque où Veronica Lake était très populaire. Je me tenais derrière lui et j'ai dit : 'Bon, elle a ces oreilles. Vous pourriez peut-être les rapprocher un peu plus de ses yeux, comme les cheveux de Veronica Lake et ce genre de choses'. Il m'a répondu : 'De quoi tu parles ? Tu veux dire comme ça ?' et il a essayé quelque chose. Il a dit : 'Tu sais, tu as peut-être raison'. Il a donc retiré tous ces dessins et m'a dit : 'Fais-le'. C'est ainsi que j'ai commencé à travailler dans l'animation'[68]. »

Mais ces oreilles devaient rejoindre la tête à l'endroit exact et être animées comme s'il s'agissait d'un morceau de tissu lourd, de sorte que le suivi était très important, comme le rappelle le maquettiste Joe Hale : « Les oreilles ont également posé problème parce qu'elles étaient grandes et beaucoup plus foncées que le reste du visage. Elles devaient s'attacher à sa tête exactement comme il le fallait et devaient bouger exactement comme il le fallait, pour garder cet aspect naturel[69]. » Le collier bleu était là pour rappeler à tout le monde qu'elle était « de bonne famille ».

Les réalisateurs savaient que Lady était un personnage difficile à dessiner, comme le confirme l'assistant Dale Oliver : « Nous apprenions tous à l'époque comment les pattes des chiens se déplacent. Lady était un personnage difficile à dessiner. Mais le film s'en sort apparemment assez bien[70]. » Pour être fidèle au modèle, une décision a été prise, qui avait bien fonctionné avec Cendrillon. Ken O'Brien avait été chargé de veiller à ce que tous les visages de Cendrillon soient identiques. Joe Hale explique ce qui s'est passé cette fois-ci : « Iawo Takamoto était le principal responsable du clean-up de Lady (quelle que soit la personne qui l'avait animée). Toutes les scènes de Lady qui ont été approuvées pour le clean-up final passaient par Iwao. Lorsque vous récupériez une scène auprès d'Iwao, il feuilletait les dessins d'animation bruts, en choisissait un et faisait un dessin au trait propre pendant que vous vous teniez derrière lui et regardiez comment il l'intégrait dans le personnage. C'était votre guide pour parfaire les autres dessins de la scène[71] ». Rolly Crump confirme ces propos : « Iwao était extrêmement exigeant et n'hésitait pas à vous faire refaire un dessin encore et encore jusqu'à ce qu'il estime qu'il était parfait[72]. » Comme le dit le biographe Michael Mallory : « Iwao était celui qui 'cassait la baraque', comme on disait[73]. » Mais pour Iwao Takamoto, ce n'était pas nécessairement une bonne nouvelle, comme il le regretta : « Un nouveau long métrage commençait à prendre de l'ampleur, il semblait que j'aurais l'occasion d'animer, et soudain, j'ai été approché par un petit comité composé généralement de Milt Kahl, Marc Davis et Frank Thomas, qui me disait quelque chose comme : 'Pour le bien du film, accepterais-tu de prendre la responsabilité du contrôle-qualité des personnages principaux ? C'était la fin de ma chance dans l'animation[74]. »

Takamoto a été l'assistant de Milt Kahl pendant des années. Seul un animateur de haut niveau pouvait faire cela et même parfois corriger les dessins de Kahl, et Andreas Deja, fan de Kahl, est en admiration : « Il accordait une attention folle aux yeux, aux paupières, aux cils et au volume des sourcils. La contribution d'Iwao à l'attrait de Lady est incommensurable[75]. » Iwao Takamoto (1925-2007) a eu une histoire incroyable dont les racines se trouvent au Japon d'où ses parents ont immigré, ce qui lui a valu le surnom d'« issei ». Né à Los Angeles et vivant à Little Tokyo, il est devenu un rat de bibliothèque à l'adolescence et a brièvement passé du temps avec sa famille au Japon. Les attaques de Pearl Harbor ont bouleversé sa vie aux États-Unis et, un an plus tard, toutes les familles américaines d'origine japonaise ont été expulsées et envoyées dans un endroit qu'il décrit dans le livre fascinant de Michael Mallory : « Officiellement, on l'appelait un camp de relocalisation de guerre ou un camp d'internement. Mais en regardant les barbelés et la tour de garde, puis en réalisant que des armes y étaient installées, une seule image me venait à l'esprit: celle d'un *camp de concentration*[76]. » Son séjour au camp de Manzanar laissera une cicatrice, car il comprendra qu'il n'est pas exactement un citoyen américain. Mais il est à jamais reconnaissant à une femme, Genevieve Carter, qui lui a fourni du matériel de dessin parce qu'elle avait remarqué qu'il était doué.

Après trois ans, en février 1945, il est libéré et trouve du travail chez Disney. Contrairement à son confrère asiatique Ty Wong (voir volume 2), il a trouvé du réconfort au studio, comme le confirme Michael Mallory : « S'il a souffert de discrimination raciale ou de brimades chez Disney, il ne me l'a jamais dit. Il faisait partie intégrante du studio et jouait même dans l'équipe de baseball de Disney. Il semble que l'écarter de l'équipe aurait été un moyen facile de le marginaliser, mais ils ne l'ont pas fait[77]. » Après la formation habituelle d'intermédiaire, il travaille pour Bob Carlson et peut rapidement animer quelques scènes sur *Coquin de printemps* (1947) et *Melody Time* (1948). Il travaille pour Milt Kahl sur Slu Foot Sue, la petite amie de Pecos Bill. Il se lie d'amitié avec John Freeman, l'assistant principal de Kahl. Il travaille ensuite sur tous les longs métrages et est licencié après*La belle au bois dormant* (1959). Il entre chez Hanna-Barbera où il peut enfin devenir un animateur à part entière, mais aussi un designer et même un producteur. Il se sentait vraiment bien dans ce studio, comme l'explique Michael Mallory : « Chez Disney, Iwao était un rouage de la machine, et même si je pense qu'il était un rouage apprécié et précieux, il restait un rouage. Chez Hanna Barbera, il était beaucoup plus impliqué dans le produit fini. En outre, Hanna Barbera, en particulier à partir des années 1960, était très soucieux d'accorder un crédit à l'écran[78]. » Il est connu pour avoir créé des personnages tels que Scooby Doo et Penelope Jolie Coeur (*Les fous du volant*). Son dernier emploi a été chez Warner Bros. Animations Studio en tant que vice-président de la conception créative.

D'après tous les témoignages, il s'agissait d'un homme doux et humble qui ne se vantait jamais, comme le confirme Michael Mallory : « Iwao était un homme très calme et centré. Il pouvait faire preuve d'un esprit vif, mais je ne l'ai jamais vu s'emporter pour quoi que ce soit. Il avait également une incroyable aura de sagesse. J'avais l'habitude de le décrire comme Yoda avec une meilleure grammaire, et pas vert. Compte tenu de toutes ses réalisations, il était assez modeste. Plusieurs fois, alors que nous travaillions sur le livre, il a demandé : 'Êtes-vous sûr que quelqu'un va vouloir lire ce livre ?'[79]. » Il aimait le sport, la musique jazz et aimait faire des croisières avec sa femme, en faisant des croquis de tout ce qui l'entourait.

Le rôle de Takamoto était d'autant plus important qu'il y avait beaucoup de mains pour animer et nettoyer les dessins de Lady, et que si les animateurs savaient bien comment être fidèles au modèle, chacun avait cependant une façon personnelle de la dessiner. Comme indiqué plus haut, certains animateurs des unités de courts métrages, et plus particulièrement celle de Pluto, ont joué un rôle important : George Nicholas, George Kreisl, Marvin Woodward et Jerry Hathcock. Citons également Don Lusk, Hal King, surtout quand son personnage Jock était là, Hal Ambro (pendant que Darling tricote), Woolie Reitherman, Eric Cleworth. Harvey Toombs a fait pas mal de choses, comme Lady courant après la pelote de laine, autour des gens qui font des commérages sur Jim et le bébé lors d'une fête, et pendant que Jim annonce la naissance. Mais bien sûr, les responsables-clés sont Milt Kahl et Frank Thomas. Ollie Johnston a surtout dessiné Lady dans les scènes émotionnelles où elle est triste, aidé par Bob McCrea. Les Clark l'a presque entièrement faite en tant que chiot.

Dans les dessins référence couleurs ainsi que sur de nombreux dessins clés, l'animateur s'adressait souvent aux encreurs : « Encrez très très soigneusement dans les espaces réduits - Gardez une encre fine et opaque (...) ici encrage extraspécial. Surtout autour des yeux ». Une zone n'était pas encrée, ce qui obligeait les peintres à être très méticuleux : entre la zone beige du ventre et le reste de la robe or/ocre. Ces couleurs sont celles d'un cocker.

Puisque, dès le départ, l'idée était de souligner le contraste entre une petite chérie gâtée et choyée et un vagabond des rues, il fallait qu'elle apparaisse bien élevée et impeccable. C'est exactement ainsi que Walt la présente : « Notre petite dame bien élevée et bien logée, confrontée à une crise dans notre histoire, s'enfuit, et toutes nos cajoleries n'ont pas réussi à l'attirer à nouveau ». Tout le début du livre souligne cet aspect : « Ils aimaient tous les deux Lady, car c'était une chienne bien élevée, qui respectait toujours ses règles de conduite ». Il n'est pas étonnant que l'équipe se soit rendu compte qu'elle ne retiendrait pas longtemps l'attention avec un tel personnage. Il n'est pas facile de rendre attrayant un personnage poli, naïf et sans défaut. Mais Frank Thomas a souligné ce qui a contribué à son succès : « Je pense que le truc du chiot au début du film, tout comme le truc de Bambi, de les voir quand ils sont de jeunes enfants vous aide plus tard[80]. » Il est vrai qu'en tant que chiot, elle gagne le cœur de tout le monde.

Cependant, bien qu'elle soit au centre de l'histoire, ce sont clairement les personnages qui l'entourent qui volent la vedette, comme le souligne l'artiste de Disney Mike Gabriel : « Il s'agit peut-être de la plus belle brochette de personnages jamais réunie par le studio dans un seul film. Chaque rôle, petit ou grand, résonne et perdure[81]. » Le fait est que la plupart du temps, elle apprend des autres : Jim Dear et Darling, les voisins César et Jock, les chiens de la fourrière et bien sûr Clochard. C'est pourquoi elle ne cesse de poser des questions sur les bébés, les familles, la maison, etc... De nombreuses séquences se terminent par une Lady déconcertée qui ne comprend pas grand-chose. Souvent, elle répète des mots qu'elle n'a jamais entendus auparavant et se méprend même sur certains concepts et se ridiculise, comme lorsqu'elle accuse Clochard : « En tous cas ce n'est pas moi qui vais m'inquiéter de votre talon d'Achille », « si les Cosaques vous emmènent en prison, tant mieux ». Elle a mal compris ce que les chiens de fourrière lui ont dit.

De plus, elle est soit victime, soit suiveuse. Les chats siamois, tante Sarah et le rat la harcèlent tous, mais elle est impuissante. De même, elle suit aveuglément Clochard partout où il va, ce qui signera sa perte après l'épisode du poulailler. Ollie Johnston était bien conscient du problème : « Je pense que Lady a vraiment pris vie avec Clochard. C'était bien avec les autres chiens, mais elle n'avait pas la vie qu'elle avait quand elle était avec Clochard, comme lors de leur balade[82]. »

La voix était celle de Barbara Luddy. Elle n'a pas eu une grande carrière, si ce n'est qu'elle a fait de nombreuses voix pour Disney : Pimprenelle (*La Belle au bois dormant*), Rover (un chiot dans *Les 101 Dalmatiens*), Kanga (*Winnie l'ourson*), Mère Lapin et Petite Sœur (*Robin des Bois*). Comme on peut l'entendre avec Kanga, sa voix a changé.

La caméra fait un panoramique sur le linge suspendu qui se transforme en branches d'arbres tandis que l'on entend un changement de tonalité : la chanson est maintenant chantée par un chœur a cappella et les personnages de Kreisl traînent dans le parc dessiné par Eyvind Earle avec les cygnes et le hibou de George Rowley.

Les gens n'ont pas tout de suite réalisé le potentiel de cette séquence comme s'en souvient Joe Hale : « Je pense que nous avons tous été surpris que la scène des spaghettis soit si appréciée. Je n'ai jamais entendu dire que Walt n'y croyait pas. Je pense que sa popularité était due au fait que le service de publicité l'utilisait dans tout le matériel promotionnel du film[83]. » Mais comme d'habitude, un homme savait, et bien qu'il n'ait jamais été du genre à reconnaître qu'il avait eu tort, Ollie Johnston se remémorait souvent cette anecdote : « Frank et moi sortions un soir, Walt nous a rejoints et voici une déclaration typique de Walt : Il se tourne vers Frank et lui dit : 'J'ai entendu dire que tu avais la meilleure scène du film'. Il n'a pas dit : 'Hé, j'ai vu ton travail, c'est la meilleure chose du film'. Non, c'est juste 'J'ai entendu dire que tu avais la meilleure scène du film[84]' ».

Pourtant, d'autres, même dans d'autres studios, ont rapidement compris le potentiel de cette séquence, comme s'en souvient l'assistant Willy Ito : « Lorsque j'ai été engagé pour la première fois chez Disney, je n'avais aucune idée du genre de film qu'était *La Belle et le Clochard*. Disney étant connu pour ses contes de fées, *La Belle et le Clochard* était un mystère pour moi. Ce n'est que lors de la deuxième réédition que j'ai réalisé à quel point il s'agissait d'un film emblématique. La discussion a porté sur la séquence de Bella Notte. Nous avons travaillé jour et nuit sur le film et, à la fin, nous étions tous plutôt soulagés. Ce congé m'a permis de découvrir un autre studio avant de reprendre le tournage de *La Belle au bois dormant*, qui devait avoir lieu dans trois mois. Nous savions tous que *La Belle et le Clochard* était un film merveilleux et charmant, mais nous étions trop épuisés pour apprécier le résultat final. Bien sûr, *2000 Lieues sous les mers* de Disney et l'ouverture de Disneyland ont éclipsé *La Belle et le Clochard*. Bien sûr, la scène du baiser de Bella Notte était très mémorable pour la production. Lorsque je suis allé travailler à l'infâme Termite

Terrace de Warner Bros. après en avoir fini avec *Belle*, j'ai réalisé que Disney était le nec plus ultra des studios d'animation[85]. »

Walt semblait plutôt confiant et il pouvait compter sur la télévision pour en faire la promotion. Après tout, c'était sa première idée : utiliser la télévision pour faire la publicité de ses films, comme il l'a dit un jour : « Nous sommes entrés à la télévision avec une seule idée en tête. Non pas pour nous retirer de l'industrie cinématographique, mais pour que le public reste conscient de l'existence des films. Nous avons perdu deux millions de dollars l'année dernière à la télévision. Mais nous avons vendu notre produit cinématographique ». L'équipe savait que cela serait extrêmement nécessaire, comme cela a été exprimé lors d'une réunion du 15 mai 1952 : « Walt : Vous ne pouvez pas vous attendre à ce que ce film fasse le même chiffre d'affaires que *Peter Pan* ou *La Belle au bois dormant*, un titre connu dans le monde entier. Ed Penner : C'est le genre d'histoire où les personnages racontent l'histoire et où il n'y a pas de grosse production à affronter. » Ainsi, certains documentaires comme *Calvacade of Songs* ou *A Story of Dogs* ont aidé le public à se familiariser avec une histoire dont il avait à peine entendu parler. Walt dit à Peter Martin : « *La Belle et le Clochard*, nous avons eu un sentiment merveilleux pour ce film. C'est la chose la plus spontanée que nous ayons jamais faite. Nous avons eu plus de plaisir à faire ce film[86]. » Il s'est empressé de souligner cette séquence : « Certaines choses dans *La Belle et le Clochard* ont surpassé tout ce que nous avions fait jusque-là, le dîner au café italien ». Il estimait que les chiens étaient gagnants et avait une façon de le justifier : « Vous savez pourquoi les animaux dominent les dessins animés ? C'est parce que leur réaction à tout type de stimulus s'exprime physiquement. Souvent, c'est le corps tout entier qui entre en jeu. Prenez un chien joyeux. Sa queue remue, son torse s'agite, ses oreilles tombent ».

Joe Hale se souvient qu'une femme n'était pas du tout satisfaite de la suite de cette séquence : « Cependant, nous avons reçu une lettre cinglante d'une fan qui était choquée et dégoûtée par la scène du lever du soleil où Lady a son oreille posée sur le cou de Clochard. Pour elle, cela signifiait que Lady et Clochard avaient eu des rapports sexuels pendant la nuit. Nous avons trouvé cette lettre hilarante et des copies ont été diffusées dans tout le studio[87]. »

---

[1] CARE, Ross, *Wilfred Jackson, Disney legend* Theme Park Press, 2016.
[2] Interview par Robin Allan, août 1986.
[3] Interview de Walt Disney par Pete Martin, 1962.

---

[4] CANEMAKER, John, *Two Guys Named Joe,* Disney Editions, 2010.

[5] Mike barrier.com, interview de Frank Tashlin, 29 mai 1971

[6] Entretien avec l'auteur, juillet 1987.

[7] Entretien avec l'auteur, juillet 1987.

[8] FINCH, Christopher et ROSENKRANTZ, Linda, As remembered by Frank Thomas, 17 mai 1972.

[9] Entretien avec l'auteur, juillet 1987.

[10] ANDERSON, F. PAUL, *Jack of all trades*, Theme Park Press, 2017.

[11] KORKIS, Jim, https://www.mouseplanet.com/The Story of Lady and the Tramp, Part One and Two

[12] Entretien avec l'auteur, juillet 1987.

[13] Entretien avec l'auteur, janvier 2011.

[14] Entretien avec l'auteur, juillet 1987.

[15] BACHER, Hans, one1more2time3.wordpress.com, 1 janvier[st] , 2010

[16] KURTTI, Jeff, *L'art de la princesse et de la grenouille*, Chronicle Books, 2009.

[17] PERI Don, *Working with Disney, interviews with Animators, Producers, and Artists*, The University Press of Mississippi, 2011.

[18] BACHER, Hans, one1more2time3.wordpress.com, 1 janvier[st] , 2010.

[19] Entretien avec l'auteur, juillet 1987.

[20] Entretien avec l'auteur, novembre 2010.

[21] ANDERSON, F. PAUL, *Jack of all trades*, Theme Park Press, 2017.

[22] WATTS, Steven, *The Magic Kingdom, Walt Disney and the American Way of Life*, Houghton Mifflin Company, 1997.

[23] Entretien avec l'auteur, juillet 1987.

[24] Entretien avec l'auteur, juillet 1987.

[25] Entretien avec l'auteur, juin 2021.

[26] Mike barrier.com, publié le 6 juin 2011.

[27] Entretien avec l'auteur, juillet 1987.

[28] Entretien avec l'auteur, novembre 2010.

[29] Entretien avec l'auteur, juillet 1987.

[30] Entretien avec l'auteur, juillet 1987.

[31] Entretien avec l'auteur, juin 2021.

[32] Entretien avec l'auteur, juin 2021.

[33] Entretien avec l'auteur, juin 2021

[34] Entretien avec l'auteur, juin 2021.

[35] Entretien avec l'auteur, juin 2021.

[36] Entretien avec l'auteur, juillet 1987.

[37] Entretien avec l'auteur, juillet 1988.

[38] Entretien avec l'auteur, juillet 1987.

[39] GHEZ, Didier, *Walt's People, Volume 17, Talking Disney with the artists who knew him*, Theme Park Press, 2015.

[40] LARSON, Eric, *50 years in the Mouse House*, édité par Didier Ghez et Joe Campana, Theme Park Press, 2015.

[41] Entretien avec l'auteur, juillet 1987.

[42] Entretien avec l'auteur, juillet 1987.

[43] Entretien avec l'auteur, juillet 1998.

[44] Entretien avec l'auteur, juin 2020.

[45] Entretien avec l'auteur, décembre 2009.

[46] Entretien avec l'auteur, janvier 2010.

[47] http://andreasdeja.blogspot.com, 24 juillet 2012.

[48] Entretien avec l'auteur, juillet 1987.

[49] Entretien avec l'auteur, novembre 2010.

[50] Entretien avec l'auteur, décembre 2009.

[51] THOMAS, Frank, et JOHNSTON, Ollie, *Too Funny for Words*, New York, Abbeville Press, 1987.

[52] Entretien avec l'auteur, juillet 1987.

[53] Entretien avec l'auteur, juillet 1987.

[54] BOHN, *James, Music in Disney's animated features*, University Press of Mississipi, 2017.

[55] Entretien avec l'auteur, juin 2021.

[56] Entretien avec l'auteur, juin 2021.

[57] Entretien avec l'auteur, juillet 1987.

[58] Commentaire sur Facebook, juin 2021.

[59] Entretien avec l'auteur, janvier 2020.

[60] Entretien avec l'auteur, février 2018.

[61] http://andreasdeja.blogspot.com, mars 2019.

[62] GHEZ, Didier, *Walt's People, Volume 9, Talking Disney with the artists who knew him*, Xlibris Corporation, 2010.

[63] Entretien avec l'auteur, juillet 1987.

[64] TYTLA, Adrienne, *Bill Tytla: Disney's giant and the artist's model* , *Valley Press & New Era Printing Company,2004.*

[65] KORKIS, Jim, *Ham Luske's children in their Own Words: Hamilton Luske Remembered By His Children.* artoon research/ 26 septembre 2015

[66] GHEZ, Didier, *Walt's People, Volume 9, Talking Disney with the artists who knew him*, Xlibris Corporation, 2010.

[67] TAKAMOTO, Iwao, MALLORY, Michael, *Iwao Takamoto, my life with a thousand characters*, University Press of Mississipi, 2009.

[68] GHEZ, Didier, *Walt's People, Volume 6, Talking Disney with the artists who knew him*, Xlibris Corporation, 2008.

[69] Entretien avec l'auteur, novembre 2010.

[70] Entretien avec l'auteur, juillet 1987.

[71] Entretien avec l'auteur, novembre 2010.

[72] Entretien avec l'auteur, mai 2011.

[73] Entretien avec l'auteur, juin 2021.

[74] TAKAMOTO, Iwao, MALLORY, Michael, *Iwao Takamoto, my life with a thousand characters*, University Press of Mississipi, 2009.

[75] http://andreasdeja.blogspot.com, 31 mars 2016.

[76] TAKAMOTO, Iwao, MALLORY, Michael, *Iwao Takamoto, my life with a thousand characters*, University Press of Mississipi, 2009.

[77] Entretien avec l'auteur, juin 2021.

[78] Entretien avec l'auteur, juin 2021.

[79] Entretien avec l'auteur, juin 2021.

[80] Entretien avec l'auteur, juillet 1998.

[81] Courrier à l'auteur, juin 2021.

[82] Entretien avec l'auteur, juillet 1998.

[83] Entretien avec l'auteur, novembre 2010.

[84] Entretien avec l'auteur, juillet 1998.

[85] Entretien avec l'auteur, janvier 2020.

[86] Interview de Walt Disney par Pete Martin, 1962.

[87] Entretien avec l'auteur, novembre 2010.

Lady à la fourrière (séquence 10.0) de 51.08 à 56'25

Au début des années 1950, la nouvelle mode est au téléviseur aux États-Unis. Les familles restent désormais à la maison, bientôt rejointes par les voisins qui ne l'ont pas encore achetée, et les magnats d'Hollywood commencent à se crisper à la pensée d'une nouvelle ère où le cinéma est menacé. Certains feront tout ce qu'ils peuvent pour le dénigrer, d'autres essaieront de trouver des moyens de contre-attaquer et d'autres encore l'approuveront sans réserve. Walt fait partie de ces deux dernières catégories. Toujours enclin à adopter de nouvelles innovations et désireux de promouvoir ses nouveaux films, il adopte d'emblée la télévision. Mais il comprend aussi que, pour faire revenir les familles dans les salles de cinéma, il doit trouver de nouveaux dispositifs techniques susceptibles de les attirer.

Le premier à mener la contre-attaque fut Merian C. Cooper qui décida de produire un documentaire de 115 minutes pour faire la publicité de sa nouveauté. Intitulé *This is Cinerama*, le film commence par le ratio habituel en noir et blanc avant de passer à la couleur et à un écran plus large au bout de 12 minutes. Il montre ensuite des vues époustouflantes des merveilles du monde, de Venise au parc national de Zion. Spyros Skouros et Daryl Zanuck de la Twenty Century Fox sont sous le charme. Skouros avait envoyé des cadres à Paris pour se tenir au courant d'une invention, l'anamorphoscope d'Henri Chrétien, qui avait breveté en 1926 une technique utilisant des lentilles déformées pour obtenir une image plus large. Cette technique avait été utilisée pour les périscopes des chars d'assaut pendant la Première Guerre mondiale. Bien que les laboratoires de Chrétien aient été bombardés pendant la Seconde Guerre mondiale, ce qu'ils ont vu les a convaincus. Dans la presse française, de nombreux articles soulignent qu'un Français est à l'origine de l'appareil et le vieil homme discret devient une fierté nationale soudaine.

De retour au pays, le studio américain a donc développé ce que l'on appelle le format Cinémascope, où l'image est étirée et offre un format très large, d'où l'autre surnom de « widescreen » (écran large). Il est intéressant de noter qu'à l'époque, de nombreux journalistes ont confondu le Cinémascope et la technologie 3-D, même s'il est vrai que les recherches étaient menées simultanément. La Fox tournait deux films à gros budget, *The Robe* et *How to Marry a Millionaire* avec Marilyn Monroe. Le studio effectua d'innombrables tests avant d'être satisfait. Les films étaient prévus pour une sortie en 1953, mais Zanuck demanda à Walt s'il avait un court métrage qui pourrait être associé à au moins l'une de ces productions. En fait, il n'en avait pas. Mais il aurait pu en avoir un. Il se rendit compte de l'opportunité que représentait la projection d'un de ses films dans un format révolutionnaire avant une superproduction.

Pendant des années, Walt a été considéré comme un innovateur, un pionnier dans de nombreux domaines. Ses longs métrages d'animation sont désormais considérés comme un peu trop grand public et les courts métrages sont en déclin. Il avait besoin d'un court métrage et d'un réalisateur désireux de sortir des sentiers battus. Il savait qu'il avait son film *Toot, Whistle, Plunk and Boom*, qui était comme un ovni dans son univers, et il savait qu'il avait son homme avec Ward Kimball qui lui avait dit : « Nous avons presque terminé, mais d'accord, je vais revenir en arrière et redessiner certains gags pour le grand écran[1]. » Le court métrage influencé par l'UPA a donc été transformé pour le standard Cinémascope. Il servirait de test, car Walt était plus ambitieux, comme toujours. Pourquoi ne pas faire de même pour le long métrage en préparation, *La Belle et le Clochard* ? Le fait que le court métrage ait remporté un Academy Award prouve qu'il avait pressenti les possibilités. Il sait aussi qu'il peut compter sur l'expertise d'Ub Iwerks pour réaliser ce projet.

La décision est prise le 25 juin 1953, *La Belle et le Clochard*, même s'il est bien avancé (y compris l'animation), devra également passer au Cinémascope. Plus facile à dire qu'à faire. Le moins que l'on puisse dire, c'est que certains n'ont pas apprécié cette décision, comme le vétéran Wilfred Jackson l'a écrit dans son journal le 29 octobre 1953 : « Une maison de fous générale avec des changements trop tardifs dans le calendrier des films et des problèmes de conversion au Cinémascope, etc... mais la plupart des séquences de *Belle* sont maintenant bien terminées[2]. » Pour le court métrage comme pour ce long métrage, les conséquences sont multiples : d'abord, passer de feuilles de celluloïd de 12 ½ par 15 ½ pouces à des feuilles de 12 ½ par 31 pouces. Les pupitres de dessin, d'encre et de peinture sont soudain inadaptés à ce format et doivent être changés, de même que les Moviolas où les artistes testent leurs animations. Les mises en scène ont dû être redessinées et les décors ont dû être étirés des deux côtés pour le plus grand nombre. Les maquettistes étaient les plus inquiets car ce sont eux qui devaient passer en revue tous les plans et voir comment ils pouvaient s'adapter à la nouvelle taille de l'image. Cela signifiait moins de coupes car les personnages pouvaient se déplacer sur une toile de fond plus large. Certains de ces plans et décors étaient peints sur des feuilles de papier incroyablement longues lorsqu'un panoramique était prévu, comme lorsque Lady court dans les rues, paniquée, au milieu des embouteillages. Les réalisateurs ont donc indiqué sur les registres ce qu'il fallait faire pour utiliser au mieux le nouveau format et ont ajouté des choses comme : « Compléter les pieds et les bras de Jim à droite et les pieds et les bras de Darling à gauche », « Compléter les dessins sur les chiens à gauche » ou « Ajouter une superposition de table à gauche ». Dans certains cas, ils ont utilisé des astuces telles que les superpositions (overlays) pour cacher le fait qu'ils n'avaient pas peint de nouveaux décors plus longs.

Tout cela coûtait cher. La mode a duré de 1953 à 1967. Mais Walt est enthousiasmé : « Visuellement, le Cinémascope nous a donné l'opportunité, voire la nécessité, d'expérimenter avec l'action, les regroupements et les décors. Il nous a amenés à réexaminer nombre de nos habitudes de travail. Nous avons pu, bien sûr, en faire plus dans nos décors parce que nous avions une plus grande toile sur laquelle travailler. » Cela a entraîné un retard important et ils ont dû repousser la sortie du film.

Pour Wilfred Jackson, un seul homme pouvait être à la hauteur de cette formidable tâche : « McLaren Stewart est la personne la mieux qualifiée pour connaître les problèmes mécaniques liés à la conversion au Cinémascope de notre animation réalisée pour la version standard. Il connaîtra mieux que quiconque la manière la plus pratique et la plus économique d'effectuer les changements souhaités[3]." McLaren Stewart (1909-1992) a eu une très longue carrière au studio Disney puisqu'il y est entré en 1934 en commençant par la formation d'in-betweener habituelle. Mais l'animation n'était pas sa tasse de thé, il débuta comme scénariste sur *Alpine Climbers* (1936) avant de vite passer layout man sur *Blanche Neige* (1937) et non sur les courts métrages comme la plupart des autres. Son travail sur les séquences du Heigh-Ho puis la poursuite de la sorcière a été remarqué.

Il est né à Detroit, dans le Michigan, de parents canadiens. Il grandit près de Toronto et à l'âge de 6 ans, ses parents émigrent en Californie où il fréquente la California School of Fine Arts de 1927 à 1931. Son objectif était de travailler dans la publicité, mais les années de dépression ont changé plus d'un plan. Il expliqua à David Johnson comment il avait été embauché chez Disney : « Je suis finalement allé voir un illustrateur politique assez connu à l'époque dans l'un des journaux de San Francisco. Je ne me souviens plus de son nom. Je suis allé le voir pour lui montrer mon travail et voir si je pouvais, qui sait, obtenir quelque chose. Il a regardé mes affaires et parmi elles, j'avais un certain nombre de dessins de bandes dessinées. Il m'a dit : 'J'ai un ami qui travaille chez Disney et ils cherchent des gens'. C'était pendant l'été ou l'automne 1934[4]. » Il reçoit une lettre de recommandation et, au lieu d'écrire, se fait conduire à Burbank où Ben Sharpsteen lui dit qu'il aurait dû écrire mais que, puisqu'il était là, il pouvait essayer. Il a travaillé sur tous les longs métrages, sa dernière réalisation étant *L'Apprentie sorcière* (1974). Joe Hale, qui a beaucoup appris à ses côtés, ajoute : « Pendant la Seconde Guerre mondiale, il a servi en tant qu'officier dans la marine américaine, au sein de la branche cinématographique. Il a réalisé un documentaire primé intitulé *The Negro Sailor*. Il a été à la fois styliste et scénariste sur certains projets télévisés pour Disney[5]. »

L'homme chauve n'était pas du genre à contester et a rapidement compris comment se comporter avec Walt : « ...Nous essayions tous de marquer des points en étant brillants et originaux, mais Walt a vraiment géré toute l'affaire presque lui-même. Il s'était servi de nous pour lancer des idées... [Quant aux egos blessés, il n'y a vraiment] rien de très personnel là-dedans. Bien sûr, vous pouvez être un peu choqué - votre œuvre d'art a été jetée aux orties. J'ai vu des gens se disputer avec lui. Ils n'ont jamais gagné[6]. » Il avait appris le métier auprès des plus grands (Hennessy et Philippi) et, maintenant qu'ils étaient partis, il s'assurait, avec Tom Codrick et Ken Anderson, que la transition se fasse en douceur. Eric Larson a exprimé son admiration pour cet homme : « J'étais heureux de l'avoir. Au fil des ans, il avait prouvé ses capacités sur les films auxquels il avait été affecté. Son jugement dans de nombreux domaines de la production était bon. Il ne se retenait pas. Il critiquait volontiers, aidait, irritait parfois, mais était toujours constructif[7]. »

Comme indiqué dans le chapitre précédent, la séquence de la fourrière, conçue par Tom Codrick et Don Griffith et réalisée par Gerry Geronimi, ne figurait pas dans le livre de Ward Greene, commandé par Walt. Elle est arrivée très tard et était apparemment une idée de Ted Sears. À l'inverse, l'idée d'un quatuor de chiens et même le personnage de Boris, l'un des chiens de la fourrière, sont apparus très tôt, mais dans une intrigue très différente.

Plan d'ensemble de l'entrée de la fourrière

D'après la séquence précédente, nous comprenons que Lady a été attrapée par le ramasseur de chiens et qu'elle est maintenant emmenée à la fourrière. Sur un beau fond, on voit déjà ce qui sera omniprésent à l'intérieur du bâtiment lugubre : des planches de bois verdâtres usées et mal ajustées, un morceau de fil barbelé, quelques restes et des tonneaux et roues oubliés. Tout est vieux, mal équilibré, mal entretenu, sale et semble avoir été laissé à l'abandon. Un gros cadenas est au centre de la grille. Pour ajouter à cette impression, nous entendons au loin des chiens aboyer, tandis que l'ombre du carrosse (de George Rowley) transportant Lady se rapproche. Au-dessus de la grille, nous avons à peine le temps de lire les deux panneaux « Give a dog a happy home »(offrez un foyer heureux à un chien) et « nice puppies » (gentils chiots). Il y a là quelque chose de dérisoire. Pendant longtemps, ils ont envisagé un angle différent : un plan de 3/4 à longue distance, mais ils ont finalement opté pour ce plan de face.

Alors que la caméra zoome, s'ensuit un fondu enchaîné, introduisant un quatuor de chiens hurlant. Dans leur livre, Frank Thomas et Ollie Johnston soulignent également l'importance des sons hors champ : « L'entrée de la fourrière dans *La Belle et le Clochard* semble suffisamment triste et sinistre, mais c'est le fait d'entendre les hurlements, les aboiements et les gémissements des chiens à l'intérieur qui en dit long[8] . »

Cette idée est venue, comme on l'a dit, d'un story-board oublié depuis longtemps. Au moment où Lady était censée être courtisée par deux chiens, son voisin Homer et un nouveau venu, Boris, un quatuor de chiens devait jouer un role important. Rappelons le contexte de leur apparition. Un jour, un barzoï de la haute société arrive dans le quartier. Nous verrons plus loin quelle est sa personnalité. Ce qui compte, c'est que très vite, il s'éprend de Lady et fait tout pour la courtiser. Mais Homère n'aime pas ça. Parmi ses stratégies, Boris se met à chanter une chanson romantique en russe. Pour contre-attaquer et le défier, Homer appelle ses amis à chanter eux aussi plus dans le style ragtime. Arrivent alors trois chiens, un bull dog, une sorte de Saint-Hubert, une sorte de Scottish terrier et Homer lui-même. Si la séquence a été abandonnée, certains éléments et au moins deux personnages ont été conservés pour cette séquence.

Il y a ensuite un gros plan sur deux des chiens, d'abord Bull et ensuite Toughy. Jerry Hathcock sera l'un des principaux animateurs en charge des chiens. Les artistes ont proposé toutes sortes d'espèces pour ce groupe, mais nous avons vu que le bull dog a été rapidement trouvé. Ils ont dû mélanger des chiens de race et des bâtards car habituellement, les fourrières sont remplies de chiens errants et les chiens de luxe sont gardés dans des maisons confortables. C'est pourquoi ils ont également imaginé pour Toughy un dessin qui ne provient d'aucune espèce connue.

Le bulldog est bien sûr ce chien massif et trapu dont les pattes sont très courtes et, ici, également tordues. La tête est très grosse et le menton est énorme.

C'est une très bonne caricature du chien réel. Les scénaristes ont joué sur le contraste entre l'aspect menaçant, la voix grave et le type plutôt gentil qu'il est. Il aime plaisanter, manque de tact, mais c'est un bon gars. Il a trois couleurs principales qui sont en fait deux teintes de marron pour le corps et le museau, et de beige pour le ventre et le bout des pattes. Pour souligner son air triste, on a ajouté un peu de violet sous les yeux. Pour renforcer son aspect menaçant, deux dents sortent de sa bouche.

Il y avait déjà eu des bulldogs Disney avec l'arrivée de Butch, challenger de couleur grise dans 11 courts métrages impliquant Pluto, à commencer par *Bone Trouble* (1940). Mais il était plus effrayant avec un corps plus musclé. Les artistes avaient d'abord basé leurs dessins de Bull sur ce personnage, dans une version plus mince. Lorsque le studio a décidé de produire *Oliver et Compagnie* (1988), il a utilisé un bull dog similaire animé par Andreas Deja, mais il était beaucoup plus sophistiqué. Le bull dog est censé être anglais et parle avec un léger accent cockney, comme le fait Bill Thompson. Nous avons déjà noté qu'il avait également fait les voix du cuisinier italien Joe et de Jock. Cet homme avait un don incroyable pour trouver des accents différents.

Toughy ressemble à l'un des premiers croquis réalisés pour essayer de trouver le look de Clochard. Il a un œil au beurre noir, comme Milt Kahl l'avait un jour envisagé pour la co-star du film. C'est une sorte de terrier, mais c'est un bâtard. Ses couleurs sont brun-rouge, un peu plus clair pour le ventre, et beige clair pour le museau. Il semble être le chef du groupe et c'est lui qui parle le plus. Dallas McKennon a fait sa voix, mais aussi celle de Pedro le chihuahua comme nous le verrons, et a également fait le rire nerveux de la hyène dans le zoo. Il n'était pas très connu lorsque Disney l'a engagé, mais il a rapidement atteint la célébrité en tant que voix de Buzz Buzard dans la *série Woody Woodpecker* en 1957, mais aussi de Gumby dans plusieurs séries *Archie* pour Filmation. Comme Thompson, il a fait une longue liste de voix ou de sons mineurs pour Disney : le corbeau dans *La Belle au bois dormant* (1959), le renard, un pingouin et l'opérateur du manège dans *Mary Poppins* (1964), ainsi que des chiens ou des abeilles. Pour ce rôle, on lui a demandé de prendre un accent plus proche de celui de Brooklyn.

Nous avons noté dans le chapitre précédent que la maison et le sentiment d'appartenance étaient les thèmes centraux de ce film. Il semblait évident de faire chanter à ce quatuor la célèbre chanson « Home Sweet Home » à leur manière pathétique. Bien sûr, leur version, très harmonisée et sans paroles, est à peine reconnaissable. La chanson est devenue un classique. Elle a été écrite par l'acteur et dramaturge américain John Howard Payne pour son opéra *Clari, or the Maid of Milan* (1823). Henry Bishop en avait écrit la musique. Ce dernier en a fait une version plus moderne, transformée en une sorte de ballade qui a été très populaire pendant la guerre de Sécession, bien qu'elle ait été interdite dans le Nord. On prétendait que cet hommage à la patrie pouvait inciter les soldats ayant le mal du pays à déserter ! Le 30 décembre 1862, deux armées entières de Sudistes, soit 80 000 personnes, l'ont chantée. Il est intéressant de noter qu'un an après *La Belle et le Clochard*, la chanson a été reprise dans *The Burmese Harp* (1956). Mais beaucoup se souviennent qu'elle a été chantée à la fin du *Magicien d'Oz* (1939), dans la scène finale où Dorothy (jouée par Judy Garland) dit à sa famille « there's no place like home » (rien ne vaut son chez soi). La chanson est réapparue lorsque Bing Crosby l'a reprise en 1948. Ici, les harmonies étranges ont été arrangées par John Rarig.

La chanson est interprétée par un quatuor qui faisait quasiment partie du studio Disney, The Mello Men. Fondé par Thurl Ravenscroft (voir Volume 2) et Max Smith en 1948, il prit plusieurs noms et même lorsqu'ils se fixèrent sur The Mello Men, ils variaient de The Mellow Men à Mellow Men. Ils accompagnirent les plus grands, de Bing Crosby à Elvis Presley. Walt les a beaucoup utilisés. La première fois, c'était pour *Pinocchio* (1940) et la chanson « Honest John », mais elle a finalement été abandonnée. Ils ont ensuite été les peintres de cartes dans *Alice au pays des merveilles* (1951), ont fait toutes les voix du chœur dans *Peter Pan* (1953), rejoignant parfois le chœur de Jud Conlon, le chœur de *Zorro* pour la chanson d'ouverture, la patrouille des éléphants à l'aube dans *Le livre de la jungle* (1967). Ils apparaissent sur d'innombrables enregistrements de Disneyland ainsi que dans certaines attractions du parc : les bustes chantants du cimetière dans l'attraction La Maison Hantée, la chanson des Pirates « Yo Ho » dans la célèbre attraction Pirates des Caraïbes, The Enchanted Tiki room, Country Bear Jamboree, It's a Small World etc..... Ils ont parfois travaillé pour d'autres studios comme UPA, mais rarement. Le public a pu les découvrir visuellement puisqu'on les voit dans une reconstitution de l'enregistrement de « Home Sweet Home » dans le documentaire promotionnel *A Cavalcade of Songs*. À l'époque, le quartet était composé des quatre membres originaux, à savoir Bob Hamlin (ténor principal), Max Smith (second ténor), Bill Lee (baryton) et le plus célèbre d'entre eux, Thurl Ravenscroft (basse). Plus tard, Bob Stevens, Bill Cole et Gene Merlino se joindront à l'ensemble pour remplacer certains départs comme celui de Bob Hamlin. Cette structure, TTBB (ténor-ténor-baryton-basse), avec le second ténor chantant en tête, est typique de ce que l'on appelle un barbershop quartet. Leur origine est obscure, mais le véritable renouveau s'est produit dans les années 1930. Il y avait des concours dans lesquels les membres s'habillaient généralement de la même façon. Le toujours nostalgique Walt les aimait tellement qu'il a demandé à certains d'entre eux de se produire dans les rues de ses parcs comme les Dapper Dans. Juste avant que les Mellomen n'enregistrent leur chanson, un épisode de la célèbre émission *I love Lucy* en 1952 mettait en scène un groupe de ce type.

Ravenscroft se souvint clairement de la manière dont les choses se sont déroulées : « Nous avons pris un arrangement que nous avions de 'Home Sweet Home' et nous sommes allés au studio - une grande scène - et nous nous sommes amusés à hurler... vous savez, l'harmonie à quatre voix du barbershop... nous avons finalement pensé que nous avions une assez bonne idée, alors ils ont appelé Walt et à son bureau, il est venu écouter, et il a dit, 'C'est merveilleux, mais... on dirait des êtres humains au lieu de chiens'[9]. » Walt avait déjà insisté sur le fait que les voix devaient vraiment ressembler à des chiens et non à des humains. Après le déjeuner, ils ont donc repris les enregistrements jusqu'à ce que Walt dise : « C'est absolument parfait, ça sonne comme des chiens et non comme des humains » Finalement, Walt a vraiment apprécié et Lou Debney a gardé un bon souvenir de son travail sur cette partie, comme il l'a dit à David Tietyen : « J'ai travaillé avec Gerry Geronimi en tant qu'assistant réalisateur sur la séquence de la prison où les chiens hurlent (...) Nous avions quatre, cinq ou six chanteurs de qualité ici, pour que ces chiens s'harmonisent. Walt riait à chaque fois que nous mettions cela en scène. Le groupe de la prison chantant, wowo wow, et vous vous disiez : 'Mettons ce petit teckel, qu'il fasse yip yip là-dedans'[10] ». Le principal animateur du groupe de chiens hurlants était Jerry Hathcock, dont le fils se souvient : « Je pense qu'ils avaient des acteurs en chair et en os qui chantaient la chanson et qu'ils l'ont animée dans ce but[11]. »

Plan sur les quatre chiens qui hurlent

Sur ce plan plus large, on voit le quatuor chanter et on découvre les deux autres chiens. Les ombres des barreaux sont projetées sur leurs corps, soulignant leur condition et rappelant les tenues rayées des bagnards d'autrefois. La même astuce avait été utilisée sur Cendrillon pour signifier qu'elle était prisonnière de la maison Tremaine.

Le plus petit est un chihuahua appelé Pedro. Comme nous l'avons dit, il a été interprété par le même homme que Toughy, Dallas McKennon. Cette fois, on lui a demandé de prendre l'accent mexicain, car cette espèce est typiquement mexicaine. Il est également peint dans des tons brunâtres, avec une mèche de cheveux sur la tête et des yeux entrouverts aux paupières bleutées, comme s'il était fatigué. On peut se demander si cela n'obéit pas au célèbre cliché des bandes dessinées où les Mexicains sont souvent représentés à moitié endormis ou se reposant sur des hamacs. Ses oreilles, comme le veut l'espèce, sont surdimensionnées. Un autre cliché sera utilisé plus tard lorsqu'il énumérera les noms de sa sœur : « Et ma sœur Rosita Chiquita Juanita Chihuahua, olé. » Il s'agit de se moquer gentiment du fait que les latinos ont souvent plusieurs prénoms.

Le quatrième chien, le barzoï, a donc une longue histoire. À l'origine, il devait être une star du film, dans tous les sens du terme. Non seulement il aurait joué un rôle important en tant que prétendant de Lady, mais il était également présenté comme une célébrité choyée de l'aristocratie russe. Dès son arrivée dans le quartier de Lady, il aurait fait de son mieux pour surpasser son rival Homère, le dénigrant comme un « paysan ». Boris est un barzoï, espèce russe, et les scénaristes en ont fait un arrogant descendant d'une famille proche du tsar. Il se vantait de sa longue liste d'ancêtres où figuraient des noms à consonance russe comme Nicolaï. Son discours est parsemé de mots russes. Enfin, Boris se serait vanté d'avoir passé ses journées dans des endroits chics tels que Monte-Carlo, Saint-Moritz (une station de ski suisse huppée), New York et Hollywood. Lady ne réagissait qu'à Hollywood !

Le personnage ressemblait déjà un peu au personnage final tel que nous le connaissons aujourd'hui. Mais son rôle se résume désormais à quelques lignes dans la fourrière. Il conserve cependant son fort accent russe, prononcé par Alan Reed (la voix originale de Fred Flinstone). Le dessin est assez élégant : un nez très long, d'épais sourcils noirs et un corps poilu, le tout peint en gris clair tendant au bleu, avec, comme d'habitude, une teinte plus claire pour le ventre. Les paupières sont bleues. Boris a été presque entièrement animé par Woolie Reitherman. D'ailleurs ici, il a animé à la fois le plan sur Pedro et le hurlement solo de Boris en contre-plongée.

Une fois de plus, Jerry Hathcock s'occupe de tout le groupe qui s'assemble pour chanter quelques notes. Tous les yeux sont baissés dans une expression très triste, et tous les yeux sont mi-clos. C'est là tout l'intérêt de l'utilisation d'une couleur contrastée pour les paupières. Le plan suivant présente un décor incliné intéressant où Toughy et Bull émettent des notes aiguës. Puis retour sur le groupe, signé Hathcock. De temps en temps, des plans d'autres chiens seront insérés. Un vieux chien par Hugh Fraser ne semble pas apprécier le chant triste (les quelques aboiements sont de Thurl Ravenscroft qui sera aussi l'alligator dans le zoo).

Jerry Hathcock (1911-1997) est un autre de ces animateurs méconnus de Disney. Il a commencé à dessiner dans des circonstances très inhabituelles que son fils Bob rappelle : « À l'âge de 6 ans, alors qu'il vivait dans une ferme du Missouri, mon père s'est cassé la jambe et n'a pas pu faire de sport pendant un certain temps. Pour se distraire, il a commencé à dessiner des animaux. C'est ainsi qu'il a appris à dessiner. Il a toujours eu une affinité pour le vieil Ouest et les choses rurales. Nous avions une cabane dans le désert, et il était inscrit au club Rock Hound de Disney. Nous avons toujours eu un chien et, pendant de nombreuses années, des chats. » Il n'est donc pas étonnant qu'on lui ait demandé d'animer des chiens sur le film. Mais il était difficile de gagner sa vie dans les années 30 : « Pendant la dépression, mon père travaillait dans les champs de pétrole et il connaissait Irv Pence, l'animateur merveilleusement et naturellement talentueux (sans formation artistique) (...) Irv a dit à mon père que c'était une entreprise formidable et que, comme mon père aimait dessiner, ce serait parfait pour lui[12]. »

Son premier emploi dans le domaine de l'animation a été pour Ub Iwerks, l'ancien associé de Walt, où il a travaillé sur Porky. Mais très vite, il est embauché chez Disney où il travaille avec Charles « Nick » Nichols sur Pluto, puis est poussé par Woolie Reitherman à travailler sur des longs métrages. Il le fait en tant qu'assistant sur *Pinocchio* (1940), *Fantasia* (1940), *Dumbo* (1941) et *Cendrillon* (1950), bien qu'il ne soit pas crédité. Il était considéré comme un « gars des courts métrages » et on ne lui confiait que des bribes sur les longs métrages. Il avait été l'un des premiers à signer la guilde aux côtés d'Art Babbitt, mais le studio l'avait réembauché malgré tout. Finalement, alors qu'il travaillait sur *La Belle au bois dormant* (1959), il fut l'un des nombreux à être licenciés en 1958 et ne fut pas crédité sur le film : "Il a toujours dit qu'il avait animé suffisamment de séquences pour être crédité normalement", se souvient son fils. Il est ensuite passé à l'UPA et à Hanna Barbera, où il a retrouvé un ancien camarade, Charles Nichols. Il a réalisé une grande partie des séries *Mr Magoo, Dick Tracy* ainsi que *les Jetsons*. Il est retourné chez Disney dans les années 1970 pour participer à *Les Aristochats* (1970), *L'Apprentie sorcière* (1970) et *Winnie l'Ourson* (1977), mais il n'a pas été crédité à nouveau. Il venait de travailler sur la nouvelle série La *Panthère rose* lorsqu'il est décédé.

Plan large sur le couloir de la fourrière

Un lent panoramique de gauche à droite montre que toutes les cages sont remplies de toutes sortes de chiens abandonnés, animés par Marvin Woodward. La lumière est très bien étudiée, avec une porte à contre-jour au loin mais aussi une tache de lumière sur la droite pour mieux voir certains chiens afin de deviner leurs sentiments. Après un fondu enchaîné, arrive l'un des plans les plus saisissants : un chien immobile, rien ne bouge sauf une larme qui coule, et un clignement des yeux. Un plan simple, par Reitherman, qui en dit long sur la tristesse du chien. Certains se sont demandé si la scène n'était pas trop déprimante. Mais la voix de basse Thurl Ravenscroft l'a trouvée naturelle : « Tous les films de catégorie B que j'ai vus dans ma vie comportaient une scène de prison... En arrière-plan, il y a toujours un quatuor de barbershop qui chante une chanson triste comme 'Si j'avais les ailes d'un ange, je volerais par-dessus les murs de la prison' ou quelque chose de ce genre. Eh bien... nous allons avoir une scène de prison dans *La Belle et le Clochard*, mais bien sûr il s'agit d'une fourrière et il y aura une conversation entre La Belle et le Clochard et certains des chiens[13] . »

Tout comme il était risqué de prévoir une séquence montrant deux chiens tombant amoureux autour d'un plat de spaghettis, il était risqué de prévoir une séquence oscillant entre une profonde tristesse et une touche de comique. Ils voulaient éviter d'être larmoyants, mais ils voulaient aussi transmettre un message sur le sort des chiens abandonnés. Ou peut-être même voulaient-ils dire quelque chose sur la condition des détenus en général. Les scénaristes ont suivi ce fil ténu, et ils l'ont fait avec brio, comme l'explique Mark Kennedy, responsable du scénario de *Raiponce* (2010) : « La fourrière est un sujet potentiellement bouleversant et déprimant qui aurait pu rebuter le public et enliser le milieu du film, mais l'idée d'en faire un moment plus joyeux et amusant et de transformer la fourrière en une galerie de voyous permet de garder un ton léger et s'accorde naturellement avec l'explication de l'intrigue que nous obtenons ici - que Clochard est un voyou coureur de jupons, qui serait tout à fait à l'aise avec le reste des crapules[14] . »

Le spectateur aurait pu avoir envie de rire devant ce groupe de chiens déprimants aux visages clownesques hurlant comme s'ils allaient mourir (ce qui est possible). Mais les plans sur ces chiens qui s'ennuient et se sentent seuls sont en même temps un véritable tire-larmes. Nous sommes en plein sur le terrain de Charlie Chaplin, comme l'a exprimé Walt : « Charlie Chaplin m'a appris que dans les meilleures comédies, il faut avoir de la peine pour le personnage principal. Avant de rire avec lui, il faut verser une larme pour lui ». Chaplin maniait très bien cet équilibre entre le chagrin et la joie et Walt, qui avait dévoré ses films, comprenait ce qu'il voulait dire dans *L'Immigrant* (1917), *Le Kid* (1921), *La Ruée vers l'or* (1925), ou *Les Feux de la rampe* (1952) et tant d'autres joyaux. Mais Walt était bien conscient des limites, comme il l'a expliqué un jour : « Le malheur humain, aussi ridicule que ça puisse paraître, ne peut être montré à l'excès juste pour amuser. Car on ne peut rire d'une véritable misère que si l'on est l'homme le plus cruel - et la race la plus sauvage[15] . »

Cela est sans doute dû aux talents des scénaristes, notamment Joe Rinaldi, Don Da Gradi et le chef du scénario et producteur associé Erdman (Ed) Heinrich Penner (1905-1956) qui décède juste après la sortie du film alors qu'il travaillait sur *La Belle au bois dormant* (1959). Sa mort est survenue 4 ans avant celle de son père. Il porte le même nom que son père et est né au Canada d'une famille de mennonites du Saskatchewan. Il étudie d'abord à l'université de Saskatchewan, avant de fréquenter l'American Academy of Art à Chicago et l'American School for Writers à Hollywood. Il entre chez Disney en 1935 et collabore à de nombreux films importants, à commencer par *Pinocchio*, mais il s'épanouit sur *Cendrillon* et devient un acteur de premier plan dans les années 1950. Il a d'abord été associé à T. Hee et ils ont apprécié leur collaboration, mais sur *Fantasia* (1940), Walt a rompu l'équipe, comme il le faisait souvent.

Physiquement, il était reconnaissable parce qu'il avait une mèche de cheveux gris sur le dessus de la tête. Eric Larson ajoute : « Penner était un homme maigre et nerveux, aux sourcils épais et aux lèvres serrées, d'un mètre soixante-dix environ, qui ne retenait jamais son énergie motrice. Avec ténacité, il s'attaquait au problème jusqu'à ce qu'il soit résolu[16] . » Il était parfois habillé de façon excentrique, mais beaucoup de gens au studio l'étaient, Ward Kimball les surpassant probablement tous. Les gens l'ont découvert avec les deux documentaires de promotion de *La Belle et le Clochard* dans lesquels il présente l'histoire et les personnages. Nous avons vu précédemment qu'il formait un merveilleux duo avec Joe Rinaldi. Mais ce dernier était beaucoup plus timide et il a volontiers laissé la parole à son ami. C'est pourquoi c'est lui qui prend la parole dans ces documentaires, ajoute Wiley, le fils de Joe Rinaldi : « Donc, comme mon père était un artiste mais qu'il avait aussi de très bonnes idées, quand il travaillait avec Ed Penner, et ils travaillaient souvent dans la même pièce, en particulier sur *La Belle et le Clochard*, mon père venait avec des idées et ainsi de suite, mais ensuite, quand venait le moment d'expliquer les choses sur les story-boards, c'était Ed Penner qui se mettait là pour expliquer l'histoire. Bien sûr, tous les dessins auraient été faits par mon père et les dialogues et certaines choses que mon père et Ed Penner auraient imaginées ensemble[17]. » Le fait qu'il ait fréquenté plusieurs universités l'a peut-être rendu plus sûr de lui, comme l'ajoute Wiley Rinaldi : « Ed Penner était une personne un peu sèche, plus intellectuelle que mon père, il était très cultivé, et c'était évidemment un bon musicien. » Ted Thomas confirme : « Ed Penner était un homme très érudit et un musicien virtuose, il a commencé comme enfant prodige au violon, c'était un homme qui jouait de n'importe quel instrument. Ainsi, dans The Firehouse Five Plus Two, il jouait du saxophone basse, puis du tuba[18]. »

Il a été saxophoniste professionnel et a rejoint l'orchestre de Ward Kimball en 1946, jouant divers instruments. Il était l'un des musiciens les plus accomplis de l'orchestre. Grâce à sa bonne connaissance de la musique, il pouvait facilement écrire les paroles de quelques chansons dans les films. Il était aussi, comme Milt Kahl, un pêcheur à la mouche. Dans son autobiographie, l'animateur Eric Larson a fait son éloge : « À mon avis, de tous nos scénaristes de l'époque, c'est lui qui avait la meilleure compréhension de la construction d'une histoire. Il avait un sens remarquable de la continuité et du rythme, de l'analyse des personnages et de l'importance et de la valeur relatives des situations et des séquences[19]. » Penner a participé à toutes les réunions concernant *La Belle et le Clochard* jusqu'à la fin, souvent en raison des nombreuses absences de Walt.

Un jeune chien pleure aussi

Les pattes sur le grillage, ce petit cabot est lui aussi en larmes, animé par Woodward. Ensuite, un zoom se concentre sur trois chiots qui nous rappellent vaguement quelque chose. Il s'agit de trois cockers qui ressemblent beaucoup à Lady lorsqu'elle était jeune au début du film. Reitherman les a réalisés, mais il s'agit d'une animation très limitée, avec seulement quelques clignements d'yeux, des larmes et un mouvement de tête. L'idée est que même les jeunes chiens de race peuvent être « emprisonnés ». Sur chaque plan, on peut apprécier le travail minutieux des peintres de décors : encadrements en bois pourri, barreaux des cages oxydés, c'est presque de l'hyper réalisme. L'une des rares femmes décoratrices à l'époque était Thelma Witmer. D'autres comme Barbara McLean, Barbara Begg ou Enid Smith ont également fait partie de ce département mais n'ont pas été créditées.

La tristesse de ce passage semble aller crescendo avec le pauvre jeune chien de Woodward qui gémit, le museau coincé entre deux poteaux de bois. On ne peut rêver meilleure publicité pour inciter les gens à adopter les chiens d'une fourrière. Tout cela est très émouvant et c'est peut-être pour cela que Joe Rinaldi aimait tant cette séquence, comme le rappelle sa fille Zorine : « Il aimait la chaleur et il trouvait qu'il y avait beaucoup d'émotion[20] . » Ensuite, Hathcock est de retour pour dessiner l'ensemble du quatuor ainsi que le solo final de Toughy en gros plan avant qu'ils ne se rejoignent tous pour la conclusion et se tournent vers Dachsie, le teckel. Quand on voit ce nouveau chien, on comprend que le but de ce chant était de couvrir le bruit qu'il faisait en creusant un trou. Ce chien animé par Hal King a un très fort accent allemand : « Encore und petite effort und ça y est! » Bill Thompson l'a également fait avec un ton très aigu. Ils ont donné un nez très long à ce chien et ont appliqué la même formule de trois nuances de brun que pour les autres chiens.

Hathcock revient sur un gros plan de Toughy et ils sont tous prêts à chanter une autre chanson lorsqu'ils sont interrompus par le bruit d'une porte qui s'ouvre. Ils se tournent tous dans la direction de la porte, le Dachsie de King aussi, et voilà que l'attrapeur de chiens arrive avec un nouveau venu, fait par Nordberg. King est de retour pour animer Dachsie en remplissant rapidement son trou sur un Mickey-Mousing de flûtes. Wiley Rinaldi sait très bien d'où vient ce moment : « Nous avions un teckel et nous vivions au bord de la plage. Il s'appelait Speedy et mon père avait une vieille caméra 16 mm sans le son, et Speedy déterrait des rochers sur la plage. Mon père a donc filmé Speedy en train de creuser, vous savez, un chien trouve un rocher, il aboie, il creuse et il saute partout sur le rocher. Alors c'est un peu de cela que vous retrouvez dans le film[21]. » De nombreux artistes tournaient eux-mêmes des séquences pour s'inspirer. Jack Couffer, l'un des directeurs de la photographie de *True Life Adventures*, a indiqué à Didier Ghez : « J'ai tourné des séquences de recherche d'un grand nombre de personnages canins dans diverses attitudes et actions pour que les animateurs puissent les étudier. C'était un travail de quelques jours, semblable à beaucoup de missions de Disney qui ne duraient que quelques jours ou quelques semaines[22] . »

Lady est emmenée en cellule

Cliff Nordberg anime Lady, tête baissée, effrayée, avançant dans ce lieu inconnu et lugubre. Dans le plan suivant, elle est là, mais on ne voit pas si elle est seule dans sa cellule. Désormais, John Lounsbery va animer les chiens de la fourrière avec l'aide de Cliff Nordberg alors que Lady est animée ici par George Kreisl lorsqu'on la voit réagir en plan moyen. Lady est morte de peur lorsqu'elle est entourée de Bull et Toughy qui se moquent d'elle et utilisent un langage et des accents qu'elle comprend à peine, ajoutant à sa confusion. Lounsbery a ajouté le fait que lorsqu'il parle, Bull crache beaucoup, une bonne observation de ce type de chien. L'animation est très fluide et tout son corps réagit à ses rires bruyants qui effraient encore plus Lady. C'est un cas rare où Lounsbery fait aussi Lady.

Peg se réveille

Toutes ces plaisanteries et ces rires réveillent un autre chien : Une femelle pékinoise appelée Peg. Don Lusk l'anime, mais Nordberg prend bientôt le relais lorsqu'elle rejoint les deux autres chiens qui rient et leur dit « d'arrêter de l'astiquoter ». Le gros plan par Nordberg sur Toughy est suivi de la réaction signée Lounsbery par Bull : « On a bien le droit de rigoler un peu ». Mais Peg de Lusk prend la défense de Lady. Un panoramique nous conduit à Boris, qui, pour une fois, n'est pas animé par Reitherman mais à nouveau par Lusk. On entend le fort accent russe de Boris, confirmé par l'utilisation du mot « Orchchornya » qui signifie « petite fille ». Lusk continue avec Peg et Lady jusqu'à ce que Reitherman prenne le relais sur un gros plan/contre-plongée de Boris. En citant Maxime Gorki, l'écrivain russe de Novgorod, on comprend que Boris est présenté comme un intellectuel. Le contraste entre les rustres de la rue et ce barzoï sophistiqué est amusant. On se demande ce que le chien russe fait ici. En cas de doute, Peg (d'Eric Larson) confirme que « Boris est un philosophe ».

Les auteurs ont veillé à ce que Boris soit crédible en tant que chien russe et ont inséré quelques mots russes plus connus. Cette fois-ci, il s'agit de « Bublitshki ». Ce mot signifie « bagel/pretzel », mais les gens de l'époque l'ont peut-être reconnu grâce à une chanson populaire chantée par les Barry Sisters aux États-Unis en 1939, dans une version traduite du texte russe de Yakov Jadow datant de 1922. Il pourrait y avoir un sous-texte au personnage de Boris. On sait que la plupart des immigrants venus de Russie ou d'Ukraine avaient fui la révolution bolchevique de 1917 et appartenaient pour la plupart à la classe supérieure pro-Romanov, généralement surnommée « les émigrés blancs ». Ces personnes étaient très éduquées et Boris, de par son érudition, pourrait incarner ces immigrants. Comme nous le verrons plus tard, le thème de l'immigration est omniprésent dans *La Belle et le Clochard*. Boris (par Eric Cleworth) continue son discours raffiné et montre ses bonnes manières : « tu excuseras expression ». On voit ici ce qu'il reste du barzoï arrogant et haut de gamme des premiers story-boards.

Lady regarde son collier

Lady se demande ce qui ne va pas avec son collier, ce qui confirme qu'elle ne comprend rien. Peg ne cesse de la rassurer comme si, par solidarité féminine, elle la défendait contre les discussions complexes et les railleries des autres. Tous les plans suivants ont été réalisés par Cliff Nordberg et le ton est soudain beaucoup plus sérieux, voire déprimant. Toughy, qui plaisantait et riait toujours, appelle maintenant les autres, la tête et la queue baissées, presque en chuchotant. Dans la bande sonore, un orgue est joué d'une manière mélancolique avec un vibrato. Nordberg a habilement animé les ombres du gardien et de Nutsy. Ce dernier ne comprend pas ce qui l'attend et sautille joyeusement, se grattant l'oreille et souriant visiblement. Sans le changement soudain d'atmosphère, l'orgue lointain et le calme des autres chiens, nous pourrions, comme Nutsy, croire qu'il va être adopté et qu'il quitte la fourrière. Cette illusion rend la situation encore plus déchirante. Avec le plan de derrière sur tous les chiens, exprimant à nouveau la solidarité, arrive la terrible explication de Toughy : « la grande balade », rien n'est dit, mais on devine que Nutsy va être euthanasié. Le non-dit a toujours un impact plus fort et il permet de ne pas effrayer les plus jeunes : « vous voulez dire que... » Toughy fait « oui » de la tête. Andreas Deja a écrit : « Même si c'est dans l'ombre, voir un chien qui est emmené pour être tué et les autres chiens qui s'en occupent, c'est quelque chose de très lourd ».[23]

Dans leur livre, Frank Thomas et Ollie Johnston s'attardent sur cette scène : « Le scénariste Ed Penner avait un problème inhabituel avec la séquence des chiens dans la fourrière de la ville. Le fait inéluctable que les animaux non désirés soient enfermés dans ces lieux était un élément clé de l'histoire et l'idée devait être glissée dans cette séquence ». Ils avancent qu'en effet, voir un « chien emmené à la chambre à gaz était morbide et surdramatique ». Ils expliquent qu'Ed Penner s'est inspiré de deux films populaires se déroulant en prison et sortis quelques années auparavant, à savoir *The Big House* (1930) et *The Last Mile* (1932). L'expression « he's taking the last walk » (la dernière balade) dite par Toughy avait été dite dans ce dernier à propos d'un homme nommé Jo-Jo dans le couloir de la mort et sur le point d'être exécuté. Le public adulte aurait pu faire le parallèle. Pour détendre un peu l'atmosphère, Penner a demandé à Cliff Nordberg de « faire de l'humour ». Thomas et Johnston sont tous deux impressionnés par ce qu'a fait Nordberg : « Il s'était fait connaître pour sa capacité à créer des actions inattendues et loufoques en lieu et place d'actions plus ordinaires. Ses talents donnaient un côté loufoque à des situations banales et convenaient parfaitement à ce moment délicat de la dernière marche, mais c'était assez comique pour que personne ne s'inquiète trop. » [24]

Dachsie tremble de peur et se remet à creuser

Accompagné par des triades de flûtes, un Dachsie paniqué (Hal King) reprend sa tâche fastidieuse de creuser entre deux dalles pour faire un tunnel. Lorsque la Lady de Lusk entend le nom de Clochard, elle réagit vivement tandis que le Bull de Lounsbery admire la capacité de Clochard à échapper aux collecteurs de chiens. Peu à peu, les animateurs sont maintenant répartis par chien, Lady étant principalement réalisée par Don Lusk qui fait aussi Peg. Ici, elle secoue la tête d'une manière très féminine et on comprend que ses longues oreilles joueront le même rôle que celles de Lady, une longue chevelure.

Pedro pose la question du « talon d'Achille »

Nous n'avons eu qu'un aperçu de Pedro le chihuahua lorsqu'il chantait dans le quatuor. Woolie Reitherman fait à la fois Pedro et Boris. Il n'a pas été facile de varier les angles dans un endroit aussi confiné. Heureusement, le nombre de chiens différents a permis aux artistes de la mise en scène d'apporter un peu de diversité. L'un d'entre eux est un autre artiste moins connu, Jacques Rupp, qui a principalement travaillé sur les deux séquences que nous avons analysées.

Jacques Rupp (1921-2000) est né à Olympia, dans l'État de Washington, où il a obtenu un diplôme d'économie. Il passe un certain temps à Seattle et à Paris et épouse une Française, Mary Helen. Après s'être engagé dans la marine pendant la Seconde Guerre mondiale, il change d'orientation et obtient son diplôme à l'Art Centre College de Los Angeles. Carole Beers, du *Seattle Times,* nous en livre une description physique : « Long et maigre, la moustache assortie à un chaume argenté parfois coiffé d'un béret, il passait le plus clair de son temps à son chevalet ou au volant de sa Porsche 914[25] . » Il est engagé par Disney et propose pour la première fois des idées pour l'émission de télévision *The Wonderful World of Disney*. C'est lui qui a conçu la célèbre introduction mettant en scène la fée Clochette. Après l'étape traditionnelle de l'in-betweening, il fait partie du groupe de mise en scène de *La Belle et le Clochard*. Il a déclaré à Gordon Wilson : « *La Belle et le Clochard* a été une sorte d'apprentissage pour moi. La mise en scène et la conception étaient déjà bien avancées lorsque je suis arrivé. J'étais assistant. La première partie sur laquelle j'ai travaillé était la séquence de la fourrière, ainsi que les séquences du zoo et des spaghettis[26]. »

Rapidement, il travaille pour les publicités télévisées de Disney, mais aussi pour les attractions du parc où il se spécialise dans le lettrage, concevant toutes sortes de logos. C'est lui qui a réalisé le premier logo de Disneyland avec un lettrage de type gothique. Il a rejoint l'unité Ward Kimball pour les films *Man in Space.* Il a subi les licenciements massifs de la fin des années 1950 et est allé à l'UPA pour travailler sur les célèbres *1001 Mille et une nuits* de M. Magoo (1959). Il travaillera ensuite dans différents studios comme Hanna Barbera avant de revenir à UPA.

Il est ensuite retourné à Seattle pour devenir illustrateur du *Seattle Times.* L'une de ses activités favorites était les voyages et il a fait le tour de l'Europe. Il a pris sa retraite en 1986. Le même article cite Michael Fancher, rédacteur en chef du *Times* : « C'était une personne si gentille [et] un artiste dans tous les aspects de son humanité et de sa personnalité, il était très discret sur son talent. Il était toujours surpris lorsque quelqu'un voulait une copie de son travail. Pour lui, c'était tout simplement ce qu'il faisait ». Il a dit un jour : « La caricature a toujours été l'enfant prodige du monde de l'art ». Pourtant, des années plus tard, il s'émerveille encore de ce qu'ils ont accompli : « Ce qui est miraculeux, c'est la beauté et la fluidité avec lesquelles ils ont pu réunir toutes ces choses. Comme dans *La Belle et le Clochard* - vous ne pouvez pas distinguer le travail d'un réalisateur de celui d'un autre ou le travail d'un animateur de celui d'un autre[27]. »

Bull manque incontestablement de tact lorsqu'il dit : « Il [Clochard] a un faible pour les quatre pattes bien roulées ». La Lady de Kreisl essaie d'abord de faire la sourde oreille à la liste des noms de toutes celles que Clochard a séduites. À chaque nom, la caméra zoome rapidement et rend une expression de confusion que l'on voit souvent dans le film. Le Pedro de Woolie ajoute un dernier nom et donne une succession de noms à consonance mexicaine que les gens peuvent reconnaître : Chiquita (qui n'est pas un nom mais signifie « petite ») et même le nom de l'espèce « Chihuaha ».

Comme nous y avons fait allusion à plusieurs reprises, le film traite clairement du foyer, mais aussi du mal du pays et, par conséquent, de l'immigration. Non pas que le sujet soit traité en soi, mais il y a trop d'allusions aux immigrants de tous horizons pour ne pas dire quelques mots sur cet aspect. Tout d'abord, nous avons vu dans le chapitre précédent que Clochard allait de famille en famille, et que toutes avaient des racines européennes : François et ses pâtisseries, de France, les Schultz d'Allemagne et les O'Brien d'Irlande. Si et Am, les deux chats siamois que tante Sarah chérit, sont évidemment originaires d'Asie du Sud-Est. Dans la fourrière, Pedro vient du Mexique, Dachsie d'Allemagne, et Boris de Russie. Nous pourrions ajouter Jock, un terrier écossais, dont le fort accent et l'utilisation de mots tels que « wee » et « bairn » dans la version originale le prouvent. Et bien sûr, comme nous l'avons vu dans les chapitres précédents, les deux cuisiniers italiens.

Lorsque le film est sorti, Walt a déclaré : « Presque toutes nos histoires jusqu'à présent avaient cette qualité internationale, *La Belle et le Clochard* était très américain, mais il y avait des chiens et ils sont internationaux ». De son point de vue, le film était un hommage aux États-Unis en tant que terre d'accueil et de liberté. Il est vrai que certaines familles se sont installées dans des quartiers résidentiels comme le montre Clochard ou sont des animaux de compagnie choyés comme les chats. Pourtant, voir ces misérables chiens de fourrière aux racines étrangères évidentes est une chose à laquelle les scénaristes ont pu penser, d'autant plus que deux d'entre eux étaient d'origine italienne, Don Da Gradi et Joe Rinaldi. La fille de ce dernier, Zorine, explique : « Je ne pense pas que mon père ait pensé en termes politiques, mais je pense qu'il pensait en termes ethniques. Cela donnait un indice sur le caractère d'une personne[28]. » Nous avons vu dans le chapitre précédent qu'il avait souffert d'être considéré comme un citoyen de seconde zone pendant son enfance à San Francisco, il est donc possible que le scénario en ait tenu compte. Le film est sorti un an seulement après la fermeture d'Ellis Island (1954) qui est tombé dans l'oubli avant une restauration ultérieure qui en a fait un site du patrimoine. *Les Aristochats* (1970) suivra un schéma similaire, mais cette fois à Paris, avec un chat russe, un chat italien et un chat anglais.

Ces derniers temps, l'ethnicité est devenue un sujet très controversé, ce qui a conduit à ce que l'on appelle la « cancel culture » . Certains groupes de pression, activistes et écrivains ont pointé du doigt les stéréotypes dans les arts, y compris dans les films de Disney. Des livres ont même été écrits sur le sujet, comme *Diversity in Disney films*, dont l'objectif était de démontrer que « ...les représentations des chats siamois dans *La Belle et le Clochard* et d'autres représentations médiatisées s'inspirent et perpétuent des stéréotypes dévalorisants sur les Asiatiques[29] ». Il appartient au lecteur de se faire sa propre opinion sur ces allégations, mais il est indéniable que ce film contient un sous-texte sur les immigrés aux États-Unis. Certains se sont tellement inquiétés de la représentation par Disney des Indiens dans *Peter Pan*, des chats siamois dans *Les Aristochats* et de *La Belle et le Clochard* que la société Disney a décidé d'ajouter un avertissement indiquant que « ce programme est présenté tel qu'il a été créé à l'origine. Il peut contenir des représentations culturelles dépassées ».

« Il a du chien » et début de la chanson « Il se traîne » de Peg

Peg va maintenant être la star du spectacle, mais si tout le monde pense qu' Eric Larson a été son seul animateur, il faut souligner que ces premières images ont été réalisées par Don Lusk. Comme beaucoup, Lusk était quelque peu irrité par le fait que tous les éloges allaient toujours aux Neuf Sages, alors que de très bons animateurs travaillaient également avec un talent évident. On peut voir que le suivi de la queue et de la fourrure est très bien fait. Une attention particulière a été accordée à ce point et les animateurs ont dessiné en vert l'effet désiré. Lusk a également fait Lady dans le plan suivant.

Bien sûr, Peg est une version très disneyfiée d'un chien pékinois. Les « Pékinois » sont trapus et ont une sorte de crinière de lion qui a été transformée ici en longues oreilles. Le double pelage est très épais et couvre presque les pattes. La principale décision prise par les artistes a été de conserver un museau court alors qu'en réalité le museau du pékinois est aplati. Dans de nombreux cas, il est noirâtre, mais chez certaines sous-espèces, il peut être de la même couleur que le reste du corps, comme chez Peg. Les couleurs sont également crédibles, avec des nuances de jaune et de beige, que le laboratoire de peinture appelait « poussière ». Ses yeux et ses poches oculaires sont peints avec un peu de lavande, donnant la même impression que les autres chiens d'un personnage fatigué, d'autant plus que ses yeux sont un peu inclinés vers le bas. Ou alors cela fait-il office de maquillage ?

Car Peg n'est pas un chien ordinaire. Comme le dit Bull avec admiration, elle a participé aux « Clébards Follies ». C'est censé être un spectacle où elle a dû se produire pendant des années. Mais ici, nous sommes en présence d'une star fanée qui ravive la flamme de temps en temps pour profiter des derniers bonheurs d'une carrière révolue. Il y a quelque chose d'émouvant dans cette performance pittoresque d'une chanteuse de série B et le spectateur se souviendra peut-être du sort terrible réservé à Nora Desmond cinq ans plus tôt dans *Sunset Boulevard* (1950). Aujourd'hui, elle divertit des détenus dans un lieu perdu. L'utilisation de sa queue touffue sera très importante, évoquant à la fois un boa et ses fesses. De même, les mèches de cheveux qui couvrent partiellement ses yeux semblent signifier qu'elle n'est plus peignée et soignée. Cela lui donne un côté fille des rues et on comprend vite qu'elle a roulé sa bosse et qu'elle a sûrement fréquenté Clochard. Eric Larson, qui l'a supervisée, a expliqué qu'elle était un peu Mae West et un peu Peggy Lee. Mae West avait déjà inspiré l'animateur Dave Hand dans le court métrage *Who killed Cock Robin ?* (1935).

Le nom Peg viendrait de la voix, Peggy Lee. Mais Wiley Rinaldi a raconté une anecdote intéressante qui s'est produite lorsque, avec son père Joe et parfois la famille de Bill Peet, ils allaient à la plage : « Il y avait aussi une famille sur la plage qui avait un labrador femelle et les deux chiens aboyaient et déterraient des pierres dans le sable et le nom du labrador était Peg[30]. » Comme on le sait, ce n'était pas la première intention. À l'origine, elle devait s'appeler Mamie, mais lorsque l'équipe a réalisé qu'il s'agissait du prénom de l'épouse du président de l'époque, Dwight D. Eisenhower, elle a abandonné l'idée pour éviter toute offense.

Bien que Don Lusk l'ait introduite, Peg fut principalement l'œuvre d'Eric Larson, et des assistants Dale Oliver et George Goepper, entre autres. Oliver a dû partager son temps entre le dîner de Thomas chez Tony et la chanson de Peg : « Eric était un maître adorable, un type formidable auprès duquel on pouvait apprendre et avec lequel on pouvait travailler[31]. » Il a également avoué à John Canemaker : « Et sincère. C'était une personne magnifique. Il voulait que le travail soit bien fait, bien sûr, mais c'était une personne tellement gentille et aimante. Il pouvait se mettre en colère, mais il ne l'affichait jamais (...) il me faisait penser à un banquier digne. Son goût était si bon. Si discret[32]. » Burny Mattinson, son assistant, le confirme : « Tout le monde avait un énorme respect pour Eric. Il était la personne à qui s'adresser en cas de problème dans une scène ou même de problèmes personnels. Comme dans le film *Casablanca* '...tout le monde vient voir Ricks', tout le monde venait voir Eric et quoi qu'il arrive, il trouvait toujours le temps d'aider[33]. »

Confier ce personnage sexy à Eric Larson était plutôt étrange à première vue. Il était connu pour être un mormon, originaire de l'Utah, et Walt plaisantait souvent à ce sujet, comme Burny Mattinson aimait à le rappeler : « J'ai été l'assistant d'Eric Larson pendant 12 ans. Il plaisantait toujours sur le fait qu'un mormon comme moi dessinait cette fille sexy que l'on voit dans un bar, et Walt le regardait et disait : 'Eh bien voilà un truc que j'ignorais chez toi. Tu as vécu... !' Eric m'a dit que Walt l'avait même interrogé sur ce qu'un bon garçon mormon comme Eric pouvait bien connaître des filles sexy et des cabarets de nuit[34] ? » Comme nous le verrons, le personnage s'est développé à partir de l'interprétation de la chanson par Peggy Lee et, lentement mais sûrement, Peg est devenue une fille de cabaret à l'allure sulfureuse. Eric Larson a expliqué à Don Peri : « Il s'agissait de comprendre l'anatomie d'un chien et d'y ajouter toutes les mimiques humaines de séduction et les attitudes - yeux mi-clos pour les trucs sexy, inclinaison de la tête, haussement de sourcils - des choses qui la rendent irrésistible[35]. » Larson n'a jamais caché sa préférence pour l'animation d'animaux, peut-être en raison de son enfance passée à la ferme. S'il pouvait très bien animer des humains comme Peter Pan ou Cendrillon, il reconnaît avoir eu du mal à le faire. Quoi qu'il en soit, pour Burny Mattinson, Larson était à son apogée : « Plus tard, ses dessins n'étaient pas toujours conformes au modèle et devaient être nettoyés et ajustés. Sur des dessins plus anciens, comme ceux de Peg et de Cendrillon, ses dessins ne transmettaient pas seulement un charme et une chaleur, mais ils étaient aussi souvent supérieurs aux modèle[36]. »

Il a ensuite pris la tête d'un programme visant à assurer la transition entre la vieille garde et la nouvelle génération à la fin des années 1970, et ceux qui ont bénéficié de ses conseils et de ses enseignements patients ne disent pas autre chose que Mattinson, comme l'animateur Dave Pruiksma : « Mes pensées sur Eric Larson sont profondes et fortes. Il était avec nous depuis le début. C'est un excellent professeur et un homme très doux, patient et gentil. Il pouvait, avec une voix lente et méthodique et quelques coups de crayon, expliquer et démontrer des concepts d'animation très complexes d'une manière qui les rendait plus faciles à comprendre. Il mettait toujours l'accent sur la performance et la réflexion dans le travail plutôt que sur l'action et la démonstration du mouvement. Eric était un professionnel accompli et quelqu'un que j'ai vraiment essayé d'imiter dans mon travail et dans ma vie personnelle. Bien que modeste et humble tout au long de sa vie, il était aimé et respecté par tous[37]. » L'animateur Ron Husband se souvient d'un conseil clé qu'il lui a donné : « Eric a donné beaucoup d'informations à tout le monde, et l'une des pépites qui me vient à l'esprit est ce qu'il disait à propos de la planification d'une scène : 'Passez la moitié de votre temps à penser à la scène et l'autre moitié à l'animer'[38]. »

Ce premier plan, au moment où elle dit « Il a du chien » est déjà très révélateur : elle est adossée aux barreaux, très décontractée et très lascive, avec son œil maquillé à moitié fermé et ses « cheveux » en désordre tout autour d'elle, comme si elle venait de se réveiller. Cet œil est tel que l'on a l'impression que Peg rêvasse et visualise facilement Clochard, se remémorant probablement le bon vieux temps où ils sortaient ensemble. Lorsque les premières notes de piano et de batterie se font entendre, Toughy (par Lounsbery) l'encourage à en dire plus sur Clochard et leur relation, espérant probablement quelque chose de sulfureux. Pendant la majeure partie de la chanson, Nordberg et Lounsbery s'occuperont de tous les autres chiens, ce que Larson appréciait, comme il l'a avoué à Howard Green en 1984 : « Je me suis dit que Cliff Nordberg et John Lounsbery étaient les deux animateurs préférés des animateurs ». La répétition de « Il a du chien » d'une voix plus forte est un crescendo d'admiration et d'excitation, avec une musique de plus en plus forte. Elle s'adresse à la caméra, tout en restant penchée.

Plan large de derrière sur les chiens qui regardent Peg sur le point de commencer à chanter

Alors que Lounsbery anime tous les chiens au premier plan, les maquettistes ont tout mis en scène pour que Peg se transforme en chanteuse de cabaret. Un projecteur placé à l'endroit où elle se rend est le point principal, tout le reste étant maintenu dans l'obscurité. Les autres chiens sont manifestement transformés en spectateurs d'un spectacle à venir et l'attendent avec impatience.

Peg commence à chanter « Il se traîne »

Le scénario était déjà bien avancé lorsqu'on demanda à Sonny Burke d'écrire les chansons du film. Il avait déjà travaillé sur le film primé *Toot, Whistle, Plunk and Bloom* (1953), et Walt pensait donc qu'il était le bon choix. Musicien accompli, à l'aise au piano, au violon et plus récemment au vibraphone, il était également chef de Big Band et arrangeur. On peut le voir jouer du vibraphone dans le film promotionnel *A Calvacade of Songs*. Il est ensuite devenu directeur chez Decca Records. Il décida d'appeler une de ses bonnes amies, Peggy Lee, dont la carrière était en plein essor et qu'il relança plus tard avec sa chanson « Black Coffee ». Sa petite-fille Holly Foster-Wells l'a expliqué à Jérémie Noyer : « C'est Sonny qui a appelé Peggy en 1952 pour savoir si elle voulait écrire la partition avec lui pour Walt Disney. Il était le responsable des artistes et du répertoire chez Decca où, à l'époque, Peggy était sous contrat. Peggy a rappelé à maintes reprises combien elle avait apprécié de travailler avec Sonny à la création des chansons du film. Elle considère cette expérience comme l'un des moments les plus forts de sa carrière[39]. » Peggy Lee a chanté pendant des années dans l'orchestre de Benny Goodman (1941 à 1943) qui a travaillé pour le studio Disney pendant les années de guerre, le monde est petit après tout !

Norma Deloris Egstrom alias Peggy Lee est découverte à Chicago par Goodman en 1941 et obtient rapidement son premier succès, « Why Don't You Do Right ? » (1943) qui sera repris par Jessica Rabbit des années plus tard. En 1945, elle commence à écrire des chansons avec le guitariste de Goodman, qu'elle épouse, Dave Harbour, puis avec des sommités comme Quincy Jones ou Duke Ellington. Lorsqu'elle est appelée par Burke, elle vient de jouer dans *The Jazz Singer* (1952) et s'apprête à incarner une chanteuse de jazz alcoolique dans *Pete Kelly's Blues* (1955) pour lequel elle est nommée comme meilleure actrice dans un second rôle. Bien sûr, elle est toujours présentée comme la chanteuse de « Fever », mais elle l'a enregistrée en 1958, une reprise dont elle a modifié les paroles. Il convient également de mentionner que les quelques privilégiés qui disposaient d'un poste de télévision à la fin des années 1940 connaissaient bien son visage puisqu'elle a coanimé des émissions télévisées dès 1946.

Avec Burke, ils ont écrit un bon nombre de chansons, dont cinq ont été utilisées dans le film. Elle a écrit les paroles comme d'habitude, et elle était connue pour écrire des paroles sensuelles et audacieuses. C'est exactement ce qu'elle a apporté à la chanson « Il se traîne ». Nous avons vu que les distributeurs n'étaient pas satisfaits du nom Clochard et qu'ils se méfiaient de la chanson. D'ailleurs, lorsque Decca a sorti sa série de disques pour enfants, ils ne l'ont pas utilisée... La chanson est clairement jazzy et Lee chante dans sa manière très typique qu'elle avait commencé à utiliser en 1940 lorsqu'elle était une habituée de The Doll House à Palm Springs. Son chant est subtil et glamour. Eric Larson a été très impressionné lorsqu'il l'a rencontrée et a observé sa façon de chanter : « J'ai bien connu Peggy Lee à l'époque. Les voix vous parviennent, vous savez, et elle était une source d'inspiration. Elle faisait certains de ses gestes pendant le dialogue. Je me suis dit : 'Mon Dieu, si j'arrivais à insuffler tout ça dans ce chien, je pourrais bien m'amuser avec'. Mais elle s'est avérée être une vraie fille des rues[40]. » Selon elle, elle n'avait pas vraiment réalisé qu'elle serait plus qu'une parolière et une chanteuse : « Je n'avais pas réalisé à l'époque que je contribuais à la création du personnage parce que je chantais les démos pour Walt et les animateurs et que je faisais partie d'un film merveilleux sur lequel ils bossaient depuis longtemps[41]. »

Petit à petit, son rôle va s'élargir comme l'expliqua Ken Anderson à Paul F. Anderson : « Peggy Lee participait aux réunions sur l'histoire. Elle se promenait dans le studio et passait dans les bureaux des animateurs. Ed [Penner] a dit qu'elle était la plus belle chose qu'il ait jamais vue[42]. » Et elle fera plus de voix : Darling, la femme de Jim Dear, et les deux chats siamois pour la chanson qu'elle a écrite, « La chanson des Siamois ». Des années plus tard, elle se souvint de son rôle prépondérant dans son autobiographie : « Sonny Burke et moi travaillions pour les autres, ce qui signifiait pour moi 250 dollars par jour, soit un total de 3 500 dollars sur une période de 3 ans. Ce n'est vraiment pas beaucoup pour avoir créé ces voix, mais j'étais encore relativement jeune et inexpérimentée... Aucun doute que toutes les personnes qui ont travaillé sur le film ont été touchées par le génie de M. Disney[43] . »

L'histoire d'amour entre le studio Disney et Peggy Lee a tourné au vinaigre dans les dernières années de sa vie. Tout d'abord, elle a insisté pour chanter quoi qu'il arrive, quel que soit son état de santé. On dit qu'elle avait besoin d'argent et qu'elle en avait tellement besoin qu'elle a également décidé de poursuivre Disney dans un procès qui a fait la une des journaux. En 1987, alors que le film est réédité en vidéo, elle réclame des royalties pour les cassettes vidéo, alléguant qu'au moment du contrat, elle ne pouvait pas prévoir que cette technologie verrait un jour le jour. La société Disney s'est défendue, mais Lee a finalement gagné et obtenu 2,3 millions de dollars.

La chanson est clairement jazzy. Le jazz avait déjà fait son entrée chez Disney dans les « films composites », notamment avec Benny Goodman. Mais dans les longs métrages d'animation, c'est la première fois, mais ce sera une longue histoire d'amour. Les univers de *Cendrillon, Alice au pays des merveilles* ou *Peter Pan* ne nécessitaient pas un tel style, même s'il pouvait y avoir ici et là des passages jazzy dans la partition. Cette fois, « Il se traîne » (He's a tramp) est bien un air de jazz. Le jazz a depuis longtemps été introduit dans les films, principalement grâce à des représentants de premier plan comme Louis « Stachmo » Armstrong, depuis *Pennies from Heaven* (1936) avec Bing Crosby, *Paradise in Harlem* (1939), *Cabin In The Sky* (1943). Curieusement, *Le chanteur de jazz* (1927) n'avait que peu de liens avec le jazz. Duke Ellington, Count Basie, Fats Waller, Cab Calloway et plus récemment Benny Goodman ont certainement apporté beaucoup, et certains d'entre eux seront liés au studio Disney d'une manière ou d'une autre par la suite. Mais de nombreux experts se sont plaints que la musique de jazz que l'on entendait dans ces années-là était une sorte de jazz édulcoré, destiné à convenir aux oreilles blanches, qui ne laissait aucune place à l'improvisation, bien qu'il s'agisse d'un élément essentiel de cette musique.

Malgré des chansons mémorables et bien conçues, aucune d'entre elles n'est devenue un succès. Walt était déçu de ne pas avoir eu d'autres succès après celui de *Cendrillon.* Il pensait que le recours à des compositeurs extérieurs était une garantie, comme *Cendrillon* semblait le confirmer. Jimmy Johnson, responsable de l'édition musicale pour Disney, a écrit : « À la fin des années 50, Walt n'était plus satisfait de cette méthode d'écriture de chansons pour ses films. Il voulait revenir à l'époque où il pouvait travailler avec des auteurs de chansons permanents, comme Frank Churchill, et m'a donc demandé de trouver des candidats probables[44] . »

Peg chante exactement comme Peggy Lee l'avait fait pendant l'enregistrement et beaucoup de ses mouvements, qu'il s'agisse de la tête ou des hanches, sont utilisés par Larson comme il l'a dit. Pendant ce temps, il y a quelques plans sur les autres chiens qui agissent soudainement comme un choeur, en commençant par Toughy par Nordberg et plus tard Dachsie par Woodward. Tout cela est très intelligemment mis en scène, ce qui a suscité l'admiration du musicologue James Bohn : « Le style jazzy de la chanson est incorporé dans le dessin animé de plusieurs façons amusantes. Un chien effectue des coups de cymbales en tapant de la queue sur une gamelle et dans un seau. Plus tard, un chihuahua fait de même, suggérant une caisse claire jouée avec des brosses. Un bouledogue vocalise les changements harmoniques, et une variété d'aboiements et de gémissements accentue l'arrangement[45] . »

La lumière de la scène venant d'en haut, il y a un faisceau de couleur jaune plus clair sur la chanteuse et les animateurs d'effets spéciaux devaient suivre scrupuleusement la logique de l'éclairage, qui était généralement indiquée en vert sur les dessins. On sait à quel point les intonations de la voix sont importantes pour les animateurs, et Larson a illustré certains mots qui sont mis en avant comme « tocard », comme l'a exprimé John Canemaker : « Larson apporte de merveilleuses petites touches de personnalité tout au long du film, telles qu'un sourire en coin lorsque Peg prononce le mot 'tocard' (...) Sur le texte 'vers quelle galère il s'trimballe', une langue lascive sort de la bouche souriante de Peg, et son battement d'œil brûlant indique que la Belle proteste un peu trop et qu'elle ne serait pas contre le retour de cette 'galère' spéciale[46] . »

Un trio de chiens en choeur

Les Mellow Men sont de retour pour les choeurs arrangés par Rarig. Toughy, Boris et Pedro sont au travail, le tout fait par Jerry Hathcock comme toujours lorsque les chiens sont tous ensemble plein cadre. Dans un zoom, ils se tournent tous vers elle, comme le ferait n'importe quel groupe de choristes sur scène. Dans le gros plan sur Peg, nous voyons derrière le puits de lumière qui est soudainement apparu.

Pedro est animé par Reitherman et Fraser, puis Lounsbery s'occupe de Peg et ensuite de Bull, et il y a de légères différences, comme son corps est un peu plus rond et sa tête plus ronde. Larson revient sur le très gros plan du visage de Peg alors qu'elle chante « au moindre bruit il s'enfuit ».

Alors que le trio continue de chanter, le dernier plan sur Peg est un véritable final de show, alors qu'elle quitte le puits de lumière et se dirige vers ce qui devrait être les rideaux. C'est un moment assez long, mais tout le monde rit de cette parodie d'une chanteuse sexy secouant ses fesses et utilisant sa queue touffue comme s'il s'agissait d'un boa. On peut se demander comment cela peut se retrouver dans un film familial de Disney, et Burny Mattinson (qui a commencé à travailler sur ce film) nous l'a confirmé : « Lorsque nous avons vu la démarche de Peg à l'écran, nous nous sommes dit 'oh, 'le public a trouvé que c'était plutôt risqué pour Disney ! » [47]

En effet, le code Hays (voir Volume 1) est de moins en moins regardant au milieu des années 50. La Cour Suprême annule de plus en plus les décisions de censure prises par des Etats comme l'Ohio ou l'Etat de New York. L'une des raisons est que le marché intérieur s'ouvre largement aux films étrangers, plus libres d'esprit, qu'ils viennent d'Italie ou de France. Des stars féminines comme Gina Lollobrigida, Sophia Loren, Martine Carole, Brigitte Bardot - bien qu'avant *Et Dieu Créa la Femme* (1956) - sont célébrées pour leur talent, mais pas seulement. Les deux films suédois *Elle n'a dansé qu'un seul été* (1951) et *Monika* (1953) d'Ingmar Bergman avaient également fait sensation. Et bien sûr, Marilyn Monroe était en train de devenir la star sexy par excellence. La partie 2 du rapport Kinsey a également été publiée à cette époque. En résumé, il était de plus en plus difficile de censurer la sensualité croissante, voire la nudité, dans les films.

Même si la sortie d'un nouveau film d'animation reste une émotion pour Walt, il est sans doute absorbé par un autre événement qui suivra un mois plus tard, l'ouverture de Disneyland. Les trois dernières années ont été très mouvementées pour lui : suivi de la construction du parc contre vents et marées, nouvelle série télévisée ABC, films complexes comme *20 000 lieues sous les mers* (1954) et *La Belle au bois dormant* (1959). Sans être extatique, l'accueil du film est plutôt chaleureux, mais il attend toujours un énorme succès comme *Cendrillon* (1950).

---

[1] PIERCE Todd James, *The life and times of Ward Kimball*, University Press of Mississipi, 2019.
[2] JACKSON, Wilfred diary, CARE, Ross, *Disney legend Wilfred Jackson*, Theme Park Press, 2016.
[3] JACKSON, Wilfred diary, CARE, Ross, *Disney legend Wilfred Jackson*, Theme Park Press, 2016.

4 JOHNSON, David, *Snow White's people*, Vol 1, 2017.

5 Entretien avec l'auteur, novembre 2010.

6 JOHNSON, David, *Snow White's people* , Vol 1, 2017.

7 LARSON, Eric, *50 years in the Mouse House*, édité par Didier Ghez et Joe Campana, Theme Park Press, 2015.

8 THOMAS, Frank et JOHNSTON, Ollie, *Disney Animation, The illusion of life*, New York, Abbeville Press, 1981.

9 Mousetalgia, épisode 44, animateur Dave Breiland, *Mousetalgia*, 7 septembre 2003.

10 GHEZ, Didier, *Walt's People, Volume 8, Talking Disney with the artists who knew him*, Xlibris Corporation, 2009.

11 Entretien avec l'auteur, février 2010.

12 Entretien avec l'auteur, février 2010.

13 Mousetalgia, épisode 44, animateur Dave Breiland, *Mousetalgia*, 7 septembre 2003.

14 Entretien avec l'auteur, novembre 2010.

1515 Humor, my Sixth Sense, par Walt Disney dans *Films and Filming,* février 1961.

16 LARSON, Eric, *50 years in the Mouse House*, édité par Didier Ghez et Joe Campana, Theme Park Press, 2015.

17 Entretien avec l'auteur, mai 2021.

18 Entretien avec l'auteur, février 2018.

19 LARSON, Eric, *50 years in the Mouse House*, édité par Didier Ghez et Joe Campana, Theme Park Press, 2015.

20 Entretien avec l'auteur, juin 2021.

21 Entretien avec l'auteur, juin 2021.

22 GHEZ, Didier, *Walt's People, Volume 12,* , Xlibris Corporation, 2012.

23 Entretien avec l'auteur, juillet 2018.

24 THOMAS, Frank et JOHNSTON, Ollie, *Disney Animation, The illusion of life*, New York, Abbeville Press, 1981.

25 BEERS, Carole, Jacques Rupp, 79, *an artist for Disney,* The Seattle Times, 23 août 2000

26 GHEZ, Didier, *Walt's People, Volume 11, Talking Disney with the artists who knew him*, Xlibris Corporation, 2011.

27 GHEZ, Didier, *Walt's People, Volume 11,* Xlibris Corporation, 2011.

28 Entretien avec l'auteur, juin 2021.

29 CHEU, Johnson, *Diversity in Disney films,* Mc Farland & Company Inc, 2013.

30 Entretien avec l'auteur, mai 2021.

31 Entretien avec l'auteur, juillet 1987.

32 GHEZ, Didier, *Walt's People, Volume 11, Talking Disney with the artists who knew him*, Xlibris Corporation, 2011.

33 Entretien avec l'auteur, mars 2010.

34 Entretien avec l'auteur, mars 2010.

35 PERI Don, *Working with Walt, interviews with Disney Artists*, The University Press of Mississippi, 2008.

36 Entretien avec l'auteur, mars 2010.

37 Entretien avec l'auteur, juin 2020.

38 Entretien avec l'auteur, septembre 2017.

39 NOYER, Jérémie, *Lady and the Tramp 's Peggy Lee on the right side of the (sound)tracks!* 28 février 2012.

40 PERI Don, *Working with Walt, interviews with Disney Artists*, The University Press of Mississippi, 2008.

41 WRIGHT, Spencer, *Voices Behind the Magic : Peggy Lee,* Disney Information StationThe,Posted on February 6, 2019

42 ANDERSON, F.PAUL, *Jack of all trades,* Theme Park Press, 2017.

43 LEE, Peggy, *Miss Peggy Lee : An Autobiography*, Dutton, 1er mars 1989

44 JOHNSON, Jimmy, *Inside the whimsy works*, édité par Greg Ehrbar et Didier Ghez, University Press of Mississippi, 2014.

45 BOHN, *James, Music in Disney's animated features*, University Press of Mississipi, 2017.

46 CANEMAKER, John, *Walt Disney's Nine old men*, New York, Disney Editions, 2001.

47 Entretien avec l'auteur, mars 2010.

LA BELLE AU BOIS DORMANT
(1959)

Le garçon rencontre la fille (Séquence 08.0) De 22.05 à 32.00

En 1951, Roy Disney est un homme heureux. Le dilemme était de savoir qui de *Cendrillon* (1950) ou d'*Alice au pays des merveilles* (1951) devait être le prochain film d'animation pour le retour tant attendu des longs métrages d'animation. *Cendrillon* s'est avéré être un énorme succès et a probablement sauvé le studio de la faillite. En revanche, *Alice au pays des merveilles*, qui avait les faveurs de Walt, tombe à plat. Le début des années 1950 est également l'occasion pour Walt d'achever des projets qui ont pris la poussière depuis trop longtemps, *Peter Pan* (1953) et *La Belle et le Clochard* (1955). Ni l'un ni l'autre n'ont connu le même succès que *Cendrillon*. Walt avait-il perdu son flair ?

La vérité est ailleurs. Walt n'y était plus. Il était absorbé par l'aventure de son parc, ses films en prises de vues réelles, la télévision, ses documentaires sur la vie sauvage et il semblait que l'animation n'était plus sa priorité. Peut-être avait-il besoin de se remettre en question dans le domaine de l'animation. D'un autre côté, compte tenu de l'accueil réservé à *Cendrillon,* un film plutôt traditionnel, il était peut-être temps d'oublier les classiques de la littérature et d'opter à nouveau pour un conte de fées. Après tout, *Blanche-Neige* (1937) et *Cendrillon* ont été, jusqu'à ce jour, ses plus grands succès. C'est pourquoi, en 1951, il avoue à Maurice Bessy : « Peut-être qu'un jour je serai tenté par *La Belle au bois dormant*[1]. » Le « peut-être » est trompeur, il avait en effet déposé le titre le 19 janvier 1950. Prévu pour Noël 1955, il fut reporté deux fois, en 1957 et finalement en 1959.

Très vite, il est confronté aux mêmes difficultés qu'avec *Cendrillon*, comme il l'avoue à Bob Thomas : « Il y a beaucoup d'éléments à prendre en compte. Tout d'abord, vous vous battez pour faire quelque chose qui s'éloigne de ce que nous avons fait auparavant. *La Belle au bois dormant* était difficile, parce qu'elle contenait beaucoup d'éléments que nous avions dans *Blanche-Neige* et *Cendrillon*. Il faut donner aux animateurs de nouvelles choses à travailler pour qu'ils gardent leur enthousiasme. Tout à coup, lors d'une réunion, l'un d'entre eux dira : 'N'avons-nous pas déjà fait cela auparavant ?' et nous l'avons fait, alors nous devons tout changer à nouveau... » Une princesse en détresse, des animaux sympathiques, un prince à la rescousse, une méchante, des chansons... Oui, ils l'avaient déjà fait. Il l'a exprimé lors d'une des premières réunions en 1951 : « Faites en sorte que cela ne ressemble pas trop à *Blanche-Neige* - même la voix de la jeune fille y ressemble ». Bill Peet l'a qualifié avec amertume de « version prétentieuse de *Blanche-Neige* sur fond de musique symphonique[2]. » Walt demande à Kay Nielsen de revenir au studio pour le développement visuel. Nous avons vu dans le volume 1 à quel point son style avait influencé *La nuit sur le mont Chauve* de *Fantasia* (1940). Mais après avoir travaillé sur trois films différents qui ont été abandonnés, y compris *La Chevauchée des Walkyries*, il a été licencié le 23 mai 1941. Il avait gardé des liens étroits avec John Hench, si bien qu'il fut réengagé en décembre 1952, mais partit définitivement en avril 1953. Pendant ce temps, une compagnie de ballet interprétant *La Belle au bois dormant* en 1953 effectuait une tournée de 3 mois aux Etats-Unis dans 21 villes, Walt y a-t-il assisté ? On ne le sait pas.

Pour éviter de se répéter et aussi pour renaître et battre ses concurrents, il affirme que *La Belle au bois dormant* sera le nec plus ultra de l'animation : « Notre dessin animé le plus ambitieux à ce jour ». Les collaborateurs de Walt ont d'abord voulu croire que cette fois-ci, il serait de retour, motivé et présent comme au bon vieux temps. Mais, une fois de plus, le scénario a connu des ratés et a commencé à s'éterniser. Une fois de plus, on l'appelait toujours ailleurs. Il avait donc besoin de quelque chose qui ravive sa passion. C'est ce qu'il a fait grâce à l'admiration soudaine qu'il a eue pour un artiste qu'il venait d'engager, Eyvind Earle. Son père, Ferdinand Earle, avait travaillé au studio pendant la guerre. Walt tombe complètement sous le charme du travail de son fils. Son style révolutionnaire sur différents courts métrages tels que *Toot, Whistle, Plunk and Boom* (1953), *Working for Peanuts* (1953) ou *Pigs is Pigs* (1954) l'avait intrigué et lui avait apporté un sentiment de renouveau et de nouveauté qui lui plaisait beaucoup. Cet engouement soudain pour l'artiste allait causer des problèmes, comme s'en souvient Floyd Norman : « Naturellement, certains au studio devenaient extrêmement jaloux lorsque Walt faisait certains choix. Je suis prêt à parier qu'il y en avait quelques-uns chez Disney qui n'aimaient pas le fait que Disney ait choisi Eyvind Earle[3]. » Dans son autobiographie, ce dernier admet qu'il était parfaitement conscient de la situation : « On m'a donné la liberté et l'autorité absolues de choisir les couleurs pour tous les personnages. C'est là que les premières frictions et batailles ont commencé à se produire[4]. » Un artiste proche de lui, Victor Haboush, expliqua à Didier Ghez : « Walt l'a mis [Earle] au-dessus de tout le monde. Tous les vieux qui étaient là depuis des années - il ne faut pas leur chercher des noises - étaient en quelque sorte les propriétaires des lieux. Quand Walt a remis la responsabilité des décors à Eyvind, ils ont essayé de lui faire sa fête. Bien sûr, ils n'y sont pas parvenus, parce que Walt avait une vraie admiration pour Eyvind, et Eyvind a subi leur colère[5]. »

Dès lors, Walt veut voir à l'écran le travail de cet homme, « une illustration en mouvement », voilà ce que sera *La Belle au bois dormant*, quoi que cela veuille dire... Mais lorsqu'il a vu et détesté les premiers traitements de Bill Cottrell, puis de Winston Hibler, Milt Banta et Ted Sears, cela lui a rappelé des souvenirs. Ollie Johnston se souvient : « Je pense que Walt avait peut-être l'impression d'avoir déjà fait *La Belle au bois dormant*, avec *Blanche-Neige* et *Cendrillon*. Nous étions en train de ronger cet os encore une fois. Je me souviens qu'une fois, sur le film, il a dit : 'Mince, est-ce qu'on est toujours obligé de faire une comédie ? Peut-être que ce pourrait être une tragédie ou quelque chose d'un peu plus sérieux'[6]. » L'homme vieillissant et surchargé était devenu impatient, il avait trop de choses en tête. Burny Mattinson, qui était assistant sur le film, se souvient : « À l'époque, Disneyland commençait à peine à voir le jour et Walt y consacrait toute son attention. Comme Walt disposait d'une telle ressource de talents artistiques, il a souvent fait appel à son équipe d'animation pour créer la plupart des esquisses des personnages et des attractions du parc[7]. » En outre, beaucoup remarquent que son caractère change, qu'il s'irrite plus facilement et qu'il manque de plus en plus de tact. Même le fidèle Wilfred Jackson commence à se lasser de certaines de ses colères. En outre, l'homme, dont la mémoire avait toujours étonné son entourage, commençait à faiblir et il avait tendance à se contredire plus d'une fois, comme nous le verrons plus tard. Il a trop de choses en tête. Il laisse ses collaborateurs perplexes, ne sait que faire et perd du temps.

Ainsi, lentement mais sûrement, il s'est retiré du projet, comme le regrette Ollie Johnston : « Dans le passé, on ne pouvait pas le tenir à l'écart. Il vivait pour les réunions. Mais à partir de *La Belle au bois dormant*, il disait qu'il était trop occupé. Pour la première fois, il avait du mal à prendre des décisions parce qu'il pensait à autre chose[8]. » Au fur et à mesure qu'ils s'enlisaient dans l'histoire, il en avait même assez et criait de terminer « ce foutu machin ! » Mais l'absence de Walt a certainement fait des ravages et il a terriblement manqué aux artistes, comme l'expliqua le directeur artistique Ken Anderson : « Il m'a inspiré personnellement et je pense qu'il a inspiré la plupart des gars, parce que nous avions l'habitude de ramener des histoires de lui à la maison. Parfois, avec les gars du studio, nous organisions des fêtes et nous ne pouvions pas nous empêcher de parler de Walt. Et les épouses disaient : 'Qu'est-ce qui vous arrive, vous parlez tout le temps de Walt', nous ne pouvions pas nous en empêcher. Il avait donc une façon d'inspirer les gens à faire des choses qui était tout simplement incroyable[9]. »

Pour commencer, comme pour *Cendrillon*, trois options s'offraient à eux : La version de la *Belle au bois dormant de* Giambattista Basile, *Soleil, Lune et Talia*, la version des Grimm ou celle de Perrault. Ils optèrent à nouveau pour cette dernière, mais abandonnèrent complètement le deuxième acte après le mariage, terminant l'histoire comme les Grimm l'avaient fait, avec le baiser et le mariage. La version de Disney ne contient donc rien de cruel et d'horrible à la fin de l'histoire, où la mère du prince est terrible. Cependant, ils ont conservé quelques éléments de *Petit Briar-Rose* des Grimms. À l'époque, ils avaient l'intention d'utiliser Walter Schumann comme compositeur, tandis que Sammy Fain et Jack Lawrence écrivaient environ six chansons. L'une d'entre elles était en fait basée sur le ballet de Tchaïkovski et devint « J'en ai rêvé » (Once Upon a Dream). Cela a pu convaincre Walt de changer d'avis. En 1954, il décide que la partition doit être une adaptation du ballet classique du compositeur russe créé en 1888 à Saint-Pétersbourg. Walt a toujours aimé les compositions mélodiques, comme en témoigne la *suite Casse-Noisette* dans *Fantasia* (1940).

Après une première ébauche le 30 mars 1950 et les premiers story-boards montrés le 12 juin 1951, Ed Penner et Joe Rinaldi proposent un ensemble de story-boards plus raffinés en juin 1952, mais Walt ne les aime pas. Il y avait alors de longues séquences sur la façon de relever les murs du château où Aurore vivait recluse, rêvant de liberté à sa fenêtre (comme Cendrillon), la destruction du tout dernier rouet, une chasse au trésor, et tout cela ennuyait Walt. Il leur conseille de ne pas tomber dans le piège des intrigues secondaires comme les souris de *Cendrillon*. Ils sont bloqués sur la façon dont le prince va la rencontrer. Les croquis au pastel de Nielsen ne les aident pas beaucoup. Voyant que les choses n'avançaient pas et déjà fatigué, un changement complet s'est opéré en 1953. Frank Thomas se souvient des difficultés rencontrées par les scénaristes : « Les scénaristes devaient vivre dans l'ombre de Walt, ils mettaient dans l'histoire ce qu'ils pensaient que Walt approuverait[10] . » De nouveaux hommes sont arrivés à bord : Milt Banta, puis Bill Peet et Don Da Gradi pour les story-boards. En décembre, Eyvind Earle et Victor Haboush se chargent de la direction artistique. Ed Penner essayait de synchroniser tout cela. Wilfred Jackson devait être l'un des premiers réalisateurs, mais le même mois, il a commencé à ressentir des douleurs à la poitrine et a dû se reposer. Walt appela Eric Larson en février 1954 pour qu'il devienne réalisateur pour la première fois de sa carrière. Ce dernier est surpris : « J'étais enthousiaste à l'idée d'accepter la mission qui m'était confiée, même si je me considérais comme un simple remplaçant de Wilfred Jackson, l'un de nos meilleurs réalisateurs, qui avait eu une maladie et était parti en Europe pour quelques mois de repos. J'étais sûr qu'il prendrait le relais à son retour et que je continuerais à travailler sur le film en tant que superviseur de l'animation[11]. »

Kathryn Beaumont effectue quelques tournages, mais tout le monde a été tellement satisfait de la contribution d'Helene Stanley sur *Cendrillon* qu'en mars de la même année, elle revient au studio. Il en va de même pour Roland Dupree, qui l'avait fait pour Peter Pan. Walt exige que les personnages humains soient « aussi réels que possible, presque en chair et en os ». C'est la raison pour laquelle Marc Davis et Milt Kahl joueront un rôle si important dans le film, étant donné leur capacité à animer des figures humaines. À l'époque, ils avaient déjà enregistré des dialogues de Mary Costa et Bill Shirley, et la rencontre entre les deux personnages principaux était travaillée et retravaillée, le tout sur des mélodies du compositeur russe réarrangées par Schuman. Il apparaît clairement qu'ils devaient se concentrer sur cette rencontre qui serait la clé de l'histoire. Kahl a commencé à travailler sur le Prince et son cheval en août 1953, avec des dessins temporaires. Ken Anderson fut également appelé, et il travailla beaucoup sur la séquence 10 avant qu'ils ne réalisent que la séquence 8, la rencontre dans la forêt, devait être retravaillée et ils finirent par trouver l'idée d'une rencontre fortuite dans la forêt avec une Aurore habillée en paysanne. Le studio ayant d'autres engagements, le projet est mis de côté entre 1954 et décembre 1956, dans les mains d'Ed Penner et Joe Rinaldi. Malheureusement, en novembre, le brillant Ed Penner meurt à 51 ans. Anderson est appelé à travailler sur quelques attractions de Disneyland. La raison principale de cette pause était que Walt était occupé presque 24 heures sur 24 avec Disneyland et qu'il passait plus de temps à Anaheim qu'à Burbank.

La production est enfin lancée au début de l'année 1957, mais l'histoire est loin d'être finalisée. Peet est parti vers d'autres projets : « Les séquences que j'ai développées font partie de mon meilleur travail, mais d'autres personnes ont retravaillé le matériel jusqu'à ce qu'il soit réduit à la médiocrité[12]. » La première séquence à laquelle il s'est attaqué est la séquence 08. Tout comme la rencontre de Blanche-Neige avec les nains dans le chalet avait été considérée comme un terrain d'essai, la rencontre entre Rose et le prince Phillip dans la forêt a joué un role similaire, le tout sous la direction d'Eric Larson. Pendant près d'un an, ils ont continué à travailler, Larson faisant tout ce qu'il pouvait pour être à la hauteur de cette nouvelle tâche, mais certains, comme Milt Kahl, ont commencé à s'en lasser, comme il l'a avoué à Christopher Finch et Linda Rosencrantz : « Mon Dieu, nous avons eu ce truc pendant longtemps et c'était une sacrée séquence sur laquelle il fallait travailler. Nous avons eu beaucoup de versions et nous avons piétiné sur cette séquence, et Walt n'a pas voulu faire avancer l'histoire parce qu'elle ne l'intéressait pas. Il s'intéressait à tout sauf à ce film[13]. » Marc Davis se souvenait du défi : « J'ai fait le premier travail sur Aurore, dans les bois, lorsqu'elle rencontre les animaux vêtue de l'habit du prince. Cela ne me dérangeait pas de la faire, elle était assez différente, et nous avions ces décors réalisés par Eyvind Earle, je pense toujours qu'ils étaient beaucoup trop chargés, très difficiles à mettre en scène, mais Walt était fasciné par ses techniques[14]. »

Ils ont passé des mois et des mois sur ce projet, et Mattinson, l'assistant de Marc Davis, s'en souviendra certainement longtemps : « Le problème de Walt était qu'il était toujours pris dans de nombreux projets Disney, alors quand nous l'avions c'était pas rien, et ils avaient commencé à travailler sur la séquence 8 dans la forêt. La première scène sur laquelle j'ai travaillé était la scène 31, Marc avait animé cette scène 31, elle faisait 43 pieds de long et j'ai fait le reste avec Marc et tout était sur des 1, beaucoup de dessins. Après l'avoir fait, ils ont dit 'nettoyons ça', alors on a repris, à l'époque on avait 20 semaines, puis on a encore repris et j'ai intercalé tous les dessins. Puis ils n'ont pas aimé ce style plus strict et ils ont changé d'avis, puis ils ont fait appel à Iwao, et Iwao a refait les choses, et je suis revenu, et encore. Cela n'a pas cessé pour juste une scène. Lorsque le film a été terminé, Marc m'a emmené chez Alfonse, près du studio, et nous avons déjeuné là-bas. Un gâteau est arrivé, sur lequel était écrit 'happy 31', parce que je l'avais fait tant de fois et que c'était enfin OK. C'est quand elle tient un panier et qu'elle se met à chanter[15]. » Cette seule scène avait déjà coûté beaucoup d'argent en raison de tous ces changements et Eric Larson avait du mal, comme l'a rappelé Mattinson : « Eric était souvent dans la 'salle de musique' [alias la salle des réalisateurs], travaillant seul, sans personnel pour l'aider. Il devait littéralement tout faire lui-même. Il devait tourner les séquences de référence utilisées pour les références photographiques, comme les scènes de danse dans la forêt, faire les layouts et préparer les feuilles d'exposition afin de distribuer les scènes aux animateurs. Et comme Walt n'était pas disponible (il ne laissait rien passer tant qu'il n'avait pas donné son accord), les décisions devaient attendre. Et le temps étant de l'argent, les coûts augmentaient. De plus, Eric, en essayant d'être minutieux et serviable, écrivait des notes très longues et très précises pour lesquelles il était étiqueté à tort (par la direction) comme étant trop pointilleux[16]. »

Évidemment, tout était toujours mis en attente parce que Walt « ne voulait pas de réunions sur l'histoire », comme le grommelait Milt Kahl, mais aussi parce que Walt n'était pas très cohérent, et semblait plutôt confus et perdu, se contredisant régulièrement. Pour commencer, il avait promis que pour ce film qui devait être le summum de l'animation, ils dépenseraient tout ce qui était nécessaire pour finalement déclarer un jour : « Bon sang, vous faites quoi avec toute cette animation lourde et pesante dans *La Belle au bois dormant* ? Vous nous coûtez une fortune ! Pourquoi bon sang ? Nous produisons nos films en prises de vues réelles dans des délais très courts et pour un prix dérisoire. Vous allez nous mettre en faillite[17] ! » En regardant ces grands panoramiques pour s'en tenir au concept des « illustrations en mouvement », Walt dit un jour : « Avez-vous déjà entendu parler des gros plans ? » Il avait également annoncé à la genèse du projet : « Nous ne sommes pas pressés, nous prendrons le temps qu'il faut pour ce film ». Plus tard, il a déclaré : « Tout le monde a besoin de délais. Même les castors. Ils flânent tout l'été, mais lorsqu'ils sont confrontés à l'échéance de l'hiver, ils travaillent comme des forcenés. Si nous n'avions pas de délais, nous stagnerions ». En ce qui concerne la musique, il avait prévenu George Bruns qu'il ne voulait pas de Mickey Mousing cette fois-ci, et une fois que Bruns eut pris en compte son conseil, Walt lui dit : « Pourquoi n'avez-vous pas mis de Mickey Mousing ? » Ces contradictions et ces accès de colère finirent par agacer les artistes, comme s'en souvient l'animateur Iwao Takamento : « De temps en temps, on entendait l'un d'entre eux dire des choses comme 'Je ne suis pas sûr de renouveler mon contrat'. Même Milt a fait de telles déclarations. Il était très difficile pour beaucoup d'entre eux, en particulier ceux qui travaillaient chez Disney depuis des décennies, de se faire à l'idée que Walt les ignorait ou ne s'occupait pas bien d'eux[18]. »

Mais la principale victime fut le fidèle perfectionniste Eric Larson. Il avait donné le meilleur de lui-même pour cette séquence, mais le verdict fut clair et brutal : il serait remplacé par Clyde Geronimi. Ce dernier expliqua ce qui s'est passé à Milt Gray et Mike Barrier le 5 novembre 1976 : « J'étais le réalisateur sur ce film. Eric Larson a réalisé la séquence où la Belle au bois dormant rencontre le prince dans la forêt ; il débutait dans la réalisation. Une séquence merveilleuse, mais qui a coûté beaucoup d'argent, très cher (...) Eric était un homme bien, et un bon animateur, mais c'était sa première mission [de réalisation], et il a fait de son mieux pour faire du bon travail. Il a fait du bon travail, mais il y a passé trop de temps. Lorsqu'on vous confiait une séquence, au début, sur l'un de ces longs métrages, vous étiez sûr de devoir dépenser beaucoup d'argent, car [une grande partie du travail sur les séquences pilotes] consistait toujours à expérimenter. Le type qui en faisait partie en faisait toujours les frais, parce qu'il essayait d'installer les personnages - c'était toujours coûteux. Sa séquence demandait toujours plus d'argent, et c'était toujours un peu dur pour lui. Une fois le film lancé, c'était beaucoup mieux[19]. »

Larson est dévasté et qualifie cette expérience de « dégringolade ». D'autres désillusions l'attendent, comme il le dit à David Johnson : « Gerry Geronimi a été engagé à la dernière minute et a été crédité du titre de réalisateur, alors que Woolie, Les Clark et moi-même avions fait tout le travail. Je voulais mettre une bombe sous le bureau de Walt - n'est-ce pas affreux[20] ? » Il lui faudra du temps pour se remettre de ce coup : « L'affaire Geronimi m'a en quelque sorte découragé. Et puis la déception de penser que Walt n'a jamais aimé le film. Les Clark et moi étions les seuls à être fortement en faveur du film[21]. »

Fatigué de cette situation et voyant les coûts grimper en flèche, Walt a fini par demander à tout le monde de passer à la vitesse supérieure. Mais il était impossible d'aller plus vite. Ken Anderson se souvient : « La *Belle au bois dormant* a coûté si cher et n'a pas vraiment fonctionné, le style était restrictif pour les animateurs[22]. » Le travail de dessinateur requis pour des personnages tels qu'Aurore dépassait tout le monde et le nettoyage d'un dessin prenait une éternité ! Pour ne rien arranger, au sein de l'équipe, les choses se tendent. Il y avait les pro-Earle : Tom Oreb, John Hench, Frank Armitage, Victor Haboush, Al Dempster, ou encore Ray Aragon qui déclarait : « J'étais en admiration devant lui. C'était un homme très gentil et très compétent. Il avait une sacrée réputation[23]. » Mais il y avait aussi ceux qui n'aimaient ni son arrogance ni son style : Frank Thomas et Ollie Johnston, Bill Peet, Gerry Geronimi, et d'autres entre les deux, comme Eric Larson ou Ken Anderson. Earle écrit que Kahl et Davis sont allés se plaindre de lui à Walt. Geronimi l'a fait comprendre à Earle comme il l'a dit à Ross Care : « Bien que j'aie eu de nombreuses disputes avec Eyvind sur certains décors (je voulais plus d'atmosphère dans les scènes de donjon) et qu'il ait continué à insister sur le fait que Walt aimait ses décors, je lui ai dit que je me fichais de ce que Walt disait. Je voulais plus d'atmosphère et je n'ai jamais vraiment obtenu ce que je voulais. Eyvind avait une équipe de six peintres ou plus qui travaillaient dans son style et il était très critique. Les décors devaient être peints exactement selon son style. Un grand talent, mais têtu comme une mûle[24]. » Les tensions atteignent leur paroxysme entre Geronimi et Earle, ce dernier écrivant à Ross Care : « Notre relation était nulle - nous nous battions et n'étions pas d'accord, et j'ai fini par démissionner, dégoûté, en 1958. On m'a dit plus tard que Geronimi les avait obligés à passer mes décors à l'aérographe pour les atténuer - Geronimi voulait un retour au passé[25]. » La froideur et l'arrogance apparentes d'Earle ont pu être mal interprétées. Pendant son enfance, une polymyosite avait emporté son frère aîné et l'avait également affecté, mais il avait survécu, le laissant avec une paralysie du côté droit de son visage et, depuis ce jour, il s'est forcé à ne pas rire ni sourire, comme il l'a expliqué : « Ca, plus que tout au monde, a influencé mon comportement et ma carrière durant toute ma vie[26]. »

Au moins, tout le monde était d'accord, qu'ils l'apprécient ou non, pour dire qu'il avait un sens inné de la couleur, comme Milt Kahl : « C'était un sacré bon coloriste. J'aime *La Belle au bois dormant* du point de vue de la conception. Je n'aimais pas vraiment les dessins d'Eyvind. Ils étaient bidimensionnels, avec trop de contours anguleux et ce genre de choses. Mais ses couleurs - magnifiques[27]. » À Iwao Takamoto : « Quel artiste il était ! Eyvind Earle avait le sens de la couleur comme un accordeur de piano a de l'oreille. En termes de design, Eyvind voulait obtenir une ambiance gothique, et l'un des éléments fondamentaux qui permet d'obtenir un aspect gothique est l'accent mis sur les horizontales et les verticales[28]. » Le problème était que ses décors étaient écrasants au point d'être d'une beauté stupéfiante mais de perdre de vue le fait que les personnages devaient être au centre de l'attention. Le fait qu'ils soient « perdus » dans ces immenses espaces remplis d'arbres et de buissons exagérément ornés n'aidait pas à se concentrer sur les personnages. Cependant, ce film reste l'un des plus beaux films d'animation d'un point de vue esthétique.

Les frictions auxquelles nous avons fait allusion plus tôt concernaient principalement certains animateurs et, rétrospectivement, Earle a tenté d'en analyser les raisons : « Ils étaient les maîtres de toute l'entreprise et, à tous égards, ils méritaient d'agir et de se sentir exactement comme ils le faisaient. Qui était ce nouveau venu pour débarquer et prendre soudainement le contrôle comme s'il était Walt Disney lui-même[29] ? » Mais certains scénaristes étaient également en conflit avec lui parce que Walt devenait impatient avec eux, alors qu'il ne cessait de louer les réalisations d'Earle, comme ce dernier l'a expliqué à Robin Allan : « Bill Peet avait tout fait. Walt a dit que ce n'était pas prêt. Il a tout jeté et deux autres ont pris le relais, mais ce n'était pas bon. Une forte pression a été exercée sur les animateurs pour qu'ils s'adaptent à mon style, mais je n'étais pas assez important ou assez prêt pour correspondre aux personnages, et Walt ne s'est pas impliqué dans le projet, et la seule chose que j'ai dû faire, c'est peindre des centaines de tableaux[30]. » Des années plus tard, l'artiste reconnaît qu'il aurait dû être plus souple avec certains de ses collaborateurs : « En y repensant, je me demande souvent si j'aurais pu être plus coopératif et amical avec les plus anciens de Disney. C'étaient tous des gens formidables et merveilleux, et j'ai peur d'avoir été trop étroit d'esprit, trop déterminé à être le meilleur artiste que je savais être, et je réalise que j'ai blessé de nombreux géants créatifs de l'industrie par mon attitude égoïste et bornée, mais aurais-je pu faire ce que j'ai fait sur *La Belle au bois dormant* et être un type sympa en même temps ? Je ne pense pas[31] . » La biographie d'Eyvind Earle a été largement documentée dans divers livres tels que *Awaking Beauty, the Art of Eyvind Earle* pour l'exposition du Walt Disney Family Museum en 2018, et bien sûr, la propre autobiographie d'Earle *Horizon Bound on a Bicycle* est précieuse.

De plus, une sorte de compétition est apparue, comme l'a exprimé Mattinson : « C'était très compétitif entre les animateurs et leurs unités. Chacun voulait les personnes qui lui permettraient d'être au mieux. Mais même si le film était exigeant, on se sentait bien, parce qu'on travaillait pour les meilleurs animateurs et qu'on faisait certaines des meilleures animations réalisées à l'époque[32] . » Mais il y avait cette concurrence entre les départements, comme l'explique l'assistant Rolly Crump : « Oui, c'était une période délicate entre le département des décors et celui de l'animation. Je pense que le problème sous-jacent était la jalousie. Les animateurs pensaient que les décors allaient nuire à l'animation[33] . »

Les manuscrits enluminés *Les Très Riches Heures du Duc de Berry* constituaient une source d'information importante et Earle citait souvent cette référence. Il s'agit d'un livre de dévotion inachevé, entièrement écrit et peint sur des feuilles de parchemin de peau de mouton, commandé par le duc de Berry, fils du roi Jean de France II le Bon (1340-1416). Une quinzaine de moines y ont contribué, mais surtout les frères hollandais Limbourg, et bien plus tard Barthelemy d'Eyck et Jean Colombe. Dans certaines images, les costumes de la noblesse sont très précis comme pour les mois de janvier, avril et mai dans la partie calendrier. Quant au célèbre château, il est vu de loin ou parfois de plus près, surtout dans les pages d'août et de septembre, mais aussi dans la *Procession de saint Grégoire*, la *Prière dans l'adversité* et les *Vêpres et complies* pour le psaume 114. Une page attire également l'attention, intitulée *Rencontre des Mages*, où le style ressemble beaucoup à une miniature persane, et nous savons qu'Earle a combiné les influences de l'Europe occidentale et de la Perse. La touche orientale est évidente et, d'ailleurs, certaines des tours de la *Belle au bois dormant* ressemblent à des minarets.

Le style choisi par Earle a été encouragé par deux hommes : le peintre de décors Al Dempster et John Hench. Eyvind Earle écrit à propos du rôle de Hench :

« John Hench venait de terminer deux dessins magistraux en noir et blanc de deux scènes de forêt. Ils m'ont été remis pour que je les peigne à ma guise. Pour moi, les rendus de John Hench étaient de la Renaissance rococo. Je voulais du gothique stylisé et simplifié. Des lignes droites, hautes et perpendiculaires, comme les cathédrales gothiques. Les personnages devraient être droits et grands, amincis et allongés comme la sculpture gothique[34]. » Hench lui-même a expliqué à Robin Allan comment il s'était rendu compte de ce qui était nécessaire pour le film : « Je suis revenu de New York et j'avais vu ces merveilleuses tapisseries, la licorne dans les cloîtres, au Metropolitan. J'ai commencé comme ça et puis on m'a transféré sur *Donald au pays des mathémagiques*[35]. » Les tapisseries qu'il a vues sont *La chasse à la licorne* et *La dame et la licorne*, toutes deux du XVe siècle. Earle a également écrit comment il a été stimulé par Dempster : « Al Dempster, l'un des meilleurs peintres, regardait une peinture que j'avais faite d'une petite ville mexicaine avec beaucoup d'arbres à l'intérieur et à l'extérieur de la ville. Les arbres étaient dans mon style habituel, une forme noire avec de multiples petits motifs géométriques de points soigneusement placés. Je me souviens qu'Al Dempster m'a dit : 'C'est comme ça que la *Belle au bois dormant* devrait être peinte'[36]. » En fin de compte, Earle a décidé de mélanger diverses influences dans ses œuvres d'inspiration médiévale. Il a étudié et utilisé l'approche des peintres hollandais comme Jan Van Eyck, Botticelli et aussi Durer. Il s'est également inspiré de l'art persan et s'est rendu compte que cet art présentait de nombreuses similitudes avec les arts japonais ou chinois au fur et à mesure : « J'ai réalisé une tapisserie médiévale à partir de la surface chaque fois que c'était possible. Tous mes premiers plans étaient des motifs de tapisserie représentant des herbes, des fleurs et des graminées décoratives. Et comme il est évident que le style et les détails gothiques ont évolué à partir de l'influence arabe acquise au cours des croisades, j'ai trouvé tout à fait admissible d'utiliser tous les merveilleux motifs et détails que l'on trouve dans les miniatures persanes[37]. »

Après près d'un an de tâtonnements et de travail acharné, la séquence 08 était presque terminée et la production du reste du film pouvait enfin commencer pour de bon. Mais jamais une séquence n'avait été aussi exigeante et longue à réaliser.

Plan de loin : Rose marche dans la forêt en chantant

Alors que les trois fées préparent en secret l'anniversaire de la jeune fille, celle-ci s'en va dans les bois, soi-disant pour cueillir des baies. Une idée plutôt étrange pour une équipe censée veiller sur elle et la garder à la maison jusqu'à son 16e anniversaire. Un plan aussi long avec un personnage éloigné signifie que l'animateur, ici Hal Ambro, devra dessiner minutieusement un personnage minuscule, et qui plus est, marchant lentement d'une démarche féminine délicate et souple. La moindre approximation, et le dessin vacille sur le grand écran. Mais ils disposaient désormais d'un nouvel outil, comme l'a expliqué l'animateur Iwao Takamoto à Wes Sullivan : « J'ai simplement pris et demandé de longs plans de marche de la princesse Aurore à une taille confortable. C'était facilement gérable par les artistes, puis j'ai simplement utilisé la xérographie pour réduire la taille des images. Au moment où les lignes ont été amincies et comme elles étaient noires et colorées, cela n'a fait aucune différence[38]. » La nouvelle machine Xerox allait bientôt constituer une révolution.

Le compositeur George Bruns dit un jour à Richard Hubler : « J'ai fait une séquence avec une flûte, sur de la musique de Tchaïkovski, pour les oiseaux. Nous avons eu une réunion et Walt était là et m'a dit 'oui, je pense que c'est le genre d'idée que nous cherchons', parce qu'ils n'avaient pas encore vraiment accompli quoi que ce soit musicalement. Il a dit 'ouais, je pense que ça va très bien marcher[39] ' ». Bruns est arrivé après Sammy Fain et Walter Schuman, qui aurait dû être en charge de l'ensemble de la bande-son. Mais il s'est brouillé avec Walt et a été renvoyé. Earle avait suggéré Ted Dale, un arrangeur-compositeur-chef d'orchestre. Mais Bruns arriva rapidement à bord et étudia encore et encore la partition de Tchaïkovski, repérant ici et là toute mélodie susceptible d'être transformée en chanson. Bruns précisa à Bob Thomas : « Walt a renvoyé Walter Schumann de *La Belle au bois dormant*. J'avais travaillé sur des courts métrages à UPA et Bill Peet et moi avons travaillé sur une piste de six ou sept minutes pour les oiseaux bleus dans *La Belle au bois dormant*[40]. » Ce que Peet a surtout fait, c'est trouver des idées pour que les animaux soient divertissants, ce qui est une bénédiction, sinon le long moment aurait pu être beau mais un peu ennuyeux à la fin. Par exemple, l'oiseau bleu, de Hal King, va se lancer dans une sorte de dialogue avec la jeune fille. C'est la première chose que Mary Costa a enregistrée. Walt avait dit à Bruns qu'il détestait les sons aigus, il a donc décidé de transposer les tonalités de certains passages pour ne pas lui faire mal aux oreilles.

Plan en plongée et panoramique sur la forêt où l'oiseau bleu la rejoint

Il s'agit d'un plan délicat en termes de mise en scène. Le mouvement de la caméra est assez simple, un panoramique de gauche à droite, mais la perspective est assez complexe. Elle commence par une plongée, puis, lorsque l'oiseau entre et sort, nous le suivons, mais soudain la perspective change et nous voyons les choses sous un angle beaucoup plus bas, le tout avec des superpositions floues de feuilles. Comme il s'agissait de la première séquence à être produite, le budget était censé être une préoccupation mineure, et la Multiplane était donc de retour... Ensuite, un zoom sur les deux personnages nous montre Rose par Iwao Takamoto et l'oiseau bleu par Hal King, bientôt rejoints par un cardinal rouge. Hal King fera tous les animaux de cette séquence. Le moment aurait dû être plus long mais ils ont finalement raccourci cette introduction. Marc Davis se souvient : « Nous avons donc tourné la première séquence, celle sur laquelle j'avais travaillé dans la forêt, mon Dieu, elle était longue et ennuyeuse, et Walt a dit 'oh pour l'amour de Dieu, coupez ici'. C'est tout ce dont nous avions besoin, d'avoir cette bénédiction, et ensuite cette notion d''illustration en mouvement' a été oubliée[41] . »

Lorsque l'oiseau se pose sur la main de Rose (cette fois par Ambro), il est difficile de ne pas se souvenir de Blanche-Neige dans la même situation. C'est exactement ce que Walt craignait, un rappel trop évident de choses déjà faites soit avec Blanche-Neige, soit avec Cendrillon. Cette dernière était d'ailleurs vue avec des oiseaux bleus tout autour d'elle à son réveil. L'association même de l'héroïne avec des animaux la rendait inévitable. Le prologue animé satirique d'*Il était une fois* (2007) s'en moquera plus tard. Puis, Rose, d'Ambro, renvoie l'oiseau bleu et reprend sa mélodie. Un panoramique vers la droite très rapide accompagne l'envol des oiseaux.

Les oiseaux survolent un tronc d'arbre pour réveiller les lapins

Lorsque les lapins sont tirés par les oiseaux, on comprend mieux le style choisi par Tom Oreb et Eyvind Earle pour les personnages. Ces lapins sont bien loin des lapins ronds et poilus de *Blanche-Neige, Bambi* et de la plupart des films de Disney jusqu'alors. Al Dempster, a rappelé à Christopher Finch et Linda Rosencrantz la genèse de ce style : « Si je me souviens bien, Tom Oreb a dessiné la plupart des personnages principalement à partir des dessins de Bill Peet, qui dessine de belles choses propres, et Tom Oreb les a redessinés pour qu'ils correspondent à la stylisation de l'arrière-plan[42] . » À l'époque, Tom Oreb était une force montante au studio, encouragé par Earle. Tom Oreb est considéré comme l'un des artistes les plus intéressants et les plus talentueux du studio dans les années 1950. Tout le monde n'était pas de cet avis au studio à l'époque, car son style était plus moderne, plus audacieux et plus stylisé que ce à quoi les gens étaient habitués. Plusieurs courts et longs métrages de cette période portent sa marque, de *Toot, Whistle, Plunk and Boom* (1953) aux *101 Dalmatiens* (1961). L'un de ses plus grands admirateurs était Eyvind Earle lui-même : « Tom Oreb était un designer, un créateur de personnages, un dessinateur imaginatif et artistique qui pouvait nous surpasser tous pour créer des mises en scène et des compositions originales »[43] et des personnages ! Oreb est le champion d'Amid Amidi et il a beaucoup écrit sur lui, ce qui nous permet de mieux connaître cet homme tourmenté.[44]

Tous les personnages du film respectent sa règle artistique du motif droit-contre-courbe, des écureuils aux personnages humains. Si Bill Peet était réticent à l'idée de voir ses dessins modifiés par Oreb et Kahl, Marc Davis était plus conciliant et n'a fait que peaufiner les croquis d'Oreb. Quant à Milt Kahl, il a créé son Prince, et Thomas/Johnston se sont éloignés au maximum des dessins d'Oreb pour rendre leurs fées plus rondes et attrayantes. Quoi qu'il en soit, Milt Kahl a eu le dernier mot en essayant de rendre les personnages plus attrayants dans l'ensemble, en combinant les idées d'Oreb avec les siennes et une touche de Ronald Searle. L'assistant Dale Oliver a développé ce point : « Milt avait une certaine maturité, une sorte de métamorphose s'est produite sur *La Belle au bois dormant*, les dessins d'animation habituels tels que nous les concevions et tout d'un coup dans *La Belle au bois dormant*, c'était stylisé, regardez les lapins, les écureuils, Milt a préparé le terrain pour ce type de personnage qui était une sorte de quasi designy, quel style ! Bang, Milt était à un nouveau niveau[45] . » C'est pourquoi, à la fin, Davis s'est plaint à Don Peri, comme d'autres, d'un manque de cohérence entre les personnages : « Il y avait donc des personnages plutôt ronds et rondouillards et d'autres au design plutôt strict, anguleux - la jeune fille, et probablement Maléfique, et quelques autres. Les animaux étaient très anguleux, et je pense que c'était une erreur. La fille aussi était une erreur. Je pense que nous n'étions pas équipés pour effectuer ce type de changement graphique à l'époque[46] . »

Lorsqu'il travaillait avec Ward Kimball, à l'esprit ouvert, Oreb avait les coudées franches, mais cette fois, il a ressenti plus de résistance, comme l'a confirmé l'animateur Iwao Takamoto à Wes Sullivan : « C'est donc sur l'insistance de Tom que j'en ai fait le plus possible, car il semblait aimer ce que j'en faisais. Je pense qu'il avait un peu de mal à trouver des gens qui avaient un certain feeling et/ou une certaine compréhension de l'origine de son style. Il rassemblait simplement un groupe de personnes qui semblaient sympathiser avec lui[47] . »

Il s'agissait d'épouser les motifs anguleux des décors, mais cette stratégie inhabituelle a été difficilement acceptée par quelques artistes. En conséquence, les personnages qui portent le plus le style d'Oreb/Earle sont tous un peu froids et distants. Cela n'a sûrement pas aidé les gens à sympathiser avec Aurore/Rose, ce qui a amené Milt Kahl à dire au biographe Bob Thomas : « Techniquement, c'est très bien. Mais il dégage une certaine froideur, une sorte de qualité impersonnelle. » Pour la publicité, Walt se vanta : « Nos artistes se sont montrés à la hauteur. Ils ont développé de nouveaux styles, de nouveaux dessins, de nouveaux concepts pour l'animation de ce conte de fées intemporel ».

Les oiseaux réveillent l'écureuil

Alors que l'écureuil se réveille, nous pouvons voir dans le pin l'influence de l'art oriental. La façon dont les feuilles sont dessinées rappelle les nombreux pins qui figurent sur de nombreuses gravures orientales. Earle a reconnu cette influence à plusieurs reprises. Mais, en ce qui concerne l'écorce des arbres, comme on peut mieux le voir lorsque l'écureuil descend dans le plan en contre-plongée qui suit, Earle avait sa propre façon de la faire. Mais ses collaborateurs n'étaient pas habitués à ses techniques. Earle a donc réalisé des panneaux didactiques de ses décors pour qu'ils sachent comment procéder, depuis les masses noires (peu visibles au final) jusqu'aux détails finaux sur les pierres ou les arbres. Entre 6 et 9 étapes étaient nécessaires. Cela se comprend aisément lorsqu'on regarde le film *Four Artists Paint One Tree* (1958) réalisé pour promouvoir le film, dans lequel Earle, Walt Peregoy, Marc Davis et Josh Meador peignent tous un arbre dans leur style respectif. Le peintre de fond Frank Armitage s'en souvient très bien : « Oui, on nous a 'enseigné'. Eyvind a mis au point un système sur la manière de procéder. Ce système consistait à commencer par les grandes formes (comme les arbres au premier plan) et à peindre d'abord la forme de base en noir. Ensuite, on peignait les formes plus petites (comme les bouquets de feuilles) en couleur par-dessus. C'était beaucoup trop lourd en termes de production[48] . » Mais la plupart des décors ont été réalisés par Eyvind Earle lui-même, ce qui signifie qu'il a dû y passer un temps fou.

Earle a peint un nombre étonnant de color keys (études de tonalités de coloris) avec peu de détails mais une recherche sophistiquée des couleurs. Le plus souvent, elles étaient peintes sur de petits cartons de 38,5 X15cms voire moins, parfois aussi grands que 48X90 cm, mais toujours à la gouache et à l'aérographe. Puis vint le moment de peindre les décors du film, comme l'explique Hans Bacher : « Il est très intéressant de voir le style évoluer au cours des mois pendant lesquels Earle a travaillé sur le film. Comment il a trouvé une technique spéciale, l'utilisation d'une éponge, pour donner à l'écorce des arbres de la forêt son aspect typique, et comment il a répété le même aspect d'éponge sur les murs de pierre du château. D'une certaine manière, il devait associer l'aspect de la forêt et l'intérieur du château, un autre élément étant les longs piliers étirés du château, semblables à ceux d'une cathédrale, et les arbres étirés de la même manière. L'intérieur du cottage était plus facile, car il y avait beaucoup de bois et d'écorce, ainsi que des textures répétitives, répétant ce qu'il avait utilisé sur le sol de la forêt, des motifs d'herbe. Tout cela provient des miniatures persanes[49]. »

En raison du format Cinémascope et des nombreux panoramiques (certains décors mesuraient 4,80 m de long), mais aussi de la quantité de détails nécessaires pour peindre à la manière d'Earle, il est inutile de préciser qu'il a fallu beaucoup de travail, de patience et d'argent pour s'accommoder de ce style. Le peintre Ray Aragon a avoué à Robin Allan : « Vous ne croiriez pas les détails, cela a pris des semaines. C'était incroyable et ils étaient surchargés[50]. » Habituellement, les décors prenaient une journée entière, mais ici le rythme était beaucoup plus lent et certains ont pris 10 jours. Un collègue de travail, Frank Armitage, le confirme : « Oui, c'était trop fastidieux. En général, un décor prenait une semaine. C'était un bon exemple de surproduction[51]. » L'unité d'Earle était composée de 10 peintres, mais tous devaient retourner à l'école pour apprendre à peindre comme lui. Outre les deux que nous venons de mentionner, il y avait Thelma Witmer, Al Dempster, Bill Layne, Ralph Hullett, Dick Anthony, Fil Motola, Richard H. Thomas, Walt Peregoy et Anthony Rizzo. Peregoy et Armitage étaient les plus proches du style d'Earle, ils en ont donc fait plus, mais tous étaient talentueux, comme le rappelle Floyd Norman : « Tony Rizzo a prêté ses talents considérables à un certain nombre de films Disney et était un peintre brillant à part entière. Ses œuvres étaient souvent exposées dans la bibliothèque du studio Disney et je m'en veux encore de ne pas avoir acheté plusieurs de ses peintures lorsqu'elles se vendaient pour quelques centaines de dollars seulement[52]. » Quant à Ralph Hullett, il a pris un peu de repos en Europe pendant la production en 1956/1957, mais n'a eu aucun mal à rattraper son retard, comme l'explique son fils Steve : "Je ne pense pas que mon père aurait eu des problèmes avec ce style, puisqu'il l'a utilisé pour différentes cartes de Noël au fil des ans[53] . »

Le hibou vole jusqu'à Rose, les ailes déployées

Le hibou apparaît pour la première fois. Oreb avait dessiné une quarantaine de hiboux différents, des plus stylisés aux plus classiques, et l'un d'entre eux apparaîtra plus tard dans *Merlin l'enchanteur* (1963). Dans le court métrage primé réalisé par Ward Kimball, *Toot, Whistle, Plunk and Bloom*, il avait déjà dessiné un hibou bleu, mais il a essayé de trouver quelque chose qui serait plus proche de l'environnement d'Earle et moins stylisé. Il est donc un peu plus anguleux et maigre que le hibou de *Bambi,* par exemple. Mais pour une fois, l'équipe de Disney s'est éloignée de sa perception habituelle d'un vieux grincheux, comme nous le verrons plus tard.

Il finit dans le panier de Rose (elle est animée ici encore par Ambro) et ils chantent en harmonie. Hal King fera le hibou dans ses premières scènes. Dans le plan éloigné suivant, alors que nous entendons l'orchestre commencer à jouer, Walt Stanchfield s'est vu confier quelques bribes d'animaux minuscules et lointains.

C'est l'occasion de voir l'une des originalités des arbres version Earle. À l'arrière-plan, on peut voir de très longs troncs et le sommet avec les feuilles est un carré. Lors de la publication du livre *The Art of Animation* commandé par le studio pour promouvoir le film, l'auteur Bob Thomas fut tellement impressionné par ces arbres qu'il leur consacra un chapitre intitulé « L'homme qui aime les arbres carrés ». Il citait Eyvind Earle qui expliquait qu'il « aimait les arbres carrés » parce qu'ils avaient quelque chose de primitif. Une observation attentive montre que Earle joue avec les verticales et les horizontales et nous avons dit plus haut que, à l'instar de Durer, Botticelli ou Van Eyck, il faisait en sorte que les décors lointains soient aussi détaillés et nets que les premiers plans. Aucun des châteaux des parcs Disney n'est la réplique exacte des châteaux de cinéma, mais à Disneyland Paris, les arbres autour du château *sont* carrés !

La mise en scène astucieuse de McLaren Stewart, l'un des premiers artistes à avoir travaillé sur le film, permettra la transition entre l'héroïne et le Prince, comme nous l'indique le lent zoom. Le pauvre Walt Stanchfield doit à nouveau composer avec des dessins extrêmement minuscules du Prince et du cheval, mais heureusement, bientôt, un autre plan est beaucoup plus proche et cette fois, c'est Milt Kahl qui s'en charge. Très tôt, alors que le storyboard de la séquence n'était pas encore établi, Kahl avait déjà fait des essais d'animation sur le cheval et le Prince.

Le cheval ralentit et le Prince est intrigué par une voix

Ce que Rose est en train de chanter en dehors de l'écran, ce sont les premières notes de la chanson à venir, « Je voudrais ». Un passage de flûte et de clarinette dans la partition originale avait séduit Bruns, et c'est de là qu'elle est née avec sa longue introduction de voix et de sifflements d'oiseaux. Il s'agissait du troisième mouvement de la « Valse des guirlandes » de l'œuvre originale. Astucieusement et subtilement, lorsque le Prince apparaît dans la lumière, un accord de harpe vient renforcer cette sorte d'entrée juste avant qu'il ne commence à parler dans un plan plus rapproché.

« As-tu entendu, Samson ? Quelle jolie voix ! »

Dire que Milt Kahl a eu du mal et détesté cette mission est un terrible euphémisme. Dans presque toutes ses interviews, il s'en est plaint, même des années plus tard. Une fois de plus, il avait été décidé de tourner d'abord la plus grande partie possible du film en prises de vues réelles. Certains, comme lui, en avaient de plus en plus assez de ce raccourci, mais d'autres y ont eu recours parce qu'ils y étaient obligés. Ed Kemmer interpréta le Prince et il reste quelques images de ses scènes de la bataille finale. La majeure partie du tournage a eu lieu en juin 1953. Un mois plus tard, Milt Kahl avait effectué les premiers essais du Prince. Le tournage durera encore quelques années. Kemmer avait été un héros de guerre et avait joué dans *Space Patrol* entre 1951 et 1956 et c'est ainsi que l'équipe de Disney l'avait trouvé. Il apparaît ensuite dans de nombreux feuilletons télévisés et quelques films de science-fiction.

Même si l'on dit souvent que les personnages féminins sont les plus difficiles à animer et à nettoyer, il est certain que les princes sont encore pires. C'est pourquoi dans *Blanche-Neige* et même dans *Cendrillon*, ils avaient essayé de limiter leurs apparitions au strict nécessaire. Les animateurs utilisaient déjà le rotoscope mais le résultat final était plutôt insatisfaisant. Le tout jeune Milt Kahl était venu à la rescousse du prince dans *Blanche-Neige*. Mais maintenant qu'il est un pilier du studio, il peut exprimer son mécontentement de devoir faire des personnages aussi « réalistes », comme il l'a affirmé dans une conférence : « Au fil des ans, depuis *Blanche-Neige*, les critiques des journaux et des magazines ont toujours dit que nous n'animions pas très bien les êtres humains. Tout ce que cela indique, c'est l'ignorance des problèmes que nous rencontrons dans ce médium. Cela n'a donc rien à voir avec le fait qu'il s'agisse de personnages humains ou d'animaux. Là où le bât blesse, c'est avec les personnages que l'on peut qualifier 'de réalistes/sérieux' : il n'y a pas de marge de manœuvre pour montrer beaucoup d'émotions. La plupart du temps, vous avez des héros et des héroïnes - vous prenez vos types de héros (...) N'importe lequel de vos héros d'action réelle - comme Gary Cooper - n'importe lequel de ces personnages - ce n'est pas viril ou quelque chose comme ça si un gars entre dans une colère noire. C'est un méchant qui fait ça[54]. » Il est vrai que très souvent, les animateurs pensaient que leurs princes pourraient avoir l'air efféminé et perdre la virilité requise. Iwao Takamoto, chef du clean-up, a fait part de cette inquiétude à John Canemaker : « Ce qui lui a posé un énorme problème, c'est de savoir comment le garder extrêmement masculin sans qu'il soit manifestement à la recherche d'une adolescente[55]. »

Même si Milt Kahl se plaignait généralement d'être « coincé avec le Prince », il aimait secrètement relever des défis et se sentait fier de pouvoir accomplir quelque chose que personne ne pouvait faire. C'est pourquoi, en guise de compensation, on lui confiait souvent des personnages plus comiques pour le soulager : ici, le roi Hubert. Il a avoué plus tard à Robin Allan que les difficultés rencontrées par le Prince « étaient surestimées », mais il avait des problèmes au départ. Andreas Deja raconte que lorsque Walt a vu sa première animation du Prince, il a été très déçu, ce qui a provoqué la fureur de l'animateur qui a alors déclaré : « Qu'est-ce qu'il peut bien connaître de l'animation ? » Kahl osait le critiquer ouvertement, et pour le Prince, cela s'est produit plus d'une fois. John Canemaker a relaté un autre incident : « Stan Green a parlé d'un jour où Kahl revenait d'une réunion avec Walt et d'autres personnes sur les premiers essais de *La Belle au bois dormant*. Il se tenait à la fenêtre de son bureau 'et regardait fixement'. Il était facile de voir qu'il était très courroucé. Après un long silence, il finit par dire : 'Walt pense que la tête du prince est trop plate[56]' ». Une autre fois, Walt reproche à Kahl d'avoir fait « flotter » le prince. Comme d'habitude, les dessins de Kahl étaient très aboutis, mais il fallut le fidèle et patient Stan Green pour les nettoyer à son entière satisfaction.

Comme l'a souligné Kahl, le problème du Prince est le même que celui d'Aurore. Le scénario ne laisse aucune place à une analyse approfondie des personnages. Le spectateur ne peut pas ressentir de sentiments pour eux parce qu'ils parlent à peine et que nous ne savons rien de ce qu'ils sont. Il expliqua à Bob Thomas : « Le visage d'un prince ne peut avoir aucune mobilité : quelles que soient les circonstances, il gardera la même forme, et nous n'avons pas le droit d'exagérer sur son corps dont les proportions sont élégantes, tout en restant immobiles. La seule chose que nous pouvions faire était de lui faire porter une cape rouge et de la lui faire porter le plus souvent possible [57]. » De plus, le Prince ne parlait pas beaucoup et devait garder une certaine dignité royale, ce qui allait aggraver les choses pour Kahl comme il l'a dit à Robin Allan : « Les personnages difficiles à interpréter sont ceux qui ne font rien. Le Prince est l'un d'entre eux. Le héros ne montre pas d'affect, désespoir, ou colère ou quoi que ce soit d'autre. Les héros sont au milieu de tout [58]. »

Le press book de 1959 révèle les problèmes posés par le Prince : « Grand, sombre et beau, il est conçu pour plaire à la fois à la femme de chambre et à la matrone dans les palais du cinéma. Il sera également acceptable pour les escortes masculines et les jeunes frères des sœurs adolescentes romantiques ». Le dessin a été réalisé en grande partie par Kahl. Il a trouvé un visage très anguleux pour commencer, avec de fortes caractéristiques faciales pointues, en particulier un nez pointu que Walt lui a également demandé de réviser. Sur son blog, Andreas Deja explique sur un exemple comment le design du personnage a changé par rapport aux dessins qu'il avait présentés : « Mais en y regardant de plus près, je crois que c'est quelqu'un d'autre qui a dessiné par-dessus. À mon avis, Marc Davis a redessiné la pose de Phillip. Il y a une tentative de simplification des épaules et de la poitrine, et le travail au trait me rappelle le style graphique de Marc [59]. » Le visage devait correspondre à l'apparence des jeunes héros et des icônes masculines d'Hollywood du début des années 1950 afin d'attirer les filles : Rock Hudson, Charlton Heston, Peter Lawford, Paul Newman et bien d'autres. Il devait avoir les cheveux clairs, une mâchoire forte, un buste musclé et une posture élégante. Quant aux costumes, les recherches habituelles ont été faites dans la bibliothèque Disney où d'innombrables ouvrages ont toujours permis aux artistes de trouver l'inspiration et d'essayer d'être authentiques. C'est une caverne d'Ali Baba que Hans Bacher a très bien décrite sur son blog : « J'y ai passé des heures et j'y ai trouvé des exemplaires de tous les magazines d'art et de design existants, depuis leur première édition, en provenance du monde entier. De hautes étagères sont remplies des magazines suisses *Graphis*, anglais *Punch*, allemand *Novum*, de toutes les éditions du *National Geographic*, du vieux magazine américain *Life*, de magazines spécialisés dans la peinture, la sculpture, l'architecture, la photographie et la mode. Puis, dans une autre pièce, la vaste collection de livres de référence, des milliers ! Il y avait même des archives 'découpées', des collections personnelles d'artistes qui les avaient données à la bibliothèque. On se croirait au paradis ! On pouvait y passer des heures. En parcourant les livres, on pouvait trouver les noms des artistes de Disney et les dates auxquelles ils avaient emprunté les livres à la bibliothèque. Lorsque je me rendais à la bibliothèque, j'étais généralement seul, peu d'artistes profitaient de l'occasion et l'offre de tous ces trésors[60] . » À l'époque, Barbara Blake était la documentaliste de la bibliothèque et faisait de son mieux pour répondre aux moindres caprices des artistes. Elle avait l'habitude de se rendre dans d'autres studios, comme la Fox ou la MGM, si nécessaire, pour collecter des coupures de presse, des photos, des gravures et une myriade de livres. Là encore, on pourrait revenir aux peintures des artistes flamands que nous avons déjà évoquées. Plus largement, les costumes ont aussi été influencés par un film que Walt encourageait ses collaborateurs à regarder. Il venait de sortir et avait reçu le Lion d'or à la Mostra de Venise, *Roméo et Juliette* (1954) de Renato Castellani, comme l'a rappelé Eric Larson pour Robin Allan : « Pour trouver l'inspiration que nous voulions, nous avons vu *Roméo et Juliette* réalisé en Italie. Nous avons dû le regarder six ou sept fois. Il a été réalisé sur place, c'est une peinture en mouvement. Les couleurs étaient si belles qu'Eyvind et moi l'avons regardé au studio, dans la grande salle de projection [61] .» Les costumes de Leonor Fini pourraient être une bonne source, en particulier pour les scènes sur la place du marché. Le roi Stefan de Disney était habillé presque de la même manière que le chef des Montagu. A part cela, le film est largement oubliable et c'était un choix étrange parce que le film (tourné en Italie mais pas à Vérone comme la version de Zeffirelli) montrait un type de château qui n'était pas similaire aux châteaux français, par exemple la forme des créneaux. Quelques intérieurs auraient pu aider, ainsi que quelques plans comme le baiser de Roméo dont la mise en scène est exactement celle du film de Disney. Bien qu'ils (principalement Marc Davis) aient suggéré de nombreuses idées de costumes, ils se sont finalement décidés pour un seul pour tout le film, sauf lorsqu'il n'est qu'un enfant et pour le mariage. Ils avaient envisagé toutes les formes de manteaux, capes, robes, manches et inévitablement des collants de toutes les couleurs. Au final, la tenue de Phillip est presque à 100% celle de Roméo (Laurence Harvey) le jour où il tue Tybalt dans le film, seules les couleurs changent (il était habillé en jaune et vert) et sa cape n'a pas de plis. Bien entendu, cette cape rouge se lit très bien sur les fonds vert et marron.

Les animateurs avaient déjà relevé le défi d'avoir un garçon en collants. Walt avait insisté sur le fait que Peter Pan devait être un garçon, et le fait que Roland Dupree, un danseur, ait été filmé pour le film d'animation avait plus ou moins conduit les animateurs à le rendre très léger et un peu efféminé, ce qu'ils devaient éviter à tout prix cette fois pour Phillip. Étant donné son statut, ils voulaient en faire un membre de la royauté avec un riche costume, mais au fur et à mesure que son rôle évoluait dans l'histoire, ils se sont rendu compte qu'on le voyait le plus souvent à cheval ou au combat. Il fallait donc réduire son costume à quelque chose de pratique et de minimal. Ils ont finalement opté pour un simple chapeau avec une plume, une cape rouge reconnaissable (une bénédiction dans les décors imposants) et des bottes. Nous n'étions pas très loin du costume d'Errol Flynn dans *Les Aventures de Robin des Bois* (1938). Flynn a toujours été une référence pour les artistes de cette génération.

S'il ne parlait pas beaucoup, il avait tout de même une voix, celle de Bill Shirley (1951-1989). Il n'était certes pas une grande star lorsqu'il fut engagé, ayant eu une carrière chaotique de chanteur dans des boîtes de nuit, quelques seconds rôles dans des films de série B et aussi d'animateur-chanteur (son rôle le plus célèbre sera pour *My Fair Lady* en 1964). Ce qui compte pour le studio Disney, c'est la tessiture de sa voix : ténor/baryton. Ils ont vérifié si sa voix s'accordait bien avec celle de Mary Costa, car ils devaient chanter ce qui était censé être la chanson classique du film « J'en ai rêvé ». Il a également été filmé pour des séquences de référence en action réelle.

De l'avis général, il était très beau et Mary Costa, la voix d'Aurore, disait en plaisantant que toutes les femmes du film étaient amoureuses de lui : « J'aimais bien taquiner Bill Shirley, qui jouait le prince. Il était timide et beau et nous étions toutes amoureuses de lui. Avant qu'il n'enregistre une chanson, Verna Felton, qui jouait Flora, brandissait un crayon comme si elle s'apprêtait à le diriger et il se mettait à craquer[62]. » L'homme a été étonné de voir à quel point l'équipe de Disney était exigeante. Il s'est souvenu pour l'*Indianapolis Star* qu'il avait dû répéter les simples mots « Whoa, Samson ! » toute la journée avant que les ingénieurs du son ne soient pleinement satisfaits. Il est vrai que les changements apportés au scénario ont été si nombreux que Mary Costa et lui ont dû revenir régulièrement de 1952 à 1955.

Cependant, Milt Kahl n'a rien à voir avec lui dans les séquences finales de la bataille. Phillip a été réalisé par une myriade d'animateurs : Ken Hultgren, George Goepper, Ted Berman, John Lounsbery (plans complets avec son cheval), Hal Ambro pour une partie de la valse dans les bois et Ken O'Brien pour la valse finale du mariage, mais tous sous le regard de Kahl. Ils pensaient avoir fait de leur mieux avec ce personnage, comme Jerry Hathcock qui travaillait pour Kahl, se souvient son fils Bob : « La seule fois où j'ai entendu mon père critiquer le travail de Milt, c'était dans la scène où le Prince luttait contre les chaînes. Mon père pensait qu'elle manquait de poids ou qu'elle était trop molle[63]. »

Le résultat est un personnage bien dessiné, mais sa personnalité est si fade et si peu profonde qu'il n'est pas du tout intéressant et aurait très bien pu être joué par un acteur réel. Peut-être que les scénaristes et les animateurs se sont sentis limités par ce que Walt leur avait répété à plusieurs reprises lors d'une réunion sur l'histoire au début de l'année 1951 : « Quoi que nous fassions avec ces personnages, nous devrions nous laisser aller à la comédie. Une certaine dignité, mais de petites choses qui semblent accidentelles ». Étonnamment, Walt continuait d'insister sur le fait qu'ils devaient s'abstenir d'utiliser trop d'humour, ce qui avait été un atout puissant dans tous ses films, et cela était frustrant pour les scénaristes, y compris Joe Rinaldi, comme son fils Wiley s'en est souvenu : « Il y avait beaucoup d'idées que mon père avait et qu'ils avaient dessinées pour *La Belle au bois dormant*, et certains gags étaient liés à la Belle au bois dormant elle-même et aux fées lorsqu'elles se trouvaient dans le chalet dans les bois. Mon père tenait vraiment à ce que le film ait beaucoup de cœur. Mon père avait inclus beaucoup de choses pour le personnage de la *Belle au bois dormant*, pour qu'elle soit un peu plus enjouée, un peu plus amusante et humaine. Apparemment, Walt voulait qu'elle soit plutôt droite et sans humour, peut-être même, et qu'elle n'ait pas cette personnalité chaleureuse que l'on trouve chez Cendrillon ou Blanche-Neige. Elle ressemblait plus à une personne rigide comme un bâton, pas très humaine, et mon père trouvait qu'elle manquait de cœur[64]. » Quant au nom Phillip, il aurait été choisi parce que le public américain connaîtrait le mari d'Elizabeth II, le prince Phillip, duc d'Édimbourg, ce qui le rendrait plus crédible.

« Il faut aller voir tout-de-suite ! »

Cette animation de Phillip forçant Samson à faire demi-tour et à partir est utilisée plusieurs fois dans le film, parfois inversée. Mais le cheval est réticent et ce n'est que dans le plan suivant, grâce à la promesse de « quelques carottes », qu'il s'exécute. La relation entre Phillip et le cheval est une autre idée tirée de *Blanche-Neige*. Avant de réaliser à quel point l'animation d'un prince était difficile, les scénaristes avaient prévu une relation plus développée entre le prince et son cheval. Bien qu'ils aient tout abandonné, Walt ne l'a pas oublié.

Le cheval de Phillip, Samson, a également été dessiné par Tom Oreb et peaufiné par Milt Kahl. À l'époque, tous deux, ainsi que de nombreux autres artistes de Disney, étaient en admiration devant les illustrations de Ronald Searle. Victor Haboush a raconté à Amid Amidi une anecdote célèbre sur ce qui s'est passé le jour où l'illustrateur est venu visiter le studio, le 16 juillet 1957 : « Il n'y avait que Tommy (Oreb) et moi dans cette pièce et Tommy avait accroché tous les dessins des personnages au mur. Ronald Searle est entré accompagné. À l'époque, il était très important. Nous étions tous admiratifs de son travail dans le studio. Il n'a pas dit un mot, il s'est contenté de faire le tour de la pièce en regardant tout. Tout le monde était parti avant lui et il s'est attardé à la porte, s'est retourné, a sorti son long doigt, a montré son cheval, a dit à Tommy 'Mon cheval' et est parti. Tom est tombé de son tabouret. Il a adoré[65]. » Ajoutons qu'à l'époque, Samson n'était pas dessiné comme il apparaîtrait à l'écran, il s'appelait même Sampson. Son museau en particulier était beaucoup plus fin et il est vrai que cela rappelait quelque chose. En effet, quelques années auparavant, Searle avait illustré *The Diverting History of John Gilpin* de William Cowper (1952) et il est évident que les similitudes sont nombreuses. Le cheval est blanc, avec un visage très expressif, un corps fort et volumineux et des jambes très fines. Apparemment, Searle n'était pas rancunier. Ce même type de cheval sera utilisé plus tard dans *Mary Poppins* (1964).

Samson ne parle pas mais il a une forte personnalité et ses expressions, souvent animées par Milt Kahl, sont très drôles. L'une des premières scènes animées était celle d'un cheval au galop avec le Prince, réutilisée à l'envi. On le voit dans le plan suivant. C'est John Lounsbery qui l'a réalisée. Pour les aider, Walt voulait que son équipe filme des chevaux en prise de vue réelle, comme Harry Tytle l'a écrit plus tard dans son autobiographie : « Se souvenant de mon intérêt pour les chevaux, Walt demanda à Milt Kahl de me voir pour trouver un spécimen convenable pour l'étude de l'animation de *La Belle au bois dormant*. Je connaissais un moyen sûr de faire mieux qu'avec les rats (pour *La Belle et le Clochard*) - nous avons photographié Larry Lansburgh [un ami d'enfance de Tytle] en train de mettre à l'épreuve un animal élégant. Nous n'aurions pas pu choisir un cavalier plus compétent[66]. » John Lounsbery a expliqué que la référence à l'action en direct était particulièrement nécessaire lorsqu'il devait faire face à un cheval qui se précipitait vers la caméra.

Animer sur les traces de Milt Kahl n'a pas été une tâche facile pour John Lounsbery. Surtout pour un homme réservé et timide comme lui. Lounsbery était connu pour être un homme très talentueux mais aussi très humble, comme s'en souvient son ancien stagiaire Don Bluth, qui le cite en parlant de Kahl : « 'C'est notre Picasso. Les autres ne sont que des amateurs. Mais ne dites à personne que j'ai dit cela'. (...) De qui John se moque-t-il ? Je me suis dit : 'Il n'a vraiment aucune idée de la qualité de son travail. Il ne sait vraiment pas à quel point il est bon[67]'. » Et certainement, Kahl le savait et en a probablement profité, n'étant pas toujours très gentil avec lui. Bluth se souvient d'un jour où Lounsbery devait aller voir Kahl : « 'Si je ne suis pas de retour dans une heure', disait John, 'envoyez l'équipe de police'. Bien sûr, il plaisantait, mais peut-être pas tout à fait[68]. » Mais Lounsbery pouvait imiter l'animation de Kahl et parfois les gens pensaient qu'une scène était de Kahl alors qu'en fait c'était de Lounsbery. Mais la plupart du temps, Kahl posait l'animation et aidait beaucoup.

Panoramique du Prince et de son cheval dans la forêt

Ainsi, ce long panoramique, qui serpente à travers les bois, entre les troncs et les rochers, est un morceau d'animation de Lounsbery. Il est déjà réutilisé (en sens inverse) après la pause et le retour à gauche. Il en va de même pour le cheval qui s'élance au-dessus d'un gros tronc. Mais dans le plan suivant, alors que le cheval (sans cavalier) se rapproche de la caméra, tout le monde comprend ce qui s'est passé. Le cheval de Lounsbery finit par s'arrêter, regarde en arrière et comprend qu'il n'y aura « pas de carottes », comme le déclare le Prince de Kahl.

Plan en plongée sur Rose cueillant des baies, entourée d'animaux

Les superpositions sur ce long plan sont la signature de Earle : une branche horizontale en bas et un tronc vertical à droite forment une sorte de cadre. Dans un zoom très lent, l'héroïne, par Ambro, recommence à fredonner la mélodie de « Je voudrais ». L'association des flûtes avec les oiseaux est maintenue tout au long du film. Alors que deux oiseaux s'envolent du premier plan pour s'approcher d'elle, des flûtes sont jouées en trilles. Comme souvent, Don Lusk anime les oiseaux. Jusqu'à présent, nous avons vu que Hal Ambro était le principal animateur, mais dans le plan rapproché suivant, c'est le superviseur Marc Davis qui s'en charge. Elle enlève son foulard de la tête et chante la chanson. Nous reconnaissons les délicats pas de ballerine qu'elle fait, tout comme il l'avait fait pour Cendrillon.

La chanson est très éloignée de ce que Winston Hibler avait en tête pour rendre ce moment dynamique, comme il l'exprima lors d'une réunion sur l'histoire: « Ca doit être fort, dynamique, mais cela suggère le type de moment qu'il doit être. L'ouverture que nous avons enregistrée est toujours la même que l'originale dans la routine 'Cueillir des baies'. Nous avons l'intention de la modifier légèrement et d'introduire une chanson gaie de type 'heigh-ho' avec la fille qui danse dans la forêt avec les animaux et réveille les autres qui se joignent à la fête. Commencer la journée en pensant à un jour heureux ». Le moins que l'on puisse dire, c'est que Walt n'était pas convaincu, craignant toujours de revenir à *Blanche-Neige* : « Je m'inquiète du Heigh-Heigh Derry-Do, maintenant. Si nous pouvions travailler dessus et éviter qu'il ne ressemble trop à *Blanche-Neige* ». Mais après tout, ils trouveront un moyen de la faire danser avec des animaux d'une manière gaie, mais pas au point d'en faire une « chanson de type Heigh-Ho ».

Dès le début de cette séquence, les scénaristes avaient décidé de tirer parti de la grande capacité de la chanteuse, Mary Costa, à chanter à la manière d'un opéra. Le déménagement de sa famille de Knoxville, Tennessee, à Glendale, Californie, à l'âge de 14 ans, sera un tournant dans la vie de la jeune fille qui chantera régulièrement, surtout dans les églises, avant d'obtenir son diplôme au Conservatoire de musique de Los Angeles. À 22 ans, elle auditionne pour Frank Tashlin, qu'elle épousera plus tard. Le directeur tente rapidement de la courtiser mais à la fin d'une soirée en 1952, un certain Walter Schumann est inspiré par sa voix lorsqu'elle chante près du piano, comme elle le raconta : Walter Schumann lui a dit : « 'Vous êtes chanteuse professionnelle ? Voulez-vous m'accompagner demain chez Disney pour une audition ? Ils cherchent une voix pour la *Belle au bois dormant*' (...) Je me souviens d'une audition joyeuse, avec beaucoup de rires. Je dois préciser qu'à cette époque de ma carrière, je n'avais aucune formation vocale formelle, mais j'avais toujours aimé chanter et je pense qu'ils ont apprécié mon enthousiasme[69]. » Ils étaient en quête de la bonne voix depuis un certain temps, ce fut donc un soulagement, comme s'en souvenait Ed Hansen, directeur adjoint sur d'autres séquences : « Les auditions ont été assez poussées, car jusqu'à récemment, le nom n'était pas l'élément important pour le personnage, mais seulement la qualité de la voix[70]. »

Cette première audition devant 20 personnes, dont Winston Hibler pour les dialogues et Marc Davis pour l'animation, se passe bien et convainc Walt, qui n'était pas là, mais écoutait. Un problème subsistait : son fort accent du Sud, comme elle l'a rappelé pour *The Guardian* : « Lorsque Walt a décidé qu'il voulait que je joue aussi le rôle principal, on s'est inquiété de mon accent du Tennessee. 'Si Vivien Leigh a pu jouer une fille du Sud dans *Autant en emporte le vent*, une fille du Sud peut sûrement jouer une princesse anglaise', m'a dit Marc Davis, le principal animateur d'Aurore. Heureusement, mon père et moi avons toujours aimé pratiquer les accents et l'anglais était notre préféré, alors quand ils ont griffonné à la hâte quelques lignes pour que je les prononce, j'ai gagné ma place[71]. »

Ils l'ont entraînée et, à la fin, elle a pu prendre un accent plus anglais. Elle a reçu le verdict de Walt l'après-midi même au téléphone : « Votre voix est pleine d'amour, si fraîche et si claire. » Il lui disait souvent d'utiliser les nombreuses couleurs de sa voix comme si elle « peignait avec la voix ». Compte tenu de la durée du projet, elle revenait pour quelques jours à chaque fois qu'on changeait les dialogues, mais le compositeur Schumann n'était plus là, remplacé par George Bruns. Mais il y avait toujours quelqu'un : « Je dois dire que c'est Marc Davis qui m'a le plus motivée. Il était plein d'humour, patient et compréhensif. Il y a une telle joie dans son travail que chaque moment passé avec lui a été une source d'inspiration totale[72]. »

Curieusement, elle n'a jamais rencontré Walt, mais ils ont tout de même communiqué : « Souvent, lorsque Walt m'appelait au téléphone, il me taquinait en me disant : 'Comment va la princesse aujourd'hui ?' Je riais et répondais : 'Je ne l'ai pas vue !' Il me donnait des nouvelles par téléphone et me demandait : 'Est-ce que tu aimes travailler ici ?[73]' ». Il l'a surnommée « Happy Bird », et ils se sont finalement rencontrés une fois après la fin de la production. Elle a déclaré qu'il était devenu une figure paternelle, elle qui avait perdu son père à l'âge de 16 ans.

Rose se promène dans la forêt en chantant

Ce panoramique est l'une des nombreuses occasions de s'émerveiller devant les splendides décors, avec quelques emplois de Multiplane. Earle, qui a passé sa vie à peindre des arbres, savait que la forêt est un élément indispensable à tout récit médiéval. La forêt était omniprésente à l'époque et bien des histoires s'y déroulaient, jouant parfois un rôle expliqué par Julie Lejeune dans sa thèse : « Ainsi, si la forêt des films de Walt Disney, est de prime abord aussi redoutable que celle du Haut Moyen Age, elle dissimule toujours un aspect positif : celui du refuge. Ce sens profond de la forêt s'exprime dans la production de l'imaginaire. (...) La forêt des films de Walt Disney n'est jamais entièrement hostile. Elle s'ouvre pour accueillir les héros, tant Blanche-Neige, qu'Aurore, Moustique ou encore Taram. La fonction d'asile est omniprésente dans les films. En tant qu'espace permettant paradoxalement de s'éloigner du danger, elle se fait l'asile temporaire des opposants et des hommes menacés dans l'univers bâti [74]. » Nous sommes en désaccord concernant Blanche-Neige car la forêt est tour à tour un lieu infernal et terrifiant, comme analysé dans le volume 1, puis un espace plus accueillant avec des animaux et des chalets. De nombreux peintres de décors de Disney étaient des peintres de plein air, et ils aimaient peindre des forêts dans des styles très différents : des arbres ronds et tourmentés d'Albert Hurter, « à la Rackham », aux arbres colorés et modernistes de Walt Peregoy. Puis vient une première image emblématique de Rose observant le château au loin. Comment ne pas penser à Cendrillon lorsqu'elle rêve de ce château en chantant ?

Elle chante « je suis ta belle au bois dormant... ».

C'est l'une des images les plus emblématiques du film. Si Ambro s'en tenait à des promenades en pied dans les plans longs, tout plan rapproché ou moyen était l'affaire de Marc Davis. Penser que Marc Davis a réalisé à la fois Maléfique et Aurore est à couper le souffle. En fait, l'héroïne n'est jamais nommée dans l'histoire de Perrault. Pour Giambattista Basile, elle est Talia. Aurore est le nom de la fille aînée de la Belle au bois dormant. Ce changement a été décidé par Tchaïkovski lui-même et l'équipe de Disney s'y est tenue. Les Grimms lui donnent un nom, Rosamund, et une fois endormie « *Dornröschen* », et c'est d'ailleurs le titre de leur version, parfois traduit en anglais par Little Rose. Comme pour le scénario, la difficulté était de trouver une nouvelle héroïne différente des précédentes, en particulier de Cendrillon. Le conte original n'est pas d'un grand secours. Elle ressemblait à un ange et avait des lèvres corail. C'est tout.

Confier cette tâche à Davis et utiliser à nouveau Helene Stanley comme modèle était le meilleur moyen de tomber dans le piège. Cependant, le style d'Earle et l'apport de Tom Oreb pouvaient aider à choisir une autre figure humaine. La principale différence est la longue chevelure blonde. Davis a mis un point d'honneur à travailler sur le design de ses cheveux. Il y avait une touche d'art déco dans leur traitement, avec les boucles à leur extrémité. Davis a fait une feuille de modèle entière consacrée à ses cheveux. Il a conseillé de créer un motif solide et grossier, puis d'ajouter des subtilités. Il a également recommandé « d'éviter les boucles ouvertes et les pointes acérées ». Il a aussi indiqué qu'il fallait éviter de laisser des espaces trop profonds entre les mèches de cheveux, car il craignait que cela ne la rende chauve ! Il a insisté sur le fait qu'à chaque fois qu'elle tournait en dansant, il fallait conserver une certaine douceur et délicatesse dans les cheveux, d'où l'importance du suivi (follow-through). Il avait en tête l'observation minutieuse de la réaction des foulards aux mouvements et au vent. Elle avait un ruban dans les cheveux, vestige de la mode des années 1950. Les encreurs devaient faire très attention car les lignes blanchâtres entre les mèches et les courbes avaient des largeurs différentes, ce qui était fastidieux et chronophage. Son visage était très anguleux et Davis insistait pour que ses yeux gardent une légère inclinaison.

Passionné de costumes et marié à Alice, créatrice de mode, il a passé beaucoup de temps à trouver les bonnes tenues, faisant des pages de croquis. Elle a trois costumes différents : le costume de paysanne comme ici, la robe et la cape bleues lorsqu'elle quitte la maison, et le costume rose lorsqu'elle danse à la fin avec son mari. Mais on la voit surtout avec des vêtements de paysanne. Cette idée est venue très tôt dans les scénarios. À l'origine, elle aurait essayé de trouver un moyen de se faufiler hors du château où elle était gardée comme une prisonnière. Pour ce faire, elle aurait pris les vêtements d'une servante et se serait déguisée en paysanne pour aller se cacher dans la campagne. Elle y aurait rencontré un prince...

Davis voulait que ses collaborateurs se souviennent qu'une fois peinte, sa taille avait tendance à s'épaissir, il leur a donc conseillé de « garder la taille étroite ». En fait, sa taille donne l'impression qu'elle porte un corset. Il a également veillé à ce que nous ayons toujours une « sensation de hanches » sous sa jupe. Mais ce sur quoi il a vraiment insisté, ce sont les plis de sa jupe. Alice Davis a expliqué à Mindy Johnson comment elle avait conçu cette jupe : « J'ai pris les mesures d'Helene Stanley et je l'ai équipée d'un modèle de mousseline grossier, que j'ai ensuite appliqué au tissu final. Ce que j'ai appris dans son cours d'animation m'a davantage aidée à concevoir des costumes et à comprendre la silhouette humaine que tout ce que j'ai appris dans mes études de costumes[75]. »

Il est bien connu que Davis s'est inspiré d'Audrey Hepburn pour la jeune fille. Elle était une très grande star à l'époque et son corps mince semblait correspondre à ce qu'ils avaient en tête. Mais plus encore, en 1953, alors qu'ils travaillaient sérieusement sur le film, sortait *Vacances romaines*, de William Wyler. La jupe grise qu'elle porte avec tous les plis est exactement celle que porte Rose. Inutile de dire que ces plis allaient donner des cauchemars aux collaborateurs de

Davis, surtout lorsqu'elle dansait. Sur une autre feuille de modèle, il a écrit : « Dans les tourbillons de jupe, animez les plis en formes plutôt qu'en lignes simples. Essayez avec tous les plis d'avoir un début et une fin bien définis. N'utilisez pas de lignes simples qui ne sont pas liées aux plis. » Les mots « Tous » et « Pas » sont soulignés deux fois. Comme pour Cendrillon, Davis a écrit « soyez très prudent » sur plusieurs de ses dessins, en se concentrant sur les plis de la jupe et du châle. L'animation de Davis est remarquable, mais ses formes anguleuses et un certain manque d'expressivité ont empêché les gens de s'attacher à elle. Est-elle trop belle ? Trop parfaite ? Quoi qu'il en soit, Davis a relevé le défi d'animer un personnage aussi exigeant, et il y a pris plaisir : « Cela ne m'a pas dérangé de la faire, elle était un peu différente. J'aimais Rose parce que je pense qu'elle était spéciale, toute cette séquence où elle danse avec les animaux et le prince. L'idée que les fées l'élèvent dans les bois pour que Maléfique ne la trouve pas était merveilleuse. J'ai animé toutes les scènes de Rose et j'ai pris beaucoup de plaisir à les faire[76]. » Dans leur récit du passé, les animateurs-clés ont eu tendance à oublier que d'autres animateurs avaient réalisé certaines scènes. On l'a vu avec Hal Ambro, mais il y avait aussi Iwao Takamoto. Comme il l'avait fait pour Lady dans *La Belle et le Clochard* (1955), on lui a demandé de s'assurer que tous les dessins étaient conformes au modèle, mais il a également animé certaines scènes. L'assistant Bud Hester se souvint pour Wes Sullivan : « Je me souviens de l'époque où Iwao était chargé de la princesse de *La Belle au bois dormant*. Il avait l'habitude d'avoir toute une série de personnes qui attendaient à sa porte pour entrer. Il y avait beaucoup de nouveaux artistes, de jeunes stagiaires. Ils faisaient probablement un dessin par jour. Ils devaient l'apporter pour qu'Iwao le vérifie. Il y avait toujours quatre ou cinq personnes qui faisaient la queue devant sa porte pour entrer[77] . »

Parmi ses assistants se trouvaient des femmes injustement oubliées, comme le rappelle Floyd Norman sur son blog : « Dans le cas de la très difficile Rose, cette tâche était confiée à trois jeunes femmes exceptionnelles dont le bureau était adjacent à celui du maître animateur. Bien qu'elles aient travaillé sur le film pendant deux ans ou plus, aucune n'a été créditée à l'écran. C'est pourquoi personne ne connaît leur nom aujourd'hui. Mais cette petite erreur va être corrigée maintenant. Elles s'appellent Mary Anderson, Doris Collins et Fran Marr[78] . » George Edwards et Burny Mattinson ont également apporté leur aide et ce dernier ne l'a jamais oublié : « C'était extrêmement difficile, il y avait de nouveaux problèmes : déplacer une animation stylisée qui fonctionnerait sur les décors d'Eyvind, le fait que pratiquement chaque scène devait être mise sur un, sinon les personnages trembleraient sur le design horizontal et vertical des décors. Le fait que nous travaillions dans un grand format de film qui montrerait chaque défaut de l'animation ; il n'y avait pas de place pour le laisser-aller[79] . » En conséquence, les unités pour chaque personnage étaient plus grandes que jamais, comme l'a rappelé l'assistant animateur Dale Oliver à Wes Sullivan : « Chaque personnage particulier semblait avoir une unité entière qui tournait autour de lui, et comme les personnages étaient si difficiles à dessiner et si fastidieux et prenaient tant de temps, cela nécessitait une équipe. Les équipes étaient donc constituées en fonction des personnages sur lesquels elles travaillaient. Si vous faisiez Samson, ils constituaient une équipe Samson. La pièce entière était remplie, peut-être cinq personnes travaillant dans une pièce à un bureau sur ce personnage[80] . »

En mars 1954, Helene Stanley a réalisé les références en prises de vues réelles, comme l'a rappelé Eric Larson pour Charles Solomon : « Nous avons tourné beaucoup de prises de vues réelles sur la fille. Marc est allé plus loin dans ses poses que Milt pour le prince. Lorsque vous prenez la réalité de la prise de vue réelle et que vous la mettez sur la table à dessin, s'il y a une sorte de tourbillon sur la jupe, vous l'étalez et vous obtenez un effet de balayage. Marc a obtenu un très bon résultat avec ce genre de choses, parce qu'il avait un tel sens du design[81] . » Des centaines de photostats ont été imprimés en plus des tournages pour permettre à Davis d'analyser les mouvements de la jupe. Wilfred Jaxon écrit dans son journal : « Walt veut que nous fassions en sorte que l'actrice (Helene) crée davantage d'activités au lieu d'écrire nous-mêmes un scénario aussi serré[82]." En outre, ils devaient parfois interrompre les séances parce que le même générateur était utilisé pour le tournage de *20 000 lieues sous les mers*, qui était la grande affaire sur Burbank.

Lorsqu'elle exprime aux animaux « Je voudrais que mon coeur par ce chant lui dise ' je t'attends ' » comment ne pas penser à Blanche-Neige qui confessait son vœu secret aux pigeons près du puits à souhaits (et plus tard aux animaux de la forêt avec "Un jour mon prince viendra") ? Il est intéressant de noter que lors du film de promotion de *La Belle au bois dormant* intitulé « Tricks of the Trade » (février 1957), une fausse séance de dessin avec une Stanley dansant a été reconstituée devant Davis, Kahl et Lounsbery. L'un des rares accessoires était un « puits à souhaits » qui n'avait aucun sens dans ce film...

Vue lointaine du château

Cette autre vue emblématique est plutôt simpliste, avec peu de détails, contrairement aux paysages très chargés que nous avons vus jusqu'à présent. L'idée était-elle de la rendre sinistre et hors d'atteinte ? Nous sommes déjà à la 26e minute du film et Rose parle pour la première fois. Plusieurs artistes ont regretté qu'il n'y ait pas beaucoup de moments où l'on puisse sympathiser avec elle, comme Ollie Johnston : « Nous avons toujours eu l'impression qu'il y avait une mauvaise relation entre la fille et les trois fées. Il n'y avait pas de conflit ou quoi que ce soit d'inhabituel. Tout se passait comme sur des roulettes. Pour moi, la fille n'est pas très bien perçue à cause de cela. Si elle s'était énervée parce qu'on l'avait envoyée dehors, 'je n'irai pas', qu'elle s'était exposée[83] . » Elle était très sérieuse et stricte, même Cendrillon avait eu quelques moments plus légers. Zorine, la fille du scénariste Joe Rinaldi, se souvient : « Il n'était pas particulièrement satisfait de *La Belle au bois dormant*, Disney voulait un look très lisse et 'moderne' par opposition aux films plus fouillés comme *Blanche-Neige* et autres, et il voulait que ce soit plus stylisé, même si je ne sais pas si on peut encore utiliser ce mot, mais c'est comme ça qu'il disait. Disney semblait ne pas vouloir trop de scènes comiques et je pense qu'ils en ont mis plus que ce que Disney aurait voulu[84] . » La comédie ne viendrait que d'une fée, d'un roi et du troubadour.

Elle s'assoit au bord d'une rivière et touche l'eau avec un pied

Une autre image très emblématique, qui montre à quel point cette séquence a été mise en avant dans la publicité. Le court passage où elle énumère les fées a été animé par Ambro, mais ici Davis est de retour et les animaux sont maintenant animés par Cliff Nordberg. Dans le plan rapproché suivant, Blaine Gibson est en charge tandis que Don Lusk les fait tous dans le plan très rapproché suivant.

Elle se lève, faisant semblant de ne pas révéler son secret, mais son espièglerie ne suffit pas à la rendre sympathique. L'équipe est la même pour tous les plans suivants, Lusk/Davis, mais le plan rapproché sur les oiseaux qui répondent à « si romantique » est celui de Hal King. Lorsqu'elle en dit plus sur son rêve à se promener ensemble une observation minutieuse montre que l'in-betweener était encore plus désireux que Davis de lui donner des yeux plutôt bridés. La myriade d'animaux qui l'entourent nous rappelle que Blanche-Neige n'est jamais très loin.

Le gros plan sur les animaux déçus lorsqu'elle dit « Je me suis réveillée » est de Hal King avec un effet sonore de Jimmy McDonald. Il est surprenant de constater que l'écureuil triste qui suit est attribué à Milt Kahl. Il n'aurait pratiquement jamais réalisé des personnages aussi mineurs. Chaque plan de l'écureuil sera ensuite l'affaire de King, à partir du moment où il aperçoit la cape du Prince, et suit un panoramique très rapide. Le chapeau est réalisé par Blaine Gibson. Mais encore une fois, Kahl anime une autre scène où le hibou et ses amis sont frappés par un gland, avec un peu de Mickey Mousing. Une mélodie que l'on entend souvent tout au long du film se fait entendre, tandis que tous les animaux aperçoivent la cape et le chapeau. À partir de ce moment, tout n'est que pantomime, car les oiseaux, sous les ordres du hibou, préparent quelque chose. On remarque ici que le visage du hibou réalisé par King est un peu plus rond que celui signé Kahl.

Fondu enchaîné sur les animaux qui s'emparent de vêtements

Ils sont interrompus par le Prince qui parle à son cheval dans un rapide travelling à droite. Alors que les lapins sautent dans les bottes, on comprend ce qu'ils ont l'intention de faire, mais Samson alerte son maître. Ce plan du cheval hennissant sera également utilisé à plusieurs reprises dans le film. Mais les animaux s'en vont, sous la direction de Gibson. Maintenant que le hibou s'habille, nous allons voir l'une des célèbres contributions de John Lounsbery.

Il faut souligner l'excellente bande sonore. George Bruns a travaillé d'arrache-pied sur la partition. Il a trouvé le moyen d'entrelacer certains thèmes de Tchaïkovski avec ses propres compositions, et de mettre un peu de Mickey Mousing lorsque c'était nécessaire. L'assistant du réalisateur, Ed Hansen, s'en souvient : « George Bruns prenait la musique de Tchaïkovski et six ans plus tard, je ne pouvais plus supporter cette musique. Aujourd'hui, je ne l'ai toujours pas à la maison, bien sûr, j'adore le ballet, mais en écoutant cette musique pendant six ans, je n'en pouvais plus[85]. » La tâche était loin d'être facile pour Bruns. Tout d'abord, il succédait à l'homme qui avait été nommé à l'origine, comme le raconte Harry Tytle dans son autobiographie : « En 1953, Walter Schuman, un musicien de premier plan engagé pour notre film *La Belle au bois dormant,* voulait utiliser sa musique et non celle de Tchaïkovski, en dépit de la grande acceptation universelle de Tchaïkovski. Walt a fait valoir l'idée que nous utiliserions la 'Valse de la Belle au bois dormant' de Tchaïkovski comme base de la musique du film. En effet, selon les règles de l'ASCAP, plus la musique d'un musicien est utilisée, plus sa cote est élevée, et donc plus ses revenus sont importants. Bien que Shuman ait perdu et que Tchaïkovski ait gagné, nous devions tout de même intégrer la pièce de Tchaïkovski à notre animation. Wilfred Jackson, l'un des meilleurs, si ce n'est *le* meilleur directeur de l'animation chez Disney, a finalement trouvé la solution. 'Jaxon', comme il signait son nom, nous a suggéré de faire appel à Ed Plumb, qui travaillait à nouveau chez Disney. Son histoire remonte à *Fantasia*, où il a connu le plus grand succès en travaillant avec Leopold Stokowski. L'œuvre de Tchaïkovski a été adaptée sans problème au long métrage et tout allait bien. Sauf pour Schuman, dont l'obstination n'a pas été oubliée. Il fut licencié le 17 septembre 1953[86]. » Schuman sera bientôt occupé à composer la bande sonore du *Chasseur de nuit* (1955).

Ward Kimball propose George Bruns à Walt. Bruns fut testé sur la partie de flûte adaptée de Tchaïkovski avec les oiseaux dans la forêt, ce qui convainquit le patron. Il était évident pour Walt que l'essentiel de la bande sonore devait être une reprise des pièces du compositeur russe. Certaines mélodies complètes sont utilisées, parfois transformées en chansons comme l'avait fait le duo Jack Lawrence et Sammy Fain pour « J'en ai rêvé » dès 1952. Bruns a dû passer des heures et des heures à essayer de trouver ce qui pouvait être utilisé dans le célèbre ballet et pour quelles parties, essayant de comprendre comment composer dans le même style que le compositeur classique : « L'ouverture du film provient du prologue du ballet, en particulier de la 'Marche : Entrée du roi Florestan'[87]." Mais l'expert James Bohn remarque que, par exemple, le « Thème de la fée des lilas » a été utilisé comme thème d'amour. George Bruns résuma la situation pour Richard Hubler : « Nous avons utilisé la musique de Tchaïkovski tout au long du film. Je dois dire que j'ai dû écrire... environ un tiers de la musique est originale. J'ai dû me mettre au diapason de Tchaïkovski, ce qui n'a pas été une mince affaire. Mais dans certains passages, nous ne pouvions rien trouver dans la partition qui fonctionne, alors j'ai essayé d'adapter son écriture et de la faire fonctionner[88]. » Tchaïkovski a toujours figuré en bonne place sur la liste des favoris de Walt, comme le savait Bruns : « Il aimait beaucoup la musique mélodique (...) Il aimait beaucoup Tchaïkovski, et Beethoven était l'un de ses préférés. Je pense qu'il aimait à peu près tout ce qui était mélodique. Il n'aimait pas la vraie musique moderne comme Schonberg, ou quelque chose comme ça[89]. » Pour promouvoir le film, Gerry Geronimi produit en octobre 1959 un film basé sur un scénario de Joe Rinaldi et Otto Englander racontant comment Tchaïkovski en est venu à composer son chef-d'œuvre. Une gouvernante française lui avait raconté l'histoire lorsqu'il était enfant et il s'en est soudainement souvenu plus tard. Le film présente quelques images du ballet Bolchoï, ce qui, en pleine guerre froide, n'était pas une mince affaire. Certaines images d'orchestres sont également tirées de la *Toccata en ré mineur* de *Fantasia*.

Le hibou est déguisé

Tous les animaux qui préparent leur tour sont de Lounsbery. Alors que la musique ralentit soudainement, son animation d'un hibou digne est brillante. L'idée de l'épouvantail n'est pas très éloignée d'une idée similaire qui avait été dans les tuyaux pour la présentation de Blanche-Neige au Prince, une séquence intitulée la séquence de la « tête de seau » (qui existe sous forme de bande dessinée).

Le plan suivant de Rose, par Ambro (animaux par Gibson) est une animation limitée à la tête et à la main. Lorsque l'épouvantail lui apparaît, elle joue immédiatement le jeu, renforçant ainsi sa complicité avec les animaux. Le plan suivant est un plan très rare signé Les Clark. Le vétéran se consacrait de moins en moins à l'animation et a même réalisé la séquence d'ouverture du film. Mais le fait qu'il n'ait eu droit qu'à une seule séquence peut être significatif, comme l'a pensé l'assistant Bud Hester : « Les Clark était un peu plus lent à la réalisation que les autres, comme Ham Luske. Ce que je veux dire, c'est que vous pouviez présenter une scène à Ham, il la regardait sur la Moviola et disait 'non, nous devons faire ceci et cela', il avait tout en tête, Les n'était pas tout à fait comme ça, il devait tout assembler et travailler dessus constamment pour le voir, ce qui est un peu comme une personne inexpérimentée qui cherche à visualiser[90]. »

Rose fredonne en se rapprochant de l'épouvantail

Davis est de retour et c'est là que commence l'un des moments les plus célèbres du film, qui a fait l'objet de nombreuses publicités lors de sa sortie : la danse avec l'épouvantail. Ce qui est un pur délice, c'est l'élégance de la jeune fille, grâce à Davis, tandis que le hibou et ses amis font de leur mieux pour la suivre, maladroits, gauches, et un peu grotesques à vrai dire. À tout moment, l'épouvantail va s'effondrer et rompre le charme. C'est au cours de cette scène que l'on peut admirer la façon dont Davis traite la jupe et les cheveux.

Rose chante maintenant ce qui reste l'air le plus mémorable : « J'en ai rêvé ». Ils avaient dressé une liste de 15 chansons possibles à interpréter dans le film. Certaines étaient axées sur la romance : « Everyone Has Someone (but I Have Only a Dream) », « Make me a Moonlit Night », « If you Keep on Believing », « Sleeping

Beauty Waltz » et « My Secret Love » se sont finalement résumées à « Je voudrais » suivie de « J'en ai rêvé ».

Le prince et le cheval apparaissent et voient tout

Milt Kahl est de retour, faisant ce qu'il détestait faire : une scène peu excitante, juste un visage souriant de l'homme. Nous voyons ensuite ce que le Prince voit : les pauvres animaux à terre, comme prévu, essayant de suivre le mouvement. Bien que nous soyons censés nous concentrer sur Rose tirant l'épouvantail vers elle et enveloppée dans la cape dans le plan moyen, nous pouvons observer un autre motif de buisson typique de Earle à l'arrière-plan. À droite, derrière elle, se trouve un buisson carré dont les tiges et les feuilles symétriques sont très raffinées. On pourrait s'attendre à ce que le plan rapproché de ses pieds, alors que les lapins chaussés de bottes s'efforcent d'être au pas, ait été confié à un assistant, mais Davis l'a réalisé lui-même, en dessinant de très petits pieds stylisés.

« Que nos lendemains soient mornes et gris »

Le spectateur sait ce qui se passe, mais pas Rose. Il est étrange que les scénaristes n'aient pas ménagé plus de suspense. Walt lui-même n'était pas entièrement satisfait de la façon dont la danse avait été scénarisée, et cela allait être une grosse pomme de discorde avec Bill Peet, comme il l'a écrit dans son autobiographie : « Mon plaisir a pris fin lorsque j'ai subi la colère de Walt sur la séquence 'la fille rencontre le garçon', dans laquelle un groupe de créatures de la forêt manipule le prince et la princesse pour qu'ils dansent ensemble. Walt n'était pas satisfait de cette séquence lors de la première présentation, et lorsqu'il est revenu une semaine plus tard pour constater que je ne l'avais pas changée, il était furieux. Je lui ai expliqué que je n'avais pas trouvé de meilleure façon de le faire, alors pourquoi faire un changement arbitraire ? 'Le problème avec toi', a grogné Walt, 'c'est que tu as un blocage mental.' (...) Néanmoins, cette séquence de *La Belle au bois dormant* s'est retrouvée à l'écran telle que je l'avais conçue au départ - ainsi, de toute évidence, d'autres personnes, y compris Walt, ont été entravées par des blocages mentaux[91]. » Lors d'une conférence, il a expliqué que cette brouille était celle de trop pour Walt, et qu'il en paierait le prix : « Je dois dire qu'en 27 ans, je n'ai pas eu la vie facile chez Disney, j'ai été jeté au bas de l'échelle. J'ai travaillé sur des publicités pour le beurre de cacahuètes avec Peter Pan à un moment donné parce que nous avions un désaccord sur *La Belle au bois dormant*. Nous avons traversé, disons, beaucoup de moments difficiles, même si j'appréciais l'homme pour ce qu'il était et que je pense qu'il est une énorme source d'inspiration. Je me souviens, vous voyez, de quelque chose à propos de Walt, il attendait de vous que vous fassiez quelque chose qui vous dépassait et vous le faisiez quand même [92] . » Entre septembre et juillet 1957, Nick Nichols réalise une série de publicités mettant en scène des versions stylisées des personnages de *Peter Pan*. Travailler sur ces publicités était considéré comme une « punition » par rapport aux prestigieux films d'animation. Ken Anderson, qui a également beaucoup travaillé sur *La Belle au bois dormant*, expliqua à Paul F. Anderson que Bill Peet était peut-être trop sûr de lui : « Bill pensait qu'il était tout, et s'il avait été plus humble et m'avait simplement utilisé pour ce que je sais faire de mieux, cela aurait fonctionné. Mais il m'a critiqué. Et il se laissait emporter. Il était terriblement bon, cela dit[93] . »

Le Prince lui tient les mains et chante seul « tu l'as rêvé »

Dans ce plan, Davis est crédité sur les deux personnages pour une fois. On assiste à une succession de zooms très rapides sur son visage, puis sur le hibou, alors qu'elle essaie de faire le lien entre les deux. Rose se rend alors compte qu'elle parle à un « étranger » et nous pouvons voir à quel point les deux personnages sont contrôlés et crédibles. Ils se déplacent comme des humains sans faille malgré la difficulté. C'est l'une des critiques les plus fréquentes à l'égard du film : il aurait pu être réalisé avec des personnes vivantes plutôt qu'avec des dessins. Pour trop de monde, y compris au sein du studio, beaucoup pensaient qu'ils s'éloignaient trop de ce que devait être le dessin animé. Cela n'empêche pas d'apprécier le talent de deux maîtres, Marc Davis et Milt Kahl. Mais s'ils sont si bons, c'est aussi grâce à l'incroyable travail des assistants. Nous avons mentionné certains des assistants de Davis, mais l'assistant le plus proche de Kahl était le méticuleux Stanley Green (1917-1997). Fils d'un chef d'orchestre, né dans l'Oregon, Stan Green a étudié au Chouinard Art Institute avant d'être engagé par Screen Gems Productions. Pendant un semestre. Plus important encore, il a travaillé pendant 2 ans et demi aux Fleischer Studios comme assistant animateur sur *Mr Bug Goes to Town*, puis aux Famous Studios. Il avait combattu le jour J en Normandie, puis lors de la bataille meurtrière des Ardennes. Ses collègues l'apprendront très tard, car il ne s'en vantait pas. L'assistant et ami Bud Hester, impressionné, dit à Wes Sullivan : « J'aimais beaucoup Stan. Nous étions très proches. Nous avons été dans la même pièce pendant un certain temps. Il a assisté Milt Kahl. Il était dans l'armée. Nous avions l'habitude de raconter des histoires de guerre. J'avais de la peine pour lui parce qu'il était un peu sous le choc des obus[94] . » Il avait été victime d'une attaque sur son navire, mais avait survécu. Il avait été commandant de char.

Il épouse ensuite Daveen et entre chez Disney en 1950. Il devient rapidement l'assistant de Milt Kahl, animateur très exigeant et colérique qui ne peut tolérer que les meilleurs, ce qui en dit long sur le talent de Green. Il quitte Disney une première fois en 1963, remplacé par Dave Michener. Il travaille un temps pour les studios Ed Graham, puis pour Hanna-Barbera dans le domaine de la mise en scène. Il revient chez Disney en 1971. Après avoir travaillé sur Medusa dans *Bernard et Bianca* (1977), il est engagé par Bakshi pour travailler sur *Le Seigneur des Anneaux* pendant un an. Il travaille ensuite en free-lance sur des courts métrages éducatifs et commerciaux. Il retourne chez Disney en tant que consultant pour *Qui veut la peau de Roger Rabbit ?* (1988) et enfin *Le Prince et le pauvre* (1990). Il est reparti et a travaillé à Londres sur *Excalibur, l'épée magique* (1998) jusqu'à sa mort à l'âge de 75 ans. On peut dire qu'il a vécu dans l'ombre de Milt Kahl, et dans les quelques interviews qu'il a données, on lui a surtout posé des questions sur lui et non sur lui-même. Mais il ne semblait pas s'en plaindre, comme en témoigne cette interview de Steve Hulett pour Didier Ghez : « Stan était un amour. Stan était servilement dévoué à Milt. Milt m'a dit ceci à propos de Dave. Il m'a dit : 'Vous savez, le meilleur assistant que j'ai jamais eu, c'est Dave Michener'. Milt avait dit cela à plusieurs reprises. Je suppose qu'il l'a dit lorsque Stan était son assistant, après que Dave soit passé à scénarisation, et le visage de Stan est devenu tout blanc, m'a-t-on dit [95]. » Beaucoup ont sympathisé avec lui parce qu'ils étaient effrayés par le personnage de Kahl. Mais Green ne semblait pas rancunier : « Travailler avec Milt était amusant, excitant, inquiétant. Il était très franc. Je m'entendais très bien avec lui, mais ce n'était pas le cas de beaucoup de gens, qui se sentaient désolés pour moi mais ne se rendaient pas compte que j'aimais ça. Ses exigences étaient grandes, mais si vous les acceptiez...[96] » Il était d'autant plus difficile de travailler avec Kahl qu'il n'était pas très éloquent, comme il l'a dit à Solomon : « Vous lui demandiez, et, il vous disait : 'Euh, vous savez, je veux faire... vous savez ce que je veux dire... euh euh... ça va... vous savez !'. C'est l'information que vous receviez. Il fallait donc jouer à l'oreille, et on apprenait[97]. »

Plan large du Prince à gauche chantant et Rose regardant en arrière

Lorsque le Prince se met à chanter, on sent que le film a un peu vieilli. Même la romance semble un peu démodée et risque de ne pas signifier grand-chose pour les jeunes générations. D'ailleurs, même à l'époque, l'équipe du studio n'était pas sûre que le film fonctionne. Trois ans après la sortie du film, Walt a déclaré à Peter Martin : « Je crois en l'intérêt amoureux, qu'il soit à sa place, qu'il s'agisse de l'amour pour un cheval, de l'affection d'un homme pour un garçon, de l'amour d'un homme pour une fille, ou d'une romance réelle, peu importe, je les mettrai là où j'estime qu'ils ont leur place. Je n'imposerai jamais quelque chose si je ne pense pas que c'est à sa place ». Pourtant, il semble que le format du dessin animé ne soit pas si bien adapté à la romance amoureuse. Les artistes eux-mêmes tentent de convaincre le public que tout va bien, comme Milt Kahl dans le pressbook de 1959 : « L'amour est le même partout, à toutes les époques, seuls les vêtements des amoureux changent avec le temps ». Dans le même pressbook, on pouvait lire : « Comment faire correspondre le galant prince Phillip de la *Belle au bois dormant* avec le beau-idéal des adolescents d'aujourd'hui a été le grand problème des artistes de Disney chargés de cette tâche d'animation romantique ». Nous savons que lors des séances d'écriture, Walt se levait facilement et jouait les scènes. C'est à notre imagination qu'il revient de deviner l'homme qui incarne les amoureux dans cette scène. Milt Kahl a plaisanté lors d'une séance en disant : « Vous devriez jouer sur les tournages, on obtiendrait deux fois plus de vous ! »

Le Prince lui touche la main, mais elle est confuse

Cette scène aurait dû durer plus longtemps, mais Walt l'a trouvée trop longue et cela se voit, dans le plan suivant, elle est déjà sous le charme et oublie sa promesse : en quelques secondes, elle est amoureuse. C'est le coup de foudre ! Le long plan suivant du couple en train de danser est réalisé par Hal Ambro, presque en rotoscopie. Le reflet dans l'eau n'est qu'un retraçage à l'envers des mêmes dessins, bien sûr, réalisés par Gibson. Le chœur, essentiellement féminin, chante maintenant la mélodie célébrant leur amour, alors qu'ils sont maintenant vus d'un angle élevé avec la superposition d'oiseaux et d'un écureuil à l'air satisfait (tout cela par Lounsbery). Tout le monde pense que dès qu'ils se rapprocheront, ils vont s'embrasser, mais à l'époque, il n'y avait guère de baiser dans les films de Disney, seulement à la toute fin ! Cet extrait d'une réunion du 1er avril 1953 en dit long : « Walt : 'Je ne sais pas si c'est bien, c'est ringard, mais supposons qu'elle (Aurore) soit là-haut, que le cheval soit derrière elle et que le garçon arrive et qu'au bon moment le cheval la pousse vers l'avant, puis qu'ils dansent, et qu'il y ait un duo juste à la fin, est-ce que ce ne serait pas bien ? (...) Est-ce qu'on les laisse s'embrasser ici ? Winston Hibler : Nous ne le faisons jamais. Bill Peet : On garde ça pour la fin ».

Un panoramique vers la droite montre le couple à l'endroit même où elle était seule auparavant. Dans le plan arrière moyen suivant commencent les questions qui la réveillent. Le dialogue est habilement coupé par des plans des animaux inquiets. Dans le plan où elle passe sous une branche, Ambro l'anime à nouveau tandis que Gibson fait le Prince. Takamoto la fait dans le « un jour peut-être » suivant et le dessin du Prince est loin d'être parfait.

Cette séquence, qui a pris environ un an à réaliser, se termine par un plan éloigné sur le Prince qui regarde la jeune fille s'enfuir, un peu comme Cendrillon quittant le château dans la précipitation et le Prince courant vers elle. Les artistes ont été prudents, ils ont changé complètement le plan pour que la comparaison avec Cendrillon soit moins évidente.

Ollie Johnston se souvient : « *La Belle au bois dormant* a duré 4 ans et demi, plus longtemps que nous n'avions jamais travaillé sur un film[98]. » Mais avec le travail de pré-production, il faut compter 8 ans. Après tant de batailles et de travail fastidieux, tout le monde s'attendait à ce que le film soit bien accueilli dans les salles de cinéma. Malheureusement, ce ne fut pas le cas. C'est la goutte d'eau qui fait déborder le vase pour Walt, qui envisage de fermer le département animation, maintenant que ses nouveaux jouets, la télévision, le parc et les films en prises de vue réelles fonctionnent si bien. Des années plus tard, Ollie Johnston a plaisanté à ce sujet : « Aurore ne savait pas ce qui se passait, personne ne lui avait raconté l'histoire ! Elle est passée de cette chose dans le berceau à 16 ans, ils la ramènent là, puis vous voyez comment elle est hypnotisée, un type l'embrasse et tout est fini »[99]

---

[1] BESSY, Maurice, *Bonjour les copains*, Cinémonde, 27 octobre 1951

[2] GHEZ, Didier, *Walt's People, The Ross Care Letters, volume 29*, Skyway Press, 2024.

[3] Entretien avec l'auteur, février 2010.

[4] EARLE, Eyvind, *Horizon bound on a bicycle*, Earle et Bayne, 1990.

[5] GHEZ, Didier, *Walt's People, Volume 9, Talking Disney with the artists who knew him*, Xlibris Corporation, 2010.

[6] Entretien avec l'auteur, juillet 1987.

[7] Entretien avec l'auteur, mars 2010.

[8] LYTTLE, John, *The not so simple bare necessities of life*, The Independent, 27 octobre 1993.

[9] Entretien avec l'auteur, juillet 1988.

[10] Entretien avec l'auteur, juillet 1998.

[11] LARSON, Eric, *50 years in the Mouse House*, édité par Didier Ghez et Joe Campana, Theme Park Press, 2015.

[12] Entretien avec l'auteur, janvier 1988.

[13] GHEZ, Didier, *Walt's People, Volume 6, Talking Disney with the artists who knew him*, Xlibris Corporation, 2008.

[14] Entretien avec l'auteur, juillet 1987.

[15] Entretien avec l'auteur, juillet 1998.

[16] Entretien avec l'auteur, mars 2010.

[17] LARSON, Eric, *50 years in the Mouse House*, édité par Didier Ghez et Joe Campana, Theme Park Press, 2015.

[18] TAKAMOTO, Iwao, MALLORY, Michael, *Iwao Takamoto, my life with a thousand characters*, University Press of Mississipi, 2009.

[19] http://www.michaelbarrier.com/ 5 novembre 1976.

[20] JOHNSON, David, *Snow White's people*, Vol 1, 2017.

[21] LARSON, Eric, *50 years in the Mouse House*, édité par Didier Ghez et Joe Campana, Theme Park Press, 2015.

[22] Entretien avec l'auteur, juillet 1987.

[23] Interview par Robin Allan, novembre 1989.

[24] GHEZ, Didier, *Walt's People, Volume 18, Talking Disney with the artists who knew him*, Theme Park Press, 2014.

[25] GHEZ, Didier, *Walt's People, The Ross Care Letters, volume 29*, Skyway Press, 2024.

[26] EARLE, Eyvind, *My life,* Eyvind Earle Publishing LLC, documentaire, 2001.

[27] Interview par Robin Allan, juin 1985.

[28] TAKAMOTO, Iwao, MALLORY, Michael, *Iwao Takamoto, my life with a thousand characters*, University Press of Mississipi, 2009.

[29] EARLE, Eyvind, *Horizon bound on a bicycle*, Earle et Bayne, 1990.

[30] Entretien avec Robin Allan, juin 1989.

[31] EARLE, Eyvind, *Horizon bound on a bicycle*, Earle et Bayne, 1990.

[32] Entretien avec l'auteur, mars 2010.

[33] Entretien avec l'auteur, mai 2011.

[34] EARLE, Eyvind, *Horizon bound on a bicycle*, Earle et Bayne, 1990.

[35] Interview par Robin Allan, mai 1985.

[36] EARLE, Eyvind, *Horizon bound on a bicycle*, Earle et Bayne, 1990.

[37] EARLE, Eyvind, *Horizon bound on a bicycle*, Earle et Bayne, 1990.

[38] GHEZ, Didier, *Walt's People, Volume 6, Talking Disney with the artists who knew him*, Xlibris Corporation, 2008.

[39] GHEZ, Didier, *Walt's People, Volume 5, Talking Disney with the artists who knew him*, Xlibris Corporation, 2007.

[40] GHEZ, Didier, *Walt's People, Volume 10, Talking Disney with the artists who knew him*, Xlibris Corporation, 2011.

[41] Entretien avec l'auteur, juillet 1987.

[42] GHEZ, Didier, *Walt's People, Volume 5, Talking Disney with the artists who knew him*, Xlibris Corporation, 2007.

[43] EARLE, Eyvind, *Horizon bound on a bicycle*, Earle et Bayne, 1990.

[44] www.cartoonbrew.com/tag/tom-oreb

[45] Entretien avec l'auteur, juillet 1987.

[46] PERI Don, *Working with Disney, interviews with Animators, Producers, and Artists*, The University Press of Mississippi, 2011.

[47] GHEZ, Didier, *Walt's People, Volume 6, Talking Disney with the artists who knew him*, Xlibris Corporation, 2008.

[48] Entretien avec l'auteur, mars 2010.

[49] https://one1more2time3.wordpress.com/ 13 juin 2020.

[50] Interview par Robin Allan, novembre 1989.

[51] Entretien avec l'auteur, mars 2010.

[52] http://www.floydnorman.com/

[53] Entretien avec l'auteur, janvier 2010

[54] Conférence à Hollywood AFL-CIO, 16 mars 1977.

[55] GHEZ, Didier, *Walt's People, Volume 11, Talking Disney with the artists who knew him*, Xlibris Corporation, 2011.

[56] CANEMAKER, John, *Walt Disney's Nine old men,* New York, Disney Editions, 2001.

[57] THOMAS, Bob, *The Art of Animation,* New York, Simon and Shuster, 1959.

58 Entretien avec Robin Allan et William Moritz, 9 juin 1985.
59 http://andreasdeja.blogspot.com/ 22 mars 2024.
60 https://one1more2time3.wordpress.com/ 6 juillet 2010.
61 Interview par Robin Allan, 26 octobre 1988.
62 TIMS, Anna, *How we made Sleeping Beauty,* The Guardian, 17 juin 2014.
63 Entretien avec l'auteur, février 2010.
64 Entretien avec l'auteur, mai 2021.
65 AMIDI Amidi, *Cartoon Modern, style and design in fifties Animation*, Chronicle Books, 2006.
66 TYTLE, Harry, *One of Walt's boys*, Royal Oak, Michigan, Mission Viejo, Californie, 1997.
67 BLUTH, Don, *Somewhere Out There*, Smart Pop, 2022.
68 BLUTH, Don, *Somewhere Out There*, Smart Pop, 2022.
69 Lettre à l'auteur, août 1998.
70 Entretien avec l'auteur, juillet 1987.
71 TIMS, Anna, *How we made Sleeping Beauty*, The Guardian, 17 juin 2014.
72 Lettre à l'auteur, août 1998.
73 Lettre à l'auteur, août 1998.
74 LEJEUNE, Julie, *Une vision du Moyen Age au cinéma : les films de Walt Disney*, septembre 1998.
75 JOHNSON, Mindy, *Ink & Paint, the women of Walt Disney' animation*, Disney Editions, 2017.
76 Entretien avec l'auteur, juillet 1987.
77 GHEZ, Didier, *Walt's People, Volume 6, Talking Disney with the artists who knew him*, Xlibris Corporation, 2008.
78 http://mrfun.squarespace.com/blog/
79 Entretien avec l'auteur, mars 2010.
80 GHEZ, Didier, *Walt's People, Volume 2, Talking Disney with the artists who knew him*, Xlibris Corporation, 2006.
81 SOLOMON, Charles, *Il était une fois un rêve : De la Belle au bois dormant de Perrault à Maléfique de Disney*, Éditions Disney, juin 2014.
82 CARE, Ross, *Wilfred Jackson, légende de Disney*, Theme Park Press, 2016.
83 Entretien avec l'auteur, juillet 1998.
84 Entretien avec l'auteur, juin 2021.
85 Entretien avec l'auteur, juillet 1987.
86 TYTLE, Harry, *One of Walt's boys*, Royal Oak, Michigan, Mission Viejo, Californie, 1997.
87 BOHN, *James, Music in Disney's animated features*, University Press of Mississipi, 2017.
88 GHEZ, Didier, *Walt's People, Volume 5, Talking Disney with the artists who knew him*, Xlibris Corporation, 2007.
89 GHEZ, Didier, *Walt's People, Volume 5, Talking Disney with the artists who knew him*, Xlibris Corporation, 2007.
90 Entretien avec l'auteur, mars 2010.
91 PEET, Bill, *Bill Peet, An Autobiography*, Boston, Houghton Mifflin Company, 1989.
92 Conférence de Bill Peet à Glendale, 1985.
93 ANDERSON, F. PAUL, *Jack of all trades*, Theme Park Press, 2017.
94 GHEZ, Didier, *Walt's People, Volume 6, Talking Disney with the artists who knew him*, Xlibris Corporation, 2008.
95 GHEZ, Didier, *Walt's People, Volume 6, Talking Disney with the artists who knew him*, Xlibris Corporation, 2008.
96 Entretien avec l'auteur par l'intermédiaire de Jacques Muller, avril 1988.
97 GHEZ, Didier, *Walt's People, Volume 4, Talking Disney with the artists who knew him*, Xlibris Corporation, 2007.
98 Entretien avec l'auteur, juillet 1987.
99 Entretien avec l'auteur, juillet 1998.

Le château de Maléfique - S'échapper du château (Séquence 18.0) / Le combat (Séquence 19) de 1.03.00 à 1.08.05

Au moment où ils travaillent sur *La Belle au bois dormant*, les maquettistes et les peintres de décors ont tiré les leçons du passage rapide au format Cinémascope lors de la production de *La Belle et le Clochard*. Mais Walt avait entendu parler des améliorations apportées par le procédé 70 mm. Comme d'habitude, il s'est tourné vers Ub Iwerks pour réaliser son rêve, comme l'explique son fils Don : « Tout comme Vista Vision, Technirama permet d'obtenir une image grand format sur un film de 35 mm en tournant la caméra sur le côté et en agrandissant l'ouverture de 4 perfs de la caméra pour obtenir une ouverture de 8 perfs. La hauteur de cette ouverture était la même que la hauteur d'une ouverture de 65 mm, mais la largeur était inférieure à la largeur de 65 mm. Technicolor a résolu le problème en utilisant un objectif anamorphique léger qui avait une compression de 1,5X au lieu de 2X (comme c'était le cas avec le procédé Cinémascope). Les films photographiés de cette manière étaient imprimés au format 70 mm sur une imprimante optique Technicolor. Les copies 70 mm produites avec le procédé Technirama se comparent favorablement aux copies tournées en 65 mm et imprimées au format 70 mm[1]. » En ce qui concerne les objectifs, ils ont été conçus avec une pince 1,5X combinée à un objectif de premier ordre fabriqué en Allemagne par Leitz pour Leica.

Indubitablement, aussi fastidieux qu'ait été le travail sur ce format, il a permis d'améliorer certaines séquences, comme la séquence finale, où le film semble soudain trouver une nouvelle énergie. Il est intéressant de noter qu'à quelques exceptions près, toutes les séquences ont été animées par ce que l'on appelait des « animateurs B ». Mais c'est une séquence inoubliable que même les détracteurs du film soulignent. Notre analyse combine en fait deux séquences avec un haut degré de suspense et d'action, la première a été réalisée par Gerry Geronimi, et la seconde par Reitherman dont la soif de suspense et d'action a pu être étanchée. C'est aussi le premier film que ce dernier a réalisé. Dans une note du 15 janvier 1957, il exprime son enthousiasme : « Étonnante perfection de *La Belle au bois dormant* (Michelangelo). Probablement le dernier du genre. Excitant, gratifiant de pouvoir y travailler ».

Le Prince Phillip et les fées sortent et se retrouvent face à face avec le corbeau de Maléfique

Ce n'est pas exactement le début de la séquence « Le château de Maléfique - S'échapper du château » qui commençait par un plan sur le château à travers la brume, puis les fées venaient libérer Phillip de sa prison, une séquence que Walt a personnellement révisée et à laquelle il a beaucoup contribué. Ici, les fées le conduisent à son dernier combat pour sauver Aurore. Dans leur fuite, ils tombent nez à nez avec le corbeau qui a trouvé la chaumière, ce qui signifie la perte d'Aurore. Jerry Hathcock et George Nicholas sont tous deux à l'œuvre ici. Le premier sur les personnages humains et le second sur le corbeau (idem sur le gros plan suivant). Nous avons déjà étudié dans le volume 1 l'importance des corbeaux dans les récits médiévaux en analysant le sinistre animal de compagnie de la reine dans *Blanche-Neige*. Ce corbeau est légèrement différent, avec un bec jaune et un peu de rose/lavande autour des yeux, comme on peut le voir sur le gros plan qui suit.

Marc Davis a souvent dit que c'était une bénédiction d'avoir le corbeau pour que Maléfique puisse s'adresser à quelqu'un lorsqu'elle parlait, et il a fourni quelques croquis en couleur pour l'oiseau. C'est lui qui a demandé que la méchante ait de la compagnie. Ils avaient d'abord envisagé un énorme faucon, puis un vautour (qui aurait parlé), avant d'opter pour un corbeau. George Nicholas est ici en charge du corbeau, mais il y avait beaucoup de mains sur lui comme Dale Barnhart, aidé par Paul Carlson, Blaine Gibson, George Goepper, et Davis. Ses cris insupportables contribuent à en faire un personnage maléfique et effrayant. Bien sûr, il est en quelque sorte une métaphore de Maléfique. Il est également noir et fait de son mieux pour vaincre les « bons » personnages. Bien qu'il ne soit jamais utilisé, il a un nom, Diablo.

Alors que le corbeau s'envole dans l'escalier, le prince et les fées décident de dévaler le couloir

Comme d'habitude, le duo d'animateurs était supervisé par les spécialistes des personnages, Milt Kahl pour le Prince et Ollie Johnston et Frank Thomas pour les trois fées. Le groupe est en train de monter les escaliers en colimaçon lorsqu'il tombe nez à nez avec les sbires. La réaction muette du Prince est un peu trop longue à la fin de la scène et ce problème sera récurrent dans ce passage, faisant du Prince un personnage fade et sans voix. Il ne parle jamais, les fées le font, il semble avoir perdu sa langue.

Les sbires, menés par le corbeau, descendent très vite et « avalent » littéralement la caméra. Bill Peet se souvint : « Ce qui m'a le plus amusé avec *La Belle au bois dormant*, c'est d'inventer une bande de petits démons monstrueux pour servir d'hommes de main à la terrible sorcière Maléfique[2] . » En fait, le processus de création des personnages a un peu changé, comme le rappelle Burny Mattinson : « En fait, Tom Oreb, un merveilleux artiste visuel, a réalisé une grande partie du développement initial des modèles des personnages, tandis que Milt les affinait pour l'animation. Marc Davis a réalisé toutes ses propres feuilles de modèles pour Rose, Maléfique et son corbeau. Marc, qui était très respecté par Milt, a également exercé une influence considérable sur l'apparence et le design des personnages[3] . »

Eyvind Earle, bien informé, était un fervent admirateur des peintres flamands et pensait qu'il fallait s'en inspirer pour créer le style du film, y compris les personnages. Parmi ces peintres, le Néerlandais Hieronymus Bosch (1450-1516) était connu pour ses représentations effrayantes de créatures dont les corps étaient constitués de diverses parties animales et humaines. Comme cela allait de soi à l'époque, Bosch peignait des scènes religieuses, mais se délectait de corps et de situations horribles, comme dans le célèbre *Jardin des délices* ou le *Triptyque du Jugement dernier*. Il est difficile de dater ces œuvres, mais elles ont probablement été peintes entre 1495 et 1505. Pour de nombreux experts, il était le maître des chimères, des bêtes effrayantes et des scènes cauchemardesques. Ces créatures ne sont pas sans rappeler les démons qui obéissaient à Tchernobog dans *La nuit sur le mont chauve* de *Fantasia*. Peet et Oreb ont mélangé des éléments de différents animaux, principalement le cochon, en utilisant des groins de différentes tailles, mais aussi des crocodiles et des vautours. Certains sont également basés sur d'énormes visages de crapauds. D'autres sont plus humains mais ressemblent à des nains déformés. Le point commun est la touche médiévale. C'est surtout aux XIIe et XIIIe siècles, en France et en Angleterre, que les fresques et les tympans des églises ont représenté de nombreux animaux, réels ou fantastiques, comme la licorne, le dragon ou le griffon. Comme nous l'avons vu dans le tome 1, lorsqu'il s'agissait de sculpter ou de peindre l'enfer dans les scènes du *Jugement dernier*, les artistes laissaient libre cours à leur imagination et le mot d'ordre était : « plus c'est laid, plus c'est effrayant, plus c'est effrayant, mieux c'est ». Quant aux pieds, là encore, ils ont donné à ces sbires des sabots ou des pieds palmés. De telles bêtes se retrouvent également dans toutes les cathédrales où les gargouilles dominent les villes et les villages. Earle a donc encouragé Peet, puis Oreb, à faire de même, en utilisant des visages hideux d'animaux ou des contours humains avec des éléments d'animaux. Ils ont ensuite ajouté quelques éléments comme des cornes et des tenues médiévales.

En ce qui concerne les costumes, le tableau en noir et blanc de Bosch, *Mendiants et infirmes,* leur a été utile. Mais ils ont également beaucoup étudié les peintures de Pieter Breughel l'Ancien (1525-1569). Ce peintre était à certains égards un disciple de Bosch. Leurs styles sont si proches que certains experts ont du mal à attribuer quelques œuvres. Il est bien connu que Breughel aimait les scènes de rue avec de nombreux hommes et femmes vaquant à leurs occupations quotidiennes. Les *Proverbes néerlandais* (1559), les *Jeux d'enfants* (1560), *le Mariage paysan* (1566-69), *Le combat de carnaval et carême* (1559), entre autres, montrent des centaines de personnes ordinaires habillées selon le modèle médiéval.

En outre, les sbires sont équipés d'armes telles que des épées, des gourdins, des fourches et des boucliers. Ces armes sont généralement petites et aussi grotesques que les personnages. Le but était d'avoir une armée de bons à rien et le fait que certains d'entre eux utilisent des fourches et des gourdins était un moyen de minimiser la menace. Ils frôlent même la folie dans leurs réactions outrancières ou même dans leur apparence : yeux plissés, yeux surdimensionnés (Oreb avait travaillé pour Kimball et cela se voit), lignes asymétriques. Il fallait être assez stupide pour continuer à chercher un bébé après 16 ans !

Ils sont arrivés à un groupe de six hommes de main, plus un chef et quelques autres mineurs. Tom Oreb avait réalisé des maquettes en couleur dans lesquelles il avait choisi une variété de verts, de lavandes, de bruns et de bleus foncés. Mais Earle tenait absolument à ce que les tons des personnages soient en harmonie totale avec ses décors. C'est pourquoi ils sont presque invisibles dans certains plans, car ils sont tous peints en noir, en gris foncé et en vert foncé. Dale Oliver s'est souvenu pour Wes Sullivan de la consternation de beaucoup au studio : « Earle a défini les couleurs des personnages dans les mêmes tons que ses décors, au lieu de couleurs plates et de couleurs plus pures pour qu'ils se détachent de ces décors. Earle les a tous atténués. Les tests de couleur arrivaient et tout le monde - Frank, Milt, Marc - s'arrachait les cheveux. Ils n'arrivaient pas à y croire, et ils n'arrivaient pas à organiser des réunions avec Walt. Il était trop occupé. Et pourtant, le travail continuait et bientôt, il y eut tellement de travail sur les couleurs à faire que lorsqu'ils en ont parlé à Walt, il était finalement trop tard et trop cher de changer[4]. »

Ces petits monstres apparaissent dans trois séquences principales, lorsqu'ils sont grondés et frappés par Maléfique, lorsqu'ils attrapent le Prince, et lorsqu'ils dansent et célèbrent la capture du Prince. Dans la première, c'est John Lounsbery qui s'en charge le plus, à l'exception d'une scène où le chef explique qu'ils cherchaient des berceaux, par Milt Kahl. Dans les deux derniers, c'est John Sibley qui est à la barre. Notons qu'une réutilisation d'une animation des nains de *Blanche-Neige* est insérée et retravaillée par Goepper lorsqu'ils sont jetés dans l'escalier. Mais d'autres que Goepper apporteront leur concours, et c'est étonnamment Ken Hultgren qui est crédité ici pour les sbires qui déboulent, un travail fastidieux, vu le nombre de personnages.

Les sbires grognent plus qu'ils ne parlent, sauf à quelques occasions avec Maléfique. Le chef des sbires est Candy Candido (1913-1999), un artiste de radio et bassiste dont la voix pouvait couvrir quatre octaves, ce qui lui permettait de passer d'une basse très profonde à des notes aiguës, ce qui était parfait pour les dessins animés. Il était la voix du chef indien dans *Peter Pan* (1953) et a fait plus tard d'autres choses pour le studio comme un garde crocodile dans *Robin des Bois* (1973), Fidget dans *Basil, détective privé* (1986) et le prisonnier à la voix grave dans La Maison Hantée à Disneyland. Walt l'aimait beaucoup et c'était un des rares invités au foyer Disney. Il est également célèbre pour avoir été le « Pommier en colère » dans *Le Magicien d'Oz* (1939). D'autres sons de sbires ont été produits par Bob Amsberry et Pinto Colvig, la voix de Goofy !

Cela semble étrange aujourd'hui, mais à l'origine, les sbires et Maléfique devaient chanter une chanson intitulée « Evil-Evil »(Le Mal). Elle a été écrite en septembre 1955 par Tom Adair et Ed Penner. Trois chansons ont été écrites aussi tard qu'en 1958 et 1959 par George Bruns avec des paroles de Tom Adair, comme « The Gifts of Beauty and Song ».

Les fées et le prince se retournent et descendent les escaliers en courant, suivis par les sbires

Sur un crescendo typique de musique soulignant le suspense, Nicholas et Hathcock continuent d'animer le Prince et les fées, mais aussi, par moments, le corbeau et les sbires. Mais ceux qui descendent les escaliers à la suite du Prince sont de Sibley. On le voit également dans le plan suivant où Phillip se bat contre eux, mais dans la plupart des plans du Prince dans cette séquence d'action, le recours au rotoscope n'est que trop évident.

Phillip saute sur le rebord

L'arrangement musical alterne des notes de cuivres fortes et un motif descendant de flûtes lorsque les sbires et Phillip se battent. On voit ensuite le cheval de Ken Hultgren, Samson, se cabrer et hennir. Tout en rotoscopie, Nicholas et Hathcock ont animé le Prince tombant sur des débris et des pierres, ce qui en dit long sur ce que le pauvre Ed Kemmer a dû endurer lors du tournage en prises de vues réelles.

Earle a dû trouver deux châteaux différents pour le film. Le château du roi Stefan est un type de château plus récent et plus sophistiqué et, bien sûr, la touche Disney est évidente. Nous avons déjà vu dans le volume 1, avec le château de la reine dans *Blanche-Neige*, que les artistes cherchaient davantage à rendre une idée d'un château qu'à reproduire la réalité. Le château du roi Stefan, on le sait, est largement inspiré du manuscrit enluminé *Les Très Riches Heures du duc de Berry* et du château bavarois de Neuschwanstein de Louis II. Mais il ne faut pas oublier que ce dernier, construit au XIXe siècle, est lui-même un mélange romantique d'influences médiévales et Renaissance. La principale trace de ces références est la forme allongée des tours, mais en fait très peu de châteaux avaient de telles tours, surtout au Moyen-Âge. L'histoire se déroulant en France, bien que cela ne soit pas dit, les artistes se sont de préférence inspirés de bâtiments français tels que le château de Bonaguil (XIIIe et XIVe siècles), mais pas seulement, et plus probablement le château d'Eltz en Allemagne a été une source d'inspiration, car il est situé sur un rocher élevé et possède de fines tours élancées. Ce château possède également plusieurs échauguettes ornementales, comme c'était la mode en France et en Écosse. Perrault aurait été inspiré par le magnifique château d'Ussé, en Indre-et-Loire, et il est vrai que son architecture complexe aurait également attiré l'attention d'Earle. Les propriétaires de ce château ont longtemps exploité cette bénédiction à des fins commerciales. Certaines parties, comme l'entrée, font référence à ce que l'on appelle une maison à créneaux, comme celle du château de Herstmonceux en Angleterre. La porte à deux tours était un élément essentiel du XIIIe siècle mais a été utilisée dans ce château de 1441. Elles présentent des corbeaux fatigués. L'historien Robin Allan rapporte cependant une anecdote : lorsqu'il a rencontré les artistes de Disney en voyage dans la vallée de la Loire pour *La Belle et la Bête* (1991), ils lui ont dit : « Nous ne voulons pas nous tromper à nouveau sur les châteaux comme nous l'avons fait dans *La Belle au bois dormant* ». L'une des erreurs a été, pour des raisons scénaristiques et graphiques, de doter la grande salle du trône d'une grande ouverture gothique et d'un balcon où se rend Flora. Les ouvertures étaient en fait réduites au minimum parce qu'il faisait un froid glacial dans les châteaux.

Comme nous l'avons déjà dit, le château de Maléfique ressemble davantage à une forteresse en ruines. L'imagerie est typiquement romantique, les artistes ont donc pu s'inspirer des innombrables peintures de châteaux abandonnés et hantés que l'on peut voir au Pays de Galles, en Allemagne, en Pologne ou en France. Dans de nombreuses pièces du film et dans cette séquence en particulier, on retrouve des éléments typiques de ces châteaux : voûtes, arches, porches, tourelles, parapets crénelés (d'où les hommes de main jettent de l'huile), herse, et bien sûr les escaliers en colimaçon. Dans les deux cas, ils ont opté pour des plans asymétriques, comme au château du Haut-Koenigsburg, dans l'est de la France.

Bien entendu, le château en ruines étant un thème de prédilection des peintres de la période romantique, entre 1760 et 1870 environ, les artistes ont également pu les étudier et s'en inspirer : John Constable, William Turner, George Arnald, Arnold Bocklin, Hubert Robert, etc... Cependant, les artistes devaient situer l'histoire dans une période plus précise pour ne pas être complètement hors sujet. Le peintre de décors Frank Armitage s'en souvient : « L'histoire se déroule au XIVe siècle. C'est la période gothique, donc les manuscrits enluminés et les tapisseries de l'époque sont tous utilisés comme référence[5]. » Le château du roi serait plutôt de la fin du XIVème siècle, voire du XVème alors que le château de Maléfique est définitivement un château gothique du Moyen-Âge avec d'énormes pierres vieillissantes, des arches, un pont-levis. Mais en fait, Kay Nielsen avait déjà suggéré ce type de château haut dans l'un de ses dessins au pastel qui l'avait inspiré.

Le corbeau de Hathcock pousse un nouveau cri et va avertir les sbires qui s'apprêtent à jeter d'énormes blocs de pierre. Tout le monde se demande comment de tels rochers peuvent tenir debout comme ils le font, mais c'est de la fantaisie, n'est-ce pas ? Cette scène est suivie d'une prise de vue de Samson qui hennit en réalisant ce qui l'attend. Il s'agit d'une animation inversée d'une animation antérieure de Milt Kahl dans la séquence 8 « la fille rencontre le garçon ». Hathcock fait beaucoup dans cette séquence, il anime les sbires qui poussent les rochers, le gros plan suivant de Phillip entouré par les trois fées et Flora usant de magie sur les rochers pour sauver Phillip du péril. Soutenues par une mélodie sur des flûtes exprimant leur légèreté, des bulles viennent remplacer les lourds rochers. Elles sont animées par le vétéran Dan MacManus. Dans un plan en contre-plongée, on voit Phillip par Hathcock s'enfuir alors que les bulles sont encore en train de s'élever. La musique marque une légère pause avant de repartir avec des cuivres.

Les sbires préparent leurs arcs et leurs flèches

Sur un fond de cris pénibles et de cuivres claironnants, des rangées de sbires de John Sibley s'apprêtent à lancer des flèches, suivis d'une autre expression muette d'un prince déconcerté en plan moyen, tandis que Flora est active à nouveau en usant de magie sur les flèches et au plan suivant, on les voit se transformer en fleurs inoffensives. Cette fois, pour accélérer les choses et maintenir le suspense, une très courte pause de harpes souligne la métamorphose, mais rapidement, les cuivres reviennent. Il est intéressant de noter qu'il s'agit de l'un des rares plans où l'équipe a utilisé la machine Xerox pour la première fois. Hathcock anime également Phillip.

Au plan suivant, Pimprenelle utilise un tour déjà utilisé auparavant pour libérer Phillip de ses chaînes en prison. Sa baguette (le tout par Les Clark) agit comme s'il s'agissait d'un chalumeau, le tout aidé par un effet sonore crédible. Après que Ken Hultgren l'ait animé en train de s'éloigner à cheval, Hathcock dessine les sbires qui s'apprêtent à verser de l'huile chaude. Il s'agissait en fait d'une pratique médiévale lors de l'assaut d'un château, mais elle était beaucoup moins utilisée que ne le dit la légende, la raison étant que l'huile était très précieuse et chère.

La palette de couleurs est intéressante sur cette prise de vue en contre-plongée des sbires. Earle a opté pour le vert et les nuances de bleu et de violet, une combinaison qu'il a privilégiée à de nombreuses occasions lorsque Maléfique ou les sbires étaient présents. Les yeux jaunes/verts des sbires sont très brillants par rapport aux couleurs plus sombres de leur peau et de leurs costumes, ce qui associe leurs yeux maléfiques à la couleur du feu. Le feu est généralement peint dans des couleurs allant du jaune au rouge, comme dans *Bambi* (1942), mais ici, Earle a opté pour le jaune et le vert. Earle s'en est tenu à ce que les directeurs artistiques avaient choisi pour le feu dans la section *Nuit sur le Mont Chauve* de *Fantasia* (voir Volume 1). Et les raisons sont claires : le spécialiste des couleurs Michel Pastoureau nous rappelle qu'au Moyen-Âge, le vert symbolise le destin et le hasard, mais qu'avec le temps, il est devenu une couleur plutôt négative en raison de ses connotations ambiguës. C'est pourquoi les artistes ont pris l'habitude de représenter en vert les démons, les dragons et les serpents, toutes les créatures diaboliques vivant entre les deux mondes : la Terre et le Ciel. Le vert s'est avéré être une couleur redoutée par les superstitieux, y compris les acteurs. Quant au jaune, la couleur la moins aimée, elle a longtemps été une couleur très négative comme l'explique Michel Pastoureau: « Le jaune, dépossédé de sa part positive, est devenue une couleur éteinte, mate, triste, celle qui rappelle l'automne, le déclin, la maladie... Mais pis, il s'est vu transformé en symbole de la trahison, de la tromperie, du mensonge... Contrairement aux autres couleurs de base qui ont toutes un double symbolisme, le jaune est la seule à n'en avoir gardé que l'aspect négatif[6] . » Ainsi, les chevaliers maléfiques comme Ganelon, les traîtres comme Judas étaient généralement peints en jaune. Aujourd'hui encore, la couleur jaune a gardé ces mauvaises connotations : être jaune (froussard en anglais), la presse jaune (à scandale), l'étoile jaune des juifs pendant la seconde guerre mondiale etc... L'érudit et l'expert en arts médiévaux qu'était Earle connaissait sûrement ces codes et a décidé de les utiliser pour mettre en évidence la méchanceté de Maléfique.

La mise en scène astucieuse permet un rythme très vif et un suspense croissant. Les angles sont également très variés comme lorsque nous suivons dans un panoramique vers le bas, le jet d'huile qui est censé brûler Phillip. Flora, à côté d'un énorme gros plan de Phillip (muet) joue à nouveau le rôle de sauveur en usant encore un peu de magie, tous les personnages étant réalisés par Hathcock. En fait, Phillip semble en transe, concentré mais incapable d'exprimer quoi que ce soit sur son visage. Le même reproche pourrait s'appliquer à Aurore lorsqu'elle est attirée par la lumière verte représentant Maléfique qui la mène à sa perte, le rouet qui tourne. Les deux personnages ont de longs moments d'immobilité sans voix.

Dans une belle perspective, on peut voir un arc-en-ciel transparent sous-exposé protégeant Phillip comme s'il galopait sous une arche. Quelques fumées sous-exposées avec diffusion sont également visibles. Chaque fois que le cheval est en action, c'est Ken Hultgren qui s'en charge. Enfin, nous voyons un corbeau perplexe (Hathcock à nouveau) qui réalise que tout est peut-être perdu et qui s'envole pour avertir sa maîtresse.

Pimprenelle voit le corbeau s'envoler

Jusqu'à présent, dans notre analyse, les fées jouaient un rôle mineur et étaient souvent vues de loin. Elles étaient animées par différentes personnes. Ici, c'est l'animateur superviseur Ollie Johnston qui est aux commandes, car l'accent est mis sur une « scène de personnalité » de la fée déterminée à en finir avec le corbeau, dessiné par Blaine Gibson jusqu'à ce qu'il soit transformé en pierre. Pimprenelle vole la vedette car elle a la plus forte personnalité et n'acceptera jamais d'être battue. Mais ce n'était pas prévu, comme s'en souvient Ollie Johnston : « Walt voulait qu'elles soient identiques, mais nous les voulions différentes, et c'était bien mieux ainsi, je suis sûr qu'il préférait la façon dont elles étaient une fois qu'il les avait vues[7]. » C'est l'une des rares occasions où Frank Thomas/Ollie Johnston n'étaient pas d'accord avec le patron et cela a dû leur coûter cher de le contredire. Certains, comme Milt Kahl ou Bill Peet, avaient l'habitude de confronter Walt, mais ce n'était pas la façon de faire de Frank et Ollie.

Comme pour les autres personnages, Tom Oreb a joué un rôle déterminant dans leur conception. Il a bénéficié du fait que Walt avait enfin compris avec *Cendrillon* que les fées pouvaient être autre chose que de grandes femmes éthérées, maigres et gracieuses (voir le volume 2 avec *Cendrillon*). Cette fois-ci, ils ont pleinement joué cette carte : les trois fées seraient des petites dames dodues qui vieillissent. D'emblée, Oreb a opté pour des petites femmes enveloppées, voire grasses, et c'étaient plus ou moins trois versions différentes de Pimprenelle, qui est la première à être issue de ses recherches. Elle fut aussi la première à être baptisée, mais les autres portaient des noms différents et furent longtemps appelées Tranquillité et Fernadell. Pour confirmer l'idée de femmes vieillissantes, elles portaient alors des lunettes. En ce qui concerne les costumes, il y avait deux tenues : une de fée et une de paysanne. Lorsque Walt accepta enfin d'abandonner son idée de trois personnages similaires, Oreb et Kahl essayèrent de trouver trois looks et personnalités distincts, aidés par Frank Thomas et Ollie Johnston qui semblaient avoir des idées assez précises, comme le rappelle Ollie Johnston : « Pour les fées, Milt Kahl a fait quelques dessins pour Frank et moi, mais nous n'avons pas suivi de trop près ce qu'il a fait, et pour une raison ou une autre, il ne s'est pas fâché contre nous à l'époque comme il le faisait très souvent parce que nous n'avions pas suivi son design de personnage, parce qu'il y avait un quelque chose de spécial que nous ressentions à propos de ces personnages[8] . » En fait, selon Frank Thomas, c'est un dessin de Don Da Gradi qui a vraiment éveillé leur imagination, et tout est parti de là, avec d'autres ajustements d'Oreb.

Mais en ce qui concerne leur personnalité, Thomas et Johnston ne cachent pas leurs difficultés dans leur livre *The Illusion of Life* : « Que faire de trois dames apparemment transparentes qui sont d'accord sur presque tout ?[9] » Très vite, Flora est apparue comme une chef probablement autoritaire à laquelle les deux autres allaient obéir. Mais ils pensaient que cela gâcherait leur relation : « Peu à peu, nous avons commencé à penser que Flora ne devait pas être autoritaire, mais qu'elle devait dominer sans s'en rendre compte. Elle serait simplement une personnalité plus agressive et pleine d'idées. Il n'était pas important que son idée soit choisie, il suffisait que ce soit la meilleure - le fait que ce soit *son* idée n'avait aucune importance[10]. » Ensuite, ils ont vu que quelque chose entre Flora et Pimprenelle pouvait être exploité : « Et si elle avait de meilleures idées que Flora, surtout en temps de crise ? La frustration de devoir faire à la manière de Flora serait alors récompensée. Elle pourrait avoir une raison de se disputer avec Flora, et ce type de conflit animerait leur relation[11]. » Johnston animait souvent cette frustration en lui faisant remuer ses fesses de colère avant de riposter. Il est certain que Pimprenelle, rebelle, désobéissante et têtue, a su gagner le cœur des spectateurs. Rolly Crump, qui a assisté sur les fées ajoutait : « Il était nécessaire que les trois fées aient des personnalités différentes. Cela a permis de créer des conflits qui ont rendu le spectacle divertissant. Il se trouve que Pimprenelle avait la personnalité la plus forte, mais les trois fées étaient nécessaires pour créer un contraste important et faire en sorte que cela fonctionne. C'était délibéré et Pimprenelle a été conçue pour être un peu scélérate[12]. »

Malheureusement, cet entêtement partagé par sa challenger Flora sera fatal à Aurore car la bataille des couleurs pour la robe d'anniversaire alertera Diablo. Le vrai problème, c'est la troisième, Pâquerette. Avec deux fortes personnalités, quelle est la place de la troisième ? Ils pensaient qu'elle serait plus douce et plus gentille, au risque d'être « gnan-gnan ». Quand on pense que dans le conte de Perrault, il y avait sept fées et douze chez les Grimms !

La solution est venue par hasard, comme le raconta Frank Thomas à Bob Thomas : « Un été, alors que j'étais en vacances dans le Colorado, j'ai rencontré une vieille dame qui semblait être la personne idéale. La façon dont elle se déplaçait était remarquable. Mais chaque fois que j'essayais de la dessiner, elle restait immobile[13]. » Cette femme était toujours souriante, gaie et positive, ce qui s'est reflété dans Pâquerette : « Des trois fées, c'est elle qui s'inquiétait le plus et qui essayait d'aplanir les conflits entre les deux autres. Ce nouveau point de vue avait donné à Pâquerette une vision presque agressive de la vie[14]. » Typiquement, Thomas et Johnston n'oublient jamais leurs personnages, où qu'ils aillent, ils les « respirent ». Thomas est devenu obsédé par ces vieilles dames, il les a observées dans les magasins, il se souvient d'avoir dessiné différentes coupes de cheveux, nuques et chapeaux après un déjeuner de mariage : « J'ai découvert que lorsque les vieilles dames se déplacent, elles rebondissent comme des jouets mécaniques. Elles pagaient, pagaient sur leur chemin. Elles se tiennent droites et les mouvements de leurs bras sont saccadés. Leurs mains s'écartent du corps. La raison de tout cela est qu'elles ont peur de se déséquilibrer, peur de tomber[15] . »

Comme ils le faisaient toujours en route, en covoiturage vers le studio, Johnston et lui échangeaient des idées, discutaient de ce qui pouvait être fait pendant le trajet jusqu'à Burbank. Contrairement à quelqu'un comme Milt Kahl qui pouvait facilement faire une vraie pause avec le studio après les heures de travail, ils continuaient à travailler sur leurs personnages, comme l'explique Frank Thomas : « Nous avions encore 25 minutes, une demi-heure ou 45 minutes pour parler du film, de ce qui n'allait pas, de ce dont il avait besoin et des scènes que nous avions prévues[16] . » Thomas disait en plaisantant que ses meilleures idées venaient en se rasant et celles d'Ollie en se promenant.

Il est bien connu que leur amitié était absolument unique. Il va sans dire qu'ils étaient heureux de travailler ensemble sur les mêmes personnages. Cela n'était pas arrivé si souvent, mais c'était toujours un plaisir pour eux : « Avec Ollie, nous n'avons pas travaillé étroitement sur *Blanche-Neige*, parce qu'il était occupé à d'autres choses. Sur *Pinocchio*, un peu, pas beaucoup, *Bambi*, pas mal, en particulier sur Panpan et le jeune Bambi, en parlant de la façon dont nous faisions les choses et vérifiions les dessins, etc... Sur *Cendrillon*, il avait les demi-sœurs, et sur *Peter Pan*, nous avons eu l'occasion de travailler à nouveau ensemble[17] . » Frank Thomas poursuit en expliquant cette mystérieuse alchimie : « Ollie et moi avons été élevés de la même manière dans notre enfance. Nous aimions tous les deux *Robin des Bois*, les livres de ce genre, nous avions la même vision du bien et du mal, du mal et du bien. Nous avions donc une compréhension naturelle et nous avons tous deux commencé avec Fred Moore. Nous avons été formés de la même manière[18] . » Thomas résume en disant que « nous parlions la même langue ». Bien entendu, le meilleur moyen d'en savoir plus sur cette relation exceptionnelle de toute une vie est de regarder le film *Frank and Ollie* (1995), réalisé par Ted Thomas, le fils de Frank. Depuis leur rencontre à l'université de Stanford en 1931 jusqu'à leur vie à Flintridge, ils ont continué à vivre côte à côte, déménageant d'un endroit à l'autre, mais toujours en tant que voisins. Ils ont découvert plus tard que leurs mères étaient toutes deux originaires de la même ville de l'Illinois. Cependant, leurs approches étaient très différentes, Thomas étant très analytique alors que Johnston était plus

« dans » les personnages, cherchant les sentiments justes d'une manière plus intuitive.

Comme un vestige du souhait de Walt d'avoir trois fées semblables, elles sont habillées exactement de la même façon : une longue robe, une cape et un chapeau pointu attaché par un voile, comme c'était la mode pour les femmes nobles à l'époque. Cependant, elles ont des couleurs différentes et des coiffures et silhouettes variées. Flora, la cheffe, est une petite dame rondelette aux cheveux gris, toute vêtue d'orange et d'un voile jaunâtre. Elle a de bonnes joues et son cou est ample. Pâquerette est plus mince, d'apparence fragile, avec un nez plus long et pointu et une plus grande coiffure grise, comme le montre un voile vert plus petit. Le vert est sa couleur, correspondant à l'idée qu'elle est romantique et sensible aux beautés de la nature. Cependant, elle a longtemps été colorée en jaune et en orange. Pimprenelle semble un peu différente : elle est plus dodue, avec des joues énormes et des cheveux noirs, ce qui la rend plus jeune et plus enfantine. Elle est habillée en bleu. Bien entendu, elles sont toutes les trois peintes avec des teintes variées et sont également équipées de petites ailes transparentes, qui ont été ajoutées par la suite. Dans leur version paysanne, on retrouve les mêmes motifs sauf qu'elles portent des tabliers et des corsages de couleurs différentes : beige pour Pâquerette et Flora alors que Pimprenelle, marquant encore sa différence, porte un corsage noir. Au lieu de chapeaux pointus, elles portent des écharpes et des bonnets à la mode paysanne médiévale, comme on peut le voir sur de nombreux tableaux de Bosch et Brueghel. Leurs silhouettes générales ne sont cependant pas les mêmes : Flora est en forme de poire, Pâquerette est basée sur un triangle et Pimprenelle est faite d'un petit cercle sur un plus grand. Il convient de noter que ce sont les seuls personnages à s'éloigner de la vision des silhouettes anguleuses d'Earle et d'Oreb, à l'exception du roi Hubert. Ils sont nettement plus ronds. Il fallait qu'ils soient plus chaleureux et plus ronds pour attirer notre sympathie. Notons que l'on retrouvera presque la réplique exacte des fées avec Nanny dans le prochain film *Les 101 Dalmatiens* (1961).

Les animer n'était pas très difficile, surtout par rapport à Phillip ou Aurore, et une myriade d'animateurs les ont réalisés : Hal King, Don Lusk, Hal Ambro, Blaine Gibson, Harvey Toombs, Henry Tanous et Bob Youngquist. Quelques séquences en prise de vue réelle ont été tournées, mais pas tant que cela. Les actrices qui les jouèrent sont Frances Bavier, une actrice de théâtre new-yorkaise qui deviendra plus tard plus célèbre grâce au *Andy Griffith Show*, Madge Blake connue pour son rôle de Margaret Mondello dans la sitcom télévisée *Leave it to Beaver* et Spring Byington, star de la MGM dans *December Bride*. En ce qui concerne les voix, Ollie

Johnston a souligné à quel point il était agréable de les voir jouer lorsqu'elles étaient toutes ensemble : Flora était une voix bien connue de Disney, Verna Felton, Pâquerette était Barbara Jo Allen et Pimprenelle était Barbara Luddy. Luddy et Felton venaient toutes deux de jouer dans le précédent film *La Belle et le Clochard* (1955), respectivement dans les rôles de Lady et de Tante Sarah. Felton jouait également le rôle de la reine Leah dans le film. Jo Allen a conçu le personnage de Vera Vague dans diverses productions et elle est devenue si populaire que l'actrice a également pris ce nom dans le générique de temps en temps. Lorsqu'elle a été engagée par Disney, elle avait décidé de moins jouer et de monter un commerce d'orchidées, tout en continuant à animer une émission de télévision intitulée *Follow the Leader* (1953). Elle a également fait la voix de la mère de Goliath dans *Goliath II* (1960) pour Disney. Thomas se souvient : « *La Belle au bois dormant*, malgré toutes les difficultés et de notre colère face à la façon dont les choses étaient organisées, j'ai adoré travailler sur les trois fées, j'ai adoré les voix, Ed Penner avait un tel feeling pour les personnages, bien qu'il soit mort en plein milieu du projet[19]. »

Après l'avoir manqué, Pimprenelle tente une dernière fois de tirer sur Diablo

Dans le geste typique que nous avons déjà mentionné, en remuant son derrière, la Pimprenelle de Johnston est déterminée à se débarrasser définitivement de l'oiseau criard (toujours de Gibson), mis en valeur par de longues notes de cuivres. Après une course-poursuite, Diablo est transformé en pierre.

Maléfique apparaît

C'est ici que commence la séquence suivante, « Le combat », réalisée par Woolie Reitherman avec une mise en scène de Basil Davidovich. Elle préfigure l'avenir de Reitherman en tant que réalisateur de premier plan de tous les longs métrages suivants. Le choix de Reitherman pour une telle séquence d'action est tout à fait évident, comme l'explique son fils Bruce : « Je pense qu'il était très doué pour diriger l'action et les grandes masses impliquées dans ces scènes riches en action, et la raison pour laquelle il en a fait autant était plus liée au fait que c'était sa force qu'au fait qu'il avait des problèmes avec d'autres types d'animation. (...) Mon père pensait qu'il devait toujours y avoir un élan dans une histoire et que l'action des personnages impliqués devait mener d'une action à la suivante[20]. » Il est dans son élément et, pour un premier essai, sa séquence est un véritable succès et, pour beaucoup, elle sauve la situation. Son fils Bruce se souvient à quel point son père aimait cette mission : « Je pense qu'il était très fier de cette réalisation. Encore une fois, vous avez évoqué sa capacité à faire du story-board, ce qui touche aussi à l'essence de la mise en scène. Il était certes un excellent animateur, mais je pense qu'il avait aussi la capacité de mettre en scène l'action par rapport à la caméra virtuelle comme si c'était de manière vraiment convaincante et dramatique [21] . » Contrairement à Eric Larson, Reitherman aimait la mise en scène et il a avoué à David Johnson : « Walt m'a donné le combat de dragon et j'ai été heureux de m'en emparer. Pour moi, il y avait du cran dans ce combat. J'y suis allé, et c'était peut-être un peu trop fort pour certains, mais j'y suis allé avec l'idée que cette sorcière allait tuer cet homme, et que je serais du côté de la sorcière. Je pense que jusqu'au bout, il allait finir par l'avoir [22] . »

Voici donc Maléfique dont les fidèles compagnons, les sbires et le corbeau, ont été vaincus. Elle n'est pas animée par son superviseur Marc Davis mais par le second animateur sur elle, Amby Paliwoda. Dans la version de Perrault, la méchante a un rôle assez restreint. C'est une vieille fée qui se sent abandonnée parce qu'elle est restée si longtemps dans sa tour que tout le monde la croyait morte. Elle est oubliée lors de la cérémonie et, en guise de représailles, elle maudit la jeune princesse et jure qu'elle se piquera un jour le doigt sur le fuseau mortel d'un rouet. Son rôle est peut-être limité dans le conte de Perrault parce qu'il y a une autre méchante qui est la Reine Mère des Ogresses. L'équipe de Disney a décidé de la rajeunir et de la rendre plus belle, mais terriblement froide. Au début, on l'appelait aussi la Fée des Ténèbres.

Maléfique hérite beaucoup de ces froides femmes fatales hollywoodiennes apparues à la fin des années 40 dans les films noirs et qui étaient encore populaires au milieu des années 50. La définition donnée par l'historien du cinéma Tim Dirks dans son introduction est très pertinente : « Des femmes mystérieuses, fourbes, subversives, doubles, magnifiques, sans amour, prédatrices, dures et douces, peu fiables, irresponsables, manipulatrices et désespérées [23] . » Tous ces adjectifs peuvent s'appliquer à Maléfique. Un film noir typique était sorti au moment où ils travaillaient sur La *Belle au bois dormant*, intitulé *The Big Combo* (1955), avec une autre femme à l'allure froide interprétée par Jean Wallace. Toutes les actrices de ce genre ont des points communs que l'on retrouve dans Maléfique : Lauren Bacall, Veronica Lake, Lizabeth Scott, Barbara Stanwyck ou Joan Crawford. Maléfique héritera des joues creuses, du visage pâle et surtout de la froideur, de l'élégance et de la distance. Le visage de Maléfique n'est jamais peint en chair, rosé ou beige comme la plupart des personnages humains, mais dans une gamme de verts, de gris ou de bleus pâles.

Elle est sans conteste la création de Marc Davis depuis le début, et ce dernier a reconnu qu'il n'avait pas été facile de trouver son design. Il savait qu'il devait opter pour des formes anguleuses pour s'accorder avec les décors, et il a donc trouvé le drapé en forme de flammes pour la longue robe noire et violette. Il avait d'ailleurs choisi le noir et le rouge, mais Earle préférait le violet. Comme il le dit en souriant : « Ça n'est pas très correct, mais ce costume de Maléfique provient d'une peinture religieuse. Après de nombreuses recherches, j'ai trouvé un livre de peintures religieuses tchécoslovaques. Il y avait ce personnage avec des draperies rouges et noires dans le dos qui ressemblaient à des flammes. J'ai pensé que ce serait génial à utiliser[24]. » Il a également pensé à tout ce qui pourrait lui donner un air menaçant et maléfique, d'où les cornes qui sont si associées au diable, comme elles l'étaient dans le dessin de Chernabog de *Fantasia.* Une autre idée était de l'associer à une chauve-souris. L'idée de la chauve-souris a été étendue à l'arrière-plan puisque son trône est décoré de grandes ailes de chauve-souris tout autour et d'un visage de chauve-souris au sommet. En outre, ils avaient prévu que sa première apparition serait accompagnée d'un vol de chauves-souris. Il y en a une parmi d'autres créatures horribles lorsqu'elle évoque son don. Elle est également très maquillée, ce qui confirme ce que nous avons écrit dans le tome 1 à propos des méchantes de Disney. Davis lui a également donné des mains et des doigts très fins et très longs, avec une grosse bague. Ces longs doigts sont très visibles lorsqu'elle tient son bâton, un accessoire utile pour varier les gestes, une bénédiction pour les animateurs.

Au début, avant qu'Eleonor Audley n'accepte le rôle, Davis l'avait dessinée avec un visage plus habituel de son style. Mais lorsqu'il a su qu'Audley jouerait le rôle, il a repris certains traits de son visage. Audley avait déjà joué Lady Tremaine, une autre méchante, dans *Cendrillon,* et avait eu un grand impact sur les artistes de Disney comme Frank Thomas qui avait supervisé le personnage : « Eleonor Audley nous aimait et nous l'aimions, tant que nous créions quelque chose ensemble, elle savait que nous ne pouvions pas nous passer d'elle et vice versa[25]. » Elle avait d'abord refusé le rôle parce qu'elle souffrait de la tuberculose, puis avait finalement accepté, et avait même tourné quelques prises de vue. Audley a déclaré : « J'ai essayé de jouer beaucoup sur les contrastes pour être à la fois douce et méchante ». Davis était très satisfait d'elle : « Travailler avec elle a été formidable, il y a une grande partie de l'aspect facial que j'ai mis dans Maléfique qui est vraiment Eleanor Audley. Son look était parfait. C'était une femme merveilleuse et une très bonne actrice[26]. » Mary Costa se souvient de sa performance : « Eleanor Audley, qui a fait la voix de

Maléfique, était petite, mais elle avait une voix si imposante que nous nous précipitions tous dans la cabine de son pour l'entendre. Marc s'est inspiré des traits et des expressions imposantes de Maléfique, mais en dehors du micro, c'était un personnage hilarant qui adorait les blagues[27] . » Jane Fowler a réalisé d'autres séquences de référence. Elle avait un lien particulier avec le personnage car elle avait travaillé comme assistante d'animation au studio à la fin des années 1950. Davis a également sculpté une tête de Maléfique en argile pour servir de référence et une coiffe de cornes était également disponible. À l'origine, ils avaient prévu des antennes à la place des cornes.

Davis a fait la quasi-totalité de Maléfique, à l'exception de moments comme celui-ci où elle a été dessinée par Amby Paliwoda. Ce dernier l'a également faite lorsqu'elle faisait les cent pas, en colère. Comme d'habitude, l'animation brute de Davis était tout sauf brute, ses dessins étaient presque terminés et propres avant que les assistants ne travaillent dessus.

Maléfique est, sans aucun doute, l'une des méchantes les plus réussies du studio Disney, et le fait qu'elle ait été utilisée pour des films en prises de vue réelles avec Angelina Jolie en est une preuve suffisante. Bill Peet a été l'un des rares à émettre des critiques : « Je me souviens de la sorcière Maléfique, je ne l'ai jamais trouvée très intéressante, elle était austère ». Mais on peut se demander s'il était vraiment impartial car nous avons vu dans le chapitre précédent qu'il avait été humilié par Walt en pleine production.

De manière caricaturale, il faut quelques secondes à la méchante pour se rendre compte que son corbeau est désormais en pierre. Les recherches de couleurs d'Earle avaient déjà montré ses choix de couleurs qui s'accordent très bien : toutes les couleurs de la tenue de Maléfique se retrouvent par petites touches dans l'arrière-plan : le jaune vif de ses yeux et de la boule au sommet de son bâton se reflète sur les pierres, des traînées de lavande et de bleu pâle se retrouvent sur les pierres des murs assorties à sa robe et à sa peau, et le noir se retrouve sur les murs ébréchés et les contours des pierres.

Ken Hultgren anime Phillip qui s'éloigne à cheval tandis que l'animateur d'effets spéciaux Dick Lucas réalise la porte du pont-levis et les flèches. Bill Keil a animé Phillip réagissant à l'élévation du pont-levis devant lui. Dan MacManus a animé le pont-levis dans ce plan en caméra subjective vu à travers les yeux du Prince.

Le rythme s'accélère et, par ses storyboards, Ken Anderson, a multiplié les angles comme lorsque l'on voit le même pont-levis de dessous, puis de loin.

Sur un fracas de cymbales, le cheval réussit à passer mais manque de peu la falaise. Si les rochers et les débris qui tombent sont signés par Dan MacManus, cette difficile animation du cheval Samson est de Ken Hultgren (1915-1968). Nous l'avons déjà évoqué dans le tome 2 pour sa capacité à dessiner les quadrupèdes et notamment les cerfs dans le combat de cerfs de *Bambi.* Pour beaucoup au studio, il était *la* référence lorsque le dessin d'animaux devenait délicat. Il était, de l'avis général, une sorte d'encyclopédie, comme l'a exprimé Blaine Gibson : « Ken Hultgren était un merveilleux dessinateur. Il dessinait très facilement. Frank Thomas et Ollie Johnston pensaient qu'il n'était pas assez minutieux. Frank et Ollie étaient très minutieux ; ils voulaient que tout soit bon. Ken n'expliquait pas les choses aussi minutieusement que Frank et Ollie, mais il s'en sortait bien[28]. » Ted Berman a travaillé en étroite collaboration avec lui pendant le combat : « Il pouvait vraiment dessiner ces chevaux comme un fou. Il n'a pas eu besoin d'utiliser beaucoup le rotoscope. Il faut connaître la structure d'un cheval, sinon ça peut être raté. Il était excellent[29]. » Bien sûr, les animateurs pouvaient avoir recours au célèbre livre d'Eadweard Muybridge et même Hultgren l'avait utilisé, comme il l'a écrit : « Ses photographies montraient des allures d'animaux que l'œil n'avait jamais pu saisir auparavant[30]. » Mais il n'avait plus besoin de ce livre. Il pouvait dessiner des animaux, et principalement des chevaux, dans toutes les positions, et nombre de ses réalisations se retrouvent dans plusieurs livres qu'il a écrits pour présenter l'anatomie de ces mammifères et expliquer la manière dont ils devaient être dessinés : « Il est bon de diviser le corps en trois parties : l'avant-train, le ventre et l'arrière-train. Comme il s'agit d'une division naturelle, elle permet d'obtenir des proportions correctes[31]. » Sans aucun doute, il était spécialisé dans les chevaux, et lorsque le moment est venu de recruter des animateurs, c'est tout naturellement à lui qu'a été attribué Samson, le cheval blanc. Ce qui étonnait également ses collègues de travail, c'était la rapidité avec laquelle il dessinait.

Hultgren est né à Minneapolis et a étudié à l'école d'art locale. Il part pour la Californie en 1935 et rejoint Disney un an plus tard. Bien que non crédité, il travaille sur tous les grands longs métrages dont *Fantasia* dans *La Symphonie pastorale*. Il part en 1943 pour dessiner des bandes dessinées de Mickey et de Panchito Pistoles, le personnage des *Trois Caballeros* (1944). Il travaille ensuite pour les studios Sangor jusqu'à leur fermeture en 1949. Il commence à écrire des livres sur la façon de dessiner les animaux et les personnes, qui sont devenus des incontournables. Il retourne chez Disney en 1955, travaillant aux côtés d'Eyvind Earle sur *Paul Bunyan* (1958) puis sur *La Belle au bois dormant*. Il a également travaillé sur des séries télévisées telles que *Mr. Magoo*, *Popeye* et *The Archie Show*. Il meurt à 53 ans d'une crise cardiaque.

Maléfique grimpe au sommet d'une tour

C'est l'un des plans les plus impressionnants de cette séquence, en contre-plongée, avec les nuages qui tournent autour de la tour, donnant une impression de profondeur infinie à ces cieux tourmentés, convergeant vers la méchante. Tout est à contre-jour et quelques faisceaux en aérographe traversent l'écran à l'endroit même où elle se trouve. Paliwoda est toujours aux commandes. Pendant ce temps, le prince et le cheval de Hultgren s'enfuient de profil avec les fées et les effets de MacManus. Pour une fois, l'arrière-plan est presque vide, et il en va de même pour la scène suivante où Flora exhorte Phillip à se dépêcher (par Bill Keil).

Puis, Maléfique (par Dale Barnhart) prend les choses en main et, sur une bande sonore de cymbales fracassantes, elle lance un nouveau sort, des éclairs. Ces éclairs accompagnent Maléfique depuis sa première apparition au château. Nous avons expliqué comment les éclairs étaient réalisés à Disney dans le volume 2. Ici, Earle avait envisagé un type d'éclair plus graphique sur ses nombreuses recherches. Vient ensuite un autre beau plan de la falaise menant au château lointain, et ce dernier en silhouette. Pendant ce temps, nous voyons le Prince de Hultgren et Goepper se précipiter vers nous en traversant un overlay de rocher en forme d'arche. Dans un environnement aussi sombre, les encreurs ont dû peindre en blanc les contours des sabots du cheval, d'autant plus que l'image du Prince sur son cheval s'agrandit de plus en plus jusqu'à ce que les sabots remplissent presque tout l'écran. Il s'en sort de justesse car l'arche est en train de s'écrouler. Tous les effets (rochers et éclairs) sont de MacManus. La même équipe l'a animé en train de parer les chutes de pierres grâce à son bouclier. Le plan suivant de Maléfique lançant un autre éclair est une répétition de la scène similaire précédente, mais recadré en raison du changement d'angle.

Cette fois, l'éclair arrache une partie de la crête et le cheval se cabre de peur, ils doivent s'arrêter. Hultgren a tellement à faire que Goepper vient à la rescousse et anime le Prince/cheval lorsqu'ils glissent le long de la falaise, franchissent le gouffre et arrivent sur un terrain plat. Il s'agit d'un plan bien connu et, pendant quelques secondes de répit, on peut croire que le prince finira par atteindre le château du roi qui apparaît au loin. Eyvind Earle, qui a passé quatre ans en France, ne pouvait ignorer la connotation religieuse des éclairs dans l'esprit collectif des gens qui vivaient à l'époque de *La Belle au bois dormant*, à partir du XIIIe siècle. Ils les associaient à sainte Barbe, une martyre qui vécut en Asie Mineure au IIIe siècle. Elle était la fille d'un père païen autoritaire qui avait décidé de l'enfermer dans une tour. Elle refusa d'épouser celui que son père avait choisi pour elle et se convertit au christianisme. Son père tenta à plusieurs reprises de la tuer et elle s'échappait généralement grâce à une intervention divine, jusqu'à ce qu'il la fasse décapiter. Le châtiment de Dieu ne tarda pas à arriver et son père fut réduit en miettes par un éclair. Elle a figuré dans plus d'un mystère médiéval. Depuis, elle est devenue la patronne des armuriers, des artilleurs et des démineurs. Cette histoire a été racontée dans le célèbre livre de *la Légende dorée* dont nous reparlerons plus loin. Pour les gens de la fin du Moyen-Âge, les éclairs étaient donc très significatifs. Nous remarquons que Earle et ses collaborateurs ont adhéré à plusieurs croyances médiévales réelles pour donner une touche plus authentique. Cependant, l'historienne Julie Lejeune ajoute dans sa thèse : « Nous confirmerons que le Moyen-Âge des films, et surtout le Moyen-Âge de Disney, est en réalité basé sur la littérature, c'est-à-dire un Moyen-Âge imaginaire et non pas proprement historique[32]. »

Maléfique fait maintenant apparaître des épines

MacManus est très occupé par les nuages virevoltants qui se rapprochent et entourent le château de Stefan. Jack Buckley assiste MacManus et lance lui-même un nouveau venu, Dorse Lanpher, qui fera une longue carrière chez Disney et chez Don Bluth : « Jack a tellement aimé mon travail qu'il m'a donné une chance d'animer, pour me mettre à l'épreuve. Je devais animer les effets d'une scène, un long plan, où le brouillard de colère enveloppait le château. J'ai si bien réussi cette scène que Jack m'a laissé animer l'effondrement du pont, lorsque le Prince, sur son cheval, saute les douves du château[33]. »

Pour rendre plus lisible le mouvement tourbillonnant des nuages, des traînées blanches ont été peintes. Elles annoncent le prochain obstacle. Dans le plan suivant, sur d'autres cymbales fracassantes, des épines commencent à pousser sur la porte du château. Les couleurs sont peu nombreuses, des nuances de bleu, de violet, de vert et de noir sur lesquelles les épines poussent à travers ce qui ressemble à des morceaux de verre.

Superposition après superposition, les épines abondent et recouvrent bientôt l'écran jusqu'à ce que l'on voie à peine le château. Il faut apprécier le travail fastidieux d'animation de toutes ces multiples couches d'épines qui poussent. Dan MacManus a animé et supervisé, mais il a été aidé par plusieurs personnes, dont Victor Haboush. Dans une interview très intéressante d'Amid Amidi, il en dit plus : « J'ai vu ces horribles dessins de la forêt d'épines, ces énormes épines, et c'était un grand désordre. Basil Davidovich m'a dit : 'Vic, Woolie [Reitherman] ne veut plus que personne travaille dessus'. Mais j'ai quand même continué et j'ai passé les trois semaines suivantes à travailler sur cette séquence. Tout le monde rigole parce qu'ils savent que Woolie va être furieux quand il verra que j'ai perdu tout ce temps. Le problème, c'est que lorsqu'on dessine une plante, elle rapetisse au fur et à mesure qu'elle se rapproche de nous, ce qui détruit la perspective. Je me suis arrangé pour que la plante se superpose à elle-même, de sorte que lorsqu'elle s'approche de vous, elle se retrouve devant elle-même, ce qui crée la profondeur. Un jour, je vois Woolie et je lui dis : 'Woolie, j'ai résolu le problème de la forêt d'épines', et il s'étonne : 'Quoi! Nous devrions en avoir fini avec ça'. J'ai apporté les travaux pour les lui montrer dans son bureau, il les a regardés et les a mis de côté. Je me suis dit : 'Oh non, mon compte est bon', et il m'a dit : 'Haboush, c'est merveilleux. À partir de maintenant, c'est toi qui t'occupes de la forêt d'épines'. Pendant les trois mois qui ont suivi, je n'ai fait que dessiner ces stupides épines. Bill Peet venait me voir et me disait : 'Vic, cinq cents l'épine, fais payer cinq cents l'épine, ne demande pas d'augmentation, contente-toi d'obtenir cinq cents l'épine[34]' ». Mais Victor Haboush (1924-2009) a fait bien plus sur ce film.

Grâce à Amid Amidi et à son indispensable blog *Cartoon Brew*, nous en savons plus sur Haboush. Né à Cleveland et ayant grandi à Indianapolis, dans l'Indiana, d'origine libanaise, il a participé au débarquement en Normandie pendant la Seconde Guerre mondiale avant de combattre dans le Pacifique. William Frake a raconté cette histoire incroyable : « Robert Capa a été hissé à bord du bateau Victors LCI au cours duquel il a perdu tous ses appareils photo de la plage... le seul appareil qui lui restait était celui-ci. Ces photos ont été prises lors des premières vagues du jour J sur la plage d'Omaha. Robert Capa avait envoyé ses photos à Ap et le jeune développeur les a surchauffées.... dans son excitation d'être les premières photos de l'invasion... détruisant toutes les photos sauf 13. Victor était sur deux d'entre elles...[35] » Il a ensuite fréquenté l'Art Center College of Design. Il y rencontre Eyvind Earle et, bien qu'il ait 10 ans de plus que lui, ils deviennent amis. Lorsque ce dernier a été engagé par Disney et qu'ils avaient besoin de plus d'artistes pour terminer

Peter Pan, il a travaillé à la mise en scène et sa première scène était celle des garçons marchant dans la forêt et les cascades. L'homme à la moustache a été directeur artistique de *Melody* (1953) et du court métrage révolutionnaire *Toot Whistle Plunk and Boom (1953)* aux côtés d'Earle. Il a également travaillé sur *La Belle et le Clochard*. Parallèlement, il travaille pour les publicités télévisées de Disney. Il a longtemps collaboré avec Tom Oreb, qui est devenu un ami très proche. Comme il l'a avoué à Amidi : « Nous avons commencé à traîner ensemble et tout ça. Eyvind était en quelque sorte l'égal de Tom. Ils étaient tous les deux dans la même tranche d'âge. Et moi, j'étais le petit jeune. J'avais probablement neuf ou dix ans de moins qu'eux. Je suis devenu le protégé de Tom. Je l'idolâtrais[36]. » Travaillant en free-lance, il a suivi Oreb chez John Sutherland Productions avant de retourner chez Disney pour travailler sur *La Belle au bois dormant*. Après *Les 101 Dalmatiens*, il est parti et est allé de studio en studio : Quartet Films, *Les Pierrafeu* et Les *Jetsons* chez Hanna-Barbera, *L'Incroyable M. Limpet* chez Warner Bros. Pour UPA, il est directeur artistique sur *Gay Purr-ee* puis sur les séries télévisées *Mr Magoo* et *Dick Tracy*. Mais il n'apprécie pas le manque de qualité d'UPA. Au milieu des années 1960, il a oublié l'animation et a créé son propre studio, réalisant des centaines de publicités, notamment pour Mc Donald's et Taco Bell. Il s'en remet à son frère pour l'aspect commercial, ce qui n'est pas sa tasse de thé. Amid Amidi est devenu très proche de lui : « L'attitude de Vic face à la vie était différente de celle de la plupart des personnes âgées que j'ai rencontrées. Il était jeune de cœur, avec une curiosité insatiable pour le monde qui l'entourait et une vraie ouverture d'esprit. Ses opinions sur différents artistes évoluaient au fil du temps, tout comme son processus de peinture particulier, qui consistait souvent à retravailler une image des dizaines de fois jusqu'à ce qu'il en soit satisfait. Il refusait de vivre dans le passé. Chaque fois que nous nous rencontrions, il était impatient de parler des personnes qu'il avait récemment rencontrées, d'un nouvel endroit qu'il avait visité ou d'un nouveau livre qu'il avait lu. Il était aussi enthousiaste à l'égard des jeunes artistes qu'il appréciait ses collègues artistes chevronnés[37]. » Après que M. Amidi ait écrit son émouvant hommage à son ami décédé, Monica Haboush a écrit : « Victor n'était pas menacé par les nouvelles idées et les nouveaux talents. Il encourageait les jeunes créatifs avec lesquels il travaillait, ainsi que ceux qui partageaient avec lui leurs rêves et leurs défis[38]. » Il a été ravi de revenir une dernière fois à l'animation lorsque Brad Bird l'a engagé pour son excellent film *Le Géant de fer* (1999). De l'avis général, il était toujours aussi énergique et passionné.

Une forêt d'épines, voilà ce qui attend Phillip qui réalise soudain, avec une répétition d'une animation précédente de Keil. Puis vient un angle de caméra subjective, avec des mouvements tremblants, alors que nous voyons, du point de vue de Phillip, la barrière d'épines. Suit une série d'animations réutilisées de Phillip/cheval ainsi que le rire de Maléfique de la séquence 2 dans le château lors du baptême d'Aurore, par Marc Davis. Les scènes suivantes de Phillip se battant avec son épée sont toutes rotoscopées par Goepper, tandis que Bill Keil s'occupe désormais des fées.

Si Reitherman coréalisait pour la première fois, il s'y prenait déjà comme il le ferait pour le reste de sa carrière. L'une de ses caractéristiques, et qui a sûrement décidé Walt à en faire son N°1 et unique producteur/réalisateur, est le fait qu'il était très attentif au budget. Il arriva assez tard sur le film et ce combat fut l'une des dernières séquences sur lesquelles ils travaillèrent. Il est probable que Roy s'inquiétait de plus en plus de la montée en flèche des coûts de production et que Walt ait demandé à Woolie d'être plus économe. Les attentes d'une « illustration en mouvement », quel qu'en soit le coût, n'étaient plus d'actualité. L'un des moyens d'économiser de l'argent est de réutiliser l'animation. Si d'autres réalisateurs le font avec parcimonie, Woolie a toujours été connu pour ce principe. Après la mort de Walt, il a même fait faire des catalogues entiers de marches, de courses, de tout ce qui, dans les productions passées, pouvait être utilisé, ou légèrement redessiné. Son fils Bruce justifie : « Mon père faisait des choses qui avaient un sens économique, mais jusqu'à ce que vous les voyiez sur You-Tube, très peu de gens étaient conscients de ce qui se passait et je ne pense pas que quiconque se sente lésé, je ne pense pas que ce soit quelque chose qui dérange beaucoup le public en général[39]. » Il a peut-être raison, mais lorsque Don Bluth a dû réutiliser des animations de *Blanche-Neige*, des *Aristochats* (1970) et du *Livre de la jungle* (1967) pour la danse dans la forêt de *Robin des Bois* (1973), beaucoup se sont plaints, y compris Bluth : « Ils gagnaient du temps et tout (...) il n'y avait pas tant d'économies que ça[40]. »

Comme les dessins étaient encrés sur celluloid transparent, on pouvait facilement changer les décors, on pouvait aussi inverser l'animation, l'agrandir ou la réduire, et ce fut encore plus facile quand la photocopie devint la règle. Mais c'était plus que Milt Kahl ne put supporter et il se lassa rapidement de tous ces raccourcis comme le tournage en direct ou les réutilisations, et les affrontements entre les deux hommes à la tête dure devinrent légendaires, surtout après la mort de Walt.

Le cheval hennissant saute et vacille

Hultgren est de retour pour une nouvelle animation tandis que Goepper est toujours en train de faire de la rotoscopie. Alors que la caméra se déplace derrière Phillip, nous voyons très bien les différentes superpositions d'épines et le château au loin avant une autre réutilisation de Flora faisant signe au Prince. Phillip a réussi à s'en sortir et, cette fois, l'aide des fées a été minime. Il peut maintenant se précipiter vers le château que nous voyons avec lui avant qu'il ne commence à avancer dans un plan de profil réalisé par Bill Keil. Certains se sont interrogés sur le fait que le Prince surmonte toutes les épreuves les unes après les autres, sans même une égratignure, mais Reitherman s'en moque éperdument : « Le montage était très contemporain en ce sens qu'il n'y avait pas de préparation à la bataille ou quoi que ce soit d'autre. C'est arrivé comme ça. On ne sait pas comment il a traversé la forêt d'épines ni comment son cheval est arrivé là-haut. Nous avions l'habitude de critiquer ce film. Mais Walt l'aimait bien, Dieu merci. On n'avait pas besoin de logique. On n'avait pas le temps de réfléchir. Ce foutu truc vous poussait à bout tout le temps[41] . »

Pour la longue bataille avec les « Forces du Mal » que l'on peut entendre dans cette séquence, Bruns et Ken Anderson se sont mis d'accord sur la seule partie du ballet de Tchaïkovski qui pouvait correspondre aux exigences d'une séquence d'action et d'intensité, mais elle devait durer environ 5 minutes, et Bruns a donc tout fait pour être fidèle, mais en réarrangeant et en composant pour qu'elle sonne comme ce qu'aurait fait le compositeur russe. La partition a été enregistrée à Berlin parce qu'une grève les a empêchés de le faire en Californie.

Alors que Maléfique affiche sa perplexité, on note un léger changement de personnel, si Paliwoda l'anime toujours, cette réutilisation a été modifiée par Eric Cleworth qui allait bientôt jouer un rôle majeur. Ted Berman est également de la partie mais Keil et MacManus sont toujours là, et c'est ce dernier qui réalise les étoiles virevoltantes en lesquelles Maléfique s'est transformée, ce qui terrifie un Phillip toujours muet de Berman. Notons que pendant un certain temps, ils avaient prévu que la transformation prochaine en dragon ait lieu au sommet de cette tour où se tenait Maléfique. Finalement, ils ont préféré la placer à l'endroit où elle bloquerait l'accès au château du roi. Paliwoda réalise maintenant sa dernière animation en modifiant légèrement l'animation précédente de Marc Davis de la méchante dans ses mouvements grandiloquents à nouveau dans la séquence 2. Tous les effets autour, les fumées et les flammes sont de Dan MacManus. Dans ce que le script appelle une "explosion atomique", elle est arrivée devant le château entourée de flammes dans les mêmes couleurs que celles décrites précédemment. Il était prévu que Maléfique ait plus de dialogues avant la métamorphose, mais on a pensé que cela ralentirait le processus.

Il s'agit d'un plan très impressionnant de la méchante riant aux éclats, s'élevant à grande vitesse à travers des nuages de fumée, le tout grâce à des couches sur Multiplane. Et le long panoramique vers le haut nous fait découvrir le dragon qu'elle est devenue. Remarquons l'utilisation intelligente de ce cercle de fumée pour éviter d'animer la métamorphose physique de Maléfique en dragon. Le musicologue Ross Care indique que la transformation en dragon provient de la première scène du ballet de Tchaïkovski, d'un passage représentant la colère du roi face aux villageois[42] . Il y a ici une myriade d'effets spéciaux, avec des panneaux de verre de distorsion, la diffusion des fumées et l'éternelle poussière de lutin qui accompagne le dragon. Suit l'un des pires plans du Prince inexpressif de Keil regardant avec un visage de bois le terrible spectacle. L'animation se limite aux paupières, suivie d'une autre réutilisation des fées qui réagissent.

Le dragon regarde le prince d'en haut

Un autre plan très impressionnant du dragon, vu à travers des fumées et de nombreux verres déformants. Ces dernières sont rapidement enlevées pour se concentrer sur le gros plan de la bête terrifiante. Le dragon est une invention de l'équipe Disney et c'est heureux, il met en valeur un véritable crescendo alors que tout le monde pensait que le Prince avait fait le plus dur. Le format Cinémascope renforce l'énormité de la bête.

Le dragon étant une extension de Maléfique, ils ont pris soin de le dessiner en utilisant certains éléments de la méchante : les couleurs sont toujours le violet (ventre) et le noir, les ailes rappellent toujours sa cape en forme de chauve-souris avec des pointes acérées et bien sûr les cornes. Il semble que la conception ait été le fruit d'une combinaison de talents, mais le principal animateur, Eric Cleworth, a eu son mot à dire, comme il l'a expliqué à Charles Solomon : « Un article du magazine *Life* sur les animaux préhistoriques m'a donné une idée de la façon d'aborder le dragon. Il y avait une créature dont les yeux n'avaient pas de pupille, ce qui signifiait qu'on ne pouvait pas lire son expression. Cela lui donnait un air très effrayant - vous saviez très bien que vous ne pouviez pas raisonner avec cette chose. J'ai essayé de retranscrire ce sentiment dans mes dessins[43] . » Il est vrai que l'absence de pupilles ajoute à l'aspect effrayant. Bien sûr, ils ont essayé toutes sortes de têtes pour le dragon, certaines comportant même une corne de rhinocéros. Mais en étudiant les innombrables représentations de dragons dans les livres et manuscrits des XVe et XVIe siècles, ils ont eu une idée plus claire de ce qu'il fallait faire. En effet, lorsque les scénaristes ont mis en place ce combat entre le dragon et le prince, ils ont fait quelque chose qui aurait été pris très au sérieux par les gens de l'époque. Le dragon n'était pas une plaisanterie et a rapidement eu une connotation religieuse.

Le combat entre le bon et une bête horrible, généralement un dragon, est très ancien : de Mardouk, dieu babylonien combattant Tiamat, au Jason grec vainqueur de Ladon, le dragon à cent têtes, en passant par Persée libérant Andromède d'un monstre marin ou du Léviathan, le monstre mythologique phénicien. Ces monstres sont généralement interprétés comme l'incarnation de l'apocalypse. Mais l'histoire la plus célèbre qui s'apparente au combat que nous étudions est sans aucun doute celle qui oppose Saint Georges au dragon. Elle figure dans un livre que nous avons déjà mentionné, le *Livre de la légende dorée*, écrit par Jacques de Voragine en 1265. Cette légende était extrêmement populaire et se retrouve dans des milliers de fresques, de statues, d'icônes russes, de miniatures et de peintures que Earle a étudiées. Les plus célèbres sont celles de Rubens, Raphaël, Uccello, Hartwell et Moreau.

Les artistes de Disney avaient donc le choix pour s'inspirer, comme l'explique l'historien et professeur Jacques-Noël Perès : « Qui est-il ? Que représente-t-il ? L'iconographie hésite. Tantôt il est figuré sous les traits d'un animal composite, sorte de serpent ailé aux têtes souvent multiples. Plus généralement, il a l'aspect d'une sorte de gros crocodile[44]. » Et il est vrai que le dragon de Disney est très proche des illustrations anciennes, d'où la bouche en forme de crocodile et la très longue queue, rappelant le Léviathan marin. Les griffes acérées des membres sont également très symboliques. Quant aux lignes sur le ventre, elles rappellent clairement le ventre d'un serpent. D'ailleurs, l'animateur Eric Cleworth a déclaré s'être inspiré des crotales pour animer une partie de son corps, en particulier la longue queue. Tom Bancroft, qui a animé un dragon très différent, Mushu, dans *Mulan* (1998), a écrit dans l'introduction d'un petit livre sur les dragons de Disney : « Les dragons asiatiques ont presque toujours un corps serpentin ; en revanche, les dragons européens ressemblent davantage à des alligators ou à des lézards. Par exemple, la menaçante Maléfique en tant que dragon (...) est un dragon européen. Cela est évident tant au niveau de la forme (ventre plus large, pattes plus petites) que de l'endroit où leurs histoires ont été écrites à l'origine[45]. »

Sans aucun doute, Woolie Reitherman, qui avait animé les dinosaures dans le *Sacre du printemps* de *Fantasia*, pouvait aider Cleworth à remplir sa mission. Il savait également que l'astuce bien connue consistant à montrer le dragon en contre-plongée devait être privilégiée. Eric Cleworth (1920-1999) travaille au studio depuis un certain temps et son rôle est de plus en plus important. Woolie Reitherman avait réuni autour de lui une équipe d'animateurs avec lesquels il se sentait à l'aise, et la plupart d'entre eux avaient été ses assistants lorsqu'il était animateur, comme le confirmait Walt Stanchfield : « Cleworth était un artiste très fin et très inventif. Chaque fois qu'il y avait un problème mécanique, il était capable de le résoudre, et il travaillait bien avec Woolie, il avait travaillé pendant des années avec Woolie, il avait été son bras droit[46] ». Reitherman était très exigeant avec lui. On sait peu de choses sur Cleworth, malgré le rôle important qu'il a joué. Né à Minneapolis, il est engagé en 1939 pour travailler sur *Fantasia* en tant qu'intermédiaire, mais son premier film comme animateur est *Alice au pays des merveilles*. Cependant, son rôle s'est accru avec *Peter Pan*, où il a travaillé avec Frank Thomas sur Crochet. L'animateur John Ewing a parlé de lui à David Ghez : « J'avais un immense respect pour Eric Cleworth ; il était très intelligent et sage. Il était un ancien du corps des Marines, moi un ancien de la Marine, nous avions donc un duel d'esprit permanent : qui pouvait insulter l'autre de la manière la plus intelligente. Eric gagnait toujours[47]. » D'ailleurs, Cleworth avait la coupe en brosse. En plus d'être animateur, il est devenu scénariste sur *Les Aristochats* et l'est resté jusqu'à ce qu'il quitte Disney en 1977. Il a ensuite travaillé un peu sur divers projets télévisés tels que la série *La panthère rose*, et même pour Disney TV. Il a également été l'un des artistes qui ont aidé Dick Williams sur son grand projet *Le voleur et le cordonnier* (1993).

Phillip commence courageusement à charger

Hultgren s'occupera principalement du prince et de son cheval, tandis que nous verrons une réutilisation des fées de la séquence 2. Le dragon se prépare et nous voyons maintenant Phillip charger vers la caméra, une autre réutilisation légèrement modifiée par Dick Lucas qui anime également les tirs. Puis vient l'une des images les plus célèbres du film lorsque le dragon lance une première flamme sur le pauvre Prince. Pour le son, ils ont enregistré un lance-flammes et l'armée leur a donné quelques films sur la façon de l'utiliser. Chaque tir est accompagné de cymbales. Les angles sont à nouveau variés, et cette fois, une plongée de ¾ derrière le dragon donne une idée du déséquilibre des forces avec le Prince sans cheval à terre (par Berman). Lors d'une réunion du 11 février 1953, Walt avait imaginé que les fées pourraient venir une fois de plus à la rescousse : « Quand elle descend avec le dragon en flammes - quand ces flammes jaillissent, elles brûlent tout ce qui les entoure. D'abord, elles l'entourent d'une protection. Prenons ce truc de fée. Une incantation rapide et quand les flammes arrivent, elles l'entourent comme s'il y avait un mur invisible. »

Certaines fumées sont dessinées avec beaucoup de diffusion. Berman a animé le Prince debout après le deuxième coup de feu et Keil a modifié une réutilisation de l'animation de Cleworth du dragon qui s'approche, mais c'est Hultgren qui a animé le Prince renversé en arrière dans la forêt d'épines et frappant la tête de la bête. Ensuite, un gros plan qui a été utilisé à maintes reprises de Samson hennissant en réaction. Toutes les animations suivantes sont des réutilisations, à l'exception de l'ascension de la falaise par le Prince, réalisée par Berman, et de l'incendie, réalisé par MacManus. Ted Berman regrettait, comme tant d'autres, de ne pas avoir été crédité à l'écran : « Même si vous aviez le sentiment d'avoir apporté une grande contribution à un film, une personne au sein d'un comité d'animateurs décidait si vous étiez crédité ou non, mais à l'époque, cela ne semblait pas avoir beaucoup d'importance. Aujourd'hui, quand je regarde en arrière avec mes petits-enfants, je me rends compte que c'est moi qui ai fait ça sur *La Belle au bois dormant*, avec le combat du prince dans la forêt ou quand il s'écrase sur le sol après s'être effondré à cause de l'épée et que le grand dragon arrive, Eric et moi avons tous les deux travaillé dessus, Eric supervisait tout cela et nous n'avons pas été crédités. C'est très nébuleux[48]. » Plusieurs personnes ont réalisé le feu, comme l'explique Dorse Lanpher : « Dans la séquence où le dragon cracheur de feu embrase la forêt d'épines pour tenter de faire frire le prince, Jack [Buckley] a animé le feu. Il a utilisé des craies pastel orange et jaune. Je n'ai jamais été un fan des pastels, simplement parce que je pouvais faire une belle nature morte avec, mais je finissais par avoir plus de craie sur moi que mon travail[49]. »

Il est intéressant de noter que la machine Xerox a été utilisée pour la première fois sur des éléments du film, mais principalement dans cette séquence, comme l'a rappelé Burny Mattinson : « Dans *La Belle au bois dormant*, nous avons utilisé la photocopieuse. Nous l'avons utilisée pour une ou deux scènes du combat avec le dragon, et Woolie Reitherman réalisait cette séquence. Il a essayé le procédé Xerox à cet endroit parce qu'il s'agissait d'un arrière-plan très sombre et que c'était moins cher[50]. » Cette technologie, dont nous parlerons longuement dans le chapitre suivant, a également été utilisée dans certains plans éloignés des promenades de Rose, comme nous l'avons vu, ainsi que dans la séquence d'ouverture sur certains chevaliers en armure. Mattinson se souvient qu'à l'époque, c'était très rudimentaire et qu'ils utilisaient un agrandisseur Omega X10 comme caméra.

Au sommet de la falaise, Phillip se bat contre le dragon

Pour son premier film en tant que réalisateur, Reitherman s'est vraiment amusé, comme le rappelle son fils Bruce : « Je sais qu'il m'a souvent dit que son état d'esprit était de tuer ce maudit prince, de le tuer, ce dragon est dix fois plus grand que lui, beaucoup plus puissant, il peut invoquer toutes les forces du mal et le prince, en vertu du fait qu'il est presque tué à chaque image de la bataille, au moment où il survit finalement et est victorieux, rend cette victoire tellement plus douce, tellement plus puissante, tellement profonde sur le plan émotionnel, parce que vous ne saviez pas comment cela allait se passer. Si vous avez un bon réalisateur, un bon acteur et un bon animateur, et que vous faites ces trois choses pendant que vous animez, si vous pouvez garder cet état d'esprit que vous ne savez pas encore comment cela va se passer et que vous luttez pour chaque parcelle de réalité que vous avez atteinte dans chaque image, alors l'impact global est beaucoup plus profond et je pense que dans cette scène, il a réussi à le faire d'une manière vraiment remarquable[51]. » A noter une autre image emblématique de ce film où Hultgren et Goepper (pour le plan moyen du Prince en train de taillader) alternent l'animation du Prince, puis Cleworth fait les deux lorsque le Prince est au bord, puis Berman lorsque dans un nouveau plan il semble sur le point de tomber. George Goepper a réalisé ses dernières animations avant de partir en 1960. Il était déjà, comme Blaine Gibson, occupé à travailler pour Disneyland sur certaines attractions mais avait envie de travailler pour Bob Campett sur l'émission de *Benny et Cecil*.

Pour tous les plans restants, Hultgren est de retour, Keil fait les fées (pas de réutilisation cette fois) et bien sûr Cleworth continue avec le dragon. Le tout sur un fond ressemblant à des rideaux jaunes sur lesquels des verres déformants donnent l'impression qu'il bouge constamment, pour symboliser le feu. Nous voyons un autre plan impressionnant avec la même idée de perspective rendue par des nuages en cercle autour du dragon blessé par l'épée alors qu'il s'élève. Remarquons que l'on peut entendre Lucille La Verne dans le rôle de la Méchante Reine dans *Blanche-Neige et les Sept Nains* lorsque le dragon est transpercé par l'épée du Prince Phillip. Ils ont utilisé le vieil enregistrement.

La musique se calme pendant un bref instant, lorsque nous nous demandons si la bête a été tuée ou non, alors qu'elle tombe du bord de la falaise. Ce n'est pas fini, l'énorme animal tombe, provoquant l'effondrement de la falaise que l'on voit à travers de nombreuses flammes. Qu'en est-il du Prince ? Dans le plan suivant, rotoscopé par l'animateur d'effets spéciaux Dick Lucas, nous comprenons qu'il est sain et sauf et qu'il regarde l'épée laissée dans le sol au-dessus de ce qui ressemble à la robe de Maléfique.

Le jeune Floyd Norman, qui était assistant au clean-up des fées pour Fred Hellmich, se souvenait d'une anecdote concernant le maquettiste Ken Anderson, qui était légitimement fier de son exploit : « Ken Anderson a pris un disque en vinyle et l'a placé sur la platine d'un vieux phonographe. En montant le son à fond, Ken a commencé à lancer le combat de dragon du troisième acte de *La Belle au bois dormant*. La musique emplit la pièce tandis qu'Anderson passe en revue son histoire à l'aide d'une longue règle. À notre grande surprise, les choses allaient devenir encore plus dramatiques. Pris par l'énergie de la scène, Anderson s'est mis à sauter sur les meubles du studio pour 'combattre le dragon'. Je ne plaisante pas, l'artiste vétéran de Disney sautait de son canapé à son bureau et à sa chaise. Finalement, la règle a été plongée dans le 'cœur' du redoutable dragon et, avec un cri horrible, elle a plongé de la falaise vers une mort ardente en contrebas. Sur ce, Ken Anderson s'est effondré sur le sol de la salle de rédaction, complètement épuisé[52]. » Cependant, comme nous l'avons déjà noté dans les volumes précédents, certains artistes étaient heureux de faire entendre leur propre voix, oubliant qu'il s'agissait d'un effort collectif, comme l'a exprimé Ray Aragon, à Robin Allan : « Dans les livres, Ken Anderson s'attribue tous les mérites, mais Don Da Gradi était tout aussi bon (...) c'était un touche-à-tout, un dessinateur d'histoires, un concepteur de mise en scène[53]. » Aragon était reconnaissant à Da Gradi qui avait fait partie du trio qui l'avait engagé en 1956.

C'est ici que se termine le combat, bien que l'épilogue heureux se situe juste après. Cette séquence est incontestablement un tour de force, même si Cleworth semble frustré lorsqu'il avoue à Solomon : « Je pensais que c'était la partie la plus forte du film, mais elle m'a semblé plutôt courte la dernière fois que je l'ai vue. J'aurais aimé qu'elle dure plus longtemps[54]. » Bien sûr, son réalisateur Woolie Reitherman était d'accord : « Bien sûr, le combat entre le prince et le dragon est effrayant à regarder et, Dieu merci, il a en quelque sorte réveillé le film[55]. »

En ce qui concerne le film dans son ensemble, les sentiments des artistes sont mitigés et dépendent parfois de leur relation avec Earle. En tout cas, ils ont tous dit rétrospectivement qu'il s'agissait d'un film très exigeant et difficile à réaliser. Plusieurs critiques et artistes ont estimé que les humains étaient si authentiques qu'ils auraient pu réaliser le film en prises de vues réelles, comme le réalisateur Reitherman : « ... Je sais que l'objectif était de faire bouger la figure humaine de manière authentique et avec précision. L'exécution est absolument merveilleuse (...) Je ne dis pas que nous n'aurions jamais dû faire ce film, parce que je pense qu'il sera unique en son genre et qu'il n'y aura plus jamais rien de semblable. Mais la valeur divertissante n'était pas vraiment ce qu'un public attend d'un dessin animé de cette nature[56]. » Entre les lignes de ce que Walt a déclaré dans le press book de 1959, on peut deviner que cela a été difficile : « La fable enchanteresse telle que nous l'avons envisagée pour l'écran de théâtre a posé de nombreux et formidables nouveaux problèmes. Mais il y avait aussi des défis passionnants. Les problèmes concernaient à la fois l'art et la mécanique de notre plus grande entreprise ».

La Belle au bois dormant marque également la fin d'une longue période de cellos encrés et peints. Cela a suscité l'inquiétude et la consternation au sein du « Couvent » (surnom du département Encre et Peinture), mais il n'y a pas eu de retour en arrière. Des encreurs comme Phyllis Craig étaient déjà nostalgiques : « Le roi Stephan et le roi Hubert de *La Belle au bois dormant* avaient environ 16 couleurs d'encre, de sorte que vous aviez 16 pots d'encre alignés devant vous. Les lignes d'encre de chacun devaient correspondre. La ligne d'encre de chacun devait avoir la même sensation d'effilement. C'était vraiment une forme d'art. Je suis d'accord avec Grace Bailey lorsqu'elle dit : 'On n'apprend pas simplement à encrer, c'est quelque chose que l'on doit vraiment travailler'. Tous les vieux cellos encrés à la main sont de véritables œuvres d'art[57]. »

Pour promouvoir le film, le livre de Bob Thomas *The Art of Animation* a été publié, une exposition intitulée *The Art of Animation : A Walt Disney Retrospective* s'est tenue au musée de San Francisco et a ensuite voyagé à travers le pays, une autre a été présentée à Tomorrowland au parc Disneyland du 28 mai 1960 au 5 septembre 1966, ainsi que l'émission télévisée spéciale que nous avons mentionnée. On dit souvent que *La Belle au bois dormant* a été un échec commercial. Ce n'est pas tout à fait vrai, la réalité est que les 5,3 millions de dollars de recettes n'ont pas compensé le coût faramineux de 6 millions de dollars. Fatigué, déçu par les critiques mitigées à l'égard de ce qui était censé être le nec plus ultra de l'animation Disney, Walt était prêt à prendre des mesures drastiques, et la première d'entre elles fut un licenciement massif.

[1] IWERKS, Don, *Walt Disney's ultimate inventor, the genius of Ub Iwerks*, Disney Editions, 2019.

[2] PEET, Bill, *Bill Peet, An Autobiography*, Boston, Houghton Mifflin Company, 1989.

[3] Entretien avec l'auteur, mars 2010.

[4] GHEZ, Didier, *Walt's People, Volume 2,* Xlibris Corporation, 2006.

[5] Entretien avec l'auteur, mars 2010.

[6] PASTOUREAU, Michel, SIMONNET, Dominique, *Le Petit Livre des couleurs*, Points, 2005.

[7] Entretien avec l'auteur, juillet 1987.

[8] Entretien avec l'auteur, juillet 1987.

[9] THOMAS, Frank et JOHNSTON, Ollie, *Disney Animation, The illusion of life*, New York, Abbeville Press, 1981.

[10] THOMAS, Frank et JOHNSTON, Ollie, *Disney Animation, The illusion of life*, New York, Abbeville Press, 1981.

[11] THOMAS, Frank et JOHNSTON, Ollie, *Disney Animation, The illusion of life*, New York, Abbeville Press, 1981.

[12] Entretien avec l'auteur, mai 2011.

[13] THOMAS, Bob, *The Art of Animation,* New York, Simon and Shuster, 1959.

[14] THOMAS, Frank et JOHNSTON, Ollie, *Disney Animation, The illusion of life*, New York, Abbeville Press, 1981.

[15] KORKIS, Jim, *In His Own Words : Frank Thomas on the "Sleeping Beauty" Fairies*, Cartoon Research, 20 juin 2015.

[16] Entretien avec l'auteur, juillet 1987.

[17] Entretien avec l'auteur, juillet 1987.

[18] Entretien avec l'auteur, juillet 1987.

[19] Entretien avec l'auteur, juillet 1987.

[20] Entretien avec l'auteur, novembre 2010.

[21] Entretien avec l'auteur, novembre 2010.

[22] JOHNSON, David, Le *peuple de Blanche-Neige*, Vol 1, 2017.

[23] DIRKS, Tim, Greatest Film Noir Femmes Fatales, *Filmsite*, Greatestfilms.org

[24] Entretien avec l'auteur, juillet 1987.

[25] Entretien avec l'auteur, juillet 1987.

[26] DVD de La Belle au bois dormant.

[27] TIMS, Anna, *How we made Sleeping Beauty,* The Guardian, *17 juin 2014.*

[28] Entretien avec l'auteur, novembre 2010.

[29] Entretien avec l'auteur, juillet 1987.

[30] HULTGREN, Ken, *The Art of Animal Drawing*, Greenpoint Books, 1950.

[31] HULTGREN, Ken, *The Art of Animal Drawing*, Greenpoint Books, 1950.

[32] LEJEUNE, Julie, *Une Vision du Moyen Age au Cinéma Mémoire de Maîtrise en Histoire Médiévale*, septembre 1998.

[33] LANPHER, Dorse, *Flyin' chunks and other things to duck,* Universe Books, 2010.

[34] AMIDI, Amid, cartoonbrew.com/animators/victor-haboush, 5 août 2009.

[35] AMIDI, Amid, www.cartoonbrew.com/animators/victor-haboush- *Victor Haboush,* 8 mai 2009.

[36] AMIDI, Amid, cartoonbrew.com, 2000.

[37] AMIDI, Amid, www.cartoonbrew.com/animators/victor-haboush- *Victor Haboush,* 8 mai 2009.

[38] AMIDI, Amid, www.cartoonbrew.com/animators/victor-haboush- *Victor Haboush,* 8 mai 2009.

[39] Entretien avec l'auteur, novembre 2010.

[40] Entretien avec l'auteur, juillet 1990.

[41] CANEMAKER, John, *Walt Disney's Nine old men,* New York, Disney Editions, 2001.

[42] CARE, Ross, George Bruns, Cue Sheet, 18.3-4, juillet-octobre 2002.

[43] KOTHENSCHULTE, Daniel, *Les archives Walt Disney, les films d'animation 1921-1968*, Taschen, 2016.

[44] PERES, Jacques-Noël, *mythes et légendes, les créatures du feu*, Historia, juillet/août 2011.

[45] EASTWOOD, Jennifer, *The art of Disney's dragons,* Éditions Disney, 2016.

[46] Entretien avec l'auteur, juillet 1988.

[47] GHEZ, Didier, *Walt's People, Volume 7,* Xlibris Corporation, 2008.

[48] Entretien avec l'auteur, juillet 1987.

[49] LANPHER, Dorse, *Flyin' chunks and other things to duck,* iUniverse Books, 2010.

[50] EMC West 2007, GHEZ, Didier, *Walt's People, volume 24,* Theme Park Press, 2020.

[51] Entretien avec l'auteur, juin 2011.

[52] http://www.floydnorman.com/

[53] Interview par Robin Allan, 6 novembre 1989.

[54] KOTHENSCHULTE, Daniel, *Les archives Walt Disney, les films d'animation 1921-1968*, Taschen, 2016.

[55] HOLLISS, Richard, Wolfgang Reitherman, *Starbust*, N°42, 1981.

[56] HOLLISS, Richard, Wolfgang Reitherman, *Starbust*, N°42, 1981.

[57] KORKIS, Jim, *In Her Own Words: Phyllis Craig on Disney Ink and Paint, Cartoon Research, November 29, 2019.*

LES 101 DALMATIENS (1961)

Introduction de Cruella (Séquence 002) de 12'25 à 15'43

En 1957, le studio Walt Disney n'est pas à son apogée créatif, loin s'en faut. *La Belle au bois dormant* traîne depuis trop longtemps, les films en prises de vues réelles sont moins brillants, seuls quelques ajouts à Disneyland et une série télévisée *Zorro* triomphante méritent d'être mentionnés. Mais, compte tenu du coût et de la durée de production, la goutte d'eau qui fait déborder le vase est le résultat très décevant de *La Belle au bois dormant* en 1959. Ironiquement, un film en réel plutôt modeste comme *Quelle vie de chien! (Shaggy Dog)* est bien plus rentable. *La Belle au bois dormant* aurait dû lui raviver sa passion pour les dessins animés, mais les résultats commerciaux sont décevants. D'ordinaire, cet homme optimiste et motivé se remet rapidement, se rappelant que sa carrière a déjà connu de tels revers et qu'il ne se laissera pas décourager par un nouvel échec. Il a déclaré : « Les coûts ont toujours été un facteur très important dans notre activité. Mais ils ont toujours été résolus, à chaque phase de l'évolution des films, sur une base relative et tolérable[1]. » On a souvent prétendu que Walt n'avait jamais tenu compte des préoccupations financières, qui étaient à l'origine de tant de querelles avec son frère Roy. Ce n'était pas si vrai à l'époque, et sa prédiction à la fin de 1959, pendant la production des *101 Dalmatiens*, en dit long : « Pour penser 6 ans à l'avance - voire 2 ou 3 ans - dans ce domaine de la production de dessins animés, il faut des risques calculés et beaucoup plus qu'une foi aveugle dans l'avenir des films cinématographiques[2]. » C'est du moins ce qu'il a affirmé publiquement. Au fond de lui, il pensait que les films d'animation avaient peut-être atteint leur limite. Trop longs à réaliser, trop coûteux, comparés à ce que des épisodes télévisés vite expédiés pouvaient apporter.

Il était peut-être temps de se rendre à l'évidence et de fermer le légendaire studio. L'homme n'était sans doute pas du genre à se laisser aller, mais une telle décision aurait certainement été prise à contrecœur, compte tenu de tout ce que l'animation avait représenté pour lui et tous ses employés. C'est pourquoi il a décidé de donner une dernière chance à son studio, à condition qu'il prenne des mesures drastiques pour réduire ses dépenses. Cela impliquait des licenciements massifs et des restrictions budgétaires. À l'hiver 1959, sur 550 artistes, il n'en reste plus que 75. Burny Mattinson, qui a travaillé sur le film, se souvient : « Comme me l'a expliqué Ollie Johnston, après la sortie de *La Belle au bois dormant*, le film n'a pas eu le succès financier escompté par Walt, compte tenu de son coût. Roy Disney essayait d'encourager Walt à renoncer à faire d'autres films d'animation et à se concentrer sur les parcs et les films en prises de vues réelles. Mais Walt est réticent, d'une part parce qu'il estime qu'il le doit à ses animateurs et d'autre part parce que Bill Peet a adapté un scénario du livre *Les cent et un dalmatiens,* sur lequel il a commencé à travailler et que Walt aime bien[3] . »Il pense aussi que les contes de fées sont peut-être obsolètes. Il avait vainement lutté pour éviter un autre *Blanche-Neige* ou *Cendrillon* au profit de *La Belle au bois dormant.* Le film suivant devait lui épargner de telles préoccupations.

Comme souvent lorsqu'il doutait et qu'il était confronté à des crises, il prenait un congé pour soulager son esprit des difficultés quotidiennes à surmonter et ce voyage s'est avéré fructueux, comme le raconte Bill Peet : « Walt a fait un voyage aux Caraïbes et il est tombé sur quelqu'un qui lui a suggéré ce livre. Il m'a appelé dans son bureau un jour et - il m'a dit 'hey' - il a posé ce livre sur la table basse et il m'a parlé d'un incident particulier dans le livre et il m'a dit 'c'est vraiment, je pense que c'est quelque chose, il a parlé de ces deux chiens qui viennent dans la maison de ce vieil homme le - le vieil homme pense que ces chiens qu'il a vus et il leur donne un peu de toast ; il est sentimental et il leur parle et il les appelle par leurs noms'...[4] » Ce livre est bien sûr celui de Dodie Smith, publié en 1956 et rapidement acclamé. Mais la façon dont Walt a obtenu le livre semble informelle et anecdotique, ce qui est loin d'être vrai. Valerie Grove, biographe de Dodie Smith, est plus précise : « Il s'est avéré que c'est Charlie (Brackett) qui avait donné son propre exemplaire du livre à Disney : sachant que Walt ne le lirait jamais en entier, il lui a dit de ne regarder que l'épisode où les chiots se roulent dans la suie pour se déguiser[5] . » Charles Brackett, ancien romancier et critique dramatique au New Yorker, était devenu producteur et travaillait pour l'écrivaine britannique à Hollywood. En février 1957, Dodie Smith reçoit un appel de Stanley Salmen, de Little Brown à Boston, lui annonçant que Walt Disney souhaite acheter les droits du roman avant qu'il ne devienne trop célèbre aux États-Unis, car Viking s'apprête à le publier. Smith, qui n'avait jamais connu un grand succès, accueillit favorablement les 25 000 dollars et le film allait changer sa vie à jamais.

Le studio ayant surtout réalisé des films basés sur des contes de fées ou des histoires du XIXe siècle, il n'a jamais pu être en contact avec les auteurs. Cette fois-ci, ce sera différent, et non seulement Walt correspond-il assez fréquemment avec Dodie Smith, mais il lui rend même visite en juillet 1959. Au cours de cette rencontre, il tente de la rassurer en lui disant qu'ils n'ont pratiquement pas modifié son histoire: « Vous auriez dû voir ce que nous avons fait de *Peter Pan* et d'*Alice au pays des merveilles.* » Il est évident qu'il respectait le talent de cette femme, comme il l'a avoué à Pete Martin : « C'est bien écrit, c'est une bonne écrivaine. Nous l'avons embelli mais nous ne pouvions pas faire tout ce qu'il y avait dans le livre, elle avait beaucoup de choses dans le livre que j'aimais mais si j'avais eu un dessin animé de 2 heures, cela m'aurait coûté 5 millions de dollars[6] . »

Walt, qui en avait eu assez des problèmes liés à l'histoire de *La Belle au bois dormant* malgré l'intervention de toute une armada de scénaristes, pensait sans doute que l'intrigue était très bien écrite et qu'il suffisait de la resserrer et de la réécrire. Le livre était en fait une grande nouveauté puisqu'il était contemporain, inconnu du public contrairement aux classiques, et qu'il se déroulait dans un Londres réel. Mais il était loin de se douter que le film s'éloignerait encore plus de tout ce qu'il avait connu auparavant en termes de design et d'ambiance.

Le livre, dont les droits ont été achetés le 30 novembre 1957, a été lu par un Bill Peet peu impressionné : « Après l'avoir lu, je me suis dit que ça allait être difficile, je me demandais ce qu'il aimait dans le livre, je devais prendre ce truc, développer tout en restant proche du livre, je suis dans le pétrin parce que je ne l'aime pas tant que ça[7] . » Quoi qu'il en soit, il a lu le livre encore et encore et a commencé à avoir des idées : « Je me suis dit que je devais faire les choses à ma façon et que si Walt n'aimait pas, c'était fini. Je veux faire quelque chose qui me plaise, alors j'ai décidé qu'il valait mieux que ce soit romantique - ce bâtard de chien doit commencer dans cet appartement et ça doit être raconté par le chien pour que vous sachiez ce qu'il veut dire. Ainsi, Pongo dit 'C'est moi qui ai les taches - il regarde par la fenêtre à la recherche de quelqu'un avec qui s'apparier, mais il ne veut pas être coincé, il veut une compagne à lui, il se fiche de Roger, mais s'il pouvait trouver quelque chose de vraiment bien et pour le maître - ce serait génial[8] . »

À l'époque, l'étoile de Bill Peet brille de tous ses feux. Ses contributions à *Dumbo*, *Cendrillon* et *Alice au pays des merveilles*, ainsi qu'à de nombreux courts métrages, ont fait de lui un scénariste de premier plan, à tel point que Walt lui confie cette fois-ci la responsabilité d'écrire le scénario et de dessiner les story-boards de l'ensemble du film, ce qui constitue une nouvelle rupture par rapport aux habitudes antérieures. Travailler seul était exactement ce qu'il voulait, comme il l'a exprimé dans une interview : « On ne peut pas avoir une idée collective de ce qui est drôle. Le travail créatif est une chose très personnelle. Il faut avoir un point de vue unique[9] . » Il a donc énormément apprécié son travail. Mais tout le monde ne s'entend pas avec Bill Peet, et le fait qu'il se sente si sûr de lui, pour ne pas dire un peu hautain, porte sur les nerfs de certains artistes. De plus, la jalousie était bien connue au studio, et voir Walt donner presque carte blanche à un seul réalisateur suscitait des rancœurs.

Il faut dire que même si Peet a fait un excellent travail et a peaufiné l'histoire, le livre contenait déjà de nombreux joyaux tels que l'appel du soir, le déguisement intelligent avec la suie, l'importance de la télévision, les différentes évasions et, bien sûr, Cruella D'Enfer : « Je ne sais pas taper à la machine, j'écris sur des blocs et je gratte, et parfois je dessine un peu quand je m'égare, je dessine tout le temps, donc ça demande beaucoup de discipline. Walt m'a appelé dans son bureau et m'a dit 'C'est vraiment bien, c'est vraiment bien', c'est rare de la part de Walt et je m'en suis senti très bien, et il m'a autorisé à faire les storyboards[10] . » Cette méthode était une autre nouveauté. Le studio était connu pour procéder à partir d'innombrables croquis et story-boards, en n'écrivant pratiquement rien. En fait, ce n'était qu'à moitié vrai, même *Blanche-Neige* a fait l'objet d'un long travail d'écriture en même temps que le développement visuel et le storyboard.

Walt étant moins motivé et moins disponible qu'auparavant, il était heureux d'être déchargé du fardeau de superviser le film tous les jours. Certains, comme le directeur artistique Ken Anderson, le regrettent : « *101* a souffert de l'absence de Walt, mais il avait dit : 'De toute façon, nous n'en ferons plus. Si vous en faites un autre, vous pouvez le faire vous-mêmes[11]'. » Non seulement il confie l'écriture du scénario et le story-board à un seul homme, mais il décide aussi de donner plus de latitude à ses trois réalisateurs, Wolfgang Reitherman, Ham Luske et Clyde Geronimi. Mais il les choisit avec soin, comme l'explique Burny Mattinson : « Je pense que Ham était probablement le réalisateur préféré de Walt (Ham était le seul réalisateur auquel Walt faisait confiance et qu'il utilisait pour ses introductions à l'émission télévisée Disneyland). Walt affectait ses réalisateurs aux séquences pour lesquelles il estimait qu'ils étaient les mieux placés (comme Woolie pour les poursuites et les séquences d'action). Ham était présent partout, mais il était probablement le mieux placé pour les moments chaleureux et sincères. Walt travaillait en étroite collaboration avec les équipes de scénaristes pour développer les séquences, puis appelait ses réalisateurs dans les salles de scénarisation et passait personnellement en revue chaque scène, sur les story-boards, en expliquant ce qu'il envisageait et, dans certains cas, en la jouant. Les réalisateurs, à leur tour, essayaient de transmettre cette vision lorsque l'animation était confiée aux animateurs et au personnel[12] . » Un nom manque dans ce trio de réalisateurs, celui de Wilfred Jackson. En effet, il a été remplacé par Reitherman car « Jaxon » avait de plus en plus de problèmes de santé en 1958, et il a arrêté de réaliser des longs métrages. De plus, Walt désignait toujours Jackson pour les séquences musicales et ce film en comportera très peu. Mais le travail avec Reitherman se passera moins bien, comme le remarque Ward Kimball : « Woolie n'était pas le meilleur scénariste, c'était un organisateur mais il était têtu, Frank et Ollie disaient qu'il ne changerait pas les séquences. Milt Kahl, son attitude envers Woolie était la suivante : vous voyez un insecte, vous marchez dessus, ils se battaient continuellement et en réalité, Milt menait la campagne pour essayer de tirer l'histoire vers le haut, et devait supporter une situation pénible, mais même lorsque Walt était en vie, c'est pourquoi Woolie et Milt se sont battus[13] . »

Jusqu'à présent, Ken Anderson avait été une sorte de touche-à-tout, allant de la mise en scène à la conception d'attractions pour les parcs, et ce film allait lui permettre de mettre enfin son empreinte sur un long métrage de Disney. Il aimait avoir l'entière responsabilité de la conception d'un film, comme l'avaient fait son amie Mary Blair ou Eyvind Earle. Ce devait être son film et lui, qui faisait de son mieux pour plaire à Walt, aurait plus tard une pilule difficile à avaler...

Anderson voulait donc trouver un look particulier pour le film, prêt à rompre avec les traditions. Il aimait les lignes et il y en aurait. Mais le style qui en résultera découlera également du désir d'Anderson de répondre au besoin de Walt de réduire les dépenses. En même temps, ayant des liens étroits avec ses collègues animateurs, il était sensible à leurs plaintes selon lesquelles les dessins nettoyés perdaient la fraîcheur brute de leur contribution personnelle d'origine. L'encrage des cellos ne faisait qu'empirer les choses, du moins c'est ce qu'ils pensaient. Comment Anderson pouvait-il satisfaire à la fois Walt et les animateurs ?

L'inventeur Chester Carlson a travaillé en vain pendant des années sur une machine basée sur l'électrophotographie et a failli y renoncer en 1942. Mais en 1946, la Haloid Photographic Company est bien décidée à lui donner une chance, en l'affinant et en la rebaptisant « xérographie ». Le procédé Xerox est né et semble prometteur pour un studio comme Disney à une époque où l'on cherche à réduire les coûts. Et s'ils pouvaient copier les dessins mêmes des animateurs sur les cellos au lieu de passer par l'étape coûteuse et lente de l'encre ? Mais photocopier sur papier était une chose, le faire sur celluloïd en était une autre. Ub Iwerks se rend sur la côte Est pour comprendre ce qu'est cet appareil au siège de la Haloid Company. En 1958, le studio achète trois machines et Iwerks trouve le moyen de copier sur celluloïd. Bien sûr, il a fallu quelques ajustements, comme l'a reconnu

Anderson : « C'était très rudimentaire avec les lignes Xerox, parce que nous n'avions pas encore de machine correcte, nous ne pouvions pas utiliser d'autres lignes colorées, ou des lignes Xerox plus fines, mais cela a permis à tout le monde de pouvoir le faire, et nous sommes passés de 8 millions de dollars à 3 200 000[14]. » La maquettiste Sylvia Roemer se souvient : « Il a fallu beaucoup de temps avant de mettre au point la photocopieuse pour obtenir des lignes fines, qui ne soient ni trop noires ni trop étalées, et qui soient cohérentes. Les animateurs avaient l'habitude de faire des lignes douces et fluides, ce qui donnait un aspect doux au personnage. Mais les animateurs voulaient que leurs lignes soient reproduites et, bien sûr, beaucoup d'encreurs ne pensaient pas que c'était si bien que cela[15]. » En marchant sur la pointe des pieds, ils l'ont essayé sur certaines scènes de *La Belle au bois dormant*, comme nous l'avons vu.

Dans l'ensemble, les animateurs étaient enthousiastes et ont félicité Anderson, comme Marc Davis : « Nous avons adoré la première fois que nous avons vu nos dessins sur l'écran (...) Ken a joué un rôle déterminant dans la réalisation de ce film[16]. » D'autres avaient des sentiments mitigés, comme Eric Larson qui a déclaré à Christopher Finch et Linda Rosenkrantz : « Il y a beaucoup de choses que j'aime et beaucoup de choses que je n'aime pas. Dans de nombreux cas, pour moi, cela gâche la beauté de la conception du personnage. Parce que je suis tellement occupé à regarder les lignes se déplacer. Et pourtant, cela préserve la qualité du dessin des animateurs[17]. » Il en va tout autrement au « Couvent » où les filles ont rapidement compris que la machine Xerox serait leur perte, et elles n'arrivaient pas à y croire.

Et ce qui est terrible, c'est qu'un couloir entier du département Encre et peinture a été transformé en salles dédiées aux machines Xerox. L'ennemi se tenait à côté ! Becky Fallberg avait été peintre, encreur et allait bientôt diriger le département Encre et peinture : « Avec le procédé Xerox, une centaine d'employés ont été licenciés. Certains sont partis peindre, d'autres ont simplement démissionné, d'autres encore travaillaient sur les caméras Xerox. C'était terrible. Je pense que le processus Xerox que nous avons ici est le meilleur de l'industrie, mais rien ne peut reproduire le travail à la main, mais c'était vraiment pratique[18]. » D'un point de vue plus sombre, on ne savait pas encore que les premiers procédés contenaient des produits très toxiques... Anderson s'est investi corps et âme dans ce projet, et le style lui revient sans conteste : « J'ai animé quelques scènes parce que nous devions vendre l'idée à Walt et je ne voulais pas mêler quelqu'un d'autre sans savoir que c'était un succès. J'ai animé trois scènes, puis l'ensemble du concept a pris une tout autre allure à l'écran. La personnalité de l'Angleterre est mieux illustrée par la ligne d'encre[19]. » Cependant, la machine Xerox devait encore être améliorée, comme le confirme la maquettiste Sylvia Roemer : « Il y a eu beaucoup de discussions entre les animateurs et les gens de Xerox qui développaient le processus pour que cette ligne ne devienne pas trop noire ou qu'elle ne s'étale pas. Le gros problème, c'est qu'elle devait être cohérente, sinon elle allait scintiller à l'écran. Ils devaient donc s'assurer qu'ils avaient tous le même crayon et la même couleur[20]. »

Cependant, même si Ken Anderson a pris la tête du design du film, il a également eu recours à un artiste très original et aux idées bien arrêtées du nom de Walt Peregoy, qui a expliqué à son amie Julie Svendsen : « La raison pour laquelle j'ai été choisi par Ken Anderson est que s'il me mettait comme artiste coloriste, il savait que je créerais quelque chose d'original, pas simplement un autre fond d'écran Disney. Il savait que ce serait moi[21]. » Il n'avait pas été le premier choix, Antony Rizzo était censé le styliser. Le choix de Peregoy était une autre décision audacieuse. Très influencé par les artistes d'avant-garde et abstraits tels que Raoul Dufy, il était déterminé à s'éloigner de toute référence habituelle à Disney et à instiller une touche de Dufy dans les décors. L'idée était notamment de ne pas essayer de faire correspondre les couleurs aux contours des éléments des décors, mais plutôt d'opter pour une technique appelée « formes arbitraires ». Cela signifie que certaines zones sont peintes, sans essayer de s'adapter aux contours. Il a fallu de nombreux essais, comme l'a rappelé le peintre de décors Ray Aragon à Didier Ghez : « La réponse que nous avons obtenue au début ressemblait à une bande dessinée. On aurait dit une bande dessinée bon marché. Puis le département des décors a essayé ceci et cela. Cela n'a pas fonctionné. Cela a duré un certain temps. Finalement, Walt Peregoy a adopté le style de peinture de Raoul Dufy (...) Nous l'avons rendu si parfait en utilisant l'équerre en T et les triangles. Quoi qu'il en soit, nous l'avons rendu si parfait avec un point de perspective qu'il est incroyablement parfait. Mais ce n'était pas tout. Une fois que nous avons fait cela et que la chose était scientifiquement parfaite, elle était trop parfaite. Nous avons dû recouvrir une feuille de papier propre à la main, sans utiliser de triangles ni de règles. Nous devions alors dessiner par-dessus les règles et faire un dessin fini à la main aussi soigneusement que possible pour le rendre moins parfait. C'est là que réside le charme de *101*[22]. »

Mais Ken Anderson tenait absolument à ce qu'il y ait une harmonie entre les décors et les personnages, comme s'ils ne faisaient qu'un, ainsi qu'il l'a déclaré à John Canemaker : « Mon idée était qu'il n'y aurait qu'un seul style... Il n'y avait aucune tentative de dissimuler les lignes. Je savais qu'elles allaient être de 15 cm sur le grand écran, mais c'étaient de belles lignes, et parce que c'étaient des lignes d'animateur, elles avaient toujours plus de vie que les tracés. Les animateurs en étaient très satisfaits [23] . » Cela impliquerait l'utilisation de la technique de « retouche » pour les artistes du clean-up/nettoyage.

Mais un autre artiste ne doit pas être négligé, le méconnu Ernie Nordli, et l'expert Amid Amidi a voulu souligner son travail dans son livre : « Ernie Nordli, qui est l'un des trois artistes du film crédités pour le 'layout styling', a joué un rôle clé dans le développement du style de dessin de l'arrière-plan du film. Selon le maquettiste Ray Aragon, le style de Nordli consistait à dessiner les éléments de l'arrière-plan avec des épaisseurs de lignes variées pour créer des contrastes qui renforceraient l'illusion de profondeur. En outre, les objets qui devaient être mis en valeur dans la mise en scène étaient dessinés avec des contours multiples (une ligne épaisse était soutenue par des lignes plus fines). Le style de mise en scène de Nordli n'avait pas seulement un but fonctionnel, mais était aussi un élément décoratif qui ajoutait beaucoup à l'aspect général et à la sensation du film[24] . »

De plus, Peregoy voulait utiliser une variété de couleurs parfois criardes comme jamais auparavant. Ses associations de couleurs pouvaient être encore plus audacieuses que celles de Mary Blair. Nombre de ses collègues du monde de l'animation étaient stupéfaits. On voit bien que si Walt Disney avait été plus présent et s'était intéressé au travail en cours, il n'aurait peut-être pas embrassé des choix aussi audacieux. C'est ce que Frank Armitage, peintre de décors, a expliqué à Didier Ghez : « Je ne pense pas que Walt Disney ait compris le travail de Walt Peregoy. Comme beaucoup d'entre nous, je pense qu'il a été intrigué, étonné[25] . » Pour Peregoy, cette opportunité a été une bénédiction : « Ce n'était pas un conte de fées et tous les artistes ont réalisé qu'ils avaient maintenant la possibilité de faire ce qu'ils voulaient. Certains de manière subtile et d'autres de manière totalement différente de l'aspect Disney »[26], a-t-il avoué à Julie Svendsen.

Une fois de plus, les artistes vont peindre leur vision de l'Angleterre, et pas seulement de Londres. Un photographe est envoyé sur place pour prendre des clichés de la ville et de la campagne du Suffolk. Il a également pris quelques images de Regent's Park. De plus, le bureau de Disney à Londres leur fournissait au besoin des photos et des conseils sur les meubles ou tout ce qui devait avoir l'air anglais, pour le plus grand plaisir d'Eric Larson, qui déclarait à Steve Hulett : « Je pense que l'Angleterre est tellement pleine de charme. L'héritage de l'Angleterre a une grande influence. L'Angleterre et l'Allemagne. [27] » Certains auraient aimé pousser les recherches un peu plus loin, comme le regrettait le maquettiste Joe Hale : « Les recherches ont surtout porté sur les livres et les photographies. Je me souviens que lorsque nous avons commencé à travailler sur le film et que nous essayions de trouver du fond de recherche, je suis tombé sur Ken Peterson, qui était le superviseur de la production, et j'ai suggéré d'envoyer Don Griffith en Angleterre pour faire des croquis, prendre des photos et acheter du fond de recherche. Il m'a regardé comme si j'étais fou[28]. »

Mais jusqu'à présent, ils avaient situé les histoires à l'époque victorienne et édouardienne, cette fois-ci, il fallait un environnement de 1961, avec le risque de paraître rapidement démodé. Il s'agissait d'une préoccupation permanente, les films Disney étant censés durer éternellement sans vieillir. Dans son livre, Nancy Beiman explique comment ils ont résolu le problème : « Les héros humains portaient des vêtements des années 1950, jouaient du jazz et vivaient dans une maison géorgienne en terrasse (vers 1840). Toutes les photos sur leurs murs sont des chiens (...) Le mélange de lieux historiques et de références contemporaines a donné au film une qualité de conception plus intéressante que celle qu'il aurait eue si tous ses accessoires et décors dataient des années 1950, bien que son histoire forte ait garanti le succès[29]. »

Une rue vide de Londres où arrive bientôt une voiture à fond

Le plan d'ensemble précédant l'arrivée de la voiture de Cruella permet de voir plus clairement la technique des « formes arbitraires », car certains bâtiments de l'arrière-plan sont peints en vert clair ou en bleu clair, sans tenir compte des contours. Le réverbère de gauche est un autre bon indice, car seul un trait de peinture couvre l'ensemble du poteau. Il s'agit toutefois d'une rue londonienne étrange, où une seule voiture est garée au loin. À la fin des années 1950, Londres était déjà une ville très animée. Mais un espace plus vide signifie une action plus lisible à venir et le réalisateur Ham Luske le savait. Les arbres dénudés préparent l'idée de l'arrivée de l'hiver, une saison qui sera importante dans le développement de l'histoire. Ken Anderson avait étudié l'architecture et connaissait la perspective, il a sûrement encouragé ses maquettistes à faire des prises de vue en perspective comme ici. Walt Peregoy a un jour rendu hommage aux talents de ces personnes à Bob Miller : « J'ai eu de superbes maquettistes/layout. Nous avions des artistes fabuleux comme Ernie Nordli, Ray Aragon, Dale Barnhart. J'en ai peut-être oublié quelques-uns, mais il s'agissait de jeunes artistes de ma génération, et ils étaient sacrément doués. Ils ont énormément contribué à l'évolution des décors. Cela a affecté ma façon de peindre, car je peignais délibérément en étant conscient qu'il n'était pas nécessaire de se faire suer à peindre une poignée de porte, un morceau de verre ou un arbre[30]. » Une astuce bien connue des studios Disney consiste à utiliser des oiseaux pour souligner le mouvement et la panique.

A grand renfort de bruits stridents et de coups de klaxon, la voiture arrive, apparemment conduite par un fou, en zigzaguant tout au long de la route. Le livre original mentionne un « klaxon extrêmement strident » et Cruella se vante d'avoir le « klaxon le plus fort d'Angleterre ». Le registre de l'animation dit « manque de peu un piéton et une autre voiture », et elle figurait dans le dernier storyboard de Peet, mais il semble qu'ils aient décidé de la réduire à une simple voiture garée, à la dernière minute. Cette animation a servi de base à une animation similaire avec Medusa dans *Les aventures de Bernard et Bianca* (1977) des années plus tard. D'ailleurs, ils ont envisagé de réutiliser Cruella comme méchante dans ce film.

Dans le livre, la voiture est assortie aux cheveux de Cruella : « Elle était peinte en noir et blanc, avec des rayures plutôt visibles. Cela explique pourquoi Mme Dearly [qui deviendra Anita chez Disney] a dit : 'Cette voiture ressemble à un passage piéton en mouvement' ». Dodie Smith n'a pas trop développé sur cette voiture, se contentant d'indiquer qu'elle était grande. Les artistes de Disney lui donnèrent un capot exagérément long et préféraient les couleurs rouge et noire. Il était tentant d'utiliser les phares comme une autre façon d'avoir l'air menaçant, alors ils les ont fait ressembler à des yeux renfrognés. Quant aux enjoliveurs, ils portent la mention « CD ». Bien entendu, la voiture est une invention et n'appartient à aucune marque en particulier. Dans la série télévisée fantastique ABC *Once Upon A Time*, ils ont opté pour une Zimmer Golden Spirit modifiée des années 1980. Mais à l'époque, on pourrait dire que l'équipe s'est inspirée de voitures telles que la légendaire Bugatti Type 57 Atalante Faux Cabriolet de 1935, la Rolls Royce Phantom II Continental de 1933 ou une berline Bentley Sport B92KT de 1937. En fait, la voiture est un mélange de toutes ces influences. Nous savons que de nombreux membres du studio étaient des passionnés de trains, mais beaucoup d'entre eux étaient également des amateurs de voitures et ils se sont amusés à concevoir celle de Cruella. Walt lui-même n'était pas immunisé contre le virus et, bien qu'il n'ait pas eu beaucoup d'argent à ses débuts, il a acheté un roadster Moon de 1926 et, plus tard, une Packard de 1942 dont il était très fier.

De nombreuses fois dans le passé, de tels véhicules ont été animés grâce à des images de modèles réels. Des carrosses de *Pinocchio* à ceux de *Cendrillon*, des techniciens les ont filmés pour ensuite être plus ou moins retracés. Dans ce cas précis, le modèle en carton réalisé par Dick Lucas était tout blanc avec des lignes noires très visibles soulignant toutes les jantes de la voiture pour faciliter le travail des traceurs. Frank Thomas et Ollie Johnston expliquent comment ils ont procédé : « L'image était découpée et collée sur un cello, puis copiée par le procédé Xerox comme n'importe quel dessin[31] . » Jack Buckley fit une grande partie de la voiture et était présent lors du tournage avec le caméraman Ed Cook. Cependant, le risque étant que la voiture ait l'air trop rigide et non crédible, ils ont équipé les roues de ressorts pour donner l'illusion d'une suspension et d'un certain effet de rebond.

Richard Norcom « Dick » Lucas (1920 -1997) est né à Los Angeles et a été élevé par une mère célibataire qui était infirmière. Elle s'occupe des nouveau-nés de Carol Burnett et de John Wayne. Il fréquente l'école d'art Chouinard et est remarqué par Bille Burke qui en parle à son ami Walt. Lucas avait l'intention de s'inscrire à l'UCLA mais a finalement rejoint le studio Disney en 1942 sous l'aile de Woolie Reitherman pour plusieurs courts métrages de Goofy par exemple. Les deux familles se rapprochent et passent les week-ends ensemble. Il était également proche du scénariste Ralph Wright. Il se marie avec une jeune fille qu'il avait rencontrée au lycée de Los Angeles. Son premier long métrage est *Les trois Caballeros* (1944). Il s'est ensuite tourné vers l'animation d'effets spéciaux, se spécialisant dans les véhicules de toutes sortes. Il aimait faire des maquettes, et en a même fait une d'Evinrude pour *Les aventures de Bernard et Bianca* (1977). Il lui arrivait cependant de faire de l'animation de personnages, par exemple en redessinant d'anciennes animations à de nouvelles fins. Walt l'aimait bien, comme le prouve Julie Lucas Runco, la fille de Lucas : « Le jour où je suis née à St. Joseph, de l'autre côté de la rue, papa a dit à maman de regarder le toit du bâtiment de l'animation à midi... elle l'a fait... et il y avait papa qui lui agitait une douzaine de roses... ainsi que Walt. Walt a vu papa aller sur le toit avec les fleurs et lui a demandé 'Qu'est-ce que tu fais Dick ?' Quand il lui a expliqué, il a fait pareil. C'était l'histoire préférée de ma mère pour mon anniversaire [32] . » Lucas était un homme plutôt discret, mais il a eu des problèmes cardiaques qui l'ont conduit à subir une opération du cœur en 1964, mais Walt ne l'a pas oublié, comme sa fille s'en souvient : « Walt a appelé à la maison pour savoir comment il allait, ce que j'ai réalisé des années plus tard... c'était gentil de sa part. Walt le payait toujours et lorsqu'il est retourné au travail, il a dit aux gars de l'animation : 'Si vous entrez dans le bureau de Dick et qu'il dort, ne le dérangez pas[33] ». Son dernier film est *Rox et Rouky*(1981) et il prend sa retraite un an après sa sortie. Il est mort chez lui dans son sommeil à l'âge de 77 ans.

Dans le livre, Cruella a un chauffeur, mais ici elle conduit elle-même, ce qui renforce son comportement violent, dangereux et menaçant. La voiture est une extension évidente de sa personnalité. Nous verrons plus tard que la couleur rouge était un choix délibéré. Au moment où les freins crissent, nous voyons Perdita quitter Pongo alors qu'ils regardaient la scène à la fenêtre. Pongo se tourne rapidement vers elle sur sa droite, le tout animé par Ollie Johnston. Seule la tête de Pongo bouge, le reste du corps demeure immobile. C'est là que le collier sera très utile tout au long du film pour ménager l'animation du corps dans plusieurs plans moyens ou rapprochés. Bien que rapidement vu, l'arrière-plan est à nouveau typique du style « formes arbitraires » avec seulement deux tons de couleur brunâtre couvrant le mur, les briques et les meubles de l'arrière-plan.

Nous voyons Cruella se garer du point de vue de Pongo. Cette décision a été prise assez tardivement, car pendant longtemps, il était prévu de voir Perdita tout de suite sous le poêle. Au lieu de cela, nous nous concentrons sur le chien et son maître Roger, presque en pied, en train de regarder dehors. Roger se trouve près de l'énorme téléviseur. Il est bien connu que ce film étant contemporain, pour la première fois, les décors devaient coller à la réalité de l'époque au risque de paraître rapidement démodés lors de la sortie du film. Même si des téléviseurs portables étaient déjà disponibles à l'époque, celui que nous voyons est un modèle plus ancien.

Milt Kahl anime les deux personnages, et Roger utilise l'ironie lorsqu'il parle de la « chère compagne de classe » d'Anita, ce qui permet de comprendre rapidement le lien entre Anita et Cruella. Cette fois-ci, nous voyons Perdita dans un plan de derrière qui va se cacher sous le poêle de la cuisine, animé par Blaine Gibson. Gibson s'est contenté de ces petites scènes pour des raisons qu'il a expliquées : « Lorsque vous apprenez l'animation, vous ne comprenez souvent pas et vous risquez de gâcher une scène en ne comprenant pas à quel point tout est simple. On pense que les choses sont plus difficiles qu'elles ne le sont, alors on surcompense et on rend les choses trop compliquées. Au bout d'un certain temps, on s'aperçoit que les choses sont assez logiques. Rien n'est si difficile, c'est juste que vous le rendez difficile. Je me souviens de ce que me disait mon frère aîné lorsque j'apprenais l'algèbre : 'Blaine, c'est si simple !'. Je me disais : 'Ça doit être vraiment difficile, parce que je ne sais pas comment faire ![34] .' » Animer des animaux était ce qu'il savait faire de mieux parce qu'il avait grandi dans une ferme, observant les chevaux qui labouraient les champs. Il est devenu un Imagineer-sculpteur talentueux.

Roger commence à chanter

La décision de Bill Peet de transformer Roger, riche « magicien de la finance », en auteur-compositeur, a ouvert la voie à des moments musicaux certes peu nombreux. C'est Mel Leven qui s'en chargera. Il avait écrit une autre chanson intitulée « Cruella D'Enfer (Wicked Ole Thing) » qui n'avait pas cette tonalité de blues. Né à Chicago comme Walt, il a servi longtemps dans l'US Air Corps avant de reprendre sa carrière d'auteur-compositeur pour UPA essentiellement. Walt a peut-être entendu parler de lui par l'intermédiaire de Peggy Lee, qui a enregistré certaines de ses chansons. Mais il y avait aussi d'anciens artistes de Disney à l'UPA qui ont pu l'aider. Il a également contribué à *Le pays des jouets (Babes in Toyland)* (1961) et au court métrage oscarisé *C'est pas drôle d'être un oiseau (It's Tough to be a Bird)* (1969) de Ward Kimball.

Leven a prétendu qu'il s'agissait d'un hommage à la chanson « Ba-Lue Bolivar Ba-Lues-Are » de Thelonious Monk. Elle sera reprise plus tard par Sonny Rollins. Enregistré pour la première fois en 1956 pour l'album *Brilliant Corners*, le blues en si bémol était bien plus qu'une inspiration et il est incroyable que Leven n'ait pas été poursuivi pour avoir copié la mélodie jouée par la section de cuivres : le début de la mélodie est exactement le même que celui que chante Roger. Mel Leven était très fier de la façon dont il avait eu l'idée de la chanson, comme il l'a avoué à David Koenig : « Et juste avant de quitter la maison pour jouer les chansons à Disney, alors que j'attendais de partir, j'ai eu l'idée de la faire comme un numéro bluesy. En 45', j'ai écrit la chanson qui a été utilisée dans le film[35]. » Son fils William Leven se souvient d'une version légèrement différente pour Jérémie Noyer : « Une histoire très intéressante est que papa a écrit deux versions de *Cruella D'Enfer* qu'il allait chanter à Walt. Le jour de sa rencontre avec Walt, il y a eu un léger retard d'environ 15 minutes et papa n'était pas satisfait des deux versions qu'il allait chanter, il devait en avoir une autre. Pendant ces 15 minutes (dans la salle de réunion et sur le piano de la salle de réunion), il a écrit une version blues, et c'est cette version blues que Walt a aimée, et c'est la version qui est devenue célèbre dans le monde entier[36]. » C'est la première chanson qu'il a écrite pour le film.

Suit un gros plan sur la tête de Pongo animée par Ollie Johnston. Johnston l'animera tout au long de cette séquence. Il semble que le chien souriant soit heureux que son maître ait retrouvé l'inspiration et qu'il apprécie que son doigt lui tapote la truffe. Puis Roger bloque Anita qui se dirige vers la fenêtre. Jamais le studio n'avait mis en scène un couple comme celui-ci. C'est l'une des nombreuses nouveautés d'un film résolument plus moderne, comme l'ont remarqué de nombreux critiques à l'époque. La plupart des histoires précédentes, généralement situées au Moyen-Âge, s'arrêtaient après « ils se marièrent et vécurent heureux ». Ici, nous partageons leur intimité au quotidien. Même si cela reste plutôt discret, il y a de subtils touchers, comme lorsqu'il fait courir son doigt le long de la colonne vertébrale de la jeune femme. C'est un couple heureux, avec un homme enjoué et plutôt insouciant et une femme plus concentrée et sérieuse, comme on l'a vu dès le début avec leur rencontre dans le parc. Mark Kennedy, scénariste chez Disney, ajoute : « Roger et Anita, on a l'impression que c'est un couple heureux, on a l'impression d'une relation en chair et en os, d'un vrai mari qui taquine sa vraie femme. C'est un moment incroyablement bien réalisé. Il réussit à vous faire aimer ces deux-là et, plus tard, à vous faire souhaiter que les Dalmatiens retournent auprès de Roger et Anita, afin qu'ils puissent tous former une grande et heureuse famille [37] . » On comprend mieux pourquoi, contrairement au livre qui décrit le couple en deux pages, Bill Peet a tenu à s'attarder sur les deux personnages humains afin que le spectateur ait ce sentiment d'un foyer chaleureux perturbé par une femme folle et cruelle. Toute la séquence d'ouverture de la rencontre dans le parc est de son invention. Même le petit cri d'Anita et son expression révèlent déjà une certaine nervosité. L'arrivée même de Cruella a déjà eu un impact. L'espièglerie ou peut-être la puérilité de Roger sont confirmées lorsqu'il imite une créature diabolique en montant les escaliers et en se cachant.

La silhouette de Cruella apparaît à travers la porte d'entrée vitrée

Nous avons ici un autre exemple de l'intelligence du story-board de Bill Peet. Le nom « Cruella D'Enfer » est prononcé, et la voilà dans l'image suivante. De plus, comme il la compare à une « araignée », sa silhouette dans le cadre de la porte vitrée pourrait effectivement ressembler à une araignée. Sa silhouette est entourée de vitraux dont les lignes peuvent rappeler les longues pattes poilues d'une araignée. Poilues comme les contours de cette silhouette, en raison de sa coiffure et de son manteau de fourrure. La silhouette a été dessinée par John Kennedy, mais toute l'animation du couple est signée par Milt Kahl.

Les 101 Dalmatiens marque également un tournant en matière de design. On a vu que Tom Oreb avait déjà eu une grande influence sur le design des personnages de *La Belle au Bois Dormant* ainsi que d'innombrables protagonistes de courts métrages. Ici, son style est essentiellement visible dans des personnages tels que Nanny (très proche de Flora), et les personnages jouant dans la série télévisée que regardent les chiots : Mr Fauncewater, le présentateur et le chien Thunderbolt. Mais Milt Kahl reste le responsable de la conception des personnages. Hans Bacher, le talentueux développeur visuel de *Mulan* (1998) ou *du Roi Lion* (1994), explique : « Le changement de design dans les années 60, par exemple, vient plutôt du fait que Milt Kahl a repris le design des personnages en se basant sur certains éléments de Ronald Searle, un très célèbre caricaturiste anglais, et Ken Anderson était un bon ami à lui, et comme ils devaient adopter un style différent pour s'adapter au processus Xerox, ce n'était pas vraiment voulu, mais il y avait cette influence[38]. » L'illustrateur britannique n'allait pas seulement influencer les personnages, mais aussi les décors, comme l'a confirmé Ken Anderson à Robin Allan : « Ronald Searle était un très bon ami à moi et j'ai toujours été fasciné par son travail. J'ai un décor original de lui. J'ai vraiment opté pour son style anglais ; j'aimais ses couleurs douces. J'ai discuté avec Ronald Searle et sa femme Kaye Webb et il m'a beaucoup aidé à obtenir l'aspect anglais du film... ces gris doux et discrets[39]. » Ils peuvent également se référer à son célèbre livre *Looking at London* and *People Worth Meeting* publié en 1952. Certains des bâtiments des *101 Dalmatiens* y sont presque copiés.

Pour Andreas Deja, le film est complètement sous l'influence de Searle : « Le film *101 Dalmatiens* semble avoir été dirigé par Searle. Ken Anderson a su appliquer le style de Searle à ce film. Aujourd'hui encore, *101 Dalmatiens* reste le film Disney le plus audacieux sur le plan visuel, le plus moderne et le plus avant-gardiste. Le chef concepteur de personnages et animateur Milt Kahl admirait également Searle. Les deux artistes étaient de véritables maîtres du trait. De Madame Mim à Madame Medusa[40]. » Nous avons vu que Ronald Searle a visité les studios Disney en 1957, alors qu'ils envisageaient de produire cette histoire sur les Dalmatiens. Il y a passé du temps, a posé avec Walt et a ensuite sympathisé avec Ward Kimball, avec qui il est resté longtemps en contact. Plus surprenant, il a longtemps communiqué avec Bill Tytla avec qui il avait brièvement travaillé. Né à Cambridge, Ronald Searle (1920-2011) est décédé en France à Draguignan. Il a essentiellement travaillé pour *Punch* dont il avait rejoint l'équipe en 1956. Mais c'est davantage par ses illustrations dans le *New Yorker, le Sunday Express, Life,* et le *News Chronicle* qu'il attire l'attention des artistes de Disney. Ce qui a surtout séduit Anderson et Kahl, c'est sa façon de dessiner les personnages : longues jambes maigres, angles forts, cous allongés, le tout à l'encre : « Des kilomètres de lignes... Je devais être un maniaque[41] ! », comme il l'a dit un jour. Des illustrations telles qu'un « couple de fumeurs » et de nombreux dessins pour sa fantaisie *St Trinian's School* entre 1946 et 1952 sont très révélateurs de son style. Il s'agit avant tout de caricatures, souvent sans tenir compte des détails et de la crédibilité de l'anatomie. Cependant, les points de vue satiriques et les critiques parfois acerbes n'ont pas pu être intégrés dans les films de Disney.

Milt Kahl a donc décidé de dessiner ses personnages avec plus qu'une touche de Searle. Roger est probablement celui qui rappelle le plus cette influence : bien sûr, il ne pouvait pas aller aussi loin que Searle, mais tout de même, ce long corps mince avec les mains fines d'un pianiste font écho à ce style. C'était l'époque où Kahl accordait de plus en plus d'importance aux mains. Les cheveux clairs de Roger sont traités de la même manière que ceux d'Aurore dans *La Belle au bois dormant*. En effet, des lignes sont tracées sur ses cheveux. Comme il s'agit d'une véritable caricature, le nez est très grand et le cou très long. Le studio a toujours eu des difficultés à concilier des personnages de dessins animés comme les nains, les sbires, les animaux rigolos et des personnages humains beaucoup plus réalistes comme Blanche-Neige, Cendrillon ou Aurore. Ici, Kahl semble avoir trouvé l'accord parfait entre humains et animaux, donnant au film un aspect très harmonieux. La tête a peut-être quelque chose à voir avec Frank Thomas : la mâchoire en particulier. Art Stevens, qui animait Roger, a prétendu que Kahl avait observé Thomas jouant du piano et que la position de Roger sur le clavier était celle de Thomas.

Ni les illustrations du livre original de Janet et Anne Grahame Johnstone, ni les premières esquisses de Ken Anderson n'ont vraiment aidé Kahl, à l'exception de l'idée d'Anderson de faire de Roger un fumeur de pipe. Dodie Smith elle-même est restée aussi vague que possible : « M. Dearly n'était pas vraiment beau, mais il avait le genre de visage dont on ne se lasse pas. » Les Johnstone en avaient fait un homme élégant et strict, avec une moustache, car il était censé travailler à la City. Dans ses premiers story-boards, Bill Peet l'a dessiné comme un jeune homme moyen aux cheveux noirs. Il a changé son nom, Mr Dearly, pour le plus banal Roger Radcliffe. Il est clair que Bill Peet voulait que ses personnages soient « réels » et qu'ils aient de la substance, ce qu'il a développé lors d'une conférence en 1985 : « En ce qui concerne l'histoire elle-même, j'ai appris une chose - avant de pouvoir raconter une histoire, il faut faire connaissance avec quelqu'un dans l'histoire, et si vous ne connaissez pas les personnages ou l'un d'entre eux en tout cas, vous devez très vite faire connaissance avec quelqu'un, et les personnalités étaient la seule chose qui distinguait les films de Walt Disney des gags, du type *Tom et Jerry*, qui étaient drôles en eux-mêmes, mais qui, étendus à un long métrage, devaient avoir des personnages qui avaient une dimension et pas seulement être drôles, avec des caractéristiques particulières[42] ... » Bien qu'il n'ait jamais caché qu'il aimait avant tout dessiner des animaux, son fils Will se souvient qu'il aimait aussi observer les gens partout où il allait pour recueillir des informations : « C'était un observateur de personnes, et pas très subtil non plus. Ma mère le faisait souvent taire après qu'il ait commenté bruyamment (sans le faire exprès) un personnage intéressant qu'il avait observé dans un restaurant ou un endroit similaire. Souvent, il pointait du doigt et disait : 'Visez un peu ce type là-bas' [43] ! »

La voix de Roger est en fait deux voix. Pour les dialogues, c'est celle de Ben Wright, qui, quelques années plus tard, sera internationalement connu pour son rôle du sympathisant nazi Herr Zeller dans *La Mélodie du bonheur* (1965) avec Julie Andrews. Son père étant américain et sa mère britannique, il avait gardé cet accent anglais qui faisait de lui un candidat plausible pour la voix de Roger. Mais de toute façon, il avait cette capacité à prendre différents accents, du cockney au chinois, comme l'ont prouvé ses nombreuses prestations à la radio. Il reviendra chez Disney en tant que voix du loup Rama dans *Le Livre de la Jungle* (1967) et pour la dernière fois en tant que Grimsby dans *La Petite Sirène* (1989). Cependant, il ne savait pas chanter et le studio n'a pas eu besoin d'aller bien loin pour embaucher un chanteur. Bill Lee était baryton pour les Mellomen, déjà engagé pour *La Belle et le Clochard*. Il a chanté en tant que bélier dans *Mary Poppins* (1964) ou en tant qu'élan dans le Country Bear Jamboree des parcs.

« Roger, elle va t'entendre ! »

Pour Anita, Roger va trop loin lorsqu'il utilise l'expression « elle semble une araignée guettant sa proie » et craint que Cruella ne l'ait entendue. La femme de Roger n'est que Mme Dearly dans le livre. Il y a peu d'informations à son sujet, si ce n'est qu'elle avait une vieille nounou du nom de Nanny Cook. En fait, le mari et la femme avaient tous deux une nounou avant de se marier, ce qui montre bien qu'ils appartenaient à la classe supérieure, car très peu de jeunes célibataires ont des nounous pour s'occuper d'eux. Là encore, Bill Peet partait plus ou moins de zéro, ce qui lui laissait une grande marge de manœuvre. Elle est devenue cette dame douce, polie et réservée qui porte des lunettes pour lire.

On aurait pu penser que mettre en scène une femme de la fin des années 50 aurait été l'occasion de changer un peu l'image des femmes dans les films Disney. Ce point est largement analysé dans *Les Héroines Disney*[44] de cet auteur, mais l'idée principale est qu'en fait, bien qu'elles aient obtenu de plus en plus de droits à cette époque, les femmes ont été renvoyées à la cuisine, comme le montrent de nombreuses publicités. Des femmes souriantes semblaient ravies de pouvoir utiliser d'énormes réfrigérateurs, des congélateurs ultramodernes, des sèche-linges et des machines à laver dernier cri. Aujourd'hui, ces publicités font dresser les cheveux des féministes. Alors, typiquement, Anita ne prend pas vraiment les choses en main et son tablier en dit long.

De nombreuses idées fausses ont été répandues sur l'identité de la personne qui a inspiré Kahl pour la conception d'Anita. On a prétendu que Kahl avait pris Julie Andrews comme référence. Cette idée a souvent été reprise par les artistes de Disney eux-mêmes des années plus tard. Vers 1957, Julie Andrews n'avait jamais été vue au cinéma depuis que *Mary Poppins* était dans les tuyaux, mais elle n'avait pas encore été engagée. On l'a certes vue à la télévision cette année-là dans *Cendrillon* de Rodgers et Hammerstein qu'elle interprétera aussi sur scène mais seulement en 1960. C'est le succès de la comédie musicale *My Fair Lady à* Broadway en 1956 qui fait vraiment sensation. Si Kahl l'a beaucoup aimée, ce n'est pas pour autant qu'en 1958, il a dessiné Anita à partir de son visage. Qui pourrait mieux résoudre l'énigme que Kahl lui-même : « Anita n'était pas basée sur Julie Andrews. Une certaine Helene Stanley a réalisé les prises de vue réelles et un certain Paul Wexler a réalisé les prises de vue réelles pour Roger. J'ai utilisé ces images. J'ai essayé de l'utiliser pour m'aider à obtenir un résultat[45]. » Nous avons vu dans le volume 2 à quel point Helene Stanley était omniprésente pour les prises de vue réelles. On a fait appel à elle parce qu'elle comprenait parfaitement sa fonction et qu'elle avait apporté beaucoup aux rôles de Cendrillon ou de Rose. Mais si le visage de Cendrillon rappelait effectivement celui de Stanley, cette fois, Kahl s'en est tenu éloigné. Il ne se réfère ici qu'aux séquences en prises de vues réelles. Le modèle vivant Paul Wexler a également fait la voix du mécanicien automobile. Car, comme c'est désormais la règle pour faire des économies, une fois de plus, les séquences impliquant les personnages humains ont toutes été tournées. Si Marc Davis n'a pas rejeté la méthode, connaissant toutefois ses limites, Kahl n'avait que peu de respect pour ceux qui s'appuyaient trop sur de telles séquences.

Anita a longtemps eu un autre physique. Elle était typique du style de Marc Davis, proche de Cendrillon, de Katrina Van Tassel ou des filles qu'il dessinait pour les parcs. Elle était plus réaliste, brune, alors que Kahl était plus caricatural avec des yeux et une bouche plus grands, des sourcils beaucoup plus longs et des cheveux blonds. Elle a toujours un nez retroussé, mais ses traits sont plus marqués. Dans l'ensemble, le visage est plus allongé que ce qui avait été fait jusqu'alors. En fait, ce premier modèle apparaît dès le début du film. Dans la séquence d'ouverture où Pongo choisit la femme *et* le chien qui seront pris pour cible, on peut voir cette version d'Anita. Curieusement, le film a été produit chronologiquement du début à la fin. Cette séquence a donc été la première à être abordée, bien avant qu'ils ne changent d'avis à propos d'Anita. Mais refaire toutes les scènes où elle apparaissait aurait été trop coûteux. Comme on la voyait de loin, on a décidé que les gens ne le remarqueraient pas.

La voix était celle de Lisa Davis. Mais ce n'était pas censé être le cas. On lui avait demandé d'auditionner pour le rôle de Cruella, mais elle ne se sentait pas à la hauteur, et elle a vite réalisé qu'elle pourrait peut-être être meilleure si on lui donnait une chance d'être Anita. Elle a expliqué qu'elle avait à peu près l'âge du rôle, qu'elle venait de se marier et qu'elle lui ressemblait même. Elle a réussi le test et le reste appartient à l'histoire. Pour lui donner une idée du rôle, le studio savait exactement ce qu'il fallait faire, comme elle s'en souvient : « Ils apportaient des portées de chiots dalmatiens pour que je puisse jouer avec eux. Et je jouais... Je veux dire, quel beau métier que de rester assise là à jouer avec des chiots toute la journée. C'était la partie la plus agréable. Nous avions beaucoup de dalmatiens sur le plateau, mais il s'agissait surtout de chiots. Et M. Disney voulait que j'apprenne à connaître la personnalité du dalmatien, et c'est pourquoi ils m'ont fait venir pour jouer avec des chiots toute la journée[46]. »

Milt Kahl a animé la quasi-totalité d'Anita. Cependant, Les Clark a eu droit à quelques scènes, comme au début, assise sur un banc en train de lire, et à d'autres vers la fin. Clark était encore considéré comme un dessinateur spécialisé dans les femmes. Il avait contribué un peu à *Cendrillon*, mais il trouvait le travail de plus en plus difficile, surtout en comparaison du talent de Kahl. Il est sorti du bourbier de *La Belle au bois dormant*, où il était un réalisateur malheureux. Il abandonnerait bientôt le dessin, il animerait quelques films éducatifs et aiderait ici et là quand c'était nécessaire, mais le plus vieux des Neuf Sages n'était plus un pilier de l'animation.

Roger se cache derrière la porte de l'escalier car Cruella va entrer. C'est l'occasion de voir les dessins très sommaires de Pongo dans un tableau encadré à droite. Il est intéressant de noter qu'il s'agit de la première version de Pongo avant qu'ils ne choisissent le dessin final, ce dont nous parlerons plus tard.

Roger est debout, jouant fort sur son piano dans le grenier

Cette prise de vue, largement inspirée des séquences en prises de vues réelles, a été réalisée par Art Stevens, qui se souvient de la difficulté de la tâche : « J'ai passé des heures à travailler avec la directrice musicale pour que les mains s'ajustent. Je ne joue pas du piano, mais je devais m'assurer qu'elles correspondaient aux notes. Il a fallu beaucoup de tact pour obtenir cela de la directrice musicale parce qu'elle était un peu capricieuse, mais quand elle a vu que je voulais vraiment savoir quelle note était sur quelle touche, quel dièse et quel bémol, à ce stade de la musique, nous nous sommes bien entendus et le résultat est qu'on dirait qu'il joue du piano[47]. » Quoi qu'il en soit, comme indiqué plus haut, nous ne sommes pas loin de la rotoscopie, comme l'a reconnu l'assistant animateur Paul Carlson, qui l'a nettoyée.

Le spectateur doit comprendre que, même s'il est marié, c'est le royaume de Roger. Le grenier où il joue et compose est aussi désordonné que l'était son appartement avant qu'il ne rencontre Anita. Ken Anderson avait fait plusieurs dessins inspirés de cet endroit chaotique, le remplissant de toutes sortes d'objets, allant d'instruments divers à des piles de tasses et de livres. Le peintre Ray Aragon a souligné l'impact de ce dessin : « Ken Anderson était l'esprit qui guidait le film, il en avait l'aspect général et la sensation, et il était plus artiste que les animateurs. Il innovait, recherchait et créait. Il connaissait les beaux-arts[48]. » Victor Haboush a beaucoup travaillé sur l'agencement de l'appartement de Roger.

Nous avons vu que les maquettistes, sous la tutelle d'Anderson, voulaient être aussi précis que possible dans la conception du mobilier anglais et des éléments du paysage en général, ce sur quoi l'auteur Mc Lean a insisté : « Les maquettes des *Dalmatiens* rendent compte de ce fait, depuis les lampadaires jusqu'à la gaine métallique entourant les câbles d'alimentation intérieurs qui serpentent vers le plafond à partir de chaque interrupteur. Ils montrent même la façon précise dont chaque patte métallique a été vissée sur la face inférieure d'une cuisinière à gaz[49]. » Dans une excellente analyse, Oswald Iten a détaillé l'utilisation des couleurs dans les décors : « Puisque Roger est dans son propre monde (plutôt claustrophobe) lorsqu'il compose, il n'est pas surprenant que sa chambre mansardée soit une combinaison de marron et de vert. Il porte lui-même des vêtements verts et jaunes, qui se fondent dans son environnement si ce n'est pour créer un contraste de valeur. Une fois encore, tous les accessoires (de son ancien appartement) sont peints dans des couleurs distinctes. C'est un merveilleux exemple de dessin d'une pièce encombrée[50]. »

Anita demande à Nanny d'ouvrir la porte d'entrée

Bien que perturbée, Anita doit trouver un moyen de garder son sang-froid et affiche un sourire forcé, s'apprêtant à accueillir son ancienne camarade de classe. On ne sait pas très bien qui a animé Nanny en train de se faire aplatir par l'ouverture violente de la porte, mais il s'agit probablement de l'un des assistants d'Ollie Johnston. Et voici Cruella D'Enfer. Tout comme le klaxon et la voiture rapide l'avaient annoncé, le bruit de la porte annonce un personnage plus grand que nature, tapageur et grandiloquent. Bien sûr, une fois qu'elle sera entrée, tout sera fait pour la rendre aussi agressive et détestable que possible. L'idée était que sa première apparition perturbe l'harmonie d'un foyer tranquille et uni. Les bruits étaient une première étape, mais sa performance ressemble à celle d'une diva hollywoodienne hautaine, et plusieurs éléments contribuent à cette idée telle que développée par M. Iten : « Pour la première fois que nous la voyons, nous apprenons qu'elle aime faire une entrée théâtrale. Il n'y a rien de la dignité sinistre de la marâtre de Cendrillon ou de Maléfique, par exemple. Cruella doit toujours se tenir sous les feux de la rampe (...) pour améliorer l'expérience de l'entrée en scène, elle se tient non seulement sous les feux de la rampe, mais elle est également encadrée par le rideau orange. Elle se comporte en fait comme sur un podium. Il y a toujours un objet légèrement vert à côté d'elle, ce qui fait encore plus ressortir le rouge. Que ce soit un livre, sa bague, souvent une plante ou un oreiller[51]. » Marc Davis et sa femme sortent beaucoup et assistent à de nombreux concerts et spectacles, y compris des défilés de mode, où l'animateur reprend la marche des mannequins. La voix, Betty Lou Gerson, l'a très bien compris, comme elle s'en est souvenue des années plus tard : « Le balayage était quelque chose (...) vous faites cela avec des gestes larges[52]. »

Avant de s'attaquer à sa silhouette, la fumée jaunâtre/verdâtre de sa cigarette est utile. Les responsables des effets spéciaux s'efforceront de donner à la fumée des formes sinueuses, comme si un serpent l'accompagnait. La fumée est semi-exposée pour plus de transparence. Pour des gestes plus outranciers, Cruella dispose d'un porte-cigarette. Il est intéressant de savoir que l'animateur Marc Davis lui-même en utilisait toujours un.

Mais ce qui importe le plus, c'est le design de l'un des méchants les plus réussis du studio. Le fait qu'elle ait été utilisée à maintes reprises en prises de vue réelles est une preuve suffisante. Cette fois, l'autrice Dodie Smith a été beaucoup plus précise dans sa description physique : « Elle portait une robe de satin émeraude très ajustée, plusieurs cordes de rubis et une cape de vison blanc d'une simplicité absolue, qui descendait jusqu'aux talons hauts de ses chaussures rouge rubis. Elle avait la peau foncée, des yeux noirs teintés de rouge et un nez très pointu. » Mais surtout, ses cheveux étaient d'un côté blancs, de l'autre noirs, ce qui n'a pas échappé à l'équipe du studio. Pourtant, Anderson a essayé plusieurs coiffures, les modelant comme des cornes. Ils ont également eu envie d'un chapeau haut-de-forme.

Pour le reste, les créateurs, et surtout Marc Davis, ne garderont que très peu de choses. Au lieu du « simple manteau de vison blanc », il y aurait un grand manteau très fourré, la robe serait bien ajustée, mais noire, sa peau ne serait pas bronzée mais blanchâtre. Le rouge était également plus présent avec ces longs gants et l'intérieur du manteau. Elle aurait aussi un sac fait de queues d'animaux. Mais elle était maigre et grande comme l'avait indiqué Dodie Smith. Le dessin fait par les Johnstone dans le livre en faisait une sorte de beauté froide de film noir. L'équipe de Disney avait un temps imaginé une magnifique femme sophistiquée aux cheveux longs, mais avait finalement opté pour un visage plutôt laid. Marc Davis savait que le manteau serait essentiel : « Avant même de savoir à quoi ressemblerait son visage, je me suis attaqué au manteau. Pour moi, c'était son signe distinctif, son emblème, le reflet de sa personnalité. J'ai donc imaginé un manteau de fourrure avec des petites queues pour symboliser les animaux qui avaient été sacrifiés pour le fabriquer. A partir de là, je me suis dit que ce manteau était sa véritable peau[53]. »

Comme le personnage était scandaleux, le dessin devait l'être aussi. Son visage décharné présente deux joues pointues, comme si les os étaient allongés. Elle a un menton très pointu, des sourcils très longs et un nez retroussé avec des narines très visibles. Selon Betty Lou Gerson, elle pourrait se retrouver là : « J'ai eu l'impression qu'un peu de moi transparaissait, comme les pommettes plus hautes, le visage un peu plus maigre[54]. » Son visage rappelle presque un crâne, et c'est encore plus vrai lorsqu'elle lit la presse dans son lit plus tard. Lorsque son manteau glisse et laisse apparaître ses épaules, elle est terriblement osseuse.

C'est aussi une autre méchante très maquillée. Conformément à la volonté de Milt Kahl de donner aux personnages humains des membres très longs, ses bras et ses mains sont extrêmement minces et allongés, ce qu'Andreas Deja a remarqué pour John Canemaker : « Marc aime donner de grandes mains à ses personnages, Cruella et Maléfique ont de très grandes mains, Aurore-Rose aussi. Les autres animateurs ne seraient pas allés aussi loin[55]. »

On a souvent demandé à Marc Davis qui l'avait inspiré pour Cruella : « Il y a deux ou trois personnes que je dirais être des modèles pour elle : une actrice que nous avions fait tourner pour le rôle, parce que nous voulions une méchante comique ; il y avait un peu de Tallulah Bankhead ; et il y avait un peu d'une créatrice de mode que je connaissais par hasard et qui était extrêmement volatile, elle pouvait réagir rapidement dans n'importe quelle direction. Si Cruella était une merveilleuse méchante, elle n'en restait pas moins divertissante[56]. » En 1960, il a également mentionné qu'elle s'inspirait en partie de Bette Davis dans *Eve* (*All about Eve,* 1950) et de Rosalind Russell dans *Auntie Mame* (1958). Pour Mike Mayerson, Bankhead reste l'inspiration principale : « Cruella est très largement inspirée de Tallulah Bankhead, la star de la scène, de l'écran et de la radio qui a fait ses débuts dans les années 1920 et qui était célèbre pour sa façon flamboyante de parler et d'agir, qui incluait la consommation de cigarettes à la chaîne, un penchant pour le bourbon et des conversations en restant nue. Elle est peut-être plus connue aujourd'hui pour son rôle dans *Les Naufragés* (*Lifeboat,* 1944) d'Hitchcock et son salut habituel était 'Hello darling'. Les premiers mots de Cruella [en version originale] sont 'Anita Darling' et sa réplique suivante commence par 'Miserable darling'. On prétend que Bankhead a agi ainsi parce qu'elle oubliait toujours le nom des gens[57]. »

Avec ses longs sourcils fins, son maquillage appuyé et ses manières extravagantes, Bankhead était sans aucun doute une référence importante pour Davis. Elle était connue pour aimer les Bentley qu'elle conduisait rapidement à travers Londres. Du West End londonien, elle passa à Hollywood où elle mena rapidement une vie de débauche. Elle était connue pour se montrer nue à l'occasion, organiser les fêtes les plus folles, boire trop ou dire tout haut qu'elle couchait avec des hommes et des femmes : « Mon père m'avait mise en garde contre les hommes et l'alcool... mais il n'avait jamais parlé des femmes. » Comme l'écrit un article du *Tatler*, « à la fin de sa vie, sa consommation de drogues a malheureusement échappé à tout contrôle, et ses derniers mots auraient été 'codéine... bourbon'. Une fois encore, cette approche rock 'n' roll de la vie à cent à l'heure aurait pu inspirer les animateurs de Disney[58]. » Lorsque nous voyons Cruella dans son lit, fumant dans une chambre en désordre conçue par Homer Jonas, nous pouvons facilement imaginer la même chose pour Bankhead.

Mais le portrait n'était pas encore achevé. Ses manières et ses gestes allaient grandement bénéficier de la performance de l'actrice qui avait réalisé le tournage en direct, comme l'a reconnu Marc Davis : « J'ai demandé à Mary Wickes de faire des prises de vue réelles que je n'ai jamais tracées. Je l'ai regardée et c'était une femme très drôle[59] . » Mary Wickes n'était pas du genre à se contenter de faire ce qu'on lui demandait, elle apportait des idées qui finissaient par influencer le rôle. Par exemple, au lieu de la personnalité douce, plutôt gaie et sophistiquée que Davis avait envisagée, elle a suggéré quelque chose de plus brutal et de plus perturbateur. Cependant, le défi consistait à la maintenir menaçante tout en étant ridicule.

Wickes était dans le giron du studio depuis qu'elle avait été engagée avec Annette Funicello à la même époque en 1958 pour l'émission télévisée *Mickey Mouse Club*. Elle sera à nouveau engagée par Disney pour la série *Zorro, Napoléon et Samantha* (1972), *Snowball Express* (1972) puis *Sister act 1* (1992) et *2* (1993). Son dernier rôle fut celui d'une gargouille, Laverne, dans Le *Bossu de Notre-Dame* (1996) mais elle mourut avant d'avoir enregistré toutes ses répliques. Elle a également fait la voix du chiot Freckles.

Comme indiqué précédemment, Lisa Davies avait été engagée pour faire la voix de Cruella, mais les choses ne se sont pas très bien passées, comme elle s'en est souvenue pour Amy Braun : « Lorsque Walt Disney a pensé pour la première fois aux *101 Dalmatiens*, il imaginait Cruella, et comme Zsa Zsa Gabor était très populaire à l'époque et célèbre pour aimer les manteaux de fourrure et porter de la fourrure, il a pensé qu'il pourrait peut-être lui donner une touche de Zsa Zsa Gabor. Et il savait que je pouvais très bien le faire parce qu'il m'avait vue le faire, et il m'a fait venir au studio pour lire le rôle de Cruella[60] . » Lisa Davies ne sera finalement pas Cruella, mais Marc Davis se souvient : « Cruella était une mission très amusante. Je pense que c'était de loin la meilleure. J'ai pu le faire parce que j'avais fait Maléfique. On n'a pas souvent ce genre de mission, quand on a une voix aussi bonne[61] . » Betty Lou Gerson a impressionné tout le monde lorsqu'elle a enregistré sa voix pour Cruella. Elle avait une maîtrise incroyable de sa voix, peut-être due à des années de travail à la radio, comme elle l'a rappelé : « J'ai appris mon métier en tant qu'actrice de la NBC sous contrat et nous avons fini par faire n'importe quoi, des vieilles dames, des cris de bébés, tout[62] . »

Bill Peet avait fait le bon choix, comme il l'a rappelé pour John Canemaker : « J'ai testé 160 voix pour les personnages des *Dalmatiens*, sans compter une cinquantaine d'enfants pour les chiots. Pour Cruella D'Enfer, j'ai essayé des dizaines de femmes, et je me souviens qu'une d'entre elles est arrivée et était nerveuse à l'idée de faire le travail... Et cette femme était tellement nerveuse, ce que vous appelez surentraînée, qu'elle est arrivée défoncée et a fait la sorcière. Beaucoup de gens en ont gardé un enregistrement parce que c'était très drôle[63] . » Gerson avait déjà travaillé au studio lorsqu'elle a enregistré la narration de *Cendrillon* (1950), principalement au début du film. Elle a également fait la voix de Mme Birdwell dans *Les 101 Dalmatiens* et a joué un très bref rôle de vieille bique dans *Mary Poppins* (1964). Elle a également participé à l'*émission de Dick Van Dyke*, mais son rôle de Cruella a été le plus important : « C'est le rôle qui m'a procuré le plus de plaisir (...) J'ai pris énormément de plaisir à le faire[64]. » Mais elle a été stupéfaite lorsque les gens lui ont dit qu'ils avaient été effrayés par Cruella : « Je n'ai jamais eu l'impression que c'était si terrifiant, pour moi c'était un personnage tellement amusant, je l'aimais, je la trouvais merveilleuse, franchement. Elle était tout simplement merveilleuse[65]. » Et cela semble correspondre parfaitement à ce que Davis avait à l'esprit lorsqu'il a expliqué à John Province : « Elle ne se rendait absolument pas compte qu'elle était cruelle. Elle était comme ça. Elle n'avait aucune idée que le fait de tuer et de dépecer ces petits chiots pour en faire un manteau impliquait de la douleur et de la souffrance. C'est le mal à l'état pur, et c'est ce qui la rend intéressante[66]. » Davis a raconté à cet auteur une anecdote en 1987 : « Il y a plus d'un an ½, il y avait une projection des *Dalmatiens* à l'UCLC pour les étudiants en cinéma dans le théâtre, alors j'y suis allé et Betty Lou Gerson était là et c'était amusant de la revoir, elle était petite et trapue, rien à voir avec Cruella. »

Comme il l'avait fait pour Aurore ou Maléfique, Marc Davis n'a laissé personne d'autre l'animer, bien qu'il ait eu besoin de ses assistants pour terminer le travail, comme il l'a dit à John Province : « J'avais des assistants à l'époque qui étaient plus enclins à retoucher mes dessins, qui étaient souvent un peu brouillons. Il y a une certaine rugosité à l'écran dans certains de mes travaux que je n'aime pas et que je regrette[67]. » Cependant, Davis a fait d'elle un personnage inoubliable, et même un artiste très exigeant et franc comme le styliste Walt Peregoy a déclaré plus tard à Julie Svendsen : « Mon seul souvenir de Marc Davis est Cruella D'Enfer, qui est à mon avis le plus fabuleux moment d'animation. Et il pourrait être, et c'est la première fois que je le dis, il pourrait être un De Vinci, pour sa Cruella D'Enfer. Il pourrait être un Michel-Ange ; il pourrait être n'importe quel artiste de la Renaissance. Pour quelqu'un qui dessine une personnalité, qui la rend visuelle, pas une caricature, c'est bien plus que cela. C'est une personnalité, une personnalité fantastique[68]. »

Cruella se rapproche d'Anita, de la fumée autour d'elle

Dans l'image suivante, la fumée joue déjà son rôle en enveloppant la pauvre Anita dans un nuage, susceptible de l'étouffer. De plus, Davis la fait marcher rapidement, nerveusement, toujours en mouvement. Mais on comprend vite pourquoi elle va frénétiquement d'un endroit à l'autre, elle cherche quelque chose... Dans le plan suivant, le Pongo de Gibson doit reculer. Ceci suscita les commentaires du spécialiste Mike Mayerson : « Blaine Gibson savait vraiment comment déplacer un chien de manière crédible. Il ne semble jamais avoir de scènes avec un vrai jeu d'acteur, mais chaque fois qu'il y a une scène où un chien se déplace d'un endroit à un autre, c'est Gibson qui s'en charge[69]. »

La fumée jaune étouffe Anita

Alors que la présence de Cruella devient écrasante, la fumée l'est aussi, et l'Anita de Kahl doit maintenant se pincer le nez et se baisser. Mais, pour ajouter aux mauvais sentiments du spectateur à son égard, en plus des bruits, la fumée symbolise la façon dont elle se sent comme chez elle. Elle a ignoré Nanny, mais elle se promène, ouvrant de façon grossière la porte arrière menant à la cuisine, comme si elle était dans sa propre maison. Sous le même nuage jaune de fumée insupportable, Pongo éternue. C'est un gros plan d'Ollie Johnston. Il était prévu qu'il se cache sous le téléviseur, mais un changement de dernière minute a coupé la scène avant qu'il ne le fasse.

Néanmoins, l'animation de Pongo par Johnston montre à quel point les animateurs maîtrisaient désormais l'animation de quadrupèdes. Après *Bambi* (1942) et *La Belle et le Clochard* (1955), la réalisation de telles animations n'était plus un problème pour eux. Dans leur livre, lui et son ami Frank Thomas écrivent : « Des scènes ont été tournées montrant un chien courant à l'étage, s'arrêtant et se retournant, descendant les escaliers, tirant sur une laisse - autant d'éléments qui constituaient des aides indéniables pour le minutage des scènes du film et qui aidaient les animateurs à réaliser des actions d'apparence naturelle. Mais les scènes qui donnaient vie aux personnages étaient celles imaginées par l'animateur, montrant ce que le chien aurait pu faire, de la manière dont le chien l'aurait fait[70]. » Mais ils en étaient arrivés à un point où ils n'en avaient plus guère besoin, comme le rappelle Milt Kahl pour Robin Allan : « J'ai pris des prises de vue réelles pour la plupart des films, mais je n'y ai pas prêté beaucoup d'attention. Il y a beaucoup de paresseux dans le métier, vous tournez en prise de vue réelle et ils suivent aveuglément parce que c'est beaucoup plus facile que de penser[71]. » Les cycles de marche, de course et de saut des chiens sont représentés sur des tableaux. Ils seront par la suite largement utilisés dans les programmes de formation.

Convaincu que les contes de fées sont peut-être déjà dépassés, Walt apprécie une histoire qui n'est pas un classique et qui met en scène des animaux. Il savait qu'en se basant sur des animaux, à condition que l'histoire soit forte, le succès serait toujours au rendez-vous. C'était d'autant plus vrai si les animaux étaient des chiens : « Pourquoi les animaux dominent-ils les dessins animés ? Parce que leur réaction à tout type de stimulus s'exprime physiquement. Souvent, c'est le corps tout entier qui entre en jeu. Prenez un chien joyeux. Sa queue remue, son torse s'agite, ses oreilles battent. Il peut vous saluer en sautant sur vos genoux ou en faisant le tour de la pièce, sans manquer une chaise ou un divan. Il n'arrête pas d'aboyer, et c'est aussi une forme d'expression physique ; il étire sa grande bouche ». Cependant, il savait que l'identification avec ces quadrupèdes était un point clé : « Les animaux de dessins animés, bien sûr, ne sont pas et n'ont jamais été des répliques d'animaux réels ; ils sont une race spéciale de créatures issues du monde de la fable qui reproduisent les traits et les travers humains plutôt que ceux du véritable règne animal[72] . »

Les taches allaient s'avérer le cauchemar des assistants. Pour réduire la charge de travail, il a été décidé de minimiser le nombre de taches, puis d'en avoir un nombre précis pour chaque chien, avec un modèle particulier. Il y aurait 72 taches pour Pongo et 68 pour Perdita. C'est peut-être vrai pour le Pongo très tacheté qui apparaît dans le générique d'ouverture, mais le reste du film, il a beaucoup moins de taches. Il fallait ensuite que les assistants les reproduisent méticuleusement, en fonction des différentes positions. Ted Berman était l'un d'entre eux : « J'ai un peu travaillé sur Jasper et Horace, mais j'ai surtout fait des chiots. Je me souviens qu'il y avait un type, Crump, qui s'occupait principalement des taches. Et c'est quelque chose que j'aimerais évoquer. À l'époque, on était fier d'avoir ce qu'on avait. Maintenant, certains gars détestent parfois ce qu'on leur donne. Mais ce type a fini par faire de grandes choses, comme des attractions à Imagineering, des attractions à la grande expo universelle de New York, et tout ça, mais sur ce film, il n'avait qu'à faire les taches, vous savez[73] . » Rolly Crump, qui jouera plus tard un rôle important dans les parcs, a pris les choses avec philosophie : « Oui, c'était fastidieux, mais j'ai rompu la monotonie en dessinant le motif de Lucky en forme de fer à cheval. J'ai apprécié cette expérience[74] . » Walt Stanchfield a également dû faire le clean-up : « Je crois que j'ai surtout nettoyé les Dalmatiens, avec des milliers, des milliers et des milliers de taches ! Mais c'était un film agréable. C'est dans 'Dalmatiens' qu'ils ont commencé à utiliser le terme 'retouche' [touch-up] ? » En effet. En fait, il s'agissait d'une autre révolution dans le processus. Cela allait complètement changer la façon de travailler des personnes chargées du clean-up, comme l'a expliqué Stanchfield : « Quand on fait du clean-up, on prend un dessin brut, on le recouvre d'une feuille de papier propre et on dessine proprement, alors que la retouche consiste à prendre le dessin brut, à effacer les lignes superflues et à relier les lignes qui ne sont pas connectées. Je pense que c'est lorsque nous avons fait 'Dalmatiens', il y avait un mariage de fond et de dessins, ils ont essayé de faire en sorte que tout ressemble à un dessin, ils ont juste fait des taches de couleurs et les dessins étaient comme des lignes par-dessus. J'ai apprécié cette technique Xerox[75] . »

C'est également à ce niveau que le procédé Xerox a été une bénédiction, car reproduire les taches à l'encre sur les cellos aurait pris énormément de temps. Quant à la peau prétendument blanche des chiens, elle n'était pas blanche, mais d'un gris laiteux léger ou d'un blanc foncé, car un vrai blanc aurait été trop aveuglant. Le laboratoire de peinture devait trouver le bon équilibre et, bien sûr, obtenir toute une gamme de teintes en fonction de la lumière et de l'arrière-plan de la scène. La maquettiste Sylvia Roemer se souvient que ce n'était pas si facile : « Betty Stark était à la tête du laboratoire de peinture où travaillaient des techniciens et des chimistes. Ils avaient mis au point une peinture blanche particulière pour recouvrir les couleurs afin qu'aucune lumière ne passe à travers[76] . »

« Où sont-ils, pour l'amour du ciel ? »

On peut aisément prétendre que si le film n'avait pas été labellisé Disney, le langage de Cruella aurait été beaucoup plus cru. Astucieusement, Bill Peet fait répéter à Cruella « où sont-ils ? » sans définir de qui il peut s'agir. C'est à chacun de deviner, y compris Anita et Pongo, la première demandant « qui ça ? » dans la scène suivante. Au fur et à mesure que Cruella se rapproche d'elle, nous comprenons que le manteau très doux et poilu permet à la femme maigre de prendre beaucoup de place. Elle prend la moitié du cadre, devant une Anita frêle qui se penche même légèrement en arrière.

Roger joue de la trompette très fort

Tout cela se passe sur la partie instrumentale de la même chanson, du piano à la trompette. Roger exprime toute sa fureur contre elle en jouant fort dans sa direction, le tout animé par Art Stevens. Marc Davis anime les deux personnages féminins. Ensuite, un autre gros plan sur un Pongo renfrogné par Ollie Johnston. Comme d'habitude, Ollie Johnston s'est donné corps et âme dans le film, sur les

Dalmatiens adultes et Nanny, mais il devra bientôt prendre du recul car il tombe malade pendant la production et s'absente pour un bon moment. Il n'était pas le seul animateur sur Pongo et Perdita, tous les principaux animateurs ont travaillé sur les scènes de personnalité : Milt Kahl, Frank Thomas et Eric Larson. Ils laissaient certaines scènes à leurs assistants ou à des animateurs en devenir comme Hal Ambro, Blaine Gibson, Bob Mc Crea, Hal King et Eric Cleworth. Ces deux derniers devaient réaliser plus de scènes d'action dans la dernière partie du film. Mais comme d'habitude, Johnston et Thomas se voient confier les moments les plus émouvants. Lorsque nous revoyons Anita en gros plan, nous constatons que Kahl a dessiné Anita légèrement différemment de Davis. Mais ses expressions sont très subtiles. Pourtant, on pourrait penser qu'Anita semble un peu trop gentille, voire fade.

Ensuite, nous avons un bon exemple de ce qu'une actrice comme Mary Wickes peut apporter lorsqu'elle est filmée en prise de vue réelle, avec un mouvement de main accompagnant le mot « fine ». Ensuite, Peet a décidé de souligner le décalage entre la relation chien/homme qu'entretiennent Roger et Anita et Cruella. Les premières séquences ont permis au spectateur de se rendre compte du degré de complicité et même de mimétisme entre Roger et Pongo, Perdita et Anita. Mais la façon dont Cruella s'adresse à Pongo est bien différente : elle se penche, elle claque des doigts et ordonne à Pongo de venir, ce qui fait sursauter Anita qui voit Pongo lui grogner dessus et se dit qu'elle ferait mieux de l'arrêter.

Anita appelle Cruella qui fait demi-tour tandis que Pongo continue de grogner

Alors que l'animation de Pongo est soudainement figée par un cello maintenu, nous nous concentrons sur un plan moyen de Cruella montrant son nouveau manteau. Nous pouvons ici apprécier la merveilleuse animation de Davis d'une fourrure duveteuse et le travail sur le suivi est incroyable. Il en va de même pour le plan suivant où Cruella prend la partie inférieure de son manteau dans un flux magnifiquement rendu. C'est probablement l'un des plus beaux morceaux d'animation à l'écran et un animateur aussi confirmé que Glen Keane est en admiration : « Marc Davis était l'opposé total de Cruella D'Enfer en termes de silhouette mais aussi de goût, c'était un type qui savourait vraiment la vie et cela se voit dans son animation, voici un personnage sensuel, le toucher et la sensation d'un manteau[77] . » La phrase qu'elle prononce : « J'adore les belles fourrures, je n'aime que ça au monde » est directement tirée du le livre. Mais elle se terminait à l'origine par « C'est pourquoi j'ai épousé un fourreur ». Bill Peet avait décidé de faire d'elle une célibataire. Dans le livre, elle était mariée mais gardait son nom de jeune fille, ce qui l'obligeait lui, à changer le sien.

Un Pongo renfrogné se cache derrière un fauteuil

L'idée précédente de Pongo se cachant derrière un poste de télévision qui avait été abandonnée a trouvé sa place dans cette scène animée par Blaine Gibson. Dans un plan moyen, nous voyons Cruella agacée par le trombone joué par Roger que nous voyons dans le plan en contre-plongée suivant, animé à nouveau par Art Stevens. Il a pu être frustrant pour ces animateurs de n'être confiés que des bribes, mais ce n'est pas du tout la façon dont Stevens a pris les choses : « Nous serions restés pour n'importe quelle raison, c'était passionnant, chaque jour était différent, chaque film était différent. *101* est l'un des meilleurs films que nous ayons réalisés parce qu'il est éternel. C'est un très très bon film. Et j'ai aimé l'idée que vous restiez plus au sol avec les personnages[78]. » Il est étrange que Cruella ne dise rien sur le fait que Roger n'est pas apparu. Le gros plan suivant sur un Pongo souriant de Johnston traduit la complicité entre l'homme et le chien dans ce foyer, dont nous avons parlé plus haut. Mais Anita comprend ce que fait Roger, surtout lorsqu'il joue cette note finale très grave. Cruella a-t-elle rompu l'harmonie du foyer ? Anita essaie d'être gentille, elle prépare le thé, elle ne veut pas blesser Cruella en admettant que les fourrures sont certes intéressantes, mais que le couple n'est pas très riche et qu'elle préfère acheter des choses plus essentielles.

Cette passion de Cruella pour les fourrures doit être replacée dans son contexte. À la fin des années 1950, les manteaux de fourrure étaient encore très à la mode et aucun mannequin ne s'était plaint de les porter sur les podiums. Aucune Brigitte Bardot n'avait posé avec des bébés phoques sur les banquises du Canada et elle-même était souvent photographiée avec des manteaux de fourrure, sa prise de conscience du bien-être des animaux étant encore à venir. Les manteaux de fourrure coûtaient cher et étaient un élément essentiel du succès des stars du cinéma. Cela confirme que Cruella a quelque chose de ces stars hollywoodiennes qui exhibent leur dernière acquisition. Les principales actions de protestation contre la fourrure n'ont eu lieu qu'au début des années 1990. Ainsi, l'empressement de Cruella à se procurer des manteaux de fourrure n'aurait pas été un tel élément de rejet à l'époque.

Mais Davis s'amuse aussi à faire marcher son personnage comme un mannequin avec une prise de vue arrière. Un bon animateur essaie toujours de trouver une démarche qui soit significative et révélatrice du personnage. Nous avons vu que

Davis s'est inspiré des mannequins des défilés, en insistant sur les mouvements de hanches. Pendant ce temps, elle exprime sa condescendance à l'égard de la « modeste et charmante Anita » et elle enfonce le clou lorsqu'elle ajoute « malgré sa laideur cette maison est à tes yeux un palais ». Peet a ajouté un autre geste méchant en éteignant sa cigarette dans l'un des cupcakes.

« Et que pour toi Roger est un prince des 1001 nuits »

Elle évoque Roger pour la première fois et souligne son manque de courage lorsqu'il exprime sa fureur contre elle, mais enfermé dans une pièce à l'écart. Cruella interprète sûrement cela comme de la lâcheté. L'Anita de Kahl ne peut pas vraiment défendre son mari car Cruella est une bavarde qui ne laisse personne parler, elle est l'autorité.

Travelling sur Cruella soufflant de la fumée sur une peinture de Pongo et Perdita

Jusque-là, le spectateur pouvait encore se demander pourquoi Cruella tenait tant à retrouver les chiots dalmatiens, mais sa phrase « ils ont un pelage absolument magnifique » lève le voile s'il en est. Le plan suivant, où Anita lui propose du thé, semble montrer qu'Anita n'a pas compris le but de Cruella et la terrible femme jette dédaigneusement ses cendres dans la tasse avant de se mettre en route et de passer à côté d'un Pongo en colère. Ici, Anita semble terriblement soumise et inconsciente, voire un peu bête lorsqu'elle acquiesce « Oui Cruella » et accepte de l'avertir de la naissance des chiots. Un gros plan sur Pongo signé Johnston résume ce que tout le monde pense de cette femme qui claque la porte sur un accord de cuivres.

La conception de Pongo fut une grande pomme de discorde entre Bill Peet et Milt Kahl. Tous deux étaient connus pour ne pas changer d'avis, quoi qu'il arrive. Ils étaient tous deux sur un piédestal à l'époque, même s'ils travaillaient dans des départements différents, mais ils dépendaient l'un de l'autre. Tous deux savaient également qu'ils étaient talentueux et qu'ils avaient l'entière confiance de Walt, qui était heureux de pouvoir compter sur eux lorsqu'il était occupé ailleurs. Peet a même fait part de son mépris à John Province : « Des types comme Marc Davis, Ken Anderson et Woolie Reitherman s'attribuaient le mérite de ma Cruella D'Enfer et de toutes les personnalités. Ces personnalités ont été définies par des dessins, et croyez-moi, je peux les dessiner aussi bien, voire mieux, que n'importe lequel d'entre eux[79] . » L'affrontement atteindra bientôt son paroxysme autour du projet *Chantecler*.

En outre, Peet était un homme solitaire qui aimait beaucoup être aux commandes du scénario, comme l'a rappelé son fils William : « Il gagnait bien sa vie au studio et lorsqu'il était le seul scénariste sur un film, cela lui donnait un peu de l'indépendance qu'il appréciait. Les directeurs artistiques étaient son fléau[80] ». Même s'il n'était pas toujours facile à vivre, beaucoup admiraient son travail au studio, comme le peintre d'arrière-plan Ray Aragon qui a avoué à Didier Ghez : « Il travaillait seul. Mais j'entrais dans sa chambre à l'heure du déjeuner. Mon Dieu, quels dessins j'ai vus. Je les regarde aujourd'hui[81] . »

Il était complètement absorbé par l'écriture de l'histoire, fumant à la chaîne et griffonnant sur des pages jaunes de bloc-notes : « J'ai griffonné mon manuscrit des *Dalmatiens* sur de grandes tablettes jaunes et j'y ai travaillé avec frénésie tous les jours et les week-ends. J'ai laissé de côté certaines parties du livre de Dodie Smith et j'en ai élargi d'autres sans perdre les étranges rebondissements de l'histoire à suspense[82] . »

Walt Disney a dit un jour : « Nous n'autorisons aucun génie dans notre studio ». Cette phrase s'adressait aux artistes qui commençaient à lui faire de l'ombre et dont la tête devenait de plus en plus grosse, selon lui. Ken Anderson, Ward Kimball (après avoir été loué comme tel), et probablement Bill Peet ont dû faire partie de ses cibles. Car, de l'avis général, le meilleur scénariste, outre Walt lui-même, était certainement Bill Peet (1915-2002), légitimement surnommé « Master Storyteller » par John Canemaker. Il est bien connu que ses relations avec Walt étaient houleuses, mais cela pourrait s'expliquer par le fait qu'ils se ressemblaient beaucoup, y compris dans leur enfance. L'homme né dans l'Indiana s'est d'abord appelé « Peed »[a pissé] ce qui lui a valu des moqueries et de mauvais jeux de mots. Il a changé de nom en 1945. L'éducation de Peet a été difficile, avec un père alcoolique, brutal, qui s'est finalement suicidé. Mais, comme Walt, il appréciait les vacances qu'il passait à la ferme de son grand-père. Entre 1933 et 1936, il fréquente le John Herron Art Institute d'Indianapolis, où il rencontre sa femme Margaret. Il peint de plus en plus mais ne parvient pas à gagner sa vie et, bien qu'il n'ait pas de goût particulier pour les dessins animés, il écrit « qu'un jour où je passais à l'école d'art pour rendre visite à des amis, le directeur de l'école m'a tendu une brochure des studios Walt Disney. Si vous êtes intéressé, dit-il, ils ont besoin d'artistes là-bas'[83] . » La traversée du pays pour rejoindre Los Angeles est pour lui l'occasion de découvrir l'Amérique et tout ce qu'il aime en elle : les trains, les villages perdus, les granges, les fermes, les paysages, ou encore les travailleurs en route comme les Okies. Tout cela nourrit alors son imagination. Embauché en septembre 1937, il déteste faire de l'in-between, son rêve est de peindre des décors et de ne pas passer par « le sinistre processus que nous avons dû suivre pour obtenir un emploi dans l'in-betweens de Donald Ducks, mais il y a une chose qui a failli me faire virer, c'est d'avoir oublié les boutons du pantalon de Mickey. On m'avait prévenu à maintes reprises que ce pantalon ne tomberait jamais de toute façon. Vous savez, mais quand ils ont enlevé la queue de Mickey, ils se sont débarrassés des boutons plus tard, alors j'étais en avance sur mon temps[84]. » Il détestait le travail à la chaîne et était prêt à démissionner lorsque les esquisses qu'il avait soumises pour *Pinocchio* lui ont valu d'être embauché comme scénariste. Mais il s'est souvent plaint, tout au long de sa vie, du nombre considérable de scénaristes sur le film et pensait que c'était l'une des raisons pour lesquelles ils s'enlisaient facilement. Déçu que nombre de ses suggestions pour *Pinocchio,* dont nous avons parlé dans le volume 1, aient été abandonnées, il donna tout ce qu'il avait sur *Dumbo,* qui fut sa grande percée, confirmée par ses contributions à *Mélodie du Sud* (1946). Dès lors, malgré des hauts et des bas, il devint indispensable. Mais chaque fois qu'il s'opposait à Walt, il était puni, « dans la niche de Walt » comme il disait. Contrairement à de nombreux « yes men », il n'a jamais caché ses pensées et a par exemple avoué que « (...) après que Walt Disney a remporté un grand succès avec *Blanche-Neige,* sa prochaine idée était de faire des films plus réalistes, plus impressionnants et plus prétentieux. Et je pense qu'il s'est trompé de direction[85]. » Il réussit néanmoins à travailler seul sur des histoires comme *Les 101 Dalmatiens,* ce qu'il chérissait. Ils ont eu d'innombrables disputes, mais Walt savait à quel point il était bon, jusqu'au plus gros clash sur *Le Livre de la jungle* (1967) qui a mis fin à sa longue carrière chez Disney. Bien que mécontent, il saisit cette occasion pour développer son grand amour : ses livres pour enfants. Ses histoires remplies d'animaux et d'éléments autobiographiques, notamment à travers le personnage de Chester, un cochon, lui ont valu un grand succès. La fin de sa vie fut moins douce lorsque son fils Steve se suicida en 1975, suivi deux ans plus tard d'une crise cardiaque, d'une impossibilité temporaire de dessiner et d'une opération chirurgicale qui lui laissa une seule corde vocale, ce qui lui donna une voix rauque à la sonorité très étrange. L'homme avait certes un ego démesuré, critiquait souvent Walt et lui gardait rancune, mais il reste l'un des plus grands piliers des studios Disney. Son autobiographie est un régal, avec de nombreuses anecdotes, des blagues et un récit amusant de ce que c'était que de travailler pour le grand Walt Disney. La relation amour/haine qu'il entretient avec lui transparaît au fil des pages.

S'il ne pouvait pas vraiment animer, il pouvait au moins dessiner, et il avait une idée assez précise de ce à quoi ses personnages devaient ressembler. Il pensait donc que sa version de Pongo était la plus aboutie. Mais Andreas Deja, qui a rencontré son icône Milt Kahl à plusieurs reprises, raconte ce qui s'est passé ensuite: « Milt avait terminé quelques dessins montrant Pongo à côté de Perdita, mais Bill Peet n'était pas impressionné. 'Le museau de Pongo est trop grand, cela ne ressemble pas à un dalmatien, c'est un dogue allemand', a-t-il déclaré. Je suis sûr que Milt a répondu par quelques mots de colère, défendant la taille du museau de Pongo pour mieux contraster avec celui de Perdita. Milt a cédé et a ajusté son dessin[86]. » Peet n'a peut-être pas tort, car plusieurs maquettes (réalisées par Clyde Geronimi) des premiers Pongo ont été conservées. Il ressemble effectivement à un chien plus grand et manque d'attrait. Son museau est très grand et ses yeux sont minuscules. D'ailleurs, comme souvent, la taille du museau posait souvent des problèmes et la cohérence était toujours un problème, comme l'a souligné Mark Mayerson : « Le museau de Pongo est quelque chose qui aurait dû être mieux défini sur les feuilles de modèle. Frank Thomas dessine Pongo avec une bosse proéminente sur le museau. Les autres animateurs qui s'occupent du personnage traitent la bosse différemment[87]. »

Finie Cruella, et finie la carrière de Marc Davis en tant qu'animateur chez Disney après *Les 101 Dalmatiens*. Walt lui a demandé d'être l'un de ses meilleurs Imagineers pour concevoir les attractions de Disneyland et, plus tard, de Walt Disney World. Son dernier personnage est un couronnement.

Walt était occupé ailleurs et il ne venait presque jamais voir les travaux en cours. Il l'a fait lorsque la production était déjà bien avancée, et il a été stupéfait. Mais pas positivement. Il n'avait rien à redire au scénario, mais il était contrarié par le style. En fait, il se trouvait dans une situation embarrassante, et il détestait certainement cela : d'une part, Ken Anderson avait trouvé le moyen, grâce au procédé Xerox, de réduire drastiquement les dépenses, comme l'a exprimé l'animateur Burny Mattinson : « Le film, comme *Dumbo*, a été réalisé rapidement et à un prix raisonnable, et a permis au studio de faire de bonnes affaires. Ainsi, même si Walt n'était pas satisfait du procédé Xerox, il a permis d'accomplir ce qu'il voulait et l'animation s'est poursuivie. D'après mes souvenirs de l'époque, Walt était plus mécontent du générique de début qu'il jugeait trop coûteux, mais la plupart des gens s'accordaient à dire qu'il était très efficace[88]. » Mais d'un autre côté, le style qu'il avait trouvé était très éloigné de la tradition Disney, comme Walt l'a fait savoir à Anderson, qui s'en est souvenu pour Paul F. Anderson : Il lui a dit : « Tu ne peux pas faire ça. C'est agressif, il y a beaucoup de traits. Ce qu'il faut faire, c'est revenir à la manière originale de faire les décors[89]. » Bien que terriblement affecté par la fureur de Walt, Anderson a essayé de comprendre pourquoi il avait réagi de la sorte : « Walt ne voulait pas voir les dessins, il ne voulait pas que les gens en aient conscience, mais qu'ils se plongent dans l'histoire, dans l'action, et qu'ils oublient qu'ils regardent un dessin animé. Je ne le savais pas [90]. » Le pauvre homme avait toujours fait de son mieux pour plaire à tout le monde et surtout à l'homme qu'il admirait vraiment, Walt Disney, et le voilà humilié par lui. Lorsque Walt était contrarié, il pouvait être très cruel et Anderson a dû endurer ses critiques acerbes devant ses collègues : « Il n'aimait pas tout ça et il m'a blessé parce qu'il m'a dit, j'étais en réunion avec Frank et Milt, Ollie, et il m'a dit 'on ne va pas faire un film comme ce foutu truc que Ken a fait, les *101 Dalmatiens*. Ne refaites jamais ça', et il a prononcé mon nom juste devant mes amis, 'ce foutu film que Ken a fait'. C'était vraiment horrible. Mais pour être honnête avec Walt, il avait travaillé depuis le tout début pour essayer de faire croire au public que les choses étaient réelles. Tout son travail consistait à dissimuler les lignes d'encre et à les rendre invisibles, et c'est moi qui suis arrivé avec ce fichu truc, cette ligne Xerox, c'est pour ça qu'il a été blessé. Il a fini par me pardonner, mais c'était juste avant qu'il ne meure[91]. » Il était tellement blessé qu'il a fait une attaque. Il lui a fallu un an pour s'en remettre.

Mais c'était également embarrassant pour Walt, car les avant-premières étaient excellentes, comme il l'a écrit à l'auteur Dodie Smith : « Les *Dalmatiens* se sont révélés naturels : les spectateurs des avant-premières l'ont adoré, et ils n'avaient pas aimé *La Belle au bois dormant*[92]. » Et la sortie publique allait le confirmer, le film a connu un énorme succès comme il n'en avait pas connu depuis des années. Il semble que l'aspect du film n'ait découragé personne. Walt s'était-il trompé ? Il ne l'aimait pas et ne l'a sûrement jamais reconnu. Ainsi, chaque fois qu'il devait commenter le film, il s'attardait sur l'intrigue : « *La Belle au bois dormant* n'était pas le genre de film qui avait l'attrait des *Dalmatiens*, parce que dans les *Dalmatiens*, j'avais ces personnalités mignonnes, avec un attrait plus large (...) Nous avions une très bonne intrigue (...) J'aime les situations fortes[93]. »

Et qu'en est-il de l'écrivain Dodie Smith elle-même ? Sa biographe a écrit : « Elle était désolée de voir que le tabby narquois et élégant était devenu un chat de dessin animé ordinaire, et elle n'aimait pas la poursuite en voiture, mais elle devait admettre que la caractérisation de la plupart des animaux était inspirée, que l'environnement du Suffolk était délicieusement dessiné, et que l'ensemble du dessin animé était à la fois inventif et magnifiquement animé dans la vieille tradition de Disney[94]. »

---

[1] KORKIS, Jim, *Walt's words,* Theme Park Press, 2016.

[2] JANE-LANG, Betty, *Walt Disney,* Wisdom Vol. 32, 1959.

[3] Courrier à l'auteur, mars 2010.

[4] Conférence à Glendale, 1985.

[5] GROVE, Valerie, Dear Dodie, *The Life of Dodie Smith,* Pimlico, 1996.

[6] MARTIN, Pete, série d'entretiens, 1962.

[7] Conférence à Glendale, 1985.

[8] Conférence à Glendale, 1985.

[9] OLIVER, Myrna, *The Art of a Master Daydreamer; For Bill Peet, Work Is a Flight of Fancy,* L.A Times December 23, 1990

[10] Conférence à Glendale, 1985.

[11] ANDERSON, F. PAUL, *Jack of all trades,* Theme Park Press, 2017.

[12] Courrier à l'auteur, mars 2010.

[13] Entretien avec l'auteur, juillet 1987.

[14] Entretien avec l'auteur, juillet 1988.

[15] Entretien avec l'auteur, juillet 1987.

[16] Entretien avec Robin Allan, juin 1985.

[17] GHEZ, Didier, *Walt's People, Volume 11, Talking Disney with the artists who knew him,* Xlibris Corporation, 2011.

[18] Entretien avec l'auteur, juillet 1987.

[19] ANDERSON, F. PAUL, *Jack of all trades,* Theme Park Press, 2017.

[20] Entretien avec l'auteur, juillet 1987.

[21] GHEZ, Didier, *Walt's People, Volume 9, Talking Disney with the artists who knew him,* Xlibris Corporation, 2010.

[22] GHEZ, Didier, *Walt's People, Volume 11, Talking Disney with the artists who knew him,* Xlibris Corporation, 2011.

[23] CANEMAKER, John, *Before animation begins,* New York, Hyperion, 1996.

[24] AMIDI Amidi, *Cartoon Modern, style and design in fifties Animation,* Chronicle Books, 2006.

[25] GHEZ, Didier, *Walt's People, Volume 11, Talking Disney with the artists who knew him,* Xlibris Corporation, 2011.

[26] GHEZ, Didier, *Walt's People, Volume 9, Talking Disney with the artists who knew him,* Xlibris Corporation, 2010.

[27] Entretien avec Steve Hulett, 18 avril 1978.

[28] Entretien avec l'auteur, novembre 2010.

[29] BEIMAN, Nancy, *Prepare to board,* Focal Press, 2013.

[30] GHEZ, Didier, *Walt's People, Volume 5, Talking Disney with the artists who knew him,* Xlibris Corporation, 2007.

[31] THOMAS, Frank et JOHNSTON, Ollie, *Disney Animation, The illusion of life,* New York, Abbeville Press, 1981.

[32] Entretien avec l'auteur, octobre 2023.

[33] Entretien avec l'auteur, octobre 2023.

[34] Entretien avec l'auteur, novembre 2010.

[35] KOENIG, David, *Mouse under glass,* Bonaventure Press, 1997.

[36] NOYER, Jérémie, *Composers / Dalmatians 101"Spot"-light on songwriter Mel Leven* , Animated Views. 3 mars 2008

[37] Entretien avec l'auteur, novembre 2010.

[38] Entretien avec l'auteur, juillet 1998.

[39] Entretien avec Robin Allan, 10 mai 1985.

[40] https://andrea-sdeja.blogspot.com/2012/01/ronald-searle.html

[41] Interview sur Channel 4, 15 mars 2010.

[42] Conférence à Glendale, 1985.

[43] Entretien avec l'auteur, mai 2010.

[44] RENAUT, Christian, *Les Héroïnes Disney*, Dreamland, 2000.

[45] Conférence de Milt Kahl, 2 avril 1976.

[46] BRAUN, Amy, UltimateDisney.com's Interview with Lisa Davis,
the voice and model for *101 Dalmatians'* Anita Radcliff, March 4, 2008

[47] Entretien avec l'auteur, juillet 1987.

[48] Entretien avec Robin Allan, 6 novembre 1989.

[49] MAC LEAN, Fraser, *Setting the scene, the Art and evolution of Animation Layout*, Chronicle Books, 2011.

[50] ITEN, Oswald, *Color in 101 Dalmatians: 1. Home Sweet Home, colorfulanimationexpressions.blogspot.com, July 23, 2008*

[51] ITEN, Oswald, *Color in 101 Dalmatians: 1. Home Sweet Home*, colorfulanimationexpressions.blogspot.com, 23 juillet 2008

[52] Entertainment Tonight Vault, 1991.

[53] Entretien avec ACHOUR, Bernard, Années Laser, N°28, mars/avril 1996.

[54] Entertainment Tonight Vault, 1991.

[55] CANEMAKER, John, *Walt Disney's Nine old men,* New York, Disney Editions, 2001.

[56] GRANT, John, *Encyclopedia of Disney's Animated Characters* , New York, Hamlyn, 1987.

[57] https://mayersononanimation.blogspot.com/ 30 avril 2008.

[58] COPE, Rebecca, *How Tatler cover star Tallulah Bankhead became the inspiration for Disney's Cruella D'Enfer*, Tatler, May 21, 2021

[59] Entretien avec l'auteur, juillet 1987.

[60] BRAUN, Amy, UltimateDisney.com's *Interview with Lisa Davis,*
the voice and model for 101 Dalmatians' Anita Radcliff, March 4, 2008

[61] Entretien avec l'auteur, juillet 1987.

[62] Speaking of Radio, an oral history of Radio's Golden Age. *Chuck Schaden's Conversations with the Stars Who Made* it
Golden.popup.speakingofradio.com/popup.php?id=http://www.speakingofradio.com/blog/interviews/Chuck_Schaden, 06 août 1976.

[63] CANEMAKER, John, collectif, *Storytelling in animation, the Art of the Animated Image, Volume 2,* The American Film Institute, 1988.

[64] Entertainment Tonight Vault,1991.

[65] Entertainment Tonight Vault, 1991.

[66] GHEZ, Didier, *Walt's People, Volume 1, Talking Disney with the artists who knew him*, Xlibris Corporation, 2005.

[67] GHEZ, Didier, *Walt's People, Volume 1, Talking Disney with the artists who knew him*, Xlibris Corporation, 2005.

[68] GHEZ, Didier, *Walt's People, Volume 9, Talking Disney with the artists who knew him*, Xlibris Corporation, 2010.

[69] https://mayersononanimation.blogspot.com/ 30 avril 2008

[70] THOMAS, Frank et JOHNSTON, Ollie, *Disney Animation, The illusion of life*, New York, Abbeville Press, 1981.

[71] Entretien avec Robin Allan, juin 1985.

[72] JANE-LANG, Betty, *Walt Disney*, Wisdom Vol. 32, 1959.

[73] Entretien avec l'auteur, juillet 1987.

[74] Entretien avec l'auteur, mai 2011.

[75] Entretien avec l'auteur, juillet 1988.

[76] Entretien avec l'auteur, juillet 1987.

[77] Entretien avec l'auteur, juillet 1998.

[78] Entretien avec l'auteur, juillet 1988.

[79] Province, John, *Seldom Re-Peeted : The Bill Peet Interview,* 10 mai 2012

[80] Entretien avec l'auteur, mai 2010.

[81] GHEZ, Didier, *Walt's People, Volume 11, Talking Disney with the artists who knew him*, Xlibris Corporation, 2011.

[82] PEET, Bill, *Bill Peet, An Autobiography*, Boston, Houghton Mifflin Company, 1989.

[83] PEET, Bill, *Bill Peet, An Autobiography*, Boston, Houghton Mifflin Company, 1989.

[84] PEET, Bill, conférence à Glendale, 1985.

[85] CANEMAKER, John, *Storytelling in animation, the Art of the Animated Image, Volume 2*, The American Film Institute, 1988.

[86] http://andreasdeja.blogspot.com/2012/01/pongo-muzzle-issue.html

[87] https://mayersononanimation.blogspot.com/ 30 avril 2008

[88] Entretien avec l'auteur, mars 2010.

[89] ANDERSON, F. PAUL, *Jack of all trades*, Theme Park Press, 2017.

[90] Entretien avec l'auteur, juillet 1988.

[91] Entretien avec l'auteur, juillet 1988.

[92] GROVE, Valerie, *Dear Dodie, the life of Dodie Smith*, Pimlico, 1996.

[93] MARTIN, Pete, série d'entretiens, 1962.

[94] GROVE, Valerie, *Dear Dodie, the life of Dodie Smith*, Pimlico, 1996.

LES SEQUENCES CULTES DES CLASSIQUES DISNEY : VOLUME TROIS

Merlin l'enchanteur (1963)

Duel de sorciers (Séquence 10.0) de 1.01.49 à 1'06'52

Au début des années 1960, Walt Disney s'apprête à fêter ses 60 ans, et il est toujours aussi occupé. Il a perdu sa passion pour les longs métrages animés, d'autant plus que sa dernière réalisation l'a laissé perplexe. Il n'a pas été très présent lors de la réalisation des *101 Dalmatiens*, confiée à Bill Peet, il en a détesté le look, et c'est finalement un succès commercial et critique. Aurait-il perdu la main ? Peut-être que cet homme toujours optimiste a aussi trouvé un soulagement en réalisant que le fait de ne pas trop s'impliquer dans la réalisation de ses dessins animés lui permettait d'avoir plus de temps pour d'autres projets. L'un d'entre eux le passionnait comme à l'époque glorieuse de *Blanche-Neige*, *Mary Poppins*, dont tout le monde parlait en ville et au studio de Burbank. C'est pourquoi il n'a pas voulu s'occuper de *Merlin l'enchanteur*. Cette citation est assez révélatrice : « Je suis toujours proche d'un projet lorsque nous sommes en train de ruminer l'idée de base. Une fois que le modèle est établi, je laisse l'équipe prendre le relais et je passe à autre chose[1]. » Plus vite il pourra travailler dans d'autres domaines, mieux ce sera, peut-être que le temps a fait son œuvre après tout. Même lorsqu'il essayait de vendre le film à l'avance dans cette interview pour Pete Martin pendant la production du film, il ne pouvait pas le cacher : « C'est en quelque sorte une satire, mais c'est tout de même merveilleux pour notre média. J'avais l'intention de faire ce film juste après *La Belle au bois dormant*, et maintenant je sais que je vais le faire. *Merlin l'enchanteur* ne signifie rien pour personne aujourd'hui, mais je pense que lorsque je ferai ma télévision, ce que je peux faire, c'est le montrer à la télévision, il y a beaucoup de matériel excitant que je peux mettre à la télévision, ce sera un bon divertissement, mais cela permettra aux gens de savoir ce qu'est *Merlin l'enchanteur* et ce que la légende de Merlin l'enchanteur représente[2]. »

D'ailleurs, ce film est assez particulier dans le catalogue Disney. C'est l'un des films d'animation les moins vus et les moins commentés de leur histoire. Les employés de Disney eux-mêmes n'en ont pratiquement jamais parlé, à l'exception de Milt Kahl et, dans une moindre mesure, de Frank Thomas, nous verrons pourquoi. Les critiques n'étaient pas si mauvaises, mais les artistes de Disney savaient qu'ils étaient passés à côté de l'essentiel. Pourtant, Bill Peet était à son apogée, plein de confiance en lui après avoir été annoncé comme le cerveau du triomphe des *101 Dalmatiens*, et les animateurs étaient probablement à leur apogée, comme l'a exprimé le directeur artistique Ken Anderson : « Certaines scènes n'ont probablement jamais été surpassées, les écureuils réalisés par Frank et Ollie étaient tout simplement fabuleux. Mais le film, les choses que Milt a faites aussi, Sir Ector, le roi et Moustique, étaient sacrément bonnes, mais elles n'avaient pas le cœur, la chaleur que vous attendez[3] . »

Le livre *The Sword in the stone* a été publié pour la première fois en 1938 au Royaume-Uni. Il fera plus tard partie de la tétralogie *The Once and Future King* (1958). Il est fort probable que Bill Peet ait attiré l'attention de Walt sur ce livre, ou qu'il ait entendu parler de la version diffusée par la BBC en 1939, puisqu'il en a acheté les droits la même année. Le projet a été mis de côté jusqu'en 1949, date à laquelle des esquisses ont été réalisées, mais il a ensuite pris la poussière jusqu'en 1960. Cette année-là, Walt était allé voir Julie Andrews jouer *Camelot sur* scène pour tenter de la convaincre de devenir *Mary Poppins*. Le succès de la pièce semble provoquer un soudain regain d'intérêt pour les légendes celtiques autour du roi Arthur, tout comme le *Seigneur des anneaux,* publié en 1954 a en quelque sorte relancé l'intérêt pour l'heroic fantasy. Ce que Walt ne savait pas, c'est que son équipe d'animateurs préférés, principalement certains des Neuf Sages, avait d'autres idées en tête. Il leur accordait une grande confiance et il était certain qu'il serait à l'écoute de ce qu'ils avaient à lui proposer, en particulier lorsque le cerveau était Marc Davis. Ce dernier avait un projet pour lequel il s'était donné corps et âme, multipliant les croquis en couleur pour convaincre Walt qu'il s'agissait du prochain long métrage : *Chantecler*. Vint le grand jour où il présenta avec ses collègues artistes l'histoire écrite par Edmond Rostand. Puis vint Bill Peet qui montra à tout le monde ses story-boards pour *Merlin l'enchanteur,* comme il le racontera des années plus tard à John Province : « Voilà que tous ces gens entrent dans mon studio. Ils boudaient tous et espéraient que je tombe sur la tête. Ils ne m'avaient pas adressé la parole de tout le temps. J'ai passé en revue les story-boards et j'ai montré quelques gags avec Merlin et le Hibou. J'ai montré Merlin en train de tout emballer dans une valise, idée qui était la mienne, elle n'était pas dans le livre. Quand j'ai eu fini, Walt leur a demandé ce qu'ils en pensaient – 'pas mal, hein ?' Et ils ont répondu : 'Oh ouais !' Vous pouvez imaginer à quel point ils ont été humiliés d'accepter la défaite et de céder à *Merlin l'enchanteur*[4] . » Ils avaient négligé le fait que Peet avait l'entière confiance de Walt, et même si le patron était même agacé par l'imagination dont il faisait preuve en le défiant, il considérait Peet comme son principal atout. Marc Davis, pourtant admiratif de Walt, fut consterné et dévasté, et quitta définitivement l'animation pour devenir Imagineer. Des années plus tard, il resta amer à propos de cette expérience: « Ken Anderson, d'autres gars et moi-même avons monté une histoire sur *Chantecler*, je pense que ce sont les meilleurs dessins que j'ai jamais faits pour le studio. J'ai quatre photos que l'on m'a données récemment de tous les croquis de l'histoire, de tous les dessins que j'ai faits. Nous avons fait ce projet et nous avons travaillé très dur. Quelqu'un a dit : 'Où diable se trouve ce matériel, on veut voir !' Nous nous sommes donc retrouvés face à tout ce groupe, qui n'était composé que de cadres de Disney, Don Tatum, Card Walker et tous ceux qui étaient sous leurs ordres, plus Walt, ils étaient tous debout, dans les pires conditions, et quelqu'un a dit 'Je ne peux pas créer une personnalité à partir d'un poulet'. C'est ainsi que tout s'est terminé. À cette époque, Walt était prêt à organiser l'exposition universelle et Disneyland n'avait que cinq ans d'existence. Il avait toujours eu un certain respect pour moi et m'a demandé de commencer à travailler sur ces projets [5] . » L'homme qui prétendait qu'on ne pouvait pas « créer une personnalité à partir d'un poulet » était très probablement Bill Peet.

Walt s'est rendu compte très tard de la façon dont le film avait été stylisé et *Merlin l'enchanteur* était déjà en cours de réalisation, comme l'a expliqué Anderson: « La Xerox était toujours utilisée, non pas parce que Walt l'aimait, mais parce qu'elle permettait d'économiser beaucoup d'argent. (...) Walt ne savait pas que nous allions réutiliser les lignes de la Xerox dans *Merlin l'enchanteur*. Il s'est en quelque sorte retiré du film. Nous avons continué à faire la même chose, nous aurions pu aller plus loin[6] . » En conséquence, le style de *Merlin l'enchanteur* est un compromis, comme l'a confirmé Anderson à Paul F. Anderson : « *Merlin l'enchanteur* n'était pas complètement prévu pour le traitement *101.* C'était un bâtard ; c'était savoureux ; le traitement des fonds était original, doux et brumeux et un effet de projecteur avec des personnages par-dessus, mais en même temps, il ne pouvait pas ne pas être affecté par l'apparence de *101* dans la plupart des cas[7] . » Que Walt le veuille ou non, il devait faire face à la sombre réalité que Woolie Reitherman avait désormais acceptée, comme il l'a expliqué à Richard Holliss : « La méthode Xerox a fait l'objet de nombreuses discussions et beaucoup de gens craignaient que nous n'ayons sacrifié la finesse des différentes lignes, celles du visage par exemple. Il était cependant extrêmement coûteux de procéder à l'ancienne méthode, en encrant les cellos à la main[8] . »

Cependant, Walt Peregoy avait déjà peint plusieurs œuvres inspirantes dans son style coloré et audacieux, mais la réaction de l'autre Walt avait convaincu le nouveau directeur unique Woolie Reitherman d'opter pour un design plus sûr, comme Peregoy s'en souvient pour Bob Miller : « Lorsque j'ai continué à styliser *Merlin l'enchanteur*, Walt avait quelque chose à dire sur le changement de style dans le sens où il avait Woolie qui devenait plus autoritaire et qui avait plus à dire sur le style à adopter. Il n'y a plus eu de styliste après *Merlin l'enchanteur*. Je l'ai stylisé, mais au fur et à mesure que le film avançait, il a commencé à régresser, revenant à ce que l'on appelle aujourd'hui le style de décors classique de Disney[9] . » Étant donné que la production a exceptionnellement suivi la chronologie du film, les décors qui portent le plus manifestement la marque de Peregoy sont ceux du début dans la forêt, comme il l'a reconnu pour son amie Julie Svendsen : « Le plan d'ouverture de *Merlin l'enchanteur* : Moustique courant dans la forêt. D'autres artistes m'ont complimenté en me disant que c'était fantastique. Je suis fier de ce décor[10] . » Pourtant, même les artistes les plus fidèles à Walt n'étaient pas d'accord avec le grand patron, comme Frank Thomas : « Pour *Merlin l'enchanteur*, nous aimions les dessins Xerox proposés par Ken Anderson, mais Walt ne les a jamais aimés. Les couleurs devenaient trop sauvages pour lui[11]. » Le département d'animation fut à nouveau réduit à un très petit groupe de personnes, c'est pourquoi les superviseurs de l'animation ont fait beaucoup de scènes comme nous le verrons.

Ainsi, confirmant la perte d'intérêt de Walt et le calendrier serré, il s'en remet à un réalisateur en qui il a toute confiance : Woolie Reitherman. Que Walt choisisse un homme d'expérience n'est pas vraiment une surprise, mais certains se demandent pourquoi c'est Woolie. En effet, les autres n'étaient pas appréciés ou même éliminés, comme Clyde Geronimi, certains avaient pris leur retraite comme Wilfred Jackson, Ham Luske était occupé par la télévision et *Mary Poppins*, Norm Ferguson avait démissionné, rejeté par Walt, et était mort en 1957. En outre, parmi les Neuf Sages, peu voulaient abandonner l'animation comme l'avait fait Woolie. Pour beaucoup, Reitherman a été choisi pour des raisons que l'animateur Bob Carlson a un jour expliquées à Mike Barrier : « J'étais un jour dans une pièce où Walt discutait de certaines choses et, au cours de la conversation, il a commencé à parler de Woolie. Il m'a dit : 'Quand je veux savoir ce que le public pense d'un film que je fais, je demande à Woolie, parce qu'il est en quelque sorte l'américain moyen... Si Woolie approuve une chose ou fait une suggestion, je la considère favorablement[12'] ». En outre, il sait que Reitherman, l'ancien pilote de la Seconde Guerre mondiale, n'a peur de rien, qu'il est fiable, fidèle et peu ambitieux. Bref, il ne sortirait jamais du rôle qui lui a été fixé par Walt. Son fils Bruce ajoute : « Je pense que son manque relatif d'ego a été utile. Je pense que même si certains gars ont parfois contesté son leadership, on avait le sentiment qu'il ne cherchait pas à s'approprier son propre héritage, ou à essayer de protéger sa propre réputation. Bien sûr, dire qu'il n'avait pas un gros ego est spécifiquement vrai, mais cela ne veut pas dire qu'il n'était pas sûr de lui. C'était un homme d'opinion, qui s'accrochait souvent à une idée, contre vents et marées en quelque sorte, et encore une fois, lorsque vous avez tous ces forts caractères autour de vous, vous devez avoir un gars au milieu qui est prêt à poser son pied et à dire : 'il est temps d'arrêter de parler, il est temps de commencer à faire'[13] . » Mais la tâche ne sera pas facile pour lui, surtout après la mort de Walt en 1966. Au début des années 1960, certaines choses changent, comme le décrivit Ollie Johnston à Mike Barrier et Milton Gray : « Le fait est que, lorsque nous sommes arrivés à *Merlin l'enchanteur*, en tant qu'animateurs réalisateurs, nous étions vraiment des réalisateurs. Le réalisateur avait le dernier mot, ou Walt, mais neuf fois sur dix, le projet était réalisé comme vous le souhaitiez. Les choses ont tellement changé depuis l'époque de Jackson, où tout était tracé[14] . » En conséquence, les meilleurs animateurs exprimaient leurs opinions plus bruyamment qu'auparavant, car lorsque Walt-chat n'était pas là, les souris pouvaient jouer et faire valoir leurs demandes plus fermement que jamais. Les querelles entre Milt Kahl, grande gueule, et Woolie deviendront légendaires. Mais ce dernier n'en démord pas. Les tentatives de Woolie de réduire les coûts en réutilisant des animations antérieures constituent l'une des pommes de discorde. Mais Walt lui avait demandé d'être aussi économe que possible, l'époque de la prodigalité dans l'animation était révolue. Le budget de ce film était inférieur de 40 % à celui des *101 Dalmatiens* ! Inutile de dire que cela a également mis Bill Peet sur les nerfs, comme il l'a avoué à John Canemaker : « Reitherman cherchait toujours des raccourcis pour faire plaisir à Walt et rendre le film moins cher[15] . » Cette fois, Peet a eu plus de mal avec l'histoire, mais lorsque le film est sorti, il a surtout blâmé Reitherman : « J'ai fait le même travail sur *Merlin l'enchanteur*. Le film aurait été bien meilleur s'il avait été traité avec plus de soin. Dans le but d'économiser de l'argent (et de plaire à Walt), le réalisateur a utilisé des raccourcis bon marché pour sauver l'animation. Le tournoi qui devait décider qui serait roi avait très peu d'impact et la fin était abrupte, avec très peu de drame[16] . »

Une fois de plus, Bill Peet fut l'unique scénariste. Il commença par lire le livre encore et encore, sélectionnant ce qui pouvait être visuel et intéressant, comme il le rappelle dans son autobiographie : « Walt a remis en question la première version de mon scénario, soulignant qu'elle aurait dû être plus étoffée. J'ai donc redoublé d'efforts en développant les aspects les plus dramatiques de l'histoire[17] . » Le script de 50 pages proposé par Peet le 2 octobre 1961 semblait être une bonne base. Peet était si sûr de lui qu'il avait du mal à accepter les contributions de qui que ce soit, même si Ken Anderson, par exemple, voulait avoir son mot à dire sur le sujet, comme il l'a regretté un jour pour Paul F. Anderson : « Bill était terriblement borné. Il ne pouvait pas penser qu'il y avait une autre façon de faire les choses[18] . » Vance

Gerry, dont le rôle grandissait, était un homme à la voix douce qui proposait discrètement quelques idées pas assez révolutionnaires pour inquiéter Peet.

Walt a avoué un jour : « Il faut de bonnes idées d'histoires. Nous en inventons certaines ou elles sont basées sur de vieux classiques que nous remettons en quelque sorte au goût du jour, mais elles sont terriblement difficiles à trouver, les bonnes. Il y a beaucoup d'histoires d'aujourd'hui qui ne conviendraient pas à notre public[19]. » On peut se demander si le livre de T.H. White était un si bon choix. Bien sûr, il y a des sorciers et de la magie, et c'est sans doute ce qui a plu à Walt. Mais l'histoire parle de l'éducation d'un enfant. Cela implique d'enseigner, de philosopher, de théoriser et de beaucoup parler. Bien que Peet ait laissé tomber de grandes parties du livre, le film reste verbeux, et les chansons fort oubliables.

Peet a décidé de se débarrasser de plusieurs personnages tels que Cully le faucon, Sir Grummore Grummursum, Galapas le géant, le chien-garçon d'Ector, la Bête et bien d'autres encore. Le roi Pellinore est devenu un messager que l'on aperçoit brièvement, et Robin des Bois, Petit Jean et leur bande ont également disparu. Le livre comporte une succession de chapitres dans lesquels Moustique et Merlin se transforment en divers animaux. Peet n'en a retenu que trois (poissons, écureuils, oiseaux) mais a laissé tomber ceux en serpents, lapins, hiboux et blaireaux. Certaines séquences ont également été oubliées comme la chasse au sanglier, la visite à Athéna (mère de tous les oiseaux), deux rêves (une forêt en mouvement et des pierres), la visite à Galapas et à son château, la rencontre avec un hérisson, ou encore l'attaque des Anthropophages.

Mais Peet a voulu être fidèle en situant définitivement l'histoire à l'époque médiévale, comme il l'a expliqué lors d'une conférence : « Avec Merlin dans *Merlin l'enchanteur*, je suis vraiment dans le passé et je préfère m'attarder sur (...) En ce qui concerne le travail que je fais, mes livres et mes histoires traitent d'une époque révolue ou remontent jusqu'à l'époque médiévale[20]. » Sur son carnet habituel, il esquisse toutes sortes de situations pour ses personnages sur des pages jaunes. Il aime imaginer que Merlin aurait voyagé dans l'espace et le fait déguiser en astronaute, en écho à l'engouement de l'époque pour les fusées qui commencent à s'y aventurer. L'exploit de Youri Gagarine à bord de Vostok 1 en avril 1961 avait enflammé les imaginations et défié les Etats-Unis. Les anachronismes seront légion, parfois un peu trop faciles comme le voyage de Merlin aux Bahamas à la fin, qui en a irrité plus d'un, y compris au studio, comme Floyd Norman : « Une chose continue de me gêner dans l'adaptation de Bill Peet, cependant. À la fin du film, Merlin revient du futur vêtu d'une chemise hawaïenne, et cela m'a totalement effrayé. Je ne me sentais pas à l'aise à l'époque - et je le suis toujours lorsque je regarde le film aujourd'hui[21]. »

Comme nous l'avons dit plus haut, le film n'a pas laissé une grande impression et peu de gens se souviendraient d'une séquence en particulier, sauf peut-être toutes les apparitions du loup par John Sibley et John Lounsbery, ou la seule séquence émotionnelle, les écureuils, que Frank Thomas a pris tant de plaisir à animer, mais ce dont la plupart se souviennent, c'est du duel des sorciers, mis en scène par Basil Davidovich et Don Griffith. La production ayant suivi un processus de continuité du début à la fin, le duel a été animé assez tardivement.

Madame Mim et Merlin se dirigent vers le lieu du duel

L'intérêt de ce décor est de créer une ambiance morose, sombre, voire angoissante. Dès le début du film, Walt Peregoy a montré son goût pour le bleu. Ici encore, le bleu domine avec différentes nuances de teintes plus sombres, à l'exception de la robe de Merlin. La seule touche d'une autre couleur est la tenue de Mim avec du violet et du rose, qui se marient très bien sur un fond bleuté. Comme tous les départements, celui des décors s'est réduit à six personnes : Peregoy, Bill Layne, Albert Dempster, Anthony Rizzo, Ralph Hulett et Fil Mottola. Mais, selon Floyd Norman, c'était l'affaire de Peregoy, comme il l'a indiqué à Jim Korkis : « Walt Peregoy faisait pratiquement tous les décors lui-même. Le maître styliste de la couleur a peint la plupart des décors du film. Des artistes vétérans de Disney tels que Bill Layne, Al Dempster et Ralph Hulett sont intervenus vers la fin du film pour aider Peregoy à réaliser les nombreux décors nécessaires pour terminer le film[22]. »

Comme c'est la règle, surtout après les erreurs de *La Belle au bois dormant*, la mise en scène, réalisée ici par Homer Jonas, est telle qu'il reste un espace libre pour que les personnages puissent bien se détacher. C'est pourquoi nous ne voyons que la base d'un arbre abattu au premier plan. Les superpositions d'arbres morts ont des formes anguleuses avec plusieurs branches coupées et rappellent un peu la forêt menaçante lors de la fuite de *Blanche-Neige.* Quant aux silhouettes sombres des arbres à l'arrière-plan, elles sont déformées, mais un peu humaines, et semblent lever les bras. Un peu d'aérographe recouvre ces formes d'arbres pour évoquer un peu de brume. Des os et des crânes sont disséminés ici et là. Il s'agit bel et bien d'une ambiance morbide. Cela est confirmé par le battement d'un tambour, comme celui que l'on entend lorsque les condamnés se rendent à la potence. C'est un panoramique gauche assez long, sans mélodie ni dialogue.

On sait peu de choses sur Homer Jonas (1928-1979), bien que son rôle de layout man dans ces années-là soit majeur. Né à Los Angeles, il passe son enfance à Eagle Rock avant de s'engager dans la marine en 1946. Il s'inscrit ensuite au Pasadena City College où il rencontre sa future épouse. Au début des années 1950, il est diplômé de l'Art Center College of Design, se marie en 1953 et a deux enfants. L'un d'eux, Jeff, décrit sa personnalité : « Mon père était une personne très charismatique. Excellent dessinateur, peintre, il avait un œil vif pour le graphisme et l'utilisation des couleurs. Célèbre pour ses dessins de femmes de toutes formes et de toutes tailles, il était aussi connu comme un homme à femmes. Manifestement talentueux, c'était un travailleur acharné qui restait souvent au studio après que d'autres aient été licenciés chaque année[23]. » L'un de ses amis proches chez Disney, Ray Aragon, a avoué à Didier Ghez : « C'était un type très drôle. Toujours prêt à rire. Il dessinait très bien. On allait chez les Homer Jonas quand ils faisaient une fête. Parfois nous étions tous déguisés. À l'époque, tout le monde s'habillait chic[24]. » Il aimait l'art et l'héritage des Amérindiens. Il a d'abord travaillé avec Ward Kimball, puis sur des courts métrages modernes comme *Paul Bunyan*. Après *Merlin l'enchanteur*, il a quitté Disney pour rejoindre Snowball productions sur les séries télévisées *Beany* et *Cecil,* ainsi que Warner Bros, Hanna Barbera en 1964. Son dernier travail a été pour *Heidi* en 1979. Il décéda subitement en septembre 1979.

L'animation est signée Frank Thomas. Il s'agit d'un cycle d'animation, à l'exception du petit saut que fait Mim, qui fait écho au même type de pas différent qu'il avait donné à Simplet dans *Blanche-Neige*, une trentaine d'années auparavant. Il est à noter que les deux personnages ne marchent pas de la même manière, Mim faisant de petits pas précipités alors que Merlin a de longues enjambées déterminées. Thomas connaissait le langage corporel.

Dans le plan suivant, Moustique, en tant qu'oiseau, se pose sur un arbre. Walt Stanchfield, qui se voit confier de plus en plus de passages à animer, doit faire preuve d'une grande précision étant donné la taille minuscule de l'oiseau vu de loin. En regardant de plus près ce décor, on constate que même si Peregoy a dû se réfréner et oublier un peu les formes arbitraires qui étaient de mise sur le film précédent, on retrouve son style. Ici, certaines lignes de branches ne sont pas colorées, et certaines zones sont peintes grossièrement sans tenir compte des contours. Mais comme Walt détestait ce look, ils marchaient sur des œufs avec ce principe. Beaucoup le regrettèrent, comme le peintre de décors Al Dempster qui déclara à John Culhane : « ... Il (Walt) a exprimé son aversion pour le traitement de *Merlin l'enchanteur* et des *101 Dalmatiens*. Et j'en ai été très désolé, je les trouvais magnifiques. Très beaux[25]. » Celui qui ne s'est pas plaint, c'est Bill Peet, comme le rappelle son fils : « Il n'aimait pas particulièrement le style utilisé pour les décors. Disney changeait alors de style d'animation. Il trouvait l'histoire originale complexe et difficile à développer en tant que scénario[26]. » Pourtant, Peregoy avait de nombreux partisans, comme la maquettiste Sylvia Roemer : « Le long métrage donnait l'occasion aux personnes chargées des décors d'utiliser des couleurs très sauvages et des choses imaginatives, et il se détachait d'une autre séquence pour attirer l'attention sur ce point[27]. »

Moustique et Archimède atterrissent tous deux sur un arbre

Avec ces plans rapprochés, il est maintenant temps pour un animateur majeur de prendre le contrôle, en l'occurrence Ollie Johnston. À l'époque, il est devenu incroyablement productif, rapide et inspiré. Les toutes premières animations de Merlin dans le film sont de lui. Il a réalisé une quantité incroyable d'animations, avant de battre tous les records sur *Le Livre de la Jungle*. C'était une bénédiction, car avec les départs de Ward Kimball, Les Clark et Marc Davis de l'unité d'animation des longs métrages, ceux qui étaient restés étaient très demandés. Ils pouvaient encore compter sur Cliff Nordberg, Eric Cleworth, Hal King et John Sibley, mais principalement pour les scènes burlesques. Ici, Johnston réalisera la quasi-totalité de l'animation des deux oiseaux.

Il s'est beaucoup amusé à animer le hibou Archimède. Mais d'autres aussi, comme John Lounsbery, Frank Thomas, Eric Larson (lorsqu'il apprend à Moustique à voler), Eric Cleworth ou Hal King (dans la tour, lorsqu'il enseigne l'alphabet). Johnston a particulièrement apprécié son animation du hibou « convulsé de rire » lorsque Merlin lui dit que l'homme volera un jour. Il se souvient dans son livre avec Frank Thomas : « L'acteur, Junius Matthews, a soutenu ce rire contagieux pendant plus de 20 secondes sans qu'à aucun moment il ne paraisse forcé ou insincère[28]. » L'animateur a ajouté que plusieurs personnes autour de lui pensaient que cette scène était trop longue, mais il a tenu bon et a fini par estimer qu'il avait raison et a imprimé une partie de la scène dans leur livre.

Dans le livre de T.H. White, il est décrit comme « un jeune hibou fauve assis sur la calotte noire qui protégeait le sommet de sa tête », il « se tenait aussi raide » et était « timide envers les étrangers ». Il est également écrit que « toute la pièce était assez blanche de fientes ». Si Peet a fidèlement conservé les premières indications, il a supprimé les dernières ! Il semble que le studio Disney ait aimé l'idée de hiboux grincheux, mais finalement au grand coeur. Celui de *Bambi* était un peu le même. Peet l'a également rendu désagréable au début, lorsque Moustique arrive, et lentement mais sûrement, la glace fond et il se sent responsable du garçon vulnérable, surtout en tant que poisson ou oiseau. Dans son texte final, Peet a clairement établi la personnalité d'Archimède : « Le hibou, compagnon de Merlin, vit depuis la nuit des temps. Il considère que la magie de Merlin est bidon, mais parce qu'il sait que Merlin a vécu du futur au présent, il croit qu'il utilise sa connaissance des choses à venir pour se faire passer pour un magicien. Archimède vieillit et Merlin rajeunit [...] Archimède a une excellente mémoire de l'histoire passée et incite constamment Merlin, même s'il se chamaille avec lui. Merlin et Archimède s'apprécient mutuellement et respectent leurs capacités et leur sagesse. Archimède n'est pas l'animal de compagnie de Merlin. C'est un partenaire et un compagnon à part entière. Il joue aux échecs ou aux dames avec Merlin et lui raconte de merveilleux récits historiques qui semblent aussi remarquables que les souvenirs de Merlin sur l'avenir. Le hibou est agacé par ces deux attitudes : 'Pourquoi ne peuvent-ils pas être plus ordinaires, avec une tête et un esprit pratiques ?' »

Le dessin du hibou est une version plus ronde et plus petite des hiboux vus dans *Bambi*, *Danny, le petit mouton noir (So Dear to my Heart)*, *La Belle au bois dormant* ou le court *Toot, Whistle, Plunk and Boom*. Les trois derniers avaient été largement influencés par Tom Oreb et son goût pour les dessins simplifiés et anguleux, mais ici ils sont revenus à quelque chose de plus banal, avec des sourcils épais et un visage poupin. Seules quatre couleurs ont été utilisées et les animateurs se sont contentés de dessiner quelques lignes ondulées en guise de plumes sur son ventre, bien loin du hibou détaillé et plus coloré de *Bambi*. Sa voix, Junius Matthews, était principalement un acteur de radio ou jouait des rôles secondaires dans des films western. Il s'est fait connaître comme la voix du lapin dans la série *Winnie l'ourson* jusqu'à sa mort en 1978.

« De, de se détruire l'un l'autre ? » demande Moustique

Ils ont dû faire face à de nombreux problèmes lors de l'enregistrement de la voix de Moustique. Rickie Sorensen avait été choisi pour jouer le rôle d'un garçon de 12 ans. Mais, comme on le sait, la production prend du temps, et bientôt, à la puberté, la voix du garçon a beaucoup changé et n'était plus crédible. Woolie Reitherman ne voulait pas perdre de temps et demanda à deux de ses fils de le remplacer : Robert et Richard. Si ces deux derniers, étant frères, ont des voix similaires, elles ne correspondent pas vraiment à celle de Sorensen. De plus, la qualité de l'enregistrement est très différente, et cela s'entend. Le troisième fils de Woolie, Bruce, sera également utilisé plus tard pour Mowgli.

Sorensen n'a pas eu une grande carrière. Il a commencé à l'âge de 10 ans, en jouant principalement dans quelques films de *Tarzan*. Il avait fait la voix d'un des chiots des *101 Dalmatiens*, Spotty. Il est retourné au studio Disney à la fin des années 1970 pour un petit rôle de technicien dans *Le chat qui vient de l'espace* (1978), l'un des nombreux films mineurs que Disney a produits au cours de cette décennie.

Chez Moustique en tant qu'oiseau, on retrouve la même coupe de cheveux qu'il a en tant qu'enfant. C'est un principe qui sera appliqué dans toutes les transformations des différents personnages, soit par les couleurs, soit par des éléments reconnaissables.

Fin de la marche, Merlin croise Mim

À partir de ce moment, nous comprenons que c'est Mim qui aura le contrôle. Tout d'abord, elle décide où s'arrêter, et Merlin la heurte, ce qui donne lieu à des scènes burlesques où Mim plonge sa tête dans la barbe de Merlin. Pour les animateurs, la très longue barbe était une bénédiction et Peet avait imaginé d'innombrables gags autour d'elle. Il était toujours utile d'avoir quelque chose de drôle pour se distraire des monologues parfois interminables. Bientôt, Mim s'en fait une écharpe.

Sur ce film, ils sont revenus à la méthode qu'ils avaient utilisée sur *Bambi* et occasionnellement depuis : l'animateur fait tous les personnages de sa scène. Ici, Frank Thomas fait donc les deux. Presque tout le monde a animé Merlin alors que Mim n'a été fait que par Milt Kahl et Thomas. « J'établis les règles » confirme que Mim est aux commandes, ce qui contrarie la chouette de Johnston.

Même si, comme nous l'avons dit, le film a été ignoré, la méchante Madame Mim est une favorite. Beaucoup se demandent pourquoi elle arrive si tard et pourquoi on ne l'a pas utilisée davantage. Des années plus tard, le réalisateur lui-même, Woolie Reitherman, a avoué à Thorkil B. Rasmussen : « Si vous l'aviez faite entrer un peu dans le film, vous auriez pu l'aider à prendre vie, lorsqu'elle était là et qu'elle se transformait en différentes choses, qu'elle attrapait ce petit enfant et tout le reste. Si elle avait été présente tout au long du film - si vous aviez eu du pathos - Mim comme une menace constante[29]. » Tout le monde est d'accord, à commencer par Ollie Johnston et Frank Thomas dans leur livre sur les méchants : « Avec la voix de Martha Wentworth, elle était un croisement entre une enfant gâtée vieillissante et une jeune sorcière acariâtre. C'était un personnage formidable, vivant, vibrant et amusant à animer, mais l'histoire n'était pas construite pour l'utiliser plus d'une fois[30]. » À Floyd Norman : « Je suppose que seul Bill Peet peut répondre à cette question. Madame Mim était un personnage tellement génial qu'elle aurait dû être présente dans une plus grande partie du film. Je ne sais pas pourquoi Bill Peet ne l'a pas intégrée davantage dans le film. Peut-être était-ce parce qu'il essayait de rester fidèle au livre de T.H. White[31]. » C'est possible, et dans le livre, elle n'est présente que pour un bref chapitre. En fait dans le livre, le tout début, lorsque Moustique essaie de trouver la flèche dans la forêt, c'est ce qui le conduit, avec Kay, à la maison de Mim. Celle-ci a l'intention de les faire rôtir pour les transformer en lapins. Mais sa chèvre réussit à aller prévenir Merlin. Tout cela est suivi du duel. Contrairement au film, elle arrive assez tôt dans l'histoire. D'ailleurs, Peet avait temporairement imaginé de la faire tenter d'usurper le trône en tuant Moustique. Elle chante également trois chansons dans le livre, ce qui ouvrirait naturellement la voie à une chanson plus tôt dans le film de Disney. Elle est de loin le meilleur personnage avec le loup. C'est ainsi que Walt l'a présentée à Pete Martin un an avant la sortie du film: « La sorcière noire est Mim, et Merlin le bon et Mim la méchante se battent tout au long de ce film[32]. »

Mais elle a l'air très différente dans le livre : « C'était une femme d'une beauté frappante d'environ 30 ans, avec des cheveux noirs charbon si riches qu'ils avaient le bleu noir des tartes aux asticots, des yeux brillants comme le ciel et un air général doux de beurre qui ne fond pas dans ma bouche. Elle était rusée ». Peet a fait l'inverse avec une créature très laide, bien que dans sa première scène, elle se transforme en une jolie fille aux courbes arrondies. Milt Kahl n'a jamais reconnu que cette beauté temporaire avait été inspirée par Sylvia Roemer, du layout. Mais la véritable Madame Mim est effectivement très laide. Ce n'était pas la vision initiale de Walt, comme Peet l'a rappelé à John Province : « Lorsque j'ai dessiné Madame Mim, qui était une vieille dame renfrognée, Walt a dit : 'Bill, pourquoi ne pourrions-nous pas avoir une grande dame avec des cheveux noirs ? Elle doit être le pendant de Merlin. C'est un vieil excentrique, et elle doit l'être aussi. Ils doivent être assortis'[33]. » Peet a refusé d'avoir une autre Maléfique. Elle devait être plus proche de la sorcière de *Blanche-Neige*. Peet lui a donc donné de grands yeux, un grand menton, peu de dents et une grande quantité de cheveux mal coupés et en désordre. Elle est ronde, avec un buste très court et une forte poitrine. Kahl affine son look et lui donne les membres très fins qu'il attribue maintenant à beaucoup de ses personnages depuis qu'il a décidé de leur donner la touche Ronald Searle.

L'un des moyens de réduire les dépenses a été de limiter le nombre de couleurs pour les personnages. Cinq seulement : même magenta pour les manches et la jupe, même violet pour les chaussures et le haut. Une sixième couleur apparaît lorsque l'on voit parfois ses jupons rosés. Ces couleurs joueront un rôle important lorsque viendra le temps du duel et de ses nombreuses transformations. Dire que Milt Kahl a aimé la faire est un euphémisme, comme il l'a exprimé lors d'une conférence : « Mon Dieu, pour ce qui est des choses que j'ai aimé faire moi-même, je n'ai jamais rien aimé de plus que Mme Mim. C'était un personnage amusant. J'ai beaucoup aimé toutes ces choses[34]. » Frank Thomas partageait l'animation et avait été chargé de sa chanson, car Walt pensait qu'un musicien était plus apte à gérer les scènes de chanson. Kahl en avait assez des personnages stricts et réalistes, c'est pourquoi ce film était comme un soulagement, et il a répété à maintes reprises combien il avait aimé animer Mim, Ector et Kay. Floyd Norman se souvient qu'il était « mort de rire » en la dessinant. Il est probablement le seul artiste à avoir mis ce film sur un piédestal.

Mim est une mauvaise sorcière dès le départ. Sa toute première phrase avait été : « On dirait qu'il y a un malade ici. C'est parfait. En tous cas j'espère que c'est grave, une maladie bien affreuse. » Cette réplique a été supprimée dans certaines versions du scénario. Elle est peu fiable et cruelle, et elle enfreint les règles qu'elle a elle-même établies. Dans le livre, elle a un animal de compagnie, un corbeau, que Peet a éliminé. Peut-être ont-ils eu l'impression de l'avoir déjà fait, avec la sorcière de *Blanche-Neige* et Maléfique de *La Belle au bois dormant*.

Sa voix est celle de Martha Wentworth. Surnommée « l'actrice aux 100 voix », elle avait déjà interprété Jenny Wren dans le court métrage de Disney *Who Killed Cock Robin* (1935). La New-Yorkaise était avant tout une actrice de radio, et sa polyvalence en termes de voix lui a permis d'interpréter une grande variété de rôles. Par exemple, elle a également interprété Nanny et Queenie, une vache dans *Les 101 Dalmatiens*. Elle sera à nouveau une vache dans *Mary Poppins*, son dernier rôle. Pourtant, Walt et Peet ne tardent pas à la choisir car elle a été sorcière à de nombreuses reprises : à la radio dans le rôle de la sorcière Wintergreen dans *The Cinnamon Bear* (1937), mais aussi dans plusieurs courts métrages pour Hugh

Harman comme *Bottles* (1935), *The Old House* (1936), *The Masque Raid* (1937), ou *The Bookworm* (1939). Mim a connu un tel succès qu'elle a eu une seconde carrière en tant qu'héroïne de bandes dessinées de Donald Duck, souvent associée à Miss Tick ou aux Rapetou.

« Règle 2 : toujours des animaux existants, pas de dragons ou de chimères »

Frank Thomas fait plisser ses yeux autant que possible, en faisant rouler ses iris verts pour qu'elle ait l'air un peu folle. C'est un plaisir de voir tous les gestes qu'il a trouvés pour rendre le discours plus divertissant. Il griffonnait toujours quelques vignettes pour concevoir les meilleurs mouvements possibles. Bien sûr, le spectateur doit garder à l'esprit son interdiction des dragons roses... Lorsqu'elle dit « pas de disparition », elle tripote le gros nez de Merlin. Ce qui est amusant ici, c'est leur relation, qui a été sous-exploitée. Ils ressemblent beaucoup à un vieux couple. C'est Ollie Johnston qui a animé le gros plan sur Merlin réagissant pour la première fois lorsqu'il ajoute ensuite « pas de tricherie », ce qu'elle ignore rapidement.

Merlin est bien sûr le personnage central, et certains pays comme la France avaient décidé de donner son nom au film en guise de titre. L'équipe était consciente qu'en s'attaquant à ce personnage légendaire, elle prenait quelques risques, comme l'a avoué Peet à John Province : « On nous a reproché de l'avoir traité avec trop de légèreté. Mais si nous nous étions trop attardés sur le sujet, cela aurait été un véritable fardeau. Nous avons décidé de le rendre ludique parce que presque tout le monde connaît l'histoire. Il y avait déjà eu trop d'épopées des *Chevaliers de la Table Ronde* et ce n'était pas pour nous[35] . » Dans certaines régions, comme les pays celtes (Irlande, Pays de Galles, Écosse ou Bretagne), le roi Arthur, les chevaliers de la Table ronde, la Dame du lac et Merlin sont devenus des personnages mythiques, dont la plupart n'ont jamais existé.

Il y a bien eu un Merlin, ou plus exactement un Myrddin, qui s'est échappé après la défaite d'Aferdydd en Grande-Bretagne du Nord en 573, comme l'écrit l'historien Laurent Vissiere : « Rescapé du désastre, Myrddin aurait été obligé de fuir dans la grande forêt calédonienne où il allait vivre désormais une vie misérable au milieu des bêtes sauvages. Le solitaire est alors frappé de folie, mais d'une folie prophétique qui lui fait voir l'avenir[36] . » Pourtant, de nombreuses légendes ont commencé à l'entourer. Il était censé être né à la fois d'une créature diabolique et d'une créature chrétienne. L'aspect sorcier apparaît alors comme l'explique Emmanuèle Baumgartner : « D'autres bons tours de Merlin, 'devinailles', changements d'apparence plus ou moins gratuits, laissent transparaître au contraire la figure de l'enchanteur facétieux[37] . »

Mais en 1134, Geoffroi de Monmouth, dans sa *Prophetia Merlini*, son *Historia Regum Britanniae* (1138) et sa *Vita Merlini* (1148) a créé le sorcier tel que nous le connaissons aujourd'hui. C'est lui qui l'a relié au roi Arthur, bien que le Myrddin historique n'ait pas vécu à la même époque. Puis, dans *Merlin* de Robert de Boron et *Merlin-Vulgate*, il est comme ressuscité au XIIIe siècle. Au XIXe, il devient une figure romantique à travers K.L. Immermann ou Edgar Quinet. Mais bien sûr, il faut attendre le XXe siècle pour qu'il soit mondialement connu, comme l'explique Jacques Le Goff : « Merlin, comme beaucoup de héros et de merveilles du Moyen-Âge, retrouve une nouvelle vie avec le cinéma et l'univers des enfants. Si l'enchanteur à barbe blanche trouve sa place dans les *Chevaliers de la Table Ronde*, le magicien fournit à Walt Disney un des personnages les plus réussis de ses dessins animés pour la jeunesse[38] . »

T.H. White avait donné une description assez précise de son héros qu'il avait orthographié Merlyn : « Il était vêtu d'une robe fluide avec des tippets en fourrure sur lesquels étaient brodés les signes du zodiaque, ainsi que divers signes cabalistiques, comme des triangles avec des yeux, des croix bizarres, des feuilles très vivantes et horribles avec des yeux de verre et une queue écailleuse tendue derrière lui (...) Merlin avait une longue barbe blanche et une longue moustache blanche qui pendait de chaque côté, et un examen attentif montrait qu'il était loin d'être propre. » D'autres détails expliquent que ses cheveux étaient en désordre, que des fientes d'oiseaux tachaient ses épaules et qu'une toile d'araignée pendait de son chapeau. Enfin, nous apprenons qu'il avait des lunettes et des yeux bleus. En fin de compte, le Merlin imaginé par Peet n'est pas si éloigné de l'original, si ce n'est pour son aspect sale. À l'époque, Peet créait les dessins, puis Milt Kahl apportait la touche finale. Mais là encore, les deux hommes n'étaient pas d'accord, comme Peet l'a déclaré à John Province : « Milt Kahl n'a pas voulu dessiner mon Merlin. Il a sorti tous les livres illustrés du Roi Arthur de la bibliothèque pour regarder les Merlins - toujours de grands personnages austères avec de longues barbes noires et des robes étoilées[39] . » Les robes ne pouvaient pas être aussi détaillées, et les signes du zodiaque avaient disparu, afin d'économiser la fastidieuse peinture des cellos. Si Mim avait peu de couleurs, Merlin n'en avait que 4 : robe et chapeau pointu bleus, chaussures bleu plus foncé, chair et blanc. Nous avons vu que le bleu était une couleur prédominante dans le film. Le personnage de Gandalf dans *Le Seigneur des Anneaux* (1978) de Bakshi aurait plus qu'une ressemblance avec le Merlin de Disney.

En ce qui concerne le visage, des années plus tard, Bill Peet a reconnu l'origine de son inspiration : « Walt le magicien n'a jamais su que je m'étais inspiré de Merlin le magicien lorsque j'ai écrit le scénario[40]. » Dans son autobiographie, Peet a réalisé de nombreuses illustrations mettant en scène son patron Walt, et il a donné à Merlin le même nez. Peet se sentait alors tout permis, ce qui ne pouvait que rendre encore plus conflictuelles ses relations avec Milt Kahl, Woolie Reitherman ou Ken Anderson. Son fils William Jr se souvient de ses batailles avec Woolie : « Il était l'ennemi juré de mon père. Je pense que certains directeurs artistiques enviaient les talents de mon père et sa relation étroite avec Walt[41]. » Peet a même avoué à John Province : « Même après que *Merlin l'enchanteur* a enfin commencé à passer à l'animation, Woolie Reitherman, le réalisateur, a continué à résister et m'a averti : 'Nous ne finirons jamais ce film', ce que j'ai considéré comme une remarque singulière à ce stade du jeu. Cependant, il était tout à fait satisfait de s'en attribuer le mérite une fois qu'il avait été achevé[42]. » Avec Milt Kahl, c'était plutôt une question d'ego, et comme ils étaient tous les deux têtus et qu'ils parlaient fort, ils pouvaient parfois être très bruyants ! L'assistant Burny Mattinson se souvient d'une anecdote révélatrice : « Je me souviens d'une fois où Bill Peet, un vendredi après-midi, peut-être après avoir trop bu, est descendu dans la chambre de Milt et l'a accusé de s'être attribué le mérite de Merlin et d'autres dessins de personnages qui, selon Peet, lui appartenaient à juste titre. Ce moment a dégénéré et Peet a défié Milt de se battre sur la pelouse. Milt a jeté Peet hors de sa chambre et a fermé la porte à clé en criant : 'Bon sang Peet, tu es ivre ! Sors d'ici'[43] ! » L'assistant Dale Oliver a confirmé : « Milt était très susceptible, très volcanique, mais trois jours plus tard, il oubliait. Quoi qu'il en soit, Milt savait qu'il ne pouvait pas réaliser un film, je ne pense pas qu'il aurait pu le faire, et il savait que Woolie le pouvait. Vous savez, ils avaient tous une forte personnalité et je sais qu'il y avait des points de vue différents entre Milt et Frank, Bill Peet, parce que manifestement ils croyaient fermement en quelque chose, et s'ils croyaient en quelque chose, ils se battaient pour cela, et ils se battaient jusqu'à épuisement[44]. »

Peet a défini la personnalité de Merlin comme suit : « Rêveur, étourdi, mélancolique. Comme une vache qui rumine quand il ne se passe rien. Quand il a une idée, il s'envole comme une fusée. Aime montrer la partie rituelle de sa magie, fier de son cerveau. Merlin se souvient de l'avenir lointain avec précision et clarté, mais l'avenir proche lui échappe. Il est comme beaucoup de vieillards qui se souviennent des événements de leur jeunesse mais ne se souviennent pas de ce qu'ils ont mangé au petit-déjeuner ». Dans son autobiographie, Peet écrit : « Dans son livre, T.H. White décrit le magicien comme un vieux bourru, argumentatif et capricieux, parfois enjoué et extrêmement intelligent[45]. » Au final, Merlin est distrait, mal à l'aise avec les émotions, commettant des bévues, contrarié par l'archaïsme de son époque, fasciné par la technologie et sa chaumière ressemble à ce que devait être le bureau de Léonard de Vinci. Le problème, c'est qu'il ne cesse de développer des théories et des principes et qu'il est extrêmement bavard, au point d'en être ennuyeux. Lors d'une conférence, Kahl a défendu son héros bec et ongles : « Merlin, nous nous sommes éloignés du droit chemin en faisant de lui une sorte de magicien maladroit (...)Beaucoup de critiques se sont intéressés à cela - ils sont devenus très précieux à propos de la légende d'Arthur : ' Mince ', pensaient-ils, 'ils ont fait de Merlin une sorte d'empoté'. En effet, qu'est-ce que la légende d'Arthur ? Quoi qu'il en soit, nous nous sommes bien amusés et j'ai trouvé que la conception de Bill Peet était très bonne (...) Merlin (...) est une sorte de vieil homme fanfaron - il commet des gaffes, des erreurs - et il est enclin à s'indigner. Vous avez donc de quoi travailler avec lui[46]. »

Il a chanté quelques chansons dans le film, tout comme dans le livre, et les frères Sherman ont décidé de reproduire sa tendance à utiliser des mots complexes et à consonance latine tels que : « Dyspepsie, Anémie, Toxémie ». Le parolier, Bob Sherman, était heureux d'avoir affaire à un auteur britannique, comme il le ferait souvent dans les années à venir, pour des raisons expliquées par son fils Jeffrey : « Papa était diplômé d'Anglais au Bard College, il lisait sans cesse. Il aimait particulièrement adapter la littérature britannique à l'écran. Il aimait les gens, la culture, l'art. C'est là qu'il s'était rétabli après avoir reçu une balle dans le genou en Allemagne. Il a toujours eu un amour particulier pour la Grande-Bretagne[47]. »C'était la première fois que les Sherman travaillaient sur un film d'animation et ils n'étaient pas très satisfaits, comme le rappelle Richard dans son autobiographie : « Le film comporte de nombreux moments délicieux, mais nous n'avons jamais été satisfaits de l'ensemble. Cependant, nous avons retenu la leçon qu'une interaction étroite entre la chanson et l'histoire est le secret pour obtenir la véritable magie d'un film musical[48]. » Ils ont essayé de multiplier les jeux de mots et les références latines, mais les mélodies ne sont pas mémorables et sont chantées avec de nombreuses interruptions de dialogues, ce qui rend encore plus difficile de garder les mélodies en tête. De plus, la voix de Karl Swenson n'est pas très agréable. Ils avaient écrit une chanson qu'ils aimaient beaucoup, « The Magic Key », qui aurait été chantée par un ménestrel et Merlin, mais elle n'a pas été conservée, et ils en étaient un peu amers. On peut également supposer que la majeure partie de leur temps a été consacrée à *Mary Poppins* et que, très probablement, ils ont gardé leur meilleur matériel pour la comédie musicale. Karl Swenson a eu en quelque sorte une double carrière puisqu'il a décidé de se produire d'abord sous le nom de Peter Wayne, puis sous son vrai nom. Après de nombreuses émissions de radio, il est devenu un habitué des films western et des séries télévisées telles que *Lassie* (dans un épisode aux côtés de la femme qui jouait Mim). Il a joué dans plusieurs grands films et séries télévisées, mais dans des rôles mineurs ou en tant qu'invité. Pour ajouter une touche d'ancienneté, de britannicité et de classicisme, on a demandé à Swenson de rouler les R pour Merlin.

Si tous les animateurs devaient faire Merlin, Ollie Johnston en a fait l'essentiel : sa première scène au puits, dans la tour sous la pluie, regardant tristement les joutes, parlant avant de devenir un poisson, dans la cuisine pendant que Moustique récure les chaudrons, avec une carte de la terre, pendant qu'Archimède rit, avant de voler, et la fin. Milt Kahl a également apporté sa contribution : expliquant son rôle à Moustique, après l'épisode poissons, de retour dans la cuisine pour se battre contre les marmites et les casseroles. Frank Thomas a fait le début de la chanson où Merlin ramasse tout son mobilier, son entrée dans la maison de Mim. Dale Oliver était l'assistant de Thomas sur ce film, et il a confirmé que les vétérans étaient au sommet de leur art : « J'ai travaillé avec Frank sur Merlin, tous ses dessins étaient des dessins d'animation, c'est-à-dire qu'aucun dessin n'était le modèle parce que chacun d'entre eux était étroitement lié au dessin voisin, et celui-ci était lié au nouveau dessin. Vous pouviez donc avoir toute une pile de dessins et vous ne pouviez pas en sortir un et dire 'c'est le personnage', il y avait certaines parties de lui, alors que les dessins de Milt, chacun d'entre eux était une illustration[49]. » Mais la paire Kahl/Thomas travaillait si bien ensemble que même un expert comme Dale Oliver ne pouvait pas toujours dire qui avait fait quoi : « C'est intéressant parce que d'habitude je peux dire qui a fait quoi, disons, entre Milt Kahl et Frank Thomas, mais sur Merlin, j'ai quelques dessins, je ne peux vraiment pas le dire, ils sont vraiment dessinés de la même façon[50]. » John Lounsbery, qui a été le premier à s'essayer à l'animation sur le film, a fait la marche lorsqu'ils quittent le cottage de Merlin, Eric Larson lors de la première rencontre avec Ector, avec la maquette de l'avion, redevenant Merlin après les écureuils. Eric Cleworth l'a fait pendant le tour de vaisselle. Hal Ambro et Hal King ont également apporté leur contribution.

Dale Oliver (1919-2003) était l'un de ces assistants discrets qui aimaient travailler pour les Neuf Sages. Il les mettait toujours en avant et n'essayait jamais de se faire valoir. Il a grandi dans une ferme du Kansas avant d'entrer au Bethany College, à Lindsborg, au Kansas. Il s'est porté volontaire dans l'Army Air Corps en tant que pilote de planeur et a été affecté au 434e groupe de transport de troupes. Il a participé au débarquement le jour J, ce à quoi il ne faisait guère allusion, à moins qu'on ne lui pose des questions. Cela en dit long sur son humilité légendaire. Il n'a pas vraiment reçu d'éducation artistique formelle et, après avoir obtenu sa licence à l'université du Kansas, il a simplement montré quelques dessins au studio Disney et a été embauché : « Je suis arrivé au studio juste après la guerre, en novembre 45, je suis resté un an, puis je suis allé à l'université pendant un an et demi et je suis revenu en 1948 et je suis resté jusqu'en 1982. J'ai travaillé sur de petites choses, comme *Bongo*, *Make Mine Music*, ce que nous appelions des 'packages pictures' parce que c'était le moyen le plus économique de sortir un film. Mais en 48, c'était le premier grand film avec *Cendrillon*[51] . » Sa principale percée a eu lieu au début des années 1950, comme il s'en souvient : « J'étais alors l'assistant d'Eric Larson, je travaillais dans son unité. J'ai travaillé sur Dinah, beaucoup sur *Peter Pan*, un peu de tout, les enfants dans *Peter Pan*. J'étais tellement absorbé par ma propre partie du film que je ne voyais pas le tableau d'ensemble, je ne voyais que ma petite partie. Avec l'expérience, votre vision commence à s'élargir, mais les gens semblent aimer ces personnages et les animer ». Il devient l'assistant de Harvey Toombs, puis de Frank Thomas. Le perfectionniste Thomas était beaucoup plus exigeant que Larson ne l'avait été. Mais Oliver est à la hauteur de la tâche, comme le reconnaît un jeune animateur de la génération suivante, John Pomeroy : « Il était exceptionnel. Il avait accumulé 30 ans d'apprentissage sur le métier de clean-up, des choses auxquelles les gens ne pensent pas normalement, lorsque vous sculptez un nez, vous touchez le haut de la ligne et vous tracez le nez très finement parce que c'est là que la ligne touche ». Tom Sito l'a surnommée la « ligne Dale Oliver ».[52] Un autre artiste fait également l'éloge de son travail, Floyd Norman : « Dale Oliver pouvait traiter les dessins de Frank, et c'était un travail difficile. J'en sais quelque chose. Une fois, j'ai eu l'occasion de travailler sur une scène de Frank Thomas. Je vais être honnête, j'ai vraiment foiré la scène de Frank - et il m'a engueulé pour ça. Ne vous inquiétez pas. Des années plus tard, Frank Thomas et moi sommes devenus les meilleurs amis du monde[53] . » Le nom d'Oliver n'est apparu à l'écran qu'avec *Robin des Bois* (1973) et il est devenu animateur à part entière sur *Rox et Rouky* (1981). Un an plus tard, il est impliqué dans un terrible accident de voiture dans lequel il perd sa petite amie. Cet accident le marque à jamais. Pendant trois semaines, il est resté dans le coma et a connu une mort temporaire. Il a néanmoins continué à travailler et a enseigné, comme s'en souvient Jenny Lerew : « J'ai également suivi son cours - il a eu un accident pendant le semestre (Tom Ferriter l'a remplacé). C'est une chose horrible qui est arrivée à une personne incroyablement gentille, drôle, chaleureuse (et grande) ... Il est resté en soins intensifs pendant des semaines et je me souviens m'être inquiétée de la façon dont il pourrait absorber la nouvelle de la mort de sa fiancée[54]. » Cet homme de 1,90m et très aimable pensait qu'il ressemblait à David Niven. Il était toujours prêt à partager des anecdotes sur le « bon vieux temps ». Il est décédé en 2003.

À ce stade de leur carrière, les superviseurs de l'animation ont définitivement cessé d'utiliser les références filmées. Jusque-là, nous savions que toute l'histoire avait d'abord été tournée avec des acteurs, mais Kahl s'était montré contrarié par ces méthodes et s'en était plaint à Richard Hubler : « Sur ce film, il y a eu très peu de prises de vues réelles. Woolie a filmé ses enfants pour quelques scènes, mais il a surtout essayé de les planifier, et il a plutôt bien travaillé de cette façon. Mais en ce qui concerne les autres, comme Merlin, Kay ou Madame Mim, nous n'avons utilisé aucune référence, et c'est ainsi que l'on obtient de bien meilleurs résultats. Vous pensez à ce que la chose devrait être, et si vous êtes un professionnel dans ce domaine, vous devriez être capable de le faire[55]. » Ils semblaient tous soulagés de se passer de cette béquille, comme l'écrivent Thomas et Johnston : « On nous avait toujours appris à chercher ce que les réalisateurs de films en prises de vues réelles aimeraient pouvoir faire, mais souvent le matériau de l'histoire exigeait des dessins soignés et de l'action subtile. C'est alors que le scénariste Bill Peet nous a offert le duel des sorciers dans *Merlin l'enchanteur*, une utilisation parfaite de l'animation, maintenant les personnalités grâce à un changement surprenant de formes et à une action passionnante[56]. »

Mim et Merlin dos à dos

Rapidement, nous comprenons que Mim était bien la menteuse que l'on imaginait : « interdit de disparaître » avait-elle affirmé, et la voilà. Grâce à une sous-exposition lente et progressive, elle disparaît pendant que Merlin s'en va loyalement. Ce n'est que grâce à Moustique, animé par Hal King, qu'il est au courant de la supercherie. Merlin a beau être un prophète, un devin, il a l'air bien naïf ici. Entouré de quelques étoiles, Mim revient sous la forme d'un crocodile debout. On voit déjà ici les principes qui permettront au spectateur de distinguer clairement qui est qui : Les yeux verts, les cheveux violets et la couleur principale magenta de Mim seront conservés quelle que soit la créature. Le crocodile nous dit quelque chose, il ressemble beaucoup à celui de *Peter Pan.* Mais puisque la disparition est soudainement autorisée, Merlin lui emboîte le pas, ou du moins c'est ce qu'il semble puisqu'il ne reste que son chapeau pointu, le tout réalisé par Thomas.

Merlin en tortue, il mord le crocodile

La même recette est utilisée pour Merlin : l'animal en lequel il se transformera sera bleu, moustachu et portera des lunettes. Mim avait choisi un reptile menaçant alors que Merlin opte pour un reptile plutôt innocent. Cela sera récurrent. Hal King a réalisé la scène suivante de la tortue jetée au sol sur un fond où l'on voit l'herbe peinte à moitié.

Le duel n'est pas une invention de Peet, il figurait en fait dans le livre original, mais ne prenait que 3 pages, avec quelques différences. Tout d'abord, il y avait une sorte d'arbitre appelé Hécate, qui veillait à ce que les choses soient régulières. Il y avait deux rounds, ressemblant à un match de boxe, avec des gongs qui sonnaient. Tous deux étaient accompagnés de leurs animaux de compagnie. De façon surprenante, Mim se transformait tout de suite en dragon. Mim devenait successivement un chat, un chien, un chêne (!), un serpent, un crapaud ou un faucon pèlerin. Quant à Merlin, il était d'abord une souris, un chat et un chien comme Mim, une mésange bleue, un moucheron, un éléphant, une ortie et des microbes.

Quand Peet a vu cela, il a pris quelques décisions : d'abord, il a éliminé l'idée que Mim et Merlin se transforment en animaux similaires, ici des chats et des chiens. Ensuite, il a supprimé Hécate ainsi que les transformations en végétaux. Il a conservé la relation prédateur/proie et l'a poussée plus loin, ainsi que la maladie qui finit par affecter et vaincre Mim. Il ne fait aucun doute que Peet, amoureux des animaux, s'est amusé à imaginer tous ceux qu'il pouvait créer pour cette séquence, et en a dessiné de nombreux, essayant de trouver les meilleures combinaisons. John Canemaker a décrit un story-board qui semblait définitif : « Merlin, transformé en tortue, transforme sa carapace en fleur pour attirer Mim, qui est brièvement un bourdon. Les pétales de la fleur de Merlin forment maintenant la mâchoire inférieure d'une grenouille et Mim s'échappe de justesse pour devenir un pélican qui attend l'attraction de la gravité pour amener la grenouille rebondissante de Merlin dans son bec ouvert ; dans l'instant, le sorcier se transforme en un gros porc qui écrase le pélican de Mim. Le changement de formes éblouissant de Peet enchante par son caractère inattendu, et ses idées sur le story-board sont plus audacieuses et amusantes que ce qui a finalement été porté à l'écran. Par exemple, la fonte d'une bougie Mim forme les pattes d'une araignée qui finit par dessiner le visage d'un tigre féroce qui poursuit un coq Merlin qui, à son tour, repousse son poursuivant en une mouffette répulsive, puis en un porc-épic tout aussi répulsif[57]. » Peet s'y reprenait à plusieurs fois, il savait que c'était du pur Disney. Le résultat en valait la peine, et l'historien Leonald Maltin a écrit : « Le véritable point fort du film est le duel des sorciers. C'est le genre de séquence qui reste dans les mémoires (plus que le reste du film), avec toute une série d'idées visuelles ingénieuses alors que Mme Mim tente continuellement de surpasser Merlin en se transformant en animaux de plus en plus vicieux, concluant avec sa pièce de résistance, un dragon crachant du feu[58]. »

Le crocodile se lèche les babines par anticipation

Thomas continue d'animer les deux personnages, et Peet a eu la brillante idée de maintenir le suspense en plaçant la tortue dans une position inconfortable, presque incapable de revenir à quatre pattes. La musique a été composée par George Bruns, entre Mickey-Mousing et mélodies, et bien que discrète, elle est absolument efficace et variée, accompagnant chaque moment de chute, de mystère, de suspense, de magie, utilisant la flûte un peu comme lorsque Merlin réfléchit à la forme qu'il devrait prendre, qui est finalement un lapin. Depuis le début, Merlin choisira presque toujours des animaux européens plutôt banals, tandis que l'excentrique Mim choisira des animaux exotiques et plus grands. Bien sûr, personne ne se demande comment, au Moyen-Âge, Mim pouvait connaître les crocodiles et les rhinocéros, puisque aucun Européen n'avait jamais mis les pieds sur les continents lointains et inconnus où ils vivent. Quant à Thomas, il a dû s'amuser avec d'autres animateurs à revenir au bon vieux temps des courts métrages avec poursuites et gags, car c'est le ton, comme lorsque Mim coupe la queue du lapin.

Le crocodile se transforme en renard

Maintenant, Peet adopte ce qui a prévalu dans le livre, c'est-à-dire le rapport prédateur/proie. Le lapin est le favori des renards affamés, et c'est ainsi que Mim a décidé de se transformer alors qu'ils s'accrochent au bout de la queue. Si l'un des animaux du côté de Mim garde la couleur magenta/rose, ses rires nerveux sont également présents depuis le début alors que Merlin est plus silencieux. Hal Ambro a animé la chouette et l'oiseau qui encouragent Merlin à se transformer en quelque chose de plus grand. Ensuite, Hal King et Eric Cleworth se sont chargés des personnages qui se précipitent dans un tronc d'arbre. On peut remarquer que l'arrière-plan de la bûche n'est peint qu'avec des nuances de bleu et un peu de vert. Un décor aussi sombre permet une lecture très claire des deux personnages en magenta et bleu saturés. Le long moment avec un zoom avant a permis d'économiser des frais avec seulement quelques secousses de la caméra. En même temps, cela maintient le suspense, que se passe-t-il à l'intérieur de la bûche ?

Merlin apparaît sous la forme d'une chenille

Hal King anime Merlin en chenille, et Peet joue à nouveau la formule prédateur/proie en transformant Mim en poule, animée par John Lounsbery. Un examen plus approfondi de certaines images de la poule, mais aussi de n'importe quel personnage du film, trahit l'utilisation de la machine Xerox. Nous avions déjà vu dans *Les 101 Dalmatiens* que les animateurs aimaient voir leurs dessins bruts et vivants imprimés sur l'écran, après que les assistants ne les aient que partiellement nettoyés. Une fois de plus, il a été décidé de maintenir le processus de « retouche » (touch up). L'un des assistants, John Ewing, en a expliqué la raison à Didier Ghez : « Le directeur, Woolie Reitherman, était dans une phase où il voulait que nous passions moins de temps à nettoyer les dessins. Woolie estimait, à juste titre, que les nettoyeurs avaient tendance à rendre chaque dessin parfait, et il voulait rompre avec cette habitude[59]. » La devise était PDD pour « Pas De Détails », elle était même inscrite sur certaines feuilles. Les assistants effaçaient donc à nouveau quelques lignes ici et là sur la feuille même où les animateurs avaient dessiné. Les assistants de Milt Kahl savaient qu'ils ne pouvaient pas se rater, comme Bud Hester, Stan Green, ou Floyd Norman qui a écrit sur son blog : « Cela signifiait que je devais dessiner (Oh, l'horreur) directement sur les croquis de Milt. Je suis probablement resté assis à mon bureau pendant des heures à étudier toutes les poses et attitudes de Milt Kahl, ainsi que ses esquisses libres mais sûres. Finalement, il était temps de prendre mon crayon et de m'engager. Il était temps de couler ou de nager. J'ai appris que lorsque vous avez peur de quelque chose, vous devez surmonter cette peur. On ne la fuit pas... on court vers elle[60]. »

Une poule attrape une chenille par la queue

Eric Cleworth anime la poule et la chenille, bientôt remplacé par un maître du burlesque, John Sibley. Ce dernier se sentait à l'aise dans ce genre de comédie. Pour la première fois, Merlin s'attaque à un gros animal venu de loin, le morse. Reitherman a opté pour l'absence de fioritures, seules trois couleurs sont utilisées pour le morse. Une fois ce dernier à terre, s'interrogeant sur les allées et venues de Mim, c'est encore Lounsbery. Mais voici l'un des rares animaux que Peet a repris du livre, l'éléphant. Rappelons que c'est une histoire d'éléphants (par Bill Peet), *Goliath II* qui avait servi de terrain d'entraînement au procédé Xerox en 1960, et que Lounsbery allait bientôt animer dans *Le Livre de la jungle* (1967). Mais aujourd'hui, c'est un autre animal du livre qui est utilisé, un mulot, pour effrayer l'éléphant, jouant ainsi sur un cliché profondément ancré. L'animation est réalisée par John

Ewing. La trompe est immobile pendant que la souris effraie l'éléphant. Mais Lounsbery prend le relais quand l'éléphant effrayé lâche la souris et se met en route.

Mim court après Merlin, en tant que tigre

Mim-tigre poursuit Merlin. C'est un tigre dodu très coloré. Walt Peregoy s'en est donné à cœur joie, se sentant libre dans cette séquence, tout comme les artistes l'avaient fait dans La parade des éléphants roses de *Dumbo,* ou même dans *Alice au pays des merveilles*. Ces couleurs saturées étaient utilisées dans des séquences de rêve ou des choses très fantaisistes. Dire que Walt Peregoy (1925-2015) avait une forte personnalité est plus qu'un euphémisme. Il était un homme sans concession, utilisant le langage le plus grossier pour exprimer ses opinions, sans jamais se soucier de savoir si cela pouvait lui causer des ennuis. « Je n'ai jamais vendu mon âme », affirmait-il fièrement. Né à Los Angeles, dès l'âge de 9 ans, il suit les cours d'art du samedi, mais prend aussi goût aux artistes engagés comme il l'avoue à Julie Svendsen : « Je me souviens des artistes de l'époque, ceux qui peignaient des fresques murales à la Poste. Et puis il y avait un couple... Je crois qu'ils étaient juifs. Je ne me souviens pas de leurs noms. C'étaient des New-Yorkais. Ils peignaient des scènes sur la plage, la promenade et les ghettos. Ils m'ont influencé dans le sens où ils peignaient ce qu'ils voyaient, ce qu'ils ressentaient et l'époque[61]. » Bien plus tard, il rejoindra le parti communiste. Il a été élevé dans une famille plutôt pauvre. Il aimait déjà beaucoup les chevaux et rêvait même de devenir cow-boy et verrait plus tard son rêve de travailler dans un ranch se réaliser. Il étudie l'art au Chouinard Art Institute, et généralement, les meilleurs artistes de cette école étaient embauchés par Disney, étant donné leur proximité. C'est ce qu'il a fait au bout de trois ans. Après avoir servi dans les garde-côtes américains pendant la Seconde Guerre mondiale, il a passé quelque temps à Guanajato, au Mexique, pour étudier des artistes tels que Diego Rivera, Orozco et Sigueros. Travaillant dans une station-service Chevron à San Francisco, il a rassemblé assez d'argent pour réaliser son rêve d'aller en France en 1948 et de passer trois ans à Paris. Ce séjour le marquera à jamais. Il y rencontre sa riche épouse Madeleine Arneau, mais reçoit également l'enseignement de Fernand Léger, qui aura une influence considérable sur lui : « J'avais réservé à l'Hôtel de Paris, c'est là que j'ai rencontré ma femme qui avait épousé un ingénieur, c'était une femme sophistiquée et bien habillée. Non loin de la place de Clichy, je passais devant le Moulin Rouge, je n'avais pas les moyens d'y aller, et la place du Tertre qui était un peu comme Carmel[62] . » Il retourne chez Disney en 1951 où il est encouragé par Walt Stanchfield. Il devient assistant de Dale Barnhart pour *Peter Pan* et *La Belle et le Clochard*. Au bout de 5 ans, il a pu obtenir un emploi de peintre de décors.

Il doit d'abord se conformer aux codes de Disney pour les décors, reproduire les styles établis, comme celui d'Eyvind Earle sur *La Belle au bois dormant* en 1955. Mais il n'a jamais cessé de peindre de son côté, et son style était très éloigné de ce que Disney lui avait demandé de faire jusqu'aux *101 Dalmatiens*. En effet, à la toute fin des années 1950, il devient une force importante au sein du studio, au point de participer au document télévisé *Four Artists Paint One Tree*. Il n'a réalisé que quelques peintures préliminaires pour *Le Livre de la jungle* vers 1965, mais son travail a été rejeté. L'homme à la grosse moustache, pipe à la bouche, passe alors chez Hanna-Barbera de 1968 à 1973. Il retourne chez Disney pour travailler sur divers parcs d'attractions en tant qu'Imagineer, où il se lie avec Julia Svendsen, fille de l'animateur de Disney Julius. Après sa mort en 2015, elle s'est efforcée de faire connaître ses créations en organisant plusieurs expositions.

Bien qu'il nie toute influence, à l'exception de celle de Goya, son travail s'inspire sans aucun doute de Fernand Léger, et Oswald Iten y ajouterait Mark Rothko et Nicolas de Staël. L'animateur Iwao Takamoto se souvint bien de lui pour Michael Mallory : « Walt était un peintre d'art qui semblait avoir une passion compulsive pour l'art : il ne pouvait tout simplement pas s'arrêter de peindre ou de dessiner. Mais comme il n'avait pas beaucoup d'argent, il ne pouvait pas s'offrir des toiles ou des tampons coûteux dans les magasins d'art, alors il utilisait tout ce qu'il trouvait comme substitut pratique. Si vous lui rendiez visite, vous n'osiez pas poser quoi que ce soit devant lui, car il voyait un espace vide et commençait immédiatement à dessiner dessus[63]. » L'un des plus grands admirateurs de cet homme irascible est certainement Michael Giaimo, directeur artistique de *Pocahontas* et *La Reine des neiges I* et *2*. Il a raconté une anecdote qui en dit long sur l'homme : « Je me souviens qu'en 1985, Walt Peregoy a organisé une exposition individuelle à Beverley Hills, et c'était une belle rétrospective de son travail, et je me souviens de cette grande pièce, qui devait faire près de 1,5 mètre sur 1,5 mètre. Je pense que c'est la plus grande qu'il ait réalisée, presque murale en quelque sorte, elle représentait une corrida, le taureau venait d'être tué et il y avait tous ces picadors autour, comme si vous regardiez le taureau, mais c'était une perspective très plate, très Picasso, Je me demandais si Walt possédait encore cette œuvre ou s'il l'avait vendue. Je l'ai donc appelé au téléphone et je lui ai dit que j'aimais à la fois vos œuvres d'art Disney et vos œuvres d'art et je lui ai dit que je ne savais pas si vous vendiez vos œuvres mais que j'aimerais venir et qu'il y en avait une en particulier dont je me souvenais et il m'a répondu qu'il se souvenait de cette œuvre, qu'elle n'était pas à vendre, qu'il l'avait peinte pour sa femme et qu'elle était accrochée dans son salon.' J'ai dit : 'D'accord, mais avez-vous d'autres peintures, essentiellement des années 50 à 60 ?' et il a répondu : 'Oui'. Nous avons donc pris des dispositions et je suis venu un samedi matin vers 10 heures et il a commencé à me montrer, alors que nous étions assis dans son patio, toutes les œuvres d'art qu'il était en train de réaliser[64]. » Pendant des heures, Peregoy a parlé de tout sauf des tableaux que Mike Giaimo convoitait, jusqu'à ce que, presque au moment de partir, la femme de Peregoy intervienne pour, enfin, s'occuper de ce que Giaimo était également venu chercher ! Cet auteur a également expérimenté un type de rapport similaire lorsque, au téléphone, il ne cessait de parler de la France et du temps qu'il y avait passé, se souvenant de chaque rue, mais omettant de répondre aux questions sur son temps chez Disney.

Depuis des années, de nombreux artistes Disney ont reçu l'ultime honneur de la société Disney, à savoir le titre de « légende Disney ». Il y a une cérémonie et des discours, et beaucoup se souviennent encore de son discours qui commençait par « Mes amis, mes parents et mes collègues m'ont dit de me taire.... Mais si vous me connaissez, c'est extrêmement difficile. » Il a fallu l'expulser de l'estrade, rien ne pouvait l'arrêter ! Il a loué plusieurs de ses collègues, en particulier ses amis Ken Anderson et Milt Kahl.

Lounsbery fait maintenant la plupart des animations, le serpent étant une collaboration avec Sibley. Comme c'est souvent le cas lorsqu'un serpent est impliqué, une sorte de flûte indienne est utilisée pendant quelques secondes pour évoquer les charmeurs de serpents de l'Inde. La musique est incroyablement bien conçue et inventive, mais peu de gens la remarquent car ils sont absorbés par l'action. Ambro est de retour pour Archimède et Moustique sur leur branche.

La souris réapparaît du sol pour utiliser une pierre

Lounsbery a réalisé presque tous les personnages du film, mais la plupart des gens préfèrent son loup, l'un des points forts du film, dans une succession très cartoonesque de poursuites et de chutes. Comme toujours, ses assistants étaient très heureux de travailler pour l'aimable et encourageant top-animateur, comme John Ewing qui se voyait confier de plus en plus de scènes, il le racontait à Didier Ghez :

« L'animation de Johnny était géniale. Le loup arrivait en haut de la colline en soulevant, soufflant et haletant. Les dessins de Johnny étaient un défi, et mes dessins intermédiaires étaient un plaisir à faire[65]. » Plus généralement, l'équipe a apprécié de travailler sur le film, comme le rappelle Burny Mattinson : « J'ai beaucoup aimé travailler dessus. Je pense que c'était le cas pour tout le monde et nous étions certainement en pleine forme après le succès des *101 Dalmatiens*. Les animateurs étaient au sommet de leur forme à cette époque[66]. » L'une des raisons doit également être qu'ici, il n'y avait pas de volonté de réalisme, pas de figure humaine difficile, à l'exception peut-être de Moustique en tant que garçon. Tous les personnages étaient des caricatures, et c'était un vrai soulagement. En outre, il y avait beaucoup de scènes d'action et de gags, ce que le réalisateur Woolie Reitherman s'efforçait toujours de faire, et qui est même devenu sa marque de fabrique.

Mais il est peut-être allé trop loin dans cette direction, et le principal reproche qui a été fait au film est son manque de chaleur. Tous les artistes en conviennent rétrospectivement, même ceux qui avaient adoré le faire comme Milt Kahl qui l'a admis lors d'une conférence : « Je ne pense pas que Walt en était fou. Il n'avait pas la chaleur ou ce que vous appelleriez le 'cœur' que certains des autres films que nous avons réalisés avaient. Je l'aime toujours autant[67]. » Les animateurs spécialisés dans les scènes émotionnelles se sentaient frustrés, comme Frank Thomas : « Un autre de ces films qui n'avaient pas d'émotions, bien que si vous commenciez par la séquence des écureuils, après celle des poissons, et jusqu'à la fin du duel des sorciers, qui dure environ 22 minutes, les gens diraient 'Wouah, quel beau film!' parce qu'il est rempli de belles animations, de bons personnages et de bonnes histoires. Ce qu'il y a à la fin... Mais la section qui précède contient certaines des meilleures animations de Milt[68]. » Il est vrai que la fin de la séquence des écureuils doit être le seul moment émotionnel, tout le reste n'étant que comédie et rires, ou passages verbeux.

Merlin se transforme en crabe

Il est difficile de savoir qui a animé le crabe et le serpent jouant à cache-cache puisque le registre mentionne Lounsbery, Sibley et Nordberg. À ce moment-là, il était prévu d'avoir un plan du hibou et de Moustique exhortant Merlin à se transformer en quelque chose de plus grand, mais il a été supprimé. À la place, Hal Ambro anime le crabe accroché à la corne d'un rhinocéros et animera le rhinocéros tout au long du film, avec l'aide de Nordberg et de Cleworth pour le crabe. Ce dernier animera également la chèvre. Seul le gros plan de Mim en rhinocéros «vous n'oseriez pas ! » où elle demande soudain un peu de dignité, est de Lounsbery. Le plan subjectif des fesses du rhinocéros comporte une incrustation des cornes de la chèvre qui ne sont pas vraiment animées, un cello glissé est utilisé et déplacé pour faire semblant d'être animé.

La chèvre vue de loin regarde la piscine bouillonnante

C'est maintenant Eric Larson qui est chargé de l'animation. Il fera tout sauf une scène jusqu'à la fin de la séquence, qui est très longue. Soudain, l'arrière-plan et la couleur changent radicalement, et Mim, tel un dragon, s'élève au milieu de flammes ardentes. Les discrets faisceaux de lumière à l'arrière-plan mettent en valeur sa puissante silhouette. Un rapide travelling se termine par un gros plan sur un dragon triomphant. Bien sûr, la coupe de cheveux est toujours la même en plus de ce monstre effrayant, et Merlin lui rappelle naïvement qu'elle avait dit « pas de dragons ! » Il n'a toujours pas compris que les lois ne signifient rien pour elle, même si c'est elle qui les a établies. Comme nous l'avons déjà vu, les dragons font bien partie du bestiaire du Moyen Âge, mais, contrairement à celui de *La Belle au bois dormant*, celui-ci est une caricature amusante, plutôt dans le style du *Dragon récalcitrant* (1941) : des ailes ridiculement petites, un gros ventre bas et une queue se terminant par une flèche, il est évident que le personnage animé de *Peter et Elliott le dragon* (1977) dessiné par Ken Anderson héritera au moins de la partie inférieure de ce corps. Bill Peet avait fait un dessin approximatif, mais le dessin final de Kahl est vraiment réussi.

Cette fois, alors qu'elle crache du feu, Mim semble beaucoup plus menaçante et dangereuse. Le regard effrayé de la chèvre est clair, la donne a changé et tandis que les cordes s'accélèrent dans la partition musicale, Merlin s'enfuit, se transformant rapidement en souris pour pouvoir s'enfuir dans le sol. Le registre ne dit pas qui a réalisé les effets spéciaux, ici les nombreuses flammes. Le département s'est réduit à trois hommes seulement : Dan Mc Manus, Jack Boyd et Jack Buckley.

« Je l'ai eu, j'ai gagné » dit Mim

Discrètement, alors que le dragon attrape la souris, l'arrière-plan passe rapidement de l'orange/jaune au bleu/gris pour finalement revenir à l'atmosphère verdâtre/bleue du début de la séquence. C'est une façon de nous faire deviner que tout est fini et que Mim a gagné. Le hibou et l'oiseau de Hal King ont beau protester, ils ne peuvent pas faire grand-chose. Larson continue d'animer tous les personnages, y compris les grimaces que fait Mim lorsque Merlin décrit tous les symptômes de la « maladie d'alopérosis ». La séquence se termine par un fondu enchaîné sur la tête du dragon où l'on voit le visage vert et tacheté de Mim, malade.

Cette séquence était très nécessaire, et elle semble réveiller un film qui n'avait jamais vraiment captivé. Mais après ce duel, le reste du film est plus dynamique avec du suspense, et dans de magnifiques paysages enneigés. L'assistant du réalisateur Reitherman à l'époque, Dan Hansen, a résumé la situation : « *Merlin l'enchanteur* était presque épisodique. On passe d'une aventure à l'autre pour éduquer Moustique. Kay et Ector étaient des personnages agréables, un soulagement comique, mais je ne me souviens même pas des chansons. L'un des meilleurs personnages était le loup[69] . » Mais même le réalisateur Reitherman s'est senti frustré : « Le plus subtil, c'est qu'il (Moustique) était censé être éduqué par tout cela, mais cela n'a pas été le cas. Il n'était pas nécessaire d'apprendre quoi que ce soit pour sortir l'épée ! (...) Je ne pense pas que l'histoire ait jamais été juste. Vous ne ressentiez rien de spécial pour le garçon Moustique - quelque chose de mignon. Nous n'avons pas eu la séquence où l'on développe une réelle sympathie pour ce gamin ». Jusqu'à la sortie de *Merlin l'enchanteur*, Bill Peet était en pleine effervescence. Avec un film commercialement décevant, la confiance de Walt Disney à son égard s'est émoussée. Pourtant, il savait qu'il était le meilleur scénariste d'histoires (après lui).

[1] KORKIS, Jim, *Walt's words,* Theme Park Press, 2016.

[2] MARTIN, Pete, entretien 1962.

[3] Entretien avec l'auteur, août 1987.

[4] PROVINCE, John, *Seldom re-Peeted ; the Bill Peet interview,* novembre 1988.

[5] Entretien avec l'auteur, juillet 1987.

[6] Entretien avec l'auteur, juillet 1987.

[7] ANDERSON, F. PAUL, *Jack of all trades,* Theme Park Press, 2017.

[8] HOLLISS, Richard, *Wolfgang Reitherman,* Starbust, Vol 4 Number 6, 1982.

[9] GHEZ, Didier, *Walt's People, Volume 5, Talking Disney with the artists who knew him,* Xlibris Corporation, 2007.

[10] GHEZ, Didier, *Walt's People, Volume 9, Talking Disney with the artists who knew him,* Xlibris Corporation, 2010.

[11] Entretien avec l'auteur, juillet 1987.

[12] BARRIER, Mike, *The animated man, a Life of Walt Disney,* University of California Press, 2007.

[13] Entretien avec l'auteur, novembre 2010.

[14] http://www.michaelbarrier.com/ 1976.

[15] CANEMAKER, John, *Paper dreams : the Art & Artists of Disney storyboards,* New York, Hyperion, 1999.

[16] Entretien avec l'auteur, mai 1988.

[17] PEET, Bill, *Bill Peet, An Autobiography,* Boston, Houghton Mifflin Company, 1989.

[18] ANDERSON, F. PAUL, *Jack of all trades,* Theme Park Press, 2017.

[19] FINCH, Christopher, *Notre Ami Walt Disney,* Paris, Hachette, 1977.

[20] Conférence à Glendale 1985.

[21] Entretien avec l'auteur, février 2010.

[22] GHEZ, Didier, *Walt's People, volume 21,* Theme Park Press, 2018.

[23] Courrier à l'auteur, octobre 2023.

[24] GHEZ, Didier, *Walt's People, Volume 11, Talking Disney with the artists who knew him,* Xlibris Corporation, 2011.

[25] GHEZ, Didier, *Walt's People, Volume 13, Talking Disney with the artists who knew him,* Theme Park Press, 2013.

[26] Entretien avec l'auteur, mai 2010.

[27] Entretien avec l'auteur, juillet 1987.

[28] THOMAS, Frank et JOHNSTON, Ollie, *Disney Animation, The illusion of life,* New York, Abbeville Press, 1981.

[29] RASMUSSEN, Thorkil, 24 février 2005.

[30] THOMAS, Frank, et JOHNSTON, Ollie, *The Disney villain,* New York, Hyperion, 1993.

[31] Entretien avec l'auteur, février 2010.

[32] MARTIN, Pete, entretien 1962.

[33] PROVINCE, John, *Seldom re-Peeted ; the Bill Peet interview,* novembre 1988.

[34] KAHL, Milt, Conférence N°1 tenue par Dick Williams, 12 janvier, 1977

[35] PROVINCE, John, *Seldom re-Peeted ; the Bill Peet interview,* novembre 1988.

[36] VISSIERE, Laurent, *Merlin, l'enchanteur désenchanté,* Historia, hors-série juillet-août 2011

[37] BAUMGARTNER Emmanuèle, *Le fabuleux destin de l'enchanteur Merlin,* Les Collections de l'Histoire N°36, juillet 2007.

[38] LE GOFF, Jacques, Héros et Merveilles du Moyen-Age, Editions du Seuil, 2005.

[39] PROVINCE, John, *Seldom re-Peeted ; the Bill Peet interview,* novembre 1988.

[40] PEET, Bill, *Bill Peet, An Autobiography,* Boston, Houghton Mifflin Company, 1989.

[41] Entretien avec l'auteur, mai 2010.

[42] PROVINCE, John, *Seldom re-Peeted ; the Bill Peet interview,* novembre 1988.

[43] Entretien avec l'auteur, mars 2010.

[44] Entretien avec l'auteur, juillet 1987.

[45] PEET, Bill, *Bill Peet, An Autobiography,* Boston, Houghton Mifflin Company, 1989.

[46] KAHL, Milt, Conférence N°1 tenue par Dick Williams, 12 janvier[th] , 1977

[47] Entretien avec l'auteur, mai 2024.

[48] SHERMAN Robert et Richard, *Walt's time from before to beyond,* Camphor Tree Publishers, 1998.

[49] Entretien avec l'auteur, juillet 1987.

[50] Entretien avec l'auteur, juillet 1987.

[51] Entretien avec l'auteur, juillet 1987.

[52] Entretien avec l'auteur, juillet 1998.

[53] Entretien avec l'auteur, février 2010.

[54] Commentaire Facebook, 22 décembre 2009.

[55] GHEZ, Didier, *Walt's People, Volume 7, Talking Disney with the artists who knew him,* Xlibris Corporation, 2008.

[56] THOMAS, Frank et JOHNSTON, Ollie, *Disney Animation, The illusion of life,* New York, Abbeville Press, 1981.

[57] CANEMAKER, John, *Paper Dreams : the Art & Artists of Disney storyboards,* New York, Hyperion, 1999.

[58] MALTIN, Leonard, *The Disney Films,* New York, Crown, 1973.

[59] GHEZ, Didier, *Walt's People, Volume 7, Talking Disney with the artists who knew him,* Xlibris Corporation, 2008.

[60] http://www.floydnorman.com/blog

[61] SVENDSEN, Julie, *Peregoy and Léger,* http://colorfulanimationexpressions.blogspot.com/2008/10/peregoy-and-lger.html, 20 octobre 2008.

[62] Entretien avec l'auteur, mars 2011.

[63] TAKAMOTO, Iwao, MALLORY, Michael, *Iwao Takamoto, my life with a thousand characters*, University Press of Mississipi, 2009.
[64] Entretien avec l'auteur, février 2018.
[65] GHEZ, Didier, *Walt's People, Volume 7, Talking Disney with the artists who knew him*, Xlibris Corporation, 2008.
[66] Entretien avec l'auteur, mars 2010.
[67] KAHL, Milt, Conférence N°1 tenue par Dick Williams, 12 janvier[th] , 1977
[68] Entretien avec l'auteur, juillet 1987.
[69] Entretien avec l'auteur, juillet 1987.

MARY POPPINS (1964)

Quelle jolie promenade avec Marie. De 40'17 à 54'44

En 2013, Disney a sorti un film (*Dans l'ombre de Mary*) censé raconter le parcours chaotique qui a mené à la réalisation du film de 1964. L'accent était mis sur les relations tendues entre l'auteur P.L. Travers et Walt Disney et ses collaborateurs. Bien que biaisé et édulcoré, le film reste intéressant en ce qu'il donne quelques éléments fiables et une reconstitution du studio de Burbank de l'époque. Mais il ne peut être considéré comme une vérité absolue.

Ce qui est vrai, c'est que la route fut très longue depuis que Walt avait entendu en 1939 sa fille Diane s'esclaffer comme elle le raconta à Brian Sibley : « *Mary Poppins* était l'une de mes lectures préférées et papa m'entendait rire dans ma chambre jusqu'à ce qu'il aille voir de quoi je riais ». Walt n'avait pas encore lu le livre, dont il avait reçu un exemplaire dès 1934 par l'intermédiaire de l'éditeur Eugene Royal. La suite *Mary ouvre la porte* (1943) venait de paraître et Walt, sachant que l'auteur se trouvait à New York, envoya son frère Roy la contacter, en vain. Roy écrit à son frère le 24 janvier 1944 : « Nous avons eu une conversation très agréable et elle semblait heureuse de me voir (...) elle était flattée de ton intérêt - d'un autre côté, elle était plutôt réservée dans ses propos ». Quoi qu'il en soit, l'idée même de faire de son héroïne un personnage de dessin animé était hors de question. Walt doit évoluer et commence à imaginer une combinaison de dessins animés et d'acteurs réels, une technique qu'il avait beaucoup utilisée pendant les années de guerre. À l'automne 1946, Walt l'appela et elle commença à hésiter, acceptant presque avant de finalement le rabrouer. Le producteur et scénariste Bill Walsh plaisanta en disant que c'était comme « négocier le canal de Suez ». Puis, se répandit la rumeur qu'ailleurs, Judy Garland pourrait jouer le rôle, sous la direction de son mari Vincente Minnelli. D'ailleurs, en décembre 1949, une version télévisée de CBS, avait mis en scène Mary Wickes (future Cruella) dans le rôle-titre. Cela signifie que Travers avait déjà accepté une fois de permettre une version cinématographique, alors pourquoi n'accepterait-elle pas une seconde fois ? Dans les années 1950, Walt était occupé par la télévision et Disneyland, et il a donc mis le projet en veilleuse, s'assurant les droits de *L'Apprentie sorcière* (*Bedknobs and Broomsticks*) au cas où tout tomberait à l'eau (d'où les nombreuses similitudes). Alors qu'il se désintéressait de *La Belle au bois dormant*, *Mary Poppins* devint une obsession et il pensa qu'il devait aller voir P.L. Travers en personne dans sa maison de Chelsea, à Londres. Cette rencontre de 1959 pourrait bien avoir été le tournant décisif. Elle admet que l'homme est charmant et très convaincant. Il est d'autant plus convaincant qu'il lui propose un contrat sans précédent : 100 000 dollars, 5% des recettes du film et l'approbation finale du scénario. Et il s'agirait d'un film en prises de vues réelles. Pas de dessin animé... Son agent et ami Goodman Derrick lui rappelle que ses ventes baissent, qu'elle est endettée, et qu'une version cinématographique, compte tenu de l'impact de Disney, pourrait la faire connaître et la rendre... riche. Très riche. Un accord préliminaire est signé en avril 1960. Un accord plus détaillé est signé en juin 1960 pour une durée de 6 ans. Elle engage le scénariste de télévision Donald Bull pour l'aider car Walt lui a donné 60 jours pour écrire un script. Au fond de lui, il n'avait pas l'intention de respecter ses règles et son scénario. Il demanda donc à Don Da Gradi puis à Bill Walsh d'écrire le leur, tandis qu'il demanda aux frères Sherman de lire le livre, d'en retenir quelques chapitres et de commencer à écrire des chansons. Les Sherman étaient devenus une force avec laquelle il fallait compter après leurs succès pour Annette Funicello et on leur a proposé un contrat interne.

Comme elle doit avoir le dernier mot, elle vient sur le terrain de Burbank pour travailler sur le scénario, logeant au luxueux Beverly Hills (celui qui figure sur la pochette d'*Hotel California* des Eagles). Elle restera 10 jours à partir de fin mars 1962 : 10 jours de malentendus, de heurts, de déceptions, d'espoirs et de désillusions comme le révèlent les enregistrements, car elle a demandé que chaque réunion sur le scénario soit enregistrée pour pouvoir affirmer qu'elle « l'avait dit clairement ». Comprenant vite l'entêtement de la dame et perdant patience, Walt décide au bout de deux jours de se retirer dans son ranch de Palm Springs pendant que les Sherman et Da Gradi sont livrés à eux-mêmes. Elle leur tape sur les nerfs plus d'une fois et Bob Sherman la trouve particulièrement insupportable, comme l'observe son fils Jeffrey : « J'étais jeune lorsqu'il développait et tournait *Poppins*. Je sais que papa pensait qu'elle était délibérément têtue et impossible. Excentrique d'une manière difficile. Au dîner, pendant les fameuses séances de tournage, papa rentrait à la maison et parlait de 'la sorcière' avec laquelle il travaillait. Je pensais en fait qu'il s'agissait d'une sorcière[1]. » En fait, chez Walt et Travers, deux mondes s'opposent : d'un côté, un homme à peine scolarisé à la tête d'une énorme entreprise, habitué à tout contrôler et à ne jamais être contredit par les gens qu'il paie. Par exemple, le premier jour où elle est venue au studio, vexé que lui, le grand patron, puisse être interrompu par elle, il lui dit : « Ecoutez, j'essaie juste de donner un peu de logique à vos histoires », puis « Je vous ai dit que je ne voulais pas être interrompu avant d'avoir terminé. Je ne vous écoute plus maintenant ! » Il a dû l'empêcher de quitter le terrain sur-le-champ. D'autre part, une solitaire très érudite pour qui l'écriture et les contes étaient presque une question de survie psychologique. Le premier vivait pour le divertissement, la seconde pour la création. Pourtant, ils se respectent l'une l'autre, reconnaissant le talent de l'une et de l'autre.

Ce que Walt n'avait pas réalisé, c'est à quel point P.L. Travers était attachée à son personnage. Des éléments de son enfance difficile, des références à des personnes qu'elle avait connues, étaient disséminés dans les livres, le tout sous l'impulsion d'une formidable passion pour la littérature. Et bien qu'elle ait toujours dit qu'elle n'avait jamais « inventé » Mary Poppins, elle connaissait son personnage par cœur et chacune de ses caractéristiques, qu'elles soient physiques ou psychologiques, avait été mûrement réfléchie. Brian Sibley, auteur et ami de Travers, a écrit : « Walt avait développé une attitude très personnelle à l'égard du projet et avait parfaitement saisi le potentiel de son média ; en bref, il était passionné par *Mary Poppins*. Mais l'auteur des livres l'était tout autant[2]. »Par exemple, les gens de Disney n'avaient gardé que 3 épisodes alors qu'elle en avait gardé 17. Elle remettait tout en question, rejetait les américanismes. Mais elle tenait absolument à ce qu'il n'y ait pas de chansons, pas de romance entre Bert et Mary, uniquement des acteurs britanniques et, bien sûr, pas d'animation. Mais lorsqu'elle a vu les derniers story-boards de la séquence que nous allons analyser, elle a été bouleversée et s'est enfuie, retournant à New York le 14 avril 1962. Elle se sentit trahie et Walt, penaud, fit de son mieux pour l'apaiser et la convaincre de lui faire confiance. Pour se remonter le moral, elle commença à travailler sur *Mary Poppins de A à Z* (1962) et sembla se sentir prise au piège.

Pendant ce temps, Walt avance et, au printemps 1962, la liste complète des acteurs lui est envoyée avec Dick van Dyke, un showman de la télévision américaine... En écrivant de temps en temps à Travers, Andrews tente de la rassurer. Mais apparemment, Travers semble avoir capitulé, et le 6 mai 1963, le studio commence à tourner la toute première scène d'une séquence, avec des personnages animés...

De l'avis de tous, y compris des employés qui n'ont pas participé au film, il régnait une atmosphère particulière pendant sa production. Beaucoup ont confié à l'auteur qu'à la pause déjeuner, ils allaient visiter les décors dans les quatre halls dédiés à *Mary Poppins*. Burny Mattinson était animateur sur cette séquence : « Je sortais à midi et après le travail j'allais les regarder tourner. C'était une période magique. Eric et moi travaillions sur Julie Andrews chantant l'une des chansons des frères Sherman, 'quelle jolie promenade avec vous Bert', et nous pouvions aller sur les plateaux et regarder ce que nous allions faire ensuite. Beaucoup de numéros musicaux étaient des décors tournés avec quelques accessoires peints sur un écran bleu[3] ». Soulagé de la tension maintenant que le contrat est signé et que P.L. Travers est loin, Walt commence même à trouver étrange que tout se passe si bien. Karen Dotrice, qui jouait Jane Banks, se souvient : « Je me souviens bien d'Oncle Walt sur le plateau. J'entendais l'équipe dire 'Monsieur Disney est derrière la caméra à nouveau', et il se tenait derrière cette grosse caméra, tout sourire, tapant du pied en mesure, et toute l'équipe était aux anges parce qu'il l'était lui aussi. Il rayonnait, tout excité, ça rendait l'équipe heureuse, je n'avais jamais vu une équipe aussi heureuse. Normalement, les gens ont hâte que ça se termine pour retourner à leur caravane ou se fumer une cigarette, mais là ils restaient à regarder. Il y avait plein de monde, on se serait cru dans un théâtre. » Il semble que le pari, avec un budget initial énorme de 5 millions de dollars, soit moins risqué que d'autres projets antérieurs. L'énergie, les farces et les blagues de Dick Van Dyke ont certainement beaucoup contribué à cette atmosphère, et son caractère enjoué a également diverti les deux enfants qui ont dû attendre de longues heures avant de jouer, Dotrice poursuit : « Dick Van Dyke était un vrai cauchemar parce que lui aussi était un garnement. On est très proches, je le connais bien, et lui aussi s'ennuyait ferme parce que les journées étaient infinies, alors il nous faisait rigoler, au point de presque faire dans sa culotte. Il était tellement drôle, faisait mine de tomber, comme s'il trébuchait sur quelque chose et on rigolait. Et puis soudain la lumière de la caméra était rouge et il fallait se tenir mais on avait bien du mal à retenir notre sérieux[4]. » Cependant, Van Dyke n'était pas toujours d'accord avec Robert Stevenson, le réalisateur. Le directeur de la seconde unité, Vitarelli, a expliqué à John G. West Jr : « Il avait tout planifié à l'avance, tout devait être comme ça, et il n'allait pas le changer[5]. » Van Dyke aimait improviser un peu, proposer de nouvelles choses et être naturel, de sorte que les deux se sentaient frustrés. Mais Andrews a trouvé que Stevenson était très patient et compréhensif avec elle.

Robert Stevenson avait travaillé avec des producteurs comme David O. Selznik et Howard Hughes avant d'entrer chez Disney en 1957 pour travailler sur *Darby O'Gill et les farfadets (Darby O'Gill and the Little People)* (1959) et *Monte là-dessus (The Absent-Minded Professor)* (1961) où il s'associe au scénariste Don Da Gradi. Plus tard, Bill Walsh les rejoindra et écrira la plupart des dialogues. Walsh entretenait une véritable relation avec Walt, comme l'a avoué Diane, la fille de Walt, à Robin Allan : « Il était très proche de Bill Walsh. Bill Walsh le considérait comme son père parce que Bill Walsh était orphelin. En fait, Bill Walsh est enterré très près de lui[6]. »

Plan arrière des 4 personnages observant le paysage

Dès l'entrée dans le monde du dessin animé, la mélodie de « Quelle jolie promenade avec Marie » démarre avec l'orchestre dirigé par rien de moins qu'Irwin Kostal, tout juste auréolé de son succès dans *West Side Story* (1961). Il a joué un rôle majeur dans les arrangements (aidé par Walter Sheets) et les Sherman ont beaucoup loué son travail. Par exemple, lorsque Bert apparaît, on peut entendre la mélodie de « Un morceau de sucre » se fondre dans celle de « Quelle jolie promenade avec Marie ». Il a connu une longue histoire avec Andrews pour *La Mélodie du bonheur* (1965) et Dick van Dyke pour *Chitty Chitty Bang Bang* (1968) et, bien sûr, avec Disney, dont il a retravaillé plus tard la partition de *Fantasia.*

Les fumées sont là parce qu'elles sont censées rappeler que les 4 personnes ont sauté dans un dessin à la craie réalisé par Bert (en fait, Peter Ellenshaw). Pendant un certain temps, McLaren Stewart, le directeur artistique, avait envisagé de faire toute la séquence sur des fonds pastel pour coller à l'idée des dessins à la craie. Le storyboard de Da Gradi indiquait clairement : « Version stylisée en pastel de la campagne anglaise ». Cet arrière-plan est l'œuvre de Ray Aragon. Le maquettiste Joe Hale se souvient : « Al Dempster s'occupait des décors. Il en a fait quelques-uns aux pastels gras, mais les décors passaient entre tant de mains qu'ils s'étalaient, alors il est revenu au pinceau sec tempura et aux crayons de couleur pour essayer de les faire ressembler à des dessins à la craie[7]. » Ces tentatives ont dû être très brèves, car le peintre Frank Armitage a déclaré : « Les décors sont peints de la manière habituelle. Non, aucune tentative de les faire au pastel[8]. » Après l'audace de Walt Peregoy, le dessin était un retour à des terrains plus sûrs. Pourtant, ce dernier avait en vain proposé sa propre approche une fois de plus. On retrouve encore une touche de pastel dans le traitement des nuages blancs en particulier. L'utilisation d'un pinceau sec serait importante pour transmettre l'idée du pastel. Comme d'habitude, les fumées ont été sous-exposées pour les rendre transparentes.

En fait, ce que nous voyons ici est ce qui était censé être la règle à l'origine. Il était temporairement prévu de ne présenter que les acteurs sur des décors dessinés, sans aucune animation. Bientôt, on peut voir des fleurs et des feuilles tomber, par Dan MacManus, et c'est à ce moment-là que P.L. Travers a dû se rendre compte, lors de la première, qu'elle avait été trompée...

Gros plan sur Bert qui se débarrasse de la poussière et regarde autour de lui

Avant de choisir Dick Van Dyke, l'équipe de Disney avait proposé plusieurs autres noms à Travers : Danny Kaye, Fred Astaire et Cary Grant. Walt avait également pensé à Laurence Harvey et Anthony Newley. Pendant un certain temps, Grant était en tête de liste, comme le montre une lettre du 18 mai 1962 adressée à Travers : « Nous espérons pouvoir intéresser Cary Grant, qui jouit d'une grande popularité internationale. Il est anglais et, dans ses jeunes années, il était un chanteur et un danseur dans les comédies musicales anglaises (...) Nous lui avons parlé au téléphone et il a semblé aimer l'idée ». Finalement, cela n'arrivera pas, Travers avait aussi pensé à Grant mais pour Mr Banks. Dick Van Dyke était une star de la télévision à l'époque, grâce à son *Dick Van Dyke Show* qui a duré de 1960 à 1966 et aux productions théâtrales et cinématographiques de *Bye Bye Birdie* (1960 et 1963). Comme Andrews, il avait une grande expérience de la radio et de la scène et semblait à l'aise dans la comédie et le music-hall. Malgré la demande de Travers de n'engager que des acteurs britanniques, il fut choisi par Walt, comme l'expliqua le réalisateur Bill Walsh à Bob Thomas : « Walt l'aimait bien. Il ne pensait pas qu'il était franchement anglais, mais Walt ne pensait pas nécessairement qu'il y avait quelque chose de magique dans le fait d'être 100 % anglais. (...) Nous pensions qu'il y avait suffisamment d'Anglais sur le film[9]. » Walt avait apprécié une interview à la presse dans laquelle Van Dyke regrettait que les bonnes vieilles valeurs familiales se perdent dans les films et que les « films osés » soient trop nombreux. Comme Van Dyke était américain, Julie Andrews a tenté de rassurer Travers dans une lettre : « Dick Van Dyke est formidable dans le rôle de Bert. Il est extrêmement séduisant et j'aime à penser que lui et moi allons bien ensemble à l'écran... Les enfants sont adorables - Michael a le visage le plus expressif... Jane est gentille et une très bonne petite actrice[10]. »

Toute sa vie, on lui a reproché son mauvais accent cockney dans le rôle. Le film a été salué par les médias, mais la seule restriction, surtout au Royaume-Uni, était son accent, et il a dû se justifier sans cesse jusqu'à aujourd'hui, par exemple auprès de Candice Pires : « Quelqu'un aurait dû me dire que je devais travailler mon accent cockney. Presque tous les acteurs de *Mary Poppins* étaient britanniques, mais personne n'a rien dit. On m'a donné un coach irlandais dont l'accent cockney était bien meilleur que le mien. Des années plus tard, j'ai demandé à Julie : 'Pourquoi ne m'as-tu rien dit ?' Elle m'a répondu que c'était parce que je travaillais très dur[11]. » Il a été entraîné par l'acteur vétéran J. Pat O'Malley, qui était irlandais et n'avait aucune crédibilité. David Tomlinson, M. Banks, a également apporté sa contribution, mais son éducation de classe supérieure n'a pas aidé. Même s'il avait l'air sûr de lui, Van Dyke avait une autre raison de s'inquiéter : il n'était pas un vrai danseur. C'est pourquoi il a beaucoup répété, notamment pour la séquence « Prenons le rythme ». Pete Menefee, l'un des ramoneurs danseurs, a raconté à quel point il était difficile de répéter en juin et juillet 1963 : « Nous étions 12 danseurs, tous entraînés. Nous devions également être capables de faire des cascades - certains étaient beaucoup plus doués que d'autres. Les répétitions avaient lieu sur le terrain derrière le studio. Walt était là tous les jours, tous les jours. Walt connaissait le nom de tout le monde. Nous devions porter des badges, mais nous étions autorisés à répéter en maillot de bain parce qu'il faisait très chaud là-bas. Il faisait très chaud et ils ont tout travaillé sur cette scène, dans la cour arrière avec la chorégraphie[12]. » Van Dyke a déclaré plus tard qu'à l'époque, il buvait beaucoup, mais que les gueules de bois étaient impossibles et qu'il devait être à la hauteur de la tâche. Après des semaines d'entraînement intensif, il était en forme.

Dans le premier livre de *Mary Poppins*, Bert est un personnage secondaire dans le deuxième chapitre, qui a servi de base à l'épisode « Quelle jolie promenade avec Marie », intitulé « jour de sortie ». Le dimanche, il est vendeur d'allumettes, appelé Robert Hubert, et il fait des dessins sur le sol. Il est plutôt fauché et semble connaître Mary depuis longtemps puisque « vu la façon dont il criait 'Mary', on pouvait estimer que cette même Mary était, dans sa vie, quelqu'un de très important ». Travers elle-même s'étonne qu'on ait choisi de faire de ce personnage anecdotique une figure clé, mais après tout, il est le seul à l'accompagner dans cette sortie. Dans le film, les enfants sont là, pas dans le livre. Mais en fait, il a été associé à un autre personnage anecdotique, comme l'ont expliqué les Sherman : « Dans les livres de P.L. Travers, Mary Poppins n'avait pas de contrepartie masculine claire. Il y avait un homme à tout faire nommé Roberston Eye, un virtuose de la craie nommé Bert, et maintenant, grâce au croquis de Don Da Gradi, nous avions trouvé le personnage d'un ramoneur. Très vite, une autre des grandes 'trouvailles décisives de l'histoire' a eu lieu lorsque Walt a suggéré que Bert devienne un touche-à-tout - les trois personnages réunis en un seul[13]. » Donc, Roberston travaille pour la famille Banks, effectuant toutes sortes de tâches.

Les enfants font de même

Comme indiqué plus haut, les enfants ne participent pas dans le livre et sont au nombre de quatre : Jane, Michael, et les jumeaux John et Barbara. Il est intéressant de noter que P.L. Travers a adopté un fils issu de deux jumeaux. Très peu de choses sont dites à leur sujet dans le livre. De toute évidence, Jane est l'aînée, jouée par Karen Dotrice, alors âgée de 8 ans. Elle avait déjà joué pour Disney à l'âge de 6 ans dans *Les trois vies de Thomasina* (1963), mais le film avait été tourné près de l'Écosse. Cette fois-ci, elle devait chanter « *Petite annonce pour une nounou* ». On lui avait donc envoyé les chansons à l'avance et Denne Gilkes de la Royal Shakespeare Company où travaillait son père lui avait appris à chanter, mais dans un style très opéra. Malgré son jour de congé, Julie Andrews passa par là quand Dotrice enregistrait sa chanson. Elle demanda à l'orchestre de s'arrêter et emmena la petite fille à part, lui expliquant qu'elle devait chanter simplement comme une petite fille et non de cette manière grandiloquente. Dotrice ne tarit pas d'éloges sur Andrews : « Je crois que la personne qui nous a le plus aidés est Julie Andrews parce qu'elle rendait tout réel, c'est elle qui nous expliquait ce qui se passait, ce qu'elle allait faire et comment il nous faudrait réagir à ce qui allait se passer, comme quand elle tirait une lampe de son sac en toile. Elle comprenait bien les enfants, étant mère elle-même, et elle avait cette patience infinie des mamans[14]. » La petite fille de Stratford Upon Heaven a été fascinée par Los Angeles. Bien qu'elle garde d'excellents souvenirs du film, elle a été malade pendant trois jours pendant le tournage, ce qui a affecté sa vue, et Walt lui a apporté une grande poupée en peluche. Mais sa carrière fut de courte durée puisqu'elle décida d'arrêter au milieu de la vingtaine.

La disciplinée Dotrice était bien loin de l'espiègle Matthew Garber qui incarnait Michael Banks. Bien qu'elle ait déjà joué avec lui dans un précédent film Disney, elle a eu du mal avec lui, comme beaucoup, mais Julie Andrews a écrit : « Il avait une tignasse, une tonne de taches de rousseur et une étincelle effrontée dans les yeux. Il était aussi parfois très indiscipliné. Bob Stevenson était d'une patience infinie avec lui, et bien que Matthew nous ait fait perdre un peu de temps, on ne pouvait s'empêcher de l'aimer[15] . » En fait, c'était un terrible farceur et il pouvait être cruel à l'occasion. Le petit garçon têtu a refusé de chanter « *Petite annonce pour une nounou* », n'accompagnant Dotrice que pour la dernière ligne. Dans une lettre à P.L. Travers, Andrews écrivit : « Nous avons de légers problèmes avec Michael - il déteste les hauteurs - et tous les trucs volants chez l'oncle Albert ont été très éprouvants pour lui - et nous avons eu des larmes une ou deux fois ». Dotrice est plus sévère, elle qui devait composer avec ses caprices du matin au soir : « C'était une petite peste. Il s'ennuyait à mourir et je pense qu'aujourd'hui on le diagnostiquerait comme hyperactif car il ne pouvait pas rester en place, que ce soit en classe ou sur les plateaux. Ce n'est pas sa faute, il avait 7 ou 8 ans et c'était un gros travail chaque jour, de longues heures, alors il faisait des bêtises, et je sais qu'il rendait les adultes fous, quand on parle du bon vieux temps avec Dick Van Dyke, il me dit 'oh, ce gosse, il m'a rendu dingue !' Il était difficile et les choses traînaient en longueur parce qu'il refusait de les faire. Dick m'a rappelé que parfois on devait retourner ou réenregistrer des répliques parce que ça ne marchait pas la première fois, et Michael, le petit coquin, il refusait et disait 'je ne le ferai pas sauf si vous me donnez 25 cents pour chaque prise'. Et ils cédaient parce que tout était bon pour avancer. Et je me souviens le regarder avec sa pile de pièces monter de plus en plus. Un vrai petit garnement. Mais il a vraiment rendu Dick Van Dyke fou[16]. »

Mais après tout, son comportement correspondait à ce que Michael était censé être. Dans son premier livre, Travers en fait un petit garçon turbulent et méchant dans le chapitre « Mauvais mardi ». On sait très peu de choses sur l'acteur né à Londres. Sa mort est également entourée d'un certain mystère. Son frère Fergus, avec qui Dotrice reste en contact, a affirmé qu'il était mort d'une hépatite après avoir mangé de la viande avariée en Inde et a rejeté toute idée de toxicomanie. Il est mort en juin 1977 à l'âge de 21 ans.

« Mary Poppins, mais vous êtes merveilleuse ! » « Vous êtes sincère ? »

Ce sont les tout premiers mots prononcés pour le tournage du film. Si Van Dyke était déjà un acteur de cinéma chevronné, pour Julie Andrews, il s'agissait d'une première expérience, et elle était assez anxieuse comme elle l'a avoué au spécialiste Brian Sibley pour la BBC : « Je me sentais encore comme une amatrice parmi ces gens talentueux qui avaient fait de grands films pendant des années, c'était un vrai privilège (...) La toute première scène que j'ai faite sur *Mary Poppins* était le début de la scène qui menait à 'Quelle jolie promenade avec Marie'. Lorsqu'il disait des choses comme 'mais vous êtes merveilleuse Mary Poppins' et que je répondais 'Vous êtes sincère ?' Qu'est-ce que je devais vais faire ? Il m'a fallu presque toute la journée pour faire ces deux répliques[17] ! » Ce n'est pas par hasard qu'ils ont commencé par cette séquence, comme elle l'explique : « J'ai entendu dire que Walt, sachant que nous venions de Broadway, avait décidé de tourner d'abord la séquence de 'Quelle jolie promenade avec Marie', parce qu'étant de Broadway, c'était plus facile pour nous, c'était plus le genre d'un numéro de Broadway[18]. » Son anxiété peut également provenir d'un souvenir terrible des tests qu'elle avait effectués pour la MGM : « C'était si mauvais et je le savais pendant que je le faisais[19]. »

Elle découvre rapidement le processus laborieux qui consiste à répéter les mêmes répliques à l'infini. Et comme ce film était particulièrement complexe en termes de techniques, c'était encore plus fastidieux et ennuyeux : « Les lumières surpuissantes étaient atrocement brillantes et chaudes, ce qui nous faisait plisser les yeux et donnait à nos visages un aspect légèrement brûlé, comme si nous étions en plein soleil, avec des projecteurs intenses en plus. Les perruques et les couches de costumes rendaient la température encore plus élevée[20]. » L'assistant réalisateur Tom Leetch a confirmé à John G. West : « Tout devait être fait dans les moindres détails, vous savez, 'bougez d'un pouce à gauche ou à droite'. C'était agréable mais lent. Walt était présent sur le plateau tous les jours lorsqu'il était dans le coin. Nous travaillions pendant une semaine ou dix jours, puis nous donnions une 'répétition générale' (mais pas en costume) pour Walt. Il s'agissait d'un film de collaboration, avec de la danse, de l'animation, de la musique, des prises de vue réelles et des effets spéciaux. La logistique était considérable[21]. »

Pourtant, en tant que débutante, elle a senti qu'elle devait se retenir de se plaindre. L'équipe a tout fait pour qu'elle se sente à l'aise, comme elle l'explique dans le commentaire du DVD : « Ce qui me surprend en regardant le film aujourd'hui, c'est à quel point j'étais libre d'expérimenter, à l'époque je ne connaissais rien aux films, je sais combien j'étais effrayée et peu sûre de moi, et pourtant il y avait une certaine liberté à l'intérieur du studio Disney (...) cela vient des gens de Disney et de l'environnement qu'ils offraient, on pouvait vraiment expérimenter[22]. »

Michael : « Vous nous aviez dit qu'y avait une fête »

Alors que les enfants courent vers la fête, on peut remarquer la façon dont cette séquence a été tournée. Le chemin sur lequel ils courent, qui sera utilisé pour la première partie de l'épisode, était en fait réel, tout ayant été fabriqué et peint par des techniciens. Les décors ont été supervisés par Hal Gausman et Emile Kuri. Le premier avait été engagé par Disney pour *Monte là-dessus* (1961) et devint un décorateur régulier. Emile Kuri, d'origine mexicaine, travaillait en free-lance, mais son travail sur *20 000 lieues sous les mers* (1954) avait attiré l'attention de Walt, qui l'engagea et il travailla avec Gausman sur le premier film de ce dernier. Inutile de dire que les décors de cette séquence étaient un jeu d'enfant comparé à la magnifique allée Cheery Tree et à tous les intérieurs. Le paysage à l'arrière était une peinture qui a été intégrée plus tard dans le film.

Début de la chanson « Quelle jolie promenade avec Marie »

Le même principe s'applique à ce long plan du couple qui s'apprête à chanter, alors que nous entendons les premières notes de basson et de pizzicatti de la chanson. Van Dyke faisait ces pas très hauts pour accompagner le rythme, et Andrews, plus petite, devait suivre le pas, comme elle s'en souvint : « Par exemple, lorsque nous avons commencé à travailler sur la séquence de 'Quelle jolie promenade avec Marie', le premier pas que nous avons appris était la marche emblématique, bras dessus, bras dessous, nos jambes s'élançant devant nous pendant que nous avancions. J'ai interprété la version sage et féminine de Mary Poppins, mais Dick a levé ses longues jambes si haut que j'ai éclaté de rire[23]. » Ce pas a été surnommé le pas « Quelle jolie promenade avec Marie » par ses créateurs, les chorégraphes Marc Braux et De Dee Wood l'ont également qualifié de « scooping step ». Les oiseaux sont animés par Eric Larson (aidé par Burny Mattinson), car Bert vole également.

La réplique « Cessez vos pitreries je vous prie » correspond à l'identité de Mary Poppins. Travers s'est efforcée de faire comprendre à l'équipe de Disney qui était réellement Mary Poppins. Pour eux, elle n'était que fantaisie et magie, mais pour elle, elle était beaucoup plus sophistiquée et complexe. Dans les livres, Travers la qualifie très souvent de « colérique », « menaçante », « méprisante » et « effrayante ». Elle n'est jamais joyeuse ni chaleureuse, et Walt craignait qu'elle ne devienne trop stricte pour être sympathique. Il fallait donc trouver le juste milieu entre plaire à Travers et avoir une héroïne plaisante. Lors de l'une des réunions consacrées à l'histoire, Travers a expliqué : « Mary Poppins ne doit jamais être impolie envers qui que ce soit, cela fait partie intégrante du livre et de l'histoire, quelle que soit la forme sous laquelle elle est présentée. Nous tirons la comédie de cette personne grave, calme et polie, grâce à laquelle toute la magie étrange se produit. » Grave en effet. Dans les livres, chaque fois qu'un enfant évoque les grands moments fantastiques vécus, Mary Poppins met un point d'honneur à les ignorer absolument, conservant un visage froid, voire austère. Travers ajoute : « C'est la simplicité de Mary Poppins, sa droiture absolue, sans jamais être insolente, son comportement calme et serein au milieu des aventures les plus improbables qui font l'intérêt de l'histoire. Si sa gravité n'est pas maintenue, tout l'intérêt est perdu. Elle est toujours féminine, guindée, soignée, pudique, renfrognée, arrogante, mais elle reste toujours dans son cadre ». Et « Il n'y a absolument rien de jovial, d'amusant ou de confortable chez Mary Poppins ». Partagée entre le point de vue de Travers et un personnage plus divertissant voulu par Disney, Julie Andrews a dû procéder par essais, comme elle l'a avoué à un journaliste le jour de la première : « J'ai d'abord pensé jouer Mary Poppins de manière très rigide et exactement comme dans les livres, mais cela ne semblait pas très humain, cela ressemblait plus à un dessin animé, alors j'ai finalement décidé de mélanger des choses un peu plus chaleureuses avec elle. » Dans son autobiographie, elle confirme : « Quel est son passé ? Comment bouge-t-elle, marche-t-elle, parle-t-elle ? N'ayant jamais fait de film auparavant, et n'ayant aucune formation spécifique d'actrice à laquelle me référer, je me suis fiée à mon instinct[24]. » Julie Andrews décida de demeurer Mary Poppins hors tournage avec les enfants afin de maintenir le rapport prévu dans le script, bienveillante, mais sans devenir ni maman ni amie. Les acteurs de *Dans l'ombre de Mary* (*Saving Mr Banks)* (2013) se sont moqués de Travers parce qu'elle était trop pinailleuse et protectrice de son personnage. Ils n'ont peut-être pas réalisé à quel point elle était intime pour elle. Elle s'est inspirée de diverses personnes qu'elle a connues durant son enfance difficile en Australie, et plus particulièrement de sa grand-tante, Helen Morehead. Dans un article du New Yorker, Caitlin Flanagan explique : « Tante Ellie, comme on l'appelait, donnait des ordres à tout le monde, mais sa férocité dissimulait une gentillesse qu'elle aurait été gênée d'admettre [25]. » Poppins représentait tellement pour Travers que toute modification qu'elle réprouvait était une trahison. Walt aurait-il été prêt à voir son Mickey Mouse transformé par un étranger ?

Tony Walton, alors mari d'Andrews, avait été invité par Walt à rejoindre l'équipe, à condition que son portfolio soit approuvé, le soir où il avait rencontré le couple après la représentation de *Camelot*. Il a conçu tous les costumes, et a trouvé sa façon d'exprimer la double personnalité de Mary Poppins selon lui : « Ce pardessus devait avoir l'air un peu strict, mais il avait des doublures de couleurs extrêmement vives et flashy, principalement pour essayer de trouver un sentiment d'amusement. Et Julie a toujours été extraordinairement généreuse en disant que cela lui avait permis de comprendre la vie secrète de Mary Poppins. Dans son esprit, les doublures de couleur flashy, c'était un peu coquin, alors elle s'est dit : 'J'ai ce côté coquin derrière la rigueur'[26]. »

Pour une fois, Travers avait accepté d'emblée que l'histoire se déroule en 1910 et non dans les sinistres années 1930. Cela signifiait que Walton devait s'en tenir à ce que les gens portaient à cette époque édouardienne. Si sa tenue quotidienne bleu foncé était plutôt authentique, on ne peut pas en dire autant de sa robe ici. La forme de la jupe de promenade d'été est une « jupe circulaire longueur thé soutenue par une légère crinoline pour lui donner cette forme élégante des années 1950 », explique la costumière historique Bernadette Banner, mais normalement, la robe aurait dû descendre jusqu'au sol. La jupe aurait dû être coupée « en panneaux à godrons, ce qui aurait permis à la jupe de rester lisse autour des hanches et sur le devant ». Quant à la ceinture, elle n'aurait pas dû être trop serrée pour épouser la forme de la taille. Elle devrait avoir cet effet « Edouardien lisse à l'avant et pelucheux à l'arrière [27]. » C'est quelque chose qui vient de l'époque victorienne. Le grand corselet rouge est également très proche du New Look de Dior des années 1950. Ce qui manque, c'est la dentelle et les nombreux froufrous que les dames de l'époque édouardienne affectionnaient tant et qui sont si caractéristiques des robes de lingerie. Quoi qu'il en soit, cela a permis de maintenir la silhouette en sablier qui était encore à la mode à l'époque. Le chapeau aurait été porté un peu penché, mais il est assez proche de ce que Travers avait en tête, sauf qu'une très longue plume d'autruche y était accrochée dans le livre. Quant au costume de Bert, il s'agit d'un costume dont nous avons parlé dans le tome 2, car il apparaît sur un personnage de la séquence *All the Cats Join in* de *Make Mine Music* : le blazer Cambridge pour bateau à rames. Sa tenue est assez fidèle à la version de Travers, si ce n'est que les rayures de la veste y étaient vertes et rouges.

Bert chante le refrain « Oh quelle jolie promenade avec Marie... »

Avant de donner sa réponse positive pour jouer le rôle de Mary Poppins, Andrews avait reçu des démos de chansons que les Sherman avaient écrites. Brian Sibley raconte ce qui s'est passé : « Lorsque Julie a fini par voir les story-boards de *Mary Poppins* et a entendu des chansons comme ' Nourrir Les P'tits Oiseaux, 'Quelle jolie promenade avec Marie' et 'Super', elle a été convaincue qu'elle devait accepter le rôle. Comme elle s'en souviendra plus tard, 'il était si facile de voir ce qu'il essayait de faire' ». Andrews avait été élevée depuis l'âge de 8 ans dans le monde du music-hall et ces chansons étaient sa tasse de thé. Et c'était aussi celle des Sherman, comme le dit Richard : « Nous aimions le style vaudeville du music-hall et nous avons délibérément écrit dans ce style pour donner de la saveur et du caractère aux chansons. Il s'agit d'un bon vieux spectacle à l'ancienne, avec des chœurs, etc...[28] » Bob et Richard Sherman ont écrit environ 32 chansons en tout pour le film, dont certaines ont été mises de côté et sont réapparues sous d'autres titres et paroles pour d'autres productions. « The Land of Sand » est devenue « Aie confiance » (*Le Livre de la Jungle,* 1967) et « Beautiful Briny » a été utilisée dans *L'Apprentie sorcière* (1974). D'autres chansons comme « Bad Tuesday », « The Chimpanzoo » et « North Pole Polka » ont fini par être abandonnées. Après avoir sélectionné 6 chapitres des livres de Travers, ils ont passé deux semaines à écrire des chansons puis ont demandé à Walt ½ heure de son précieux temps. Après 1h ½, convaincus par le fait que leurs chansons étaient comme des histoires, ils sont devenus des employés internes.

Si Van Dyke était un showman chevronné, il se sentait bien en dessous d'Andrews lorsqu'il s'agissait de chanter : « Nous en étions encore aux premiers stades de la production lorsque nous avons enregistré la partition, et cela m'a fait très peur parce que la voix de Julie aurait pu être utilisée pour accorder un piano. Elle était parfaite et je ne l'ai jamais été. J'étais agréablement proche. C'est pourquoi l'enregistrement avec elle a été un véritable défi ». Il ajoute : « ...La charmante chanson 'Quelle jolie promenade avec Marie' était plus exigeante que la petite promenade de Mary et Bert à travers la campagne paraît[29] . » Entraîné par Pat O'Malley et aidé par Andrews, il a fait de son mieux pour essayer d'être à la hauteur de cette dernière. Andrews avait préféré demander à son coach vocal britannique habituel, Mrs Stiles-Allen, de venir à Burbank. Les Sherman étaient suffisamment intelligents et flexibles pour savoir qu'ils devaient parfois s'adapter aux chanteurs, comme ils l'ont dit dans leur autobiographie : « Écrire une chanson de cette façon, c'est un peu comme confectionner un costume... vous avez le modèle général, mais vous faites ensuite des retouches en fonction des mesures et des besoins de chacun. Une fois que les artistes sont signés, nous adaptons les chansons à leurs besoins[30] . » L'équipe est en pleine effervescence puisqu'elle a également écrit *It's a Small World* pour l'exposition universelle de 1964 à New York et d'innombrables chansons pour d'autres films et les attractions de Disneyland. Tout le monde pensait qu'ils travaillaient dans la bonne humeur et qu'ils étaient proches, comme chaque interview semblait le montrer. Mais le film *The Boys*, coréalisé par leurs fils Jeffrey (Bob) et Gregg (Dick), a révélé une autre vérité, comme l'a déclaré ce dernier : « La plupart des disputes de nos pères étaient insignifiantes et sans conséquence. Il n'y avait pas de cause déterminante à leur désaccord. Ils se chamaillaient comme des frères, ce qui, avec le temps, est devenu moins tolérable, surtout pour mon oncle. Jeff et moi disons souvent : « Ils s'aimaient. C'est juste qu'ils ne s'aimaient pas tant que ça[31] . » S'ils jouaient le jeu de deux joyeux collègues, le reste du temps, ils ne se fréquentaient pas du tout, à tel point que leurs enfants ne mettaient jamais les pieds chez leurs oncles ! Bob, le parolier, avait été traumatisé par son expérience dans les bataillons qui ont ouvert les portes des camps d'extermination de Dachau en 1944 et était un homme calme et morose qui broyait du noir. Dick, le compositeur, était un éternel plaisantin plein de vie et d'optimisme, et leurs points de vue sur la vie étaient très différents. Mais leur collaboration était fructueuse et ils savaient qu'ils devaient surmonter leurs frictions. Et il s'agissait d'une véritable collaboration, comme l'ajoute Gregg : « Mon père et mon oncle travaillaient à la fois sur la musique et les paroles. Si mon père était avant tout le compositeur, mon oncle a apporté de nombreuses contributions sur la façon dont une mélodie pouvait fonctionner au mieux. Mon père était et est toujours un parolier fantastique qui a joué un rôle important dans le canon lyrique de l'œuvre des frères Sherman. C'est pourquoi leur générique indique toujours 'Paroles et musique de'- ils ont tous deux contribué aux trois parties d'une chanson : la musique, les paroles - et surtout, l'idée[32]. » Jeffrey Sherman en a fait lui-même l'expérience : « J'ai travaillé avec eux à plusieurs reprises et j'ai pu observer leur processus de première main. Dick s'asseyait au piano, papa à son grand bureau avec un bloc-notes. Ils discutaient de l'idée et des morceaux accrocheurs de la chanson, de l'angle, puis ils écrivaient tous les deux[33]. »

Plan moyen de face « Quand Mary prend vos mains... »

Un « ami » qui tient la main de Marie verrait-il son cœur s'ébattre et résonner bing bong? Et c'est justement ce que P.L. Travers trouvait absolument impossible. Dès le départ, elle avait été claire : pas de romance entre Bert et Mary, comme l'a expliqué Dick Sherman à Dominic von Riedmann : « Pam Travers était horrifiée par le fait qu'ils chantent en duo dans 'Quelle jolie promenade avec Marie'. Nous avons donc délibérément écrit un refrain que Mary Poppins chanterait à Bert et qui serait un désaveu total de toute notion romantique de sa part. Cela a apaisé les craintes de Mme Travers : Mary et Bert sont des amis, platoniques et non romantiques. Elle était assez intransigeante là-dessus[34]. » Valerie Lawson, biographe de Travers, explique : « Disney semble avoir accepté son idée suivante : Bert devrait chanter et danser sous le regard souriant de Mary, tapant du pied, l'air guindé et digne d'une dame. Pamela a également suggéré que Bert s'empare du parapluie perroquet et danse avec lui, en lui parlant de Mary Poppins, puis, à la fin, en tendant timidement la main à Mary. Les deux danseraient à bout de bras, sans prononcer de mots d'amour. Elle rappelle à Walt Disney, le grand sentimental, que si les choses restent légères, des sentiments profonds peuvent faire leur chemin[35]. » C'est peut-être vrai, mais qui nierait que Bert flirte un peu ? De toute façon, Walt n'aurait peut-être pas beaucoup insisté. La plupart de ses films en prises de vues réelles étaient des comédies ou des films d'aventure sans grande romance. L'homme était très pudique et n'aurait pas insisté sur les histoires d'amour. Les amis Bert et Mary le seront, d'une manière plutôt ambiguë, et Travers n'en a pas voulu.

Ils arrivent à l'échalier d'une ferme, Mary s'envole

Une fois de plus, les protagonistes s'envolent. En effet, faire voler les gens était l'une des nombreuses prouesses qui impressionnaient le public et là encore, ils utilisaient des fils fins pour les tirer au-dessus. Un harnais avec deux fils fins suffisait, et pour obtenir des mouvements plus fluides, on utilisait parfois un contrepoids. Le studio est désormais familiarisé avec ces techniques grâce à *Monte là-dessus* et à sa suite *Après lui le déluge* (1963). Il engagea le même homme qui avait supervisé ces scènes dans les deux films, Arthur J. Vitarelli. Cependant, à une hauteur élevée, le tour reste périlleux et Julie Andrews est tombée une fois. Elle a ajouté pour Brian Sibley : « Ils ont gardé les choses vraiment difficiles pour la fin du film, je suppose que c'est parce que si quelque chose m'arrivait, ils préféraient que ce soit arrivé quand le film était dans la boîte, pour ainsi dire[36]. » Cependant, la doublure Larri Thomas a remplacé Andrews lorsqu'elle a été filmée de loin. Elle est apparue brièvement dans le rôle d'une dame lançant un baiser dans une voiture qui passait. Elle interviendrait à nouveau dans *La Mélodie du bonheur* (1965). Mais ici, Van Dyke l'a échappé belle en tombant à plat alors qu'il volait au-dessus de l'échalier.

Cette fois-ci, on assiste à une véritable combinaison d'animaux de dessins animés et de prises de vues réelles. Sur le plateau, il n'y avait que le petit escalier et l'échalier. Tout autour se trouvent les moutons, les poules, le coq et le cochon animés par Cliff Nordberg. La combinaison de l'animation et des acteurs réels n'était plus une nouveauté. Walt avait beaucoup appris de sa série muette *Alice Comedies*. Fleischer semble en avoir fait sa spécialité avec le court métrage de Betty Boop, *Ha ! Ha ! Ha !* (1934), *Les Aventures de Popeye* (1935). Mais Vincent Alexander nous informe sur un autre film moins connu : « Même les inconditionnels de Disney ne connaissent peut-être pas *Servants' Entrance* (1934), un film de la Fox avec des contributions de Disney qui n'a jamais été édité en vidéo ou en DVD. Les précédentes tentatives de Disney de marier l'action réelle et l'animation se déroulaient sur des décors blancs. Cette scène représentait donc un nouveau défi pour le studio, celui d'intégrer des personnages de dessins animés dans un décor réel. »[37]Jerry et Tom accompagneront Gene Kelly dans *Escale à Hollywood* (*Anchors Aweigh)* (1945), *Invitation à la danse* (1956) et Esther Williams dans *Traversons la Manche* (*Dangerous When Wet)* (1953).

L'équipe de Disney avait, par diverses méthodes, souvent eu recours à de tels mélanges dans les longs métrages sud-américains ou dans *Mélodie du sud*

(1946). Pour *Mary Poppins*, Walt souhaitait disposer de la technique la plus moderne et a engagé Petro Valhos, un ingénieur d'Hollywood. Jusqu'à présent, l'écran bleu en arrière-plan était la règle, mais empêchait les créateurs d'utiliser cette couleur sur les acteurs. Valhos a opté pour un fond jaunâtre éclairé par de fortes lumières à vapeur de sodium d'une longueur d'onde de 589 nanomètres. Le reste est expliqué par Don Iwerks, fils d'Ub (co-inventeur de Mickey Mouse) qui a amélioré le système: « Les lampes au sodium, un élément essentiel du système et couramment utilisées comme lampadaires, émettent une bande de couleur pure et très étroite dans la région du spectre des couleurs représentée par une seule ligne verticale étroite sur le graphique du spectre visible. (...) Les images des acteurs au premier plan devant l'écran éclairé au sodium passaient directement à travers le prisme sur le film négatif. La surface diagonale à l'intérieur du prisme était spécialement revêtue pour ne refléter que la bande jaune du sodium à un angle droit dans le second transport de film chargé de film noir et blanc à fort contraste[38]. » Ce procédé, The Sodium Travelling Matte Process, a été breveté par la société britannique J. Arthur Rank Company. Eustace Lycett est chargé de superviser ce procédé d'impression optique, avec l'aide d'Iwerks. Le studio Disney l'a utilisé pour la première fois dans *Les 10 audacieux (Ten Who Dared)* (1960) comme terrain d'entraînement. Mais le système n'était pas sans implications, comme l'a rappelé Dick Van Dyke pour Leopold Todd : « Ils utilisaient ce qu'on appelait un éclairage au soufre jaune - l'écran était jaune, et nous travaillions avec cela toute la journée, et à la fin de la journée, on ne voyait plus rien [39] ... » Tout cela a nécessité une planification incroyablement minutieuse, comme l'a confirmé Joe Hale, le responsable du layout : « Cette séquence a été scénarisée et certains dessins techniques ont été réalisés et discutés lors de réunions auxquelles participaient le réalisateur, le laboratoire de traitement, les animateurs et les maquettistes, afin que tout le monde comprenne quels seraient les problèmes techniques [40] .» Les autres maquettistes de cette séquence étaient McLaren Stewart et Don Griffith. Le rôle d'Eustace Lycett ne doit pas être sous-estimé, comme le chef d'orchestre Irwin Kostal a tenu à le souligner à Richard Holliss: « Eustace était toujours présent aux rushes, si nous faisions quelque chose qui nécessitait du compositing, des choses qui s'assemblaient, soit avec des prises de vues réelles, soit au sein même d'un film d'animation. Il était toujours présent aux rushes pour s'assurer que les choses s'alignaient correctement et que nous n'avions pas de bords qui apparaissaient. Il était important de les voir projetés, et il était donc toujours là pour dire : 'Oups, je vois une ligne bleue sur le côté, il faut réajuster cette ligne'[41]. »

Bert atterrit dans la cour de la ferme, où il est entouré de nombreux animaux

Lorsque Bert arrive dans la cour de la ferme, 14 animaux l'entourent, tous animés par John Lounsbery. Un bélier recommence à chanter le refrain, grâce à Bill Lee, suivi par des agneaux qui sautent devant Bert et Mary. La voix des agneaux est celle de Ginny Tyler. En gros plan, c'est au tour du cheval bleu (interprété par Paul Frees) et de la vache. C'est le co-chorégraphe Marc Breaux qui prête sa voix à la vache. En fait, nous verrons que de nombreuses personnes de Disney ont apporté leur aide pour les voix tout au long de cette séquence.

Plus surprenante est la présence de Marni Nixon pour faire les trois voix (avec overdubs) des oies. Bien qu'inconnue du public, elle était la voix de Maria dans *West Side Story* (1961) et à l'époque celle d'Audrey Hepburn dans *My Fair Lady* (1964). C'est assez ironique car on sait que Julie Andrews avait interprété le rôle d'Eliza sur scène à Broadway et qu'elle s'attendait à être choisie pour sa version cinématographique. Mayer préférait Hepburn, actrice de cinéma chevronnée, mais comme elle ne savait pas chanter, contrairement à Andrews, c'est Nixon qui l'a fait. Andrews remerciera Jack Warner de l'avoir rejetée lorsqu'elle recevra le Golden Globe en 1965. Nixon fut surnommée la « chanteuse fantôme », car on entendait souvent sa voix, mais on ne la voyait presque jamais. La voix du porc est interprétée par Thurl Ravenscroft, dont nous avons parlé plus haut. L'arrangeur Irwin Kostal a décidé d'accompagner sa ligne grave d'un cor grave. Il a ajouté quelques gémissements. Ensuite, tout le chœur chante en l'honneur de Marie.

Comme d'habitude, c'est à Milt Kahl qu'il revient de trouver les dessins de tous ces animaux, ce qui suscite l'admiration d'Andreas Deja : « Ces moutons à la laine épaisse font de superbes personnages, et l'anatomie de l'agneau est délicate et charmante. Le cheval de trait est une version plus lourde du capitaine des *101 Dalmatiens*, et les éléments de conception de la vache nous rappellent également ce film. Mais ce sont les cochons qui sautent aux yeux. Au fil des ans, les films d'animation de Disney ont présenté un certain nombre de dessins de cochons, mais ceux-ci sont hilarants. Le corps a la forme d'une saucisse, les pattes sont minuscules et les yeux ne sont que quelques points[42] . »

Le cheval donne des coups de pied de derrière sur une baignoire

La référence d'Andreas Deja aux *101 Dalmatiens* est logique. C'est le même John Lounsbery qui a animé le chien de berger et le cheval de ferme dans le film de

1961. Avec les mêmes lignes Xerox, mais plus contrôlées, il est évident qu'il y a des similitudes. Même s'il avait une douzaine d'animaux à animer dans le tempo, Lounsbery aimait bien cette tâche. Et ces scènes signifiaient beaucoup pour Walt, comme il l'a avoué : « Les vaches, les cochons et les poulets me procuraient de grandes émotions, et c'est peut-être la raison pour laquelle nous utilisons aujourd'hui tant d'animaux de la basse-cour dans les dessins de Mickey Mouse et de Silly Symphony - qui sait ? Vous savez ce que disent les psychologues sur l'importance des impressions de l'enfance[43]. » Sa femme Lillian, dans une rare interview accordée à Bob Thomas, a déclaré qu'elle en était bien consciente : « Mais il y avait quelque chose dans la ferme qui était très important pour lui. Il travaillait dur, mais il aimait son travail. Il aimait les animaux et il aimait être proche de la terre. Le travail peut être relaxant dans une ferme, même s'il est dur[44]. » Ses deux années d'enfance à la ferme de Marceline ont marqué à jamais son amour de la campagne et des animaux de la ferme : « Je me souviens clairement de chaque détail, comme si c'était hier. Ce furent les plus beaux jours de ma vie. C'est peut-être pour cela que j'aime les dessins animés sur la campagne. J'ai détesté partir, mais il le fallait[45]. » Ainsi, lors des réunions, il se remémorait souvent des souvenirs et donnait des détails pour aider les dessinateurs, du moins le pensait-il, comme il l'a fait un jour à Peter Martin : « C'était l'une de mes premières tâches : l'éleveur de porcs (...) nous avions un étang à porcs et nous avions ces vieilles volailles. Et je suis devenu le champion de l'élevage de porcs. Les gens venaient ici et tout le reste et mon père disait 'Walt, il va te montrer comment monter les porcs'[46] ! »

Passage instrumental lorsque le couple commence à valser

Kostal montre sa maîtrise des différents tempi, orchestrations et ambiances avec maintenant une valse et il s'en réjouit, comme il l'a exprimé à Richard Holliss : « ...Il n'y avait que les chansons des Sherman et j'ai eu toute la marge de manœuvre que je voulais. C'était un plaisir d'écrire quelque chose pour un film qui n'avait jamais été fait auparavant par quelqu'un[47]. » Il connaissait bien Julie Andrews. Ils avaient travaillé ensemble sur *My Fair Lady* et le feraient à nouveau dans *La Mélodie du bonheur*.

Le chemin sur lequel le couple s'est engagé, bien qu'il soit censé être situé ailleurs, est le même que celui qu'ils ont utilisé pour les prises de vue précédentes. Nous n'avons pas l'impression qu'il s'agit du même chemin parce que l'environnement peint est différent. Les oiseaux d'Eric Larson volent, tout comme Mary, imitée par la canne et l'ombrelle qu'ils avaient laissées, surprenant un écureuil (de Larson également) qui ressemble beaucoup à un mélange entre ceux de *La Belle au bois dormant* et ceux de *Merlin l'enchanteur* qu'ils venaient de terminer.

Plan de loin sur le couple dansant sous le regard des lapins

Walt confiait toujours à Eric Larson les animaux locaux, car il avait lui aussi été élevé dans une ferme. C'est donc lui qui a réalisé les lapins et les cerfs ici. Il aurait pu être tentant de réutiliser d'anciennes animations. Burny Mattinson, qui a assisté Larson, se souvient : « Oui, nous avons examiné d'anciens films, comme *Bambi*, pour voir si nous pouvions réutiliser quelque chose, comme une volée d'oiseaux traversant le cadre, dans l'idée d'économiser du temps et de l'argent. En fin de compte, nous n'avons pas pu réutiliser grand-chose et nous avons fini par le faire à l'ancienne, en l'animant[48]. »

Caresser un lapin ou ramasser un bouquet de fleurs exigeait beaucoup d'imagination de la part des acteurs. Les fleurs se transformant en papillons ont été réalisées par un vétéran de l'animation des effets spéciaux, Dan Mac Manus, qui a déclaré à John Culhane : « Van Dyke fait comme ça, il fait semblant d'avoir un bouquet, et elle ne prend rien, et ils font tous 'oh regardez', puis j'ai ajouté tous les papillons. J'ai mis les fleurs et je les ai transformées en papillons. Ils volent et font des dessins[49]. »

Le couple arrive à l'étang

Deux tortues de Hal Ambro attendent dans l'étang avant d'atteindre la rive dans le plan rapproché. Les pieds des acteurs étaient posés sur une minuscule plate-forme qu'un technicien poussait de loin à l'aide d'un bâton. La ligne de dialogue de Daws Butler (qui fera également la voix d'un pingouin) a été ajoutée tardivement.

Mary commence à chanter à son tour, près d'un pont

Avant de choisir Julie Andrews, plusieurs actrices avaient été listées comme des choix potentiels : Bette Davis, Angela Lansbury et Mary Martin. Cette dernière semblait être une priorité, mais elle a refusé. P.L. Travers a opté pour Julie Harris, mais a essuyé un nouveau refus. Il existe plusieurs versions de la façon dont Julie Andrews est devenue l'option. Apparemment, les Sherman, Don Da Gradi et la secrétaire de Walt, Tommie Wilck, avaient vu un extrait de *Camelot* dans la célèbre émission télévisée d'Ed Sullivan, comme le raconte Gregg Sherman : « Une jeune ingénue chantait un duo de *Camelot* avec Richard Burton. Mon père a appelé mon oncle et lui a demandé s'il regardait l'émission. C'est notre Mary Poppins, ont-ils déclaré tous les deux ! Le lendemain, ils se sont rendus dans le bureau de Walt, qui n'était pas là - heureusement - car la secrétaire de Walt leur a dit qu'ils n'iraient pas bien loin en disant au patron qui, selon eux, devrait jouer le rôle titulaire. La secrétaire a commandé des billets pour que Walt aille voir *Camelot* la semaine suivante, puisqu'il se rendait de toute façon à New York - et le reste, comme on dit est historique[50]. » Tous savaient que l'actrice était la bonne, surtout lorsqu'elle chantait « What Do the Simple Folks Do ? » Elle s'appelait Julie Andrews et avait 27 ans. Walt parlait souvent de cette rencontre en coulisses alors qu'il rentrait d'Europe à la fin de l'année 1961, et Andrews elle-même en faisait autant, comme à Phil Gramlich : « Nous savions qu'il était dans le public ce soir-là, mais nous pensions, littéralement, qu'il était là pour voir le spectacle, *Camelot*. Richard Burton en était la vedette et je partageais l'affiche avec lui, ainsi qu'avec le charmant Robert Goulet. Mais il a demandé s'il pouvait venir en coulisses après le spectacle et il est entré dans ma loge, nous avons bavardé et il m'a révélé qu'il avait en tête un film sur les livres de Travers, les livres de *Mary Poppins*, et si cela m'intéresserait de venir à Hollywood pour entendre les chansons et voir la mise en scène qu'ils avaient développée pour l'intrigue. Je me souviens avoir pensé : 'Ça alors, ça a l'air formidable[51] !' » Mais qu'en penserait Travers ? Alors qu'elle venait d'accoucher du bébé qui avait retardé le tournage, Andrews reçut un appel de l'auteur qui avait vu sa photo. Travers la trouvait beaucoup trop jolie, mais elle avait « le nez pour ça ». Travers écrivit que son héroïne avait le nez retroussé. Le livre disait : « À première vue, elle est banale, pas jolie, avec des cheveux noirs et brillants, un peu comme une poupée hollandaise mince, avec de grands pieds et de grandes mains et de petits yeux bleus plutôt perçants, sentant toujours l'amidon et le pain grillé ». Julie Andrews trop jolie pour le rôle ? Karen Dotrice, Jane Banks, était en tous cas sous le charme : « Même quand elle répétait les danses avec une simple jupe et un t. shirt, elle était ravissante ! J'étais étourdie par sa beauté et sa voix, mon Dieu ! Sa voix quand elle parlait, chantait, comment elle bougeait, dansait. Je n'avais jamais vu une personne aussi belle[52] ! »

Travers avait l'habitude de se contredire, mais aussi de changer ses commentaires en fonction de la personne qui se trouvait en face d'elle. La vérité doit être qu'elle appréciait Andrews en tant que personne, mais ce qu'elle n'aimait pas, c'était la Mary Poppins qu'on lui avait dit d'être. « Je ne lui avais pas parlé cinq minutes avant de me rendre compte qu'elle avait l'intégrité intérieure nécessaire pour le rôle », disait-elle souvent. Elle écrit à Brian Sibley : « J'ai une très haute opinion de Julie Andrews en tant que vraie professionnelle et je crois que si le réalisateur lui avait demandé de ressembler à la Mary Poppins des livres, elle s'en serait rapprochée autant qu'elle aurait pu humainement le faire [53]. » Elle a été particulièrement choquée de voir Mary Poppins danser ce qu'elle appelle le « french cancan » sur les toits, en montrant ses sous-vêtements. On peut se demander ce qu'elle a ressenti lorsqu'elle a vu l'affiche du film montrant sa robe tourbillonnant sur ses cuisses. Elle pensait manifestement que « ces » Américains n'avaient rien compris, mais elle ne blâmait pas Andrews pour autant.

Travers avait sa propre illustratrice pour ses histoires, Mary Shepard, la fille du célèbre illustrateur des aventures de *Winnie l'Ourson de* A.A. Milne. Comme Carroll avec Tenniel, Travers était très exigeante et pinailleuse quant à la silhouette de sa Mary. Pourtant, elle s'en tint à son illustratrice. Mais cette dernière fut très contrariée de voir que rien de ses dessins n'avait été intégré dans le concept du film. Elle était encore plus amère pour une autre raison expliquée par Shelley Lloyd : « Shepard a dessiné les pieds de Mary dans la première position de ballet et lorsque ses avocats ont réalisé que ce dessin avait également été utilisé dans les films de Disney, ils ont eu des raisons légales d'obtenir une compensation. Les avocats de Mary Shepard ont dit : 'Regardez les pieds, vous savez quand Mary Poppins atterrit et que ses pieds sont tournés vers l'extérieur, ce n'est écrit nulle part dans le livre, c'est votre propre propriété intellectuelle et Disney l'a utilisée [54]' ». Elle a reçu environ 1 000 livres sterling en guise de dédommagement, mais finit dans la misère et l'oubli.

Gros plan sur le couple sur le pont, Mary chantant

Bob Sherman : « Lorsque Mary Poppins suggère à Bert qu'il 'ignore le profit de son avantage' et que ses 'manières d'être sont une marque de noblesse', Bert accepte d'abord gracieusement le compliment de Mary Poppins. Et c'est la seule fois où il est fait allusion à une quelconque insinuation de désir sexuel [55]. » Une fois de plus, la relation semble ambiguë et on peut se demander si P.L. Travers ne s'est pas tortillée sur son siège lorsqu'elle a vu cela pour la première fois ! Julie Andrews a souvent dit qu'elle trouvait cette phrase très embarrassante et qu'elle en riait même entre les prises. Le cygne passant sous le pont est animé par Jules Svendsen. Cette prise de vue complexe avec l'eau animée troublant leur reflet montre qu'aucun raccourci facile n'était envisageable. Le pont permet une transition vers un autre lieu que l'on aperçoit en plan large, un pavillon de thé. Notons que si le chœur de la basse-cour est un ajout de Disney, la pause thé était déjà dans le livre.

Chapeau et canne sur l'arbre à chapeaux, Bert est assis

Dans les derniers jours de mai 1963, ils ont commencé à tourner cette partie connue sous le nom de « séquence des pingouins ». Joe Hale se souvient des décors: « La danse des pingouins a été tournée sur un plateau partiel en prises de vues réelles. La table et les chaises étaient réelles. Le décor était fait de moquette et peint pour ressembler à de l'herbe. Ce décor minimal a été tourné devant un écran orange à vapeur de sodium. Des incrustations d'herbe et de fleurs ont été ajoutées au premier plan pour les longs plans. Le saule a été intégré à l'intérieur. Des éléments de décor minimaux ont été utilisés pour les chemins, les ponts, les portes, etc. où les personnages en action réelle ont été en contact avec le sol ou un objet tel que les portes. Le pont sur lequel ils ont dansé était un simple contreplaqué. La balustrade du pont de bande dessinée a été peinte sur un cellulo et imprimée par le labo[56]. »

Tout acteur qui doit jouer avec des créatures invisibles (ajoutées plus tard) souligne toujours à quel point il est difficile de concentrer son regard. C'est encore plus complexe lorsque deux acteurs doivent regarder la même cible. C'est pourquoi les scénaristes avaient pris soin de limiter les moments où l'on voit Bert et Mary regarder vers les animaux. Julie Andrews s'en souvient bien : « Pour le thé sous les saules avec les serveurs pingouins, un pingouin en carton a été placé sur la table devant moi. Une fois que j'avais établi la ligne de mire, on enlevait le pingouin et, lorsque les caméras tournaient, je devais faire comme s'il était toujours là. Le problème est que mes yeux s'ajustent automatiquement au point de vision le plus éloigné, et qu'il est donc très difficile de maintenir une mise au point aussi étroite sur un pingouin désormais imaginaire. Cela a ajouté une couche supplémentaire à tout ce sur quoi j'essayais de me concentrer[57]. »

À l'origine, il aurait dû y avoir un trio de serveurs humains. Dick Sherman aimait rappeler l'origine des pingouins : « Nous faisions une démonstration de la chanson 'Quelle jolie promenade avec Marie' lors d'une séance sur le scénario, et nous avons dit à Walt que le couplet suivant serait chanté par un quatuor de serveurs, dans le style d'un quatuor de barbershop. 'Tu sais', dit Walt, 'les serveurs m'ont toujours fait penser à des pingouins. Pourquoi ne pas avoir des pingouins comme serveurs ? Nous animerons les pingouins - en fait, nous animerons tout, sauf les personnages principaux[58] !' » Notons qu'au chapitre 10 « Pleine Lune » du premier livre de *Mary Poppins*, il y a un pingouin dansant qui récite un poème à la gloire de Mary. A l'époque, les top animateurs supportent de plus en plus mal que Walt se lance dans la prise de vue réelle, au détriment de l'animation, son premier amour. Les animateurs vont devoir s'adapter. Joe Hale se souvient du processus : « Nous avions des réunions avec Van Dyke, le chorégraphe, Ollie, Don, Mac Stewart et moi-même, ainsi qu'avec le réalisateur des prises de vues réelles avant le tournage. Une fois que la danse de Van Dyke a été scénarisée, nous avons organisé des réunions avec le chorégraphe et Van Dyke pour qu'ils aient une idée assez précise de ce à quoi la danse devait ressembler. Le décor a ensuite été construit et j'ai fait des découpages en carton des trois pingouins. Ils ont été utilisés sur le plateau pour que Van Dyke connaisse leur taille et leur position[59]. » Ken Anderson a rapidement compris le défi que cela représentait, comme il l'a dit à Richard Hubler: « Nous étions présents lors du tournage des prises de vue réelles, nous pouvions donc voir ce qui se passait, mais dans l'ensemble, Walt avait dit à Robert (Stevenson) de ne pas s'inquiéter de l'animation, d'aller de l'avant et de tourner ses prises de vue réelles et que nous les compléterions par l'animation. Nous avons dit : ' Oh, nous allons le surpasser, n'est-ce pas ?' C'était difficile. Le timing était déjà fixé. La chose était déjà faite [60]. » Un autre élément allait nuire à certains artistes, comme l'explique Joe Hale : « Parce que l'animation ne représentait qu'une petite partie du film, Walt a décidé de limiter les crédits d'animation. Ham Luske m'a présenté des excuses pour ne pas avoir été crédité à l'écran[61]. »

Le directeur de l'animation était donc Ham Luske. Il a ensuite été absorbé par les programmes télévisés et cette section animée a été sa dernière dans le domaine de l'animation. Il avait réalisé des séquences dans la plupart des classiques de Disney et, à l'exception d'un dessin animé d'Oncle Picsou, la séquence animée de *Mary Poppins* fut la dernière à porter sa marque. Et il était aimé des animateurs. Seuls trois des Neuf Sages manquaient à l'appel : Marc Davis (désormais Imagineer), Woolie Reitherman et Les Clark (alors réalisateur pour la télévision). Dernière fois qu'une telle élite sera réunie. L'animation a pris 11 mois.

Les pingouins se précipitent hors du pavillon

Ollie Johnston est le premier à animer ces pingouins devenus serveurs. Entre-temps, le rythme s'est accéléré et un kazoo est joué par Richard Sherman lui-même. Puis, lorsqu'ils débarquent sur la table pour apporter toutes sortes d'objets, menu, il faut apprécier la coordination entre Andrews et Van Dyke pour réagir en même temps, ou différemment selon le scénario, et tout cela dans la précipitation, et avec des personnages et des accessoires invisibles (Jack Boyd a animé les menus). Au gros plan suivant sur Andrews lui indiquant ses choix, le menu est un cellulo tenu. La mélodie est toujours la même, mais les paroles sont adaptées à la situation. Ollie

Johnston continue d'animer les pingouins chanteurs. Nous avons déjà vu à quel point le film était une affaire de famille, utilisant certaines personnes dans différents rôles. Ici, les voix des pingouins ont été réalisées par le peintre Peter Ellenshaw, et à nouveau par Dick Sherman. Bob jouera plus tard le rôle du joueur de banjo de Pearly. Dans le livre, un plateau était couvert de gâteaux, de thé et de bigorneaux.

Lorsque les pingouins disent « toujours avec vous, Mary Poppins », nous entendons cette fois Dallas McKennon, et l'autre pingouin qui déclare qu'elle « est sa préférée » est Pat O'Malley. Ce dernier joue 7 rôles différents dans le film, nous l'avions déjà rencontré dans le rôle du cheval de la ferme. Ensuite, Van Dyke commence son débit très rapide de noms et d'adjectifs et il a souvent déclaré que c'était la chose la plus difficile qu'il ait eu à faire, et on peut le croire, c'est un véritable exercice de diction. Nous voyons ici encore un indice de l'ambiguïté de la relation entre les deux protagonistes, car Mary semble de plus en plus agacée d'entendre cette liste interminable de... des anciennes conquêtes de Bert ? Serait-elle si jalouse si elle n'était pas un peu amoureuse ? En fin de compte, ce n'est qu'une façon de faire l'éloge de Mary Poppins en la qualifiant de « la souvereine » et elle sourit à nouveau.

Sur des notes de flûte, Bert répand du sel sur le sol, est suivi par les pingouins et tend le sel à Mary

Cette fois-ci, les pingouins sont animés par Frank Thomas. Responsable d'une bonne partie des pingouins, il se plaint un peu dans son livre : « (...) Dans la scène des quatre pingouins, la caméra n'a jamais eu le bon angle pour les mettre en valeur, et l'action n'a jamais été mise en scène de manière à ce qu'ils s'intègrent dans l'image. Il n'y a jamais eu non plus le temps nécessaire pour faire tout ce qui était prévu dans le scénario. Les pingouins ont des pattes très courtes et ne peuvent pas voler, il leur est donc presque impossible de suivre un danseur aux longues pattes comme Dick Van Dyke (...)[62] » Son assistant de l'époque, Dave Michener, se souvient pour Didier Ghez : « Frank Thomas était un homme discret, mais il savait ce qu'il voulait. Il savait comment le faire et il l'a fait magnifiquement (...) Il a animé la majeure partie de la séquence des pingouins. Là encore, il y avait plusieurs personnages dans la scène. Il comptait beaucoup sur moi pour animer certains des autres personnages. Il animait les personnages principaux[63]. » Thomas a dû prendre quelques libertés par rapport à ce qui avait été prévu : « C'était assez différent des story-boards, mais cela a bien fonctionné[64]. » Il ajoute que cela l'a obligé à être plus inventif. L'assistant Floyd Norman se souvient de la difficulté de la tâche : « Cette séquence de danse était si compliquée que nous ne pouvions pas tourner nos essais au crayon habituels, car les multiples niveaux d'animation submergeaient nos caméras d'animation. La solution a été trouvée en transférant les dessins de M. Thomas sur des feuilles d'acétate. Ces cellos d'animation ont ensuite été photographiés sous les caméras d'animation pour vérifier l'animation et l'enregistrement avec M. Van Dyke. C'était très compliqué, mais cela a fait l'affaire. Et comment le sais-je, me direz-vous ? J'ai emporté ces dessins Xerox de Frank Thomas chez moi une fois les tests d'animation terminés[65]. »

Lentement mais sûrement, nous comprenons que Bert va danser comme le font les pingouins sur un passage instrumental dans lequel Kostal utilise une incroyable palette d'instruments différents, jouant tous des digressions sur le même thème. Walt ne savait pas vraiment quels chorégraphes engager, et il demanda des noms à Van Dyke qui lui suggéra le couple Marc Breaux et Dee Dee Wood. Il les avait connus lorsqu'il travaillait sur un spectacle pour Andy Williams. Ils avaient chorégraphié les danses de l'émission télévisée de *Fred Waring* dans les années 1950 et allaient par la suite participer à de nombreuses émissions télévisées. Mais *Mary Poppins* a été une étape importante pour eux, comme l'a expliqué Breaux à Guss Weill : « Lorsque nous avons fait *Mary Poppins*, je crois que j'ai dormi deux heures pendant les six mois qu'a duré le tournage. J'étais très nerveux, je voulais bien faire, c'était la première fois, la première chance de jouer dans un grand film, ça s'est plutôt bien passé et j'étais satisfait[66]. » Mais si Breaux et Wood étaient des travailleurs acharnés, Van Dyke l'était aussi, comme l'a reconnu Breaux lors d'une interview à l'université de Northern Iowa : « Dick Van Dyke était le meilleur. Il travaillait vingt-quatre heures sur vingt-quatre. C'est un grand travailleur et j'ai adoré travailler avec lui. J'ai fait quelques émissions spéciales avec lui avant *Mary Poppins* et, bien sûr, c'était sensationnel de travailler avec Jack Benny. Ces postures sont tout simplement classiques et c'était un homme de classe. Il en va de même pour Dick[67]. » Mais les compliments sont réciproques, comme le souligne Van Dyke pour Weill : « Il était sans doute le meilleur danseur que j'aie jamais vu. Nous étions tous les deux à peu près de la même taille et de la même corpulence, si bien que j'ai toujours aspiré à faire ce qu'il pouvait faire, mais il était un tel athlète ![68] » Van Dyke, qui se qualifiait lui-même de « danseur excentrique », a trouvé un moyen de s'améliorer rapidement, comme l'a expliqué Bob Sherman : « ...Dick, qui n'était pas un danseur entraîné, pouvait regarder Marc Breaux et Dee Dee Wood faire une démonstration de leur chorégraphie et alors, étonnamment, il imitait instantanément leurs mouvements (bien que, dans sa modestie, il le nie). C'était une chose étonnante à regarder et je l'ai vu de mes propres yeux. C'était (et c'est toujours) une personne si naturelle[69] . » Mais danser une danse bizarre en imitant des pingouins invisibles n'était pas une mince affaire, comme l'a rappelé Van Dyke : « L'un des numéros les plus difficiles mais aussi les plus amusants pour moi était la danse avec les pingouins. C'était du mime et de la danse, ce que j'adorais faire, mais c'était sur un écran vert, sur un plateau vide, et nous avons fait une prise après l'autre parce que chacun de mes mouvements devait être parfait, puisque les pingouins et la toile de fond ont été peints plus tard[70] . » Breaux et Wood se sont très bien entendus avec Andrews, qu'ils ont suivi sur *La Mélodie du bonheur (1965)*, et Van Dyke sur *Chitty Chitty Bang Bang* (1968). Ils ont ensuite divorcé et travaillé chacun de leur côté.

Après quelques pas, Bert baisse son pantalon

Juste avant qu'il ne le fasse, Van Dyke danse quelques pas à la manière de Fred Astaire. D'ailleurs, Breaux travaillera plus tard avec Astaire. Puis vient l'idée géniale de faire baisser le pantalon de Bert pour qu'il ait l'air d'un pingouin et qu'il danse comme lui. Le principe est que les quatre pingouins l'imitent et continuent à le regarder, tout comme Van Dyke avait regardé Breaux faire son numéro. Frank Thomas avait reçu des photostats et des silhouettes rotoscopées de Van Dyke pour s'assurer que les pingouins étaient idéalement placés. Thomas, très méticuleux, avait étudié des images de pingouins. Le plus souvent, il reproduisait trois fois les mouvements des pingouins, mais, pour que cela ne soit pas trop évident, il modifiait le rythme et ajoutait quelques détails à chaque fois, afin que le spectateur n'ait pas l'impression qu'il s'agissait de trois reproductions d'un seul pingouin. Les changements de rythme, certains pingouins étant un peu en retard, exprimaient également le fait qu'ils n'étaient pas des professionnels. Thomas a également résolu le problème du manque d'espace en faisant se pencher un ou deux pingouins sous les jambes de Van Dyke de temps en temps. Son fils Ted souligne l'exploit : « Il a transformé tout désastre potentiel en une possibilité, au lieu de l'ignorer, reconnaissant le fait que les pingouins essaient de faire la danse et ... en même temps[71] . » Puis, alors que les cuivres résonnent, Bert fait son « pas de pingouin » spécial, suivi par les quatre autres.

Bert montre le signal d'arrêt et 4 pingouins glissent pour s'arrêter

Commence alors un défi entre Bert et les pingouins en faisant d'abord ce qui était le pas préféré de Marc Breaux. Il a dit qu'il avait toujours voulu l'intégrer dans une routine. Il tape sur ses pieds sans bouger. Les pingouins relèvent à nouveau le deuxième défi, en battant des ailes (bruitage fait par Irwin Kostal lui-même). La tension monte et Bert propose un 3ème défi. Il a l'air menaçant, mais c'est une blague, et pour les pingouins, glisser est un jeu d'enfant, et l'un d'entre eux glisse même trop loin hors de l'écran. Le final est très Broadway.

Le kazoo de Dick Sherman se fait à nouveau entendre alors qu'une mélodie précipitée est jouée, le tempo est beaucoup plus rapide, à la manière d'un vieux film muet. L'ambiance est celle d'un final de cirque et d'ailleurs on appelait cette longue série « le salut de cirque » devant Mary. Les rappels n'en finissent pas et soudain, un pingouin s'attarde sur la table pour aller embrasser Mary, timide et probablement amoureux. Sur le storyboard, il était prévu qu'il l'embrasse sur la bouche. Après les applaudissements de Mary, le reste de l'animation des pingouins revient à Ollie Johnston. C'est certainement le tour de force de Dick Van Dyke, et on se souviendra toujours de cette séquence, ainsi que de "Prenons le rythme", partagée avec d'autres danseurs. Surtout si l'on considère les conditions dans lesquelles Van Dyke a travaillé : « C'était juste une scène vide. Et parfois, nous n'avions même pas de musique - nous dansions simplement sur un rythme de clics. Mais je pense que, techniquement, cela tient la route aujourd'hui aussi bien que n'importe quel autre film[72]. » Malgré les difficultés, Van Dyke a déclaré qu'il « adorait travailler avec les animateurs » parce qu'il aimait le mime et qu'il se sentait chez lui.

Bert et Mary dansent une valse au son des glockenspiels, tout comme les pingouins

Très intelligemment, le son doux du glockenspiel, comme une boîte à musique, permet une transition entre la frénésie du final de cirque et le moment suivant. La comparaison avec une boîte à musique n'est pas fortuite, car on voit un manège tourner sur lui-même à travers un fondu-enchaîné. Le manège était également présent dans le livre original, mais sans les enfants qui sont réapparus. L'ellipse permet de gagner du temps dans les explications. Ce qui est intéressant, c'est que le manège peint que l'on voit à peine à droite de très loin est très différent de celui que l'on voit maintenant. Pas de rouge et blanc, pas de toit rond.

Chevaux tournant dans le carrousel

Avec une profusion de carillons sur les glockenspiels, la mélodie de « Quelle jolie promenade avec Marie » est plus rapide. Les quatre chevaux ont été réalisés par le sculpteur Blaine Gibson de Disneyland. Chacun est différent et représente une caricature de son cavalier. Le bleu fier et élégant est celui de Mary (il était noir dans le livre), le jeune rose (oui, rose pour les filles) est celui de Jane, le bleu renfrogné et en colère est celui de Michael et le jaune au long menton (comme celui de Van Dyke) est celui de Bert. Bien des années plus tard, Karen Dotrice a vu son cheval abandonné quelque part dans un entrepôt (cet auteur aussi). L'animation du gardien (dont la voix est celle de Dallas Mc Kennon) est signée Art Stevens. Sur un glissando de harpes, chaque cheval quitte maintenant le carrousel.

Une fois de plus, Irwin Kostal a montré son talent pour la partition qu'il a expliquée à Richard Holliss : « Quand elle était sur le manège, j'ai utilisé un air avec deux ou trois glockenspiels, ce qu'on n'entend pas souvent, parce que je voulais que ce soit un peu effrayant, mais mignon, 'clinky-clinky-clink' partout avec trois instruments aigus jouant deux ou trois sauts en même temps (...) Quand elle est descendue du manège, j'ai utilisé neuf cors sans valet, pas des cors en fa comme on en joue aujourd'hui. J'ai dû aller au musée et au L.A. Symphony Orchestra et à d'autres endroits pour trouver ces vieux cors - des cors en V, pas en fa, mais en mi bémol, en si bémol, etc... Et j'ai écrit la musique pour qu'elle corresponde à tout ce qui jouerait les bonnes notes, c'est un peu difficile aujourd'hui aussi[73]. »

L'idée de faire sortir les chevaux du carrousel venait de Walt, et ce fut un défi incroyable pour les techniciens de faire sortir 4 chevaux différents chacun de leur côté, comme Julie Andrews s'en souvint pour Brian Sibley : « Le moment où les petits chevaux quittent le carrousel pour aller sur la piste de course, il a fallu faire très attention pour les désengager de l'énorme appareil présent sur les lieux. J'étais extrêmement frustré, puis quelqu'un m'a dit : 'hey, c'est la meilleure éducation que vous puissiez recevoir sur la lenteur d'un tournage'[74]. » L'appareil est expliqué par Arthur Vittelli : « Les chevaux qui sortaient du manège. C'était difficile. Nous avons fait une fissure au-dessus de la tête, nous avons mis le harnais - notre harnais normal - à un élastique. Un homme avec une perche... la perche sortait de la scène... et l'homme sur cette plate-forme au-dessus de chaque cheval - le sommet du manège ne se voyait pas à l'image - (mais chacun avait une plate-forme et un homme se tenait là et il avait un élastique qui allait au-delà du poteau jusqu'à la piste au-dessus de la tête. Il leur donnait le mouvement de haut en bas[75]. »

En route vers la droite, les quatre chevaux en ligne

Les animateurs chargés des effets spéciaux ont réalisé la terre qui est creusée à chaque fois que les poteaux descendent. Le pont sur lequel ils arrivent est entièrement peint, à l'exception du chemin qui est le même chemin réel que celui utilisé avec le couple au début de la séquence. C'est alors que commence la course entre Bert et Michael. Il est assez amusant de voir les garçons clichés être enjoués et indisciplinés alors que Jane et Mary ont l'air si calmes et réservées. Dotrice précise : « Je pense qu'ils nous ont choisis pour ça, j'étais une petite Julie Andrews et Matthew était un peu comme un petit Dick Van Dyke[76]. »

« Vous vous croyez sur un champ de course »

Cette fois, la transition est permise par une ligne de dialogue. Walt, l'amoureux de l'Angleterre, et son équipe ont rempli cette séquence de nombreux clichés britanniques : une partie de thé, une chasse à courre au renard, une course de chevaux, le tout avec des chasseurs de renard anglais guindés et coincés. Ceci est confirmé par Joe Hale : « La chasse au renard étant considérée comme très, très anglaise, c'était la chose évidente à faire[77]. » La chasse au renard permet un peu d'action et de vitesse. Tous les cavaliers sont fortement caricaturés avec de grands chevaux très stylisés dont les membres sont très fins, un héritage du mentor de Milt Kahl, Ronald Searle. Fred Hellmich a réalisé tous ces personnages dans un long panoramique de profil, en utilisant de nombreux cycles pour chacun d'entre eux. Hellmich a reçu quelques séquences ici et là. Mais bientôt, John Lounsbery prend le relais lorsque Mary s'adresse au vieux cavalier moustachu (voix d'Alan Napier) dans un nouveau plan.

Vient ensuite le maître des chiens, animé par Milt Kahl, dont le cheval blanc ressemble beaucoup à Samson de *La Belle au bois dormant*. Kahl aimait avoir des personnages exagérés à animer. Les chiens n'étaient pas une grosse affaire après *Les 101 Dalmatiens*, et les feuilles de modèles de courses et de promenades de chiens de Marc Davis ont dû s'avérer très utiles une fois de plus pour les assistants. Fred Hellmich a fait la plupart d'entre eux. Pat O'Malley fait une autre voix ici. Il a même fait quelques aboiements de chiens avec George Pelling, Dallas McKennon, Saen McClory et Alan Napier. Cette section a été largement raccourcie. Nous aurions dû voir le groupe sauter par-dessus une charrette remplie de foin, et il y eut plusieurs gags autour des réactions des chasseurs à l'égard de Jane et Bert. Le cheval d'un chasseur effrayé grimpait même à un arbre. Le côté burlesque a été atténué.

Un renard s'affole sur un mur

Dallas McKennon est de retour pour faire la voix du renard animé par Kahl. À l'époque, il se réjouissait d'avoir enfin des animations plus débridées : « En action, il faut aller un peu plus loin. Si on ne va pas un peu plus loin, l'œil ne capte pas. Il est bon de savoir jusqu'où on peut aller[78]. » Lorsqu'elle a lu le scénario final, Travers s'est « demandé pourquoi le renard animé parlait avec un accent irlandais car, après tout, il s'agissait d'un renard anglais ». Elle tenait absolument à ce que les animaux ne prennent pas l'accent cockney, car : « Où pourraient-ils apprendre cet accent[79] ? » écrit Jim Korkis. Alors que Bert se précipite pour l'aider, on peut voir les décors parsemés d'arbres courbés pour souligner la notion de vitesse, une astuce habituelle. Andreas Deja est ici en admiration devant son animation : « J'ai toujours aimé le renard dans *Mary Poppins*. Le dessin est si attrayant et ses formes sont très contrastées. Ses oreilles et ses yeux sont grands, son nez est très fin et long, son cou et ses pattes sont maigres, sa queue est énorme et touffue. Très graphique, mais basé sur l'anatomie réelle[80]. »

Ensuite, le fait de sauter par-dessus la haie nous amène à l'épisode suivant, à savoir la course de chevaux. Andrews est d'ailleurs une grande fan de courses de chevaux. Les jockeys continuent de courir, sans se soucier du renard et de Bert, dont le cheval tourne. Tout se passe bien et intelligemment, grâce aux superbes story-boards d'un homme que le public a découvert dans *Dans l'ombre de Mary*, incarné par Bradley Whitford, le scénariste Don Da Gradi dont Ray Aragon et bien d'autres ont fait l'éloge dans une interview accordée à Robin Allan : « Il était coscénariste avec Bill Walsh sur *Mary Poppins*. C'était un touche-à-tout, à la fois scénariste, dessinateur, maquettiste et concepteur[81] ». Non seulement il a dû se battre avec P.L. Travers, mais il a soigneusement planifié le tout, devant toujours se débrouiller avec les subtilités du mélange entre prises de vues réelles et animation. Comme on peut le deviner, Da Gradi (1911-1991) était d'origine italienne par son père. Né à New York, il a surtout grandi à San Francisco avant d'étudier l'art au Chouinard Art Institute. Comme beaucoup d'autres étudiants de cet établissement, il se retrouve au studio Disney où il travaille d'abord dans le domaine des décors. Travaillant sur des courts puis sur des longs métrages, en commençant par *Dumbo* en tant que concepteur de production avec Peet, il a été maquettiste sur des courts et des longs métrages pendant la guerre. Ses idées et ses story-boards pour les films du début des années 1950 ont été remarqués et il a rejoint le département scénario pour *La Belle et le Clochard*, travaillant avec un autre homme d'origine italienne, Joe Rinaldi, qui l'a également aidé dans ce domaine. Après *La Belle au bois dormant*, il travaille sur des films en prises de vues réelles où il côtoie le réalisateur Stevenson et le producteur Bill Walsh. Après le succès de *Mary Poppins*, il participe à d'autres productions en prises de vues réelles comme *Le Fantôme de Barbe Noire*, *L'apprentie sorcière* ou *Un amour de coccinelle*. Il a également travaillé pour le parc, concevant des costumes tels que ceux de la fanfare. Il a pris sa retraite peu après, en 1970. Cet homme discret a participé à d'innombrables séquences inoubliables. Tout le monde semble l'avoir apprécié, à commencer par Victor Haboush, qui confia à Didier Ghez : « Don Da Gradi était un homme charmant. Il était très doux. Il ne bousculait personne. C'était l'homme le plus gentil qui soit[82] . » A Richard Sherman : « 85 à 90% du dialogue dans le film était de Bill Walsh. Mais ce que vous avez vu à l'écran, ces choses merveilleuses qui se sont produites - le flottement dans les airs, le vol dans la cheminée - c'était Don Da Gradi. Tout ce qui s'est passé dans la séquence 'Quelle jolie promenade avec Marie' aussi. Cet homme a littéralement travaillé pendant des années pour mettre au point ces séquences. Et il était tellement merveilleux. Je ne taris pas d'éloges à son sujet et nous nous sentons très malheureux que personne ne sache qui est Don Da Gradi[83] . » Il a beaucoup révisé ses story-boards. Les Sherman ont loué sa capacité à trouver des idées dès le départ, en esquissant des situations qui ont inspiré tout le monde. Un exemple parmi tant d'autres est son croquis d'un ramoneur de cheminée qui a conduit Bert à être un personnage clé et à la chanson mémorable « Chim Chim Cher-ee ».

Le renard étourdi et Bert regardent les chevaux tourner

Puis, Mary et les deux enfants arrivent tranquillement, contrastant avec les jokeys qu'ils dépassent facilement (animés par Eric Larson). Une oreille très attentive remarquera qu'au milieu de la partition rapide et bruyante réapparaît la mélodie de « Un morceau de sucre », qui s'avère être la signature musicale de Mary. Kostal aimait cela, comme il l'a expliqué à Richard Holliss : « Lorsque la course de chevaux commence - elle précède le numéro 'Supercalifragilisticexpialidocious' - l'orchestre joue une version fragmentée de 'Quelle jolie promenade avec Marie' avec toutes sortes de répétitions de notes et, tout à coup, lorsque Julie Andrews arrive au point culminant de la chanson, les cordes jouent 'Un morceau de sucre'[84] ». Lorsque Mary demande au coureur en gilet jaune de la laisser passer, c'est David Tomlinson, Mr Banks, qui prononce les quelques mots. Mais il a aussi fait ceux de deux commissaires commentant la victoire de Mary. Là encore, Kahl a animé des caricatures de gentlemen britanniques très dignes et au visage impassible. Cette fois, alors que Mary salue la foule d'un signe de tête, la mélodie de « Supercalifragilisticexpialidocious » est déjà jouée. Cliff Nordberg a fait le photographe qui offre les fleurs (suspendues à des fils bien sûr) ainsi que les autres journalistes dont les voix ont été faites par les mêmes personnes qui avaient fait les aboiements des chiens.

Vivas par Bert et les enfants assis sur une clôture

Karen Dotrice s'est souvenue à quel point le tournage pouvait parfois être ennuyeux. Les enfants sont moins patients que les adultes et ne comprennent pas toujours ce qui se passe. Andrews, une jeune maman, proposa que les pommes au caramel qu'ils lèchent aient différents parfums pour rompre la monotonie. Les techniciens acceptèrent, mais Matthew Garber devint vite gâté et demanda des saveurs de plus en plus extravagantes.

Une autre bonne astuce scénaristique a été de profiter de la fumée du flash de l'appareil photo (nous sommes en 1910), pour introduire un gros plan sur Mary. Alors qu'elle tente de répondre aux nombreuses questions, nous pouvons remarquer que parfois, essayer de faire correspondre les regards avec les personnages animés était un véritable défi et ici, pour une fois, ils ont échoué. Lorsque le 3ème journaliste dit « et d'avoir votre photographie en première page » (Alan Napier), Andrews ne fixe personne entre deux journalistes à sa droite.

« Si au contraire », dit Mary, qui s'apprête à chanter *le* mot

Sur ce gros plan de Mary en train d'enlever son chapeau, on peut voir à quel point la lumière au sodium a permis d'améliorer la technique de mélange des prises de vue réelles et des dessins animés. Avec la technique de l'écran bleu, le voile fin n'aurait jamais été aussi bien défini. Il y aurait eu des halos tout autour et des difficultés à conserver la cohérence du voile.

C'est là qu'intervient le fameux mot long trouvé par les Sherman, et dont Bob Sherman explique la genèse dans son livre *Moose* : « Le mot 'Supercal' permet aux enfants de garder un souvenir de leur sortie magique avec Mary Poppins et Bert. Si les enfants n'avaient pas été autorisés à garder quelque chose de leur aventure du jour, la crédibilité de cette aventure aurait également été mise en péril. Étant donné que, dans le film, le monde pastel de Bert finit par se dissiper sous l'effet de la pluie, tout le reste de la sortie enchantée aurait également été emporté par la pluie. Le public pourrait en conclure que toute la sortie n'était qu'un rêve ou une transe. Seul un mot - un mot magique - serait à l'abri de ce sort[85] ». Dans leur livre, ils ajoutent : « Lorsque nous étions de petits garçons au milieu des années 1930, nous sommes allés dans un camp d'été dans les montagnes des Adirondacks, où nous avons été initiés à un très long mot qui avait été transmis sous de nombreuses variantes par de nombreuses générations d'enfants[86]. » Le mot, inventé pour la première fois en 1918, était super-cadja-flawjalistic-espealedojus. Il a également été inspiré par une vieille chanson folklorique qu'ils avaient l'habitude de chanter avec le refrain « Boil, beef and carrots ! » (bouillir, du bœuf et des carottes). Dans une lettre, P.L. Travers écrit à Brian Sibley : « Je ne pourrai jamais leur pardonner 'Supercalifragilisticexpialidocious', qui est un mot si épouvantable auquel on m'a associée ! » Pendant longtemps, les Sherman l'ont intitulée « The Pearly Song », comme l'a rappelé Dick Sherman à Lydia Hutchinson : « Nous avions en gros le refrain de 'Supercalifragilistic ...' mais pas de couplets, pas de petits 'um-diddle-diddles' amusants. Lorsque nous l'avons écrite pour la première fois, nous pensions que c'était une chose tellement absurde que nous voulions l'appeler 'The Pearly Song'. Nous pensions que Mary Poppins présenterait les enfants à des musiciens Pearlies, vous savez les artistes qui mettent des perles, alors nous l'avons appelée 'La chanson des Pearlies'. Nous avions peur de l'autre titre[87]. »

Dès le début, Andrews et Van Dyke ont adopté cette chanson, qui est devenue l'une de leurs préférées. Elle a souvent dit ce qui l'avait attirée dans le rôle (ici, à Brian Sibley) : « Ce qui m'a merveilleusement attirée, c'est que mon parcours, bien avant d'être à Broadway, était le vaudeville et le music-hall, et les chansons que l'on m'a fait écouter le premier jour où nous sommes allés au studio Disney avaient un côté vaudeville, Rumpty-Tom, vous savez, 'Quelle jolie promenade avec Marie', 'Super', c'étaient toutes des sortes de bonnes vieilles chansons un peu fofolles, et je les ai adorées et je me suis dit que je pourrais vraiment leur rendre justice et que je m'amuserais tellement (...) C'était tellement frais, charmant et doux[88]. » Il ne fait aucun doute qu'ils se sont beaucoup amusés à interpréter ce « Super », mais le plaisir s'est estompé au fur et à mesure des prises : « Nous avons dû nous y reprendre à plusieurs fois et c'était assez épuisant ». Pourtant, à chaque prise, ils se devaient d'être optimistes et énergiques. Julie Andrews a expliqué à Brian Sibley que « c'était tellement rapide qu'il était presque impossible de chanter et de danser en même temps ». Mais en fait, lorsqu'ils l'ont conçue, les Sherman la voyaient comme une chanson destinée uniquement à Bert, comme le montre la démo qu'ils ont enregistrée ensemble.

Juste derrière, un groupe apparaît, appelé le Pearlie Band, animé par Ward Kimball, qui revenait à l'animation après avoir réalisé plusieurs programmes spatiaux pour la télévision. Pour la plupart des gens dans le monde, ces musiciens n'évoquent rien. Le nom complet est Pearly Kings and Queens. Les « Pearlies », comme on les surnommait, étaient des ouvriers qui avaient l'habitude de coudre des boutons de perles sur leurs vêtements usés. La tradition vient d'un certain Henry Croft, un balayeur de rue qui voulait attirer l'attention des gens pour récolter de l'argent pour une œuvre de charité. D'autres organisations sont nées dès 1902, devenant rapidement rivales, mais toutes rattachées à une église du centre de Londres, principalement à Westminster. Elles existent toujours. D'ailleurs, dans *Star* (1968), il y a une scène dans laquelle Julie Andrews joue le rôle d'une fille Pearly.

Comme le montre un panoramique, les cinq musiciens sont : Une dame en robe magenta au tambourin, un petit homme en costume noir à la grosse caisse, un grand homme jouant des os, un autre petit homme avec un étrange bâton surmonté de cymbales, et une violoniste. Kimball aimait dessiner ses propres personnages, mais il dut faire des compromis avec Milt Kahl. Étant lui-même musicien, Kimball a probablement apprécié la tâche, même si cinq personnages en mouvement représentent beaucoup de travail. Cependant, de nombreux cycles et répétitions pouvaient être utilisés en arrière-plan lorsque l'attention n'était pas portée sur eux.

Bert descend de la clôture et commence à chanter

Après que Bert ait chanté son couplet, lui et Mary entament un autre numéro de danse. Tout cela est joyeux et gai, et Walt s'en réjouit, certains prétendent même qu'il aurait dansé avec eux. En face, Matthew Garber s'ennuyait vraiment, mais il était le plus jeune sur le plateau. Le plan où l'on voit Mary chanter aux enfants sur la clôture, le garçon agite sa sucette sans conviction et Karen Dotrice le regarde comme si elle l'avait remarqué ! Tous les acteurs se plaignaient d'heures de réglages infinies, mais Bill Walsh savait s'y prendre avec les enfants, se souvient Karen Dotrice : « Bill Walsh était formidable, il avait un millier de choses à régler, il courait partout et s'occupait de tant d'aspects. Il savait comment distraire les enfants en leur racontant des histoires merveilleuses[89]. » Mais Dotrice se rappelle de Walsh et de cette séquence pour d'autres raisons : « Ce qui était drôle c'est que Don Da Gradi et Bill Walsh et d'autres autorités, sur 'Super', portaient des silhouettes en cartons de vaches, de chevaux ou de moutons, et vous aviez ces quinquagénaires un peu enveloppés et coulant de sueur les agitant devant nous afin que nous maintenions une ligne précise pour nos regards, et ils couraient et chantaient avec nous, ils avaient l'air ridicule et on faisait ce qu'on pouvait pour ne pas rire. »

Mais on voit clairement que Andrews et Van Dyke sont à l'aise et font ce qu'ils font depuis des années, que ce soit en Grande-Bretagne ou aux États-Unis. Il n'est pas étonnant que ce film les ait réunis et qu'ils soient devenus des amis pour toujours. En guise de clin d'œil au contexte, Bob Sherman a inséré une allusion au Joyau de la Couronne, c'est-à-dire à l'Inde qui, à l'époque, était encore une colonie britannique, avec le mot « Maharaja ».

Gros plan sur Mary qui s'adresse à Bert : « et si vous le dites à l'envers... »

Après un deuxième changement de tonalité, Mary prononce le très long mot à l'envers, ce qui n'est pas un mince exploit (et elle peut encore le faire à l'heure où s'écrivent ces lignes). C'est son mari de l'époque, Tony Walton, qui en a eu l'idée ! Lorsque l'équipe a entendu l'enregistrement des Pearlies, elle n'était pas entièrement satisfaite, et Julie Andrews a donc proposé de le chanter. Dick Sherman en a fait une autre du groupe. Pendant un certain temps, l'équipe avait envisagé de faire revenir les pingouins et d'organiser une bataille entre Pearlies et pingouins.

Le batteur intervient

Au cours de la chanson, le petit batteur soumis (par Kimball) s'interrompt pour parler de lui et de sa femme qui ne semble pas très gentille et qui le bat. Puis le tempo s'accélère de plus en plus, donnant à l'ensemble l'allure d'un vieux film. Le tout se termine dans un grand final de Broadway avec une touche d'Offenbach. Hélas, la pluie y met fin. Une pluie si froide que même Karen Dotrice s'en plaignit. On leur avait promis que les techniciens mettraient bientôt de l'eau plus chaude, mais apparemment, ce n'est jamais arrivé !

Malgré les innombrables difficultés, ils ont achevé la séquence, ce qui a satisfait Dick Sherman : « Toute la séquence est l'œuvre non seulement des auteurs de la chanson, mais aussi des animateurs, des responsables des effets spéciaux, des chorégraphes et de Walt Disney lui-même... Cette séquence est, à mon avis, l'un des numéros musicaux les plus créatifs jamais filmés[90]. »

Toute l'équipe est satisfaite du film et la rumeur court à Hollywood que quelque chose d'important va se produire. Bien que satisfait et confiant en public, Walt demande secrètement à David Wallerstein, un exploitant de salles de cinéma digne de confiance et dont Walt se fie au flair, de visionner le film à l'avance. Le verdict est plus que positif : « Vous pouvez vous détendre. Ce sera un énorme succès ».

Mais qu'en est-il de l'autrice ? Walt ne l'a pas invitée à la première. Mais elle a fait tout ce qu'elle pouvait pour y être quand même. C'était une nouvelle humiliation. Walt a dû craindre, lors de cette soirée hollywoodienne au Grauman Chinese Theatre, qu'elle fasse la rabat-joie et gâche tout devant les journalistes. Elle s'est bien comportée. Mais il a été rapporté qu'elle avait pleuré pendant la projection. Elle a expliqué plus tard qu'elle avait pleuré parce qu'elle s'était rendu compte du désastre. Elle avait rejeté les chansons, l'animation et tant d'autres choses qui étaient maintenant visibles par tous. Mais surtout, ce n'était pas *sa* Mary Poppins *à elle.* Walt racontait souvent qu'après la projection, elle était venue le voir pour lui demander de modifier le film et qu'il lui avait répondu que « le bateau voguait désormais ». L'une des choses qui la bouleversait était la partie de la brochure remise aux spectateurs ce soir-là, intitulée « Conversation avec l'auteur », « Un tissu de mensonges », se plaignit-elle à son ami Brian Sibley. Comme toujours, année après année, elle oscille entre critiques acerbes et propos plus doux à l'égard du film. Par exemple, elle a offert à Walt un exemplaire signé de son livre *Mary Poppins in the Park*, portant l'inscription « À Walt Disney, espérant que votre association avec Mary Poppins vous apportera joie et satisfaction et sera, comme elle l'a elle-même si souvent dit, un plaisir et un régal [91] ! » Elle a même planifié et écrit une suite avec Brian Sibley, qui n'a jamais vu le jour. En 1972, elle lui a écrit une lettre dans laquelle elle expliquait, d'un point de vue personnel, ce qu'elle pensait du film à l'époque : « Les méthodes des réalisateurs sont étranges. C'est comme s'ils prenaient une saucisse, jetaient le contenu mais gardaient la peau, et remplissaient cette peau de leurs propres idées, très loin de la substance originale ». La suite de Disney, Le retour de *Mary Poppins* (2018), n'a rien à voir avec eux.

Le film est incontestablement un succès, et la contribution des Sherman est énorme. Ils ont écrit des mélodies entraînantes que beaucoup ont reprises depuis, et la plupart des chansons sont devenues des classiques. Duke Ellington les reprit toutes dans un excellent album en 1965. Bob Sherman expliqua comment ils ont amélioré leur savoir-faire au fil des ans : « Soit elles [leurs chansons passées] étaient banales, soit un peu trop ésotériques, un peu trop intelligentes avec des rimes intérieures et d'autres choses. Notre père avait un secret pour écrire des chansons. Il disait : 'Il faut qu'elles soient simples, faciles à chanter et sincères. Et elles doivent avoir un son particulier. C'est la seule façon pour que ça marche'.[92] » Bien qu'il y ait de nombreux moments forts tout au long du film, beaucoup se souviennent avant tout de la séquence de « Quelle jolie promenade avec Marie ». Celle que P.L. Travers aurait souhaité ne jamais voir.

1 Entretien avec l'auteur, mai 2024.

2 GREENE, Kathrine et Richard, SIBLEY, Brian, *Walt Disney CD Rom,* Pantheon Productions Santa Monica, 1998.

3 Mail à l'auteur, Mars 2010.

4 Entretien avec l'auteur, Février 2025.

5 G. WEST, John, *The Disney live-action productions*, Hawthorne and Peabody, 1994.

6 Entretien avec Robin Allan, 5 août 1986.

7 Entretien avec l'auteur, juin 2010.

8 Entretien avec l'auteur ; mars 2010.

9 GHEZ, Didier, *Walt's People, Volume 10, Talking Disney with the artists who knew him*, Xlibris Corporation, 2011.

10 SIBLEY, Brian, LASSELL Michael, *Mary Poppins, anything can happen if you let it*, Disney Editions, 2007.

11 PIRES, Candice, *Full of ideas : Dick Van Dyke.* The Guardian, samedi 17 décembre 2016

12 https://www.surfandsunshine.com/pete-menefee-mary-poppins// 10 oct 2020

13 SHERMAN Robert et Richard, *Walt's time from before to beyond*, Camphor Tree Publishers, 1998.

14 Entretien avec l'auteur, Février 2025.

15 ANDREWS, Julie, Homework, *a memoir of my Hollywood years*, Weindenfeld and Nicolson, 2019.

16 Entretien avec l'auteur, Février 2025.

17 SIBLEY, Brian, *Conversation with Julie Andrews*, BBC, juin 1998.

18 DVD Édition collector avec commentaires audio, Buena Vista Home Entertainment, 2004.

19 SIBLEY, Brian, *Conversation avec Julie Andrews*, BBC, juin 1998.

20 ANDREWS, Julie, *Homework, a memoir of my Hollywood years*, Weindenfeld and Nicolson, 2019.

21 G.WEST, John, *The Disney live-action productions*, Hawthorne and Peabody, 1994.

22 DVD Édition collector avec commentaires audio, Buena Vista Home Entertainment, 2004

23 ANDREWS, Julie, *Homework, a memoir of my Hollywood years*, Weindenfeld and Nicolson, 2019.

24 ANDREWS, Julie, *Homework, a memoir of my Hollywood years*, Weindenfeld and Nicolson, 2019.

25 FLANAGAN, Caitlin, *Becoming Mary Poppins*, The New Yorker, 11 décembre 2005

26 WALTON, Tony, *Julie Andrews Online*, 9 mars 2022.

27 BANNIERE, Bernadette, cen.yt/function_banner 2022.

28 Entretien avec l'auteur ; avril 2011.

29 VAN DYKE, Dick, *My lucky life in and out of show business,* Large Print Random House, 2011.

30 SHERMAN Robert et Richard, *Walt's time from before to beyond*, Camphor Tree Publishers, 1998.

31 Entretien avec l'auteur, mai 2024.

32 Entretien avec l'auteur, mai 2024.

33 Entretien avec l'auteur, mai 2024.

34 Entretien avec Dominic von Riedmann, 20 août 2009.

35 LAWSON, Valerie, *Mary Poppins, elle a écrit : The Life of P.L. Travers*, Simon and Schuster, 2005.

36 SIBLEY, Brian, *Conversation avec Julie Andrews,* BBC, juin 1998.

37 ALEXANDER, Vincent, *Magical Mash-Ups : A History Of Live-Action/Animation Hybrids*, 20 mai 2022, Cartoon BREW.

38 IWERKS, Don, *Walt Disney's ultimate inventor, the genius of Ub Iwerks*, Disney Editions, 2019.

39 Interview de Dick Van Dyke, Todd Leopold, CNN, 27 janvier 2009.

40 Entretien avec l'auteur, juin 2010.

41 GHEZ, Didier, *Walt's People, Volume 16, Talking Disney with the artists who knew him*, Theme Park Press, 2015.

42 http://andreasdeja.blogspot.com/2013_05_02_archive.html

43 KORKIS, Jim, *Walt's words, Theme Park Press, 2016.*

44 GHEZ, Didier, *Walt's People, Volume 10, Talking Disney with the artists who knew him*, Xlibris Corporation, 2011.

[45] KORKIS, Jim, *Walt's words, Theme Park Press, 2016.*

[46] Entretien avec Pete Martin, 1962.

[47] GHEZ, Didier, *Walt's People, Volume 16, Talking Disney with the artists who knew him*, Theme Park Press, 2015.

[48] Entretien avec l'auteur, mars 2010.

[49] GHEZ, Didier, *Walt's People, Volume 11, Talking Disney with the artists who knew him*, Xlibris Corporation, 2011.

[50] Entretien avec l'auteur, mai 2024.

[51] GRAMLICH, Phil, Ear To There Travel/ 2 juin 2023 facebook

[52] Entretien avec l'auteur, Février 2025.

[53] Lettre à Brian Sibley, 5 septembre 1972.

[54] LLOYD, Shelley, https://www.abc.net.au/news/2020-03-21/mary-poppins-queensland-illustrator-recognised/12042834, 20 mars 2020.

[55] SHERMAN, Robert B, *Moose, Chapters from my life*, Author House UK Ltd, 2013.

[56] Entretien avec l'auteur, juin 2010.

[57] ANDREWS, Julie, *Homework, a memoir of my Hollywood years*, Weindenfeld and Nicolson, 2019.

[58] SHERMAN Robert et Richard, *Walt's time from before to beyond*, Camphor Tree Publishers, 1998.

[59] Entretien avec l'auteur, juin 2010.

[60] GHEZ, Didier, *Walt's People, Volume 7, Talking Disney with the artists who knew him*, Xlibris Corporation, 2008.

[61] Entretien avec l'auteur, juin 2010.

[62] THOMAS, Frank et JOHNSTON, Ollie, *Disney Animation, The illusion of life*, New York, Abbeville Press, 1981.

[63] GHEZ, Didier, *Walt's People, Volume 5, Talking Disney with the artists who knew him*, Xlibris Corporation, 2007.

[64] Disney Family Album TV series N°11 1985.

[65] NORMAN, Floyd blog, Mr Fun.

[66] Entretien de Louisiana Legends TV avec Gus Weill, 18 août 2000.

[67] Université de l'Iowa, https://sites.uni.edu/taft/breauxinterview.html, juin 1999.

[68] Entretien de Louisiana Legends TV avec Gus Weill, 18 août 2000.

[69] SHERMAN, Robert B, *Moose, Chapters from my life*, Author House UK Ltd, 2013.

[70] VAN DYKE, Dick, *My lucky life in and out of show business,* Large Print Random House, 2011.

[71] Entretien avec l'auteur, février 2018.

[72] Interview de Dick Van Dyke, Todd Leopold, CNN, 27 janvier 2009.

[73] GHEZ, Didier, *Walt's People, Volume 16, Talking Disney with the artists who knew him*, Theme Park Press, 2015.

[74] SIBLEY, Brian, Conversation avec Julie Andrews, BBC, juin 1998.

[75] GHEZ, Didier, *Walt's People, Volume 14*, Theme Park Press, 2014.

[76] Entretien avec l'auteur, février 2025.

[77] Entretien avec l'auteur, juin 2010.

[78] Conférence aux étudiants, 22 avril 1976.

[79] KORKIS, Jim, *The vault of Walt*, volume 3, Theme Park Press, 2014.

[80] http://andreasdeja.blogspot.com/2013_05_02_archive.html

[81] GHEZ, Didier, *Walt's People, Volume 11, Talking Disney with the artists who knew him*, Xlibris Corporation, 2011.

[82] GHEZ, Didier, *Walt's People, Volume 9, Talking Disney with the artists who knew him*, Xlibris Corporation, 2010.

[83] G. WEST, John, Jr, *The making of Mary Poppins*, Storyboard, juillet/août 1989.

[84] GHEZ, Didier, *Walt's People, Volume 16, Talking Disney with the artists who knew him*, Theme Park Press, 2015.

[85] SHERMAN, Robert B, *Moose, Chapters from my life*, Author House UK Ltd, 2013.

[86] SHERMAN Robert et Richard, *Walt's time from before to beyond*, Camphor Tree Publishers, 1998.

[87] HUTCHINSON, Lydia, *Performing Songwriter, Creative Workshop Testimonials, the Sherman Brothers, August 29, 2014.*
[88] SIBLEY, Brian, *Conversation avec Julie Andrews*, BBC, juin 1998.
[89] Entretien avec l'auteur, février 2025.
[90] Entretien avec l'auteur, avril 2011.
[91] GREENE, Kathrine et Richard, SIBLEY, Brian, *Walt Disney CD Rom*, Pantheon Productions, 1998.
[92] HUTCHINSON, Lydia, *Performing Songwriter, Creative Workshop Testimonials, the Sherman Brothers, August 29, 2014.*

LE LIVRE DE LA JUNGLE (1967)

L'ours (séquence 004) De 19'55 à 27'52

Le Livre de la Jungle est sans conteste le film d'une génération. Pas n'importe quelle génération, celle des hommes et des femmes qui ont dirigé ce que l'on a appelé la Renaissance des studios Disney à la fin des années 1980. Presque tous reconnaissent que ce film en 1967 a déclenché une passion qui ne s'est jamais éteinte.

C'est Bill Peet qui a proposé d'adapter les deux histoires du *Livre de la Jungle* du célèbre écrivain britannique Rudyard Kipling. Bill Peet explique comment il a essayé de persuader Walt : « À la fin de *Merlin l'enchanteur*, Walt s'est tourné vers moi : 'Maintenant, qu'est-ce que tu vas faire ?' J'ai dit : 'Pourquoi pas le *Livre de la jungle*, s'il est disponible ?' Il m'a répondu : 'Oh non, les droits sont détenus chez Kipling ou de quelqu'un d'autre'. Alors j'ai dit : 'Eh bien, ce serait bien parce qu'il y a des personnages d'animaux et d'autres choses ' - il a dit : 'Oh oui, mais on ne pourra pas l'obtenir '. Walt est donc parti en Europe et, entre-temps, j'ai demandé à Bill Anderson si vous saviez quelque chose sur les possibilités du *Livre de la Jungle,* ce à quoi il a répondu : 'Oh, nous allons vérifier '. Lorsque Walt est revenu d'Europe, il m'a dit 'Hé, devinez quoi, j'ai le *Livre de la Jungle* pour vous'. J'ai fait semblant d'être heureux : 'Hé, grand, grand Walt, ouais[1] !» Walt, accompagné de l'auteur Bob Thomas, avait négocié les droits à Paris et les avait acquis en avril 1962 auprès de la succession d'Alexander Korda qui avait produit une version en 1942. Disney ne connaissait guère le livre et était, comme la plupart de ses collaborateurs, plus sensible au film de Korda. L'argument de Peet selon lequel le studio serait à l'aise avec les animaux des livres retient l'attention de Walt. Walt envisage d'abord un film naturaliste comme *Bambi*. Peet a toujours été passionné par les histoires d'animaux, comme le prouvent ses livres. Il venait de commencer à écrire et à illustrer ses propres histoires, avec *Hubert's Hair-Raising Adventure (1959)* et *Huge Harold (1961).* Il a également écrit une petite histoire, *Goliath II.* Ces deux éléments joueront un rôle important dans l'évolution de la situation.

Goliath II (1960), réalisé par Woolie Reitherman et supervisé par John Lounsbery, raconte l'histoire d'un petit éléphant qui fait honte à son père mais qui, contrairement à lui, n'a pas peur d'une souris et l'affronte. Bien que plus rares, les courts métrages permettaient encore de tester de nouvelles technologies. C'est le premier film d'animation à avoir été produit à l'aide de l'appareil Xerox, comme nous l'avons déjà expliqué. De nombreuses scènes d'éléphants seront utilisées plus tard dans *Le Livre de la jungle.* Le court métrage lui-même utilisait certaines animations de *Dumbo, Bambi* et *Peter Pan* qui ont été redessinées. Avant même d'avoir obtenu les droits, Peet avait, comme c'était la coutume à l'époque, travaillé seul sur l'histoire et trouvé des situations, développant les personnages. Peet aimait la littérature, plus que Walt, et il ne pouvait pas trop s'éloigner du ton de Kipling. Son fils Will le confirme : « Bien qu'il n'ait pas été attentif en cours d'anglais, il a découvert le plaisir de la lecture. Il a lu le magazine *New Yorker* pendant environ 45 ans, jusqu'à son accident vasculaire cérébral. Il aimait lire une grande variété de livres, tant de fiction que de non-fiction[2]. »

Les livres de Kipling étaient presque mythiques et très respectés par les spécialistes de la littérature. Mais Walt, la soixantaine bien sonnée et de moins en moins patient, n'était pas prêt à prendre autant de précautions qu'avec *Peter Pan* de James Barrie ou *Alice's Adventures in Wonderland* de Lewis Carroll. De plus, les négociations difficiles avec P.L. Travers l'avaient sûrement fatigué et il était prêt à prendre toutes les libertés qu'il jugeait nécessaires pour son film.

Peet était plus préoccupé par la recherche d'une intrigue qui soutiendrait le film. Les livres étaient constitués de plusieurs épisodes. Il a décidé qu'il s'agirait du retour de Mowgli au village de l'homme. Cela impliquait que, contrairement aux livres où Mowgli va et vient du village à la jungle, il ne l'atteindrait qu'à la toute fin. Peet demandait aux loups et à Bagheera de sauver le petit Mowgli d'une chute d'eau au début. Une grande partie du scénario tournait autour d'un chasseur appelé Buldeo. Il y avait aussi la recherche d'un trésor. Mais la principale contribution de Peet réside dans le développement des personnalités. Contrairement à certains livres qui ont inspiré les films Disney, Kipling était assez précis. Mais Peet avait plus à dire.

La première réaction de Walt au travail de Peet a été plutôt encourageante selon lui : « Lorsque j'ai eu 6 ou 7 storyboards élaborés, j'ai présenté cette première phase de l'histoire à Walt et aux autres membres de l'équipe. Tout le monde était enthousiasmé par les possibilités d'animation, et Walt était tellement content qu'il est venu me serrer la main. Il a également aimé mon idée de chanson 'Il en faut peu pour être heureux', quelque chose que l'ours Baloo pourrait chanter, et j'étais donc sur la bonne voie[3]. »

Walt aimait beaucoup ce qu'il avait fait de l'ours. Cependant, lorsqu'il a vu d'autres story-boards de Peet, il a trouvé le ton beaucoup trop sombre et inquiétant et a voulu que Peet retourne à sa planche à dessin. Frank Thomas se souvient : « *Le*

Livre de la Jungle a connu quelques difficultés parce que Bill Peet avait commencé par des choses amusantes et enthousiastes comme le truc des vautours, puis quelque chose lui est arrivé et c'est devenu sérieux, sérieux, et Walt était impatient avec les problèmes d'histoire : 'écoutez, vous avez le divertissement, ne vous inquiétez pas de l'histoire'[4] . » Les relations entre Peet et Walt avaient toujours été difficiles, mais Peet était de plus en plus fatigué des points de vue et du tempérament de Walt. Ils se sont disputés plus d'une fois, mais la goutte d'eau qui a fait déborder le vase n'allait pas tarder à arriver. Dans la même conférence, Peet explique ce qui s'est passé : « La dernière fois que je l'ai vu, c'était lors d'une réunion pour le *Livre de la jungle*, il était faible, il avait l'air... mais quoi qu'il en soit, je n'étais pas très satisfait de la réunion - nous avions quelques divergences sur la voix, la voix du léopard, et Walt est devenu très grossier à ce sujet, et alors que je quittais la réunion le soir... 'J'ai un cadeau pour toi, je me suis regardé dans le miroir : tu ne reviendras pas'. Je n'y suis pas retourné, mais j'ai vraiment apprécié Walt Disney, car je n'aurais jamais envisagé de devenir écrivain s'il ne m'y avait pas poussé. Bien sûr, il m'a forcé à faire plus que ce que je pensais faire[5] . » Mais il écrit à Ross Care : « Travailler pour Walt le tyran m'épuisait. Je le compare à un entraîneur de football intransigeant qui doit gagner tous les matchs à tout prix, et quel que soit le talent d'un joueur, une seule erreur et il est *éliminé*[6] . »

Floyd Norman s'en souvient sur son blog : « La sensibilité mélancolique du scénario de Bill Peet a amené Disney à marmonner quelque chose de totalement inattendu. 'Cela me rappelle *Batman*', grommela Walt. Walt Disney était-il un fan invétéré du *Chevalier Noir*, nous sommes-nous demandé ? Quoi qu'il en soit, ce n'était pas vraiment une approbation de l'adaptation de Bill Peet. Les choses n'étaient pas roses entre Bill et Walt. Le dernier film de Peet, une adaptation du roman de T.H. White, *Merlin l'enchanteur,* avait échoué au box-office et Peet avait reçu carte blanche sur le film[7] . » Walt a dû rendre Peet responsable des faibles résultats de *Merlin l'enchanteur*, ce qui peut expliquer qu'il ait été plus présent dans les réunions sur l'histoire au début, comme l'a dit Ollie Johnston : « Je pense que Walt a donné un nouveau souffle à l'animation avec *Le Livre de la jungle*, il a été temporairement inspiré par le film[8] . »

Peet savait ce qu'il avait à faire en matière de voix, comme il l'a avoué à John Canemaker : « Je donnais toujours à Walt un choix de voix parce que Walt avait l'habitude de dire 'On ne peut pas choisir entre un', et je pouvais compter sur lui pour dire cela si je n'en amenais qu'une seule. Je réduisais le choix pour qu'il n'y ait pas de discussion[9] . » Mais dans ce cas, il était assez catégorique, la voix de Bagheera était la bonne. Ils se sont encore disputés et Walt a décidé de le renvoyer pour de bon. Cependant, la version de Peet est un peu différente, telle qu'elle a été donnée à cet auteur : « Il a été tellement grossier avec moi lors de notre dernière réunion le 29 janvier 1964 que j'ai décidé de démissionner (c'était le jour de mon anniversaire). Plus tard, j'ai appelé le studio pour leur demander de ne pas mentionner mon nom au générique. Je ne faisais pas confiance au réalisateur ou aux personnes qui avaient repris le *Livre de la Jungle* pour faire le genre de film que j'avais en tête[10]. » Peet fait allusion à une autre raison de son ras-le-bol, développée pour Didier Ghez par le scénariste Steve Hulett, dont le père oeuvra sur les décors : « Je pense qu'il s'agissait en partie d'une lutte entre Bill Peet et Woolie sur la question de savoir si Woolie contrôlerait une plus grande partie du processus de création de l'histoire ou si c'était lui qui devait le faire. Je pense que Walt commençait à en avoir assez des exigences et des crises de colère de Bill. Lorsque Bill a démissionné, Walt a dit : 'OK Larry, tu viens par là[11]' ». Ce Larry est Larry Clemmons. Il s'occupait de l'histoire et des dialogues, tandis que Ken Anderson s'occupait des concepts et des situations. D'après bien des témoignages, il n'était pas facile de travailler avec Bill Peet. Lui et Reitherman étaient tous deux têtus, pour ne rien arranger. Pendant des années, le nom de Bill Peet ne figura pas au générique, jusqu'à ce que l'on décide de le réhabiliter dans une version ultérieure du DVD. Le départ de Peet signifiait qu'un chapitre du studio touchait à sa fin, mais personne ne savait alors que ce serait également le cas pour une autre raison majeure...

En 1963/1964, Walt Peregoy a réalisé quelques peintures d'inspiration qui étaient encore typiques de l'influence de Raoul Dufy, utilisant beaucoup de bleu ou de verdâtre, mais il voulait s'éloigner d'un éventail attendu de nuances de vert. Walt a peut-être associé Peregoy à l'échec de *Merlin l'enchanteur* et a demandé à Al Dempster d'adopter une approche plus conventionnelle. Andreas Deja a développé cela pour Bri Bertolaccini dans une interview liée à son exposition sur le film au Walt Disney Museum : « Dans *Merlin l'enchanteur*, Walt trouvait qu'il y avait trop de couleurs dans les décors. Il disait même dans ces notes [qu'il voulait] un look plus monochrome pour les décors, une belle toile de fond pour les personnages. Il a même dit dans une phrase : 'pas de ce truc de *Merlin*'. Il n'a même pas dit *"l'enchanteur"*, il a dit 'pas de ce truc de *Merlin*[12]' ». Peregoy est parti. En fait, maintenant que Peet n'est plus là, une nouvelle équipe émerge, qui sera la même pour les années à venir : sous la direction de Reitherman, Ken Anderson et les animateurs sont de plus en plus présents dans les réunions sur les histoires, et Larry Clemmons sera rejoint par Ralph Wright et Vance Gerry.

Plan de loin sur Mowgli qui broie du noir, assis au pied d'un rocher

En voyant le Mowgli de Milt Kahl seul, ruminant après une dispute avec Bagheera, nous avons également un bon exemple du type de décors qui était requis. Finies les couleurs et les formes audacieuses de Walt Peregoy, le layout Don Griffith (aidé par Basil Davidovich) et le peintre Al Dempster ont opté pour un rendu plus réaliste de la jungle, comme le rappelle Floyd Norman : « Poussant Disney dans une nouvelle direction, Walt Peregoy était déterminé à en faire encore plus sur *Le Livre de la Jungle* et il commença à travailler sur une série de scripts en couleur qui étaient épinglés sur de grands story-boards accrochés dans le couloir de la 2D. Naturellement, lorsque nous avons appris que le travail de Walt était exposé, nous sommes montés à l'étage pour voir ce que nous réservait *Le Livre de la Jungle*. Malheureusement, Walt Disney n'était pas d'accord avec les styles de couleurs contemporains de Peregoy et a remplacé les peintures audacieuses par les peintures plus conventionnelles de l'artiste de décors, le vétéran, Al Dempster[13]. » Quelle jungle d'ailleurs ? Rudyard Kipling avait situé ses histoires dans une zone appelée « Seeonee » sous la domination britannique, aujourd'hui appelée Seoni. Au cours de ses six années passées en Inde, il n'a jamais mis les pieds dans l'État central du Madhya Pradesh. En fait, les histoires du *Livre de la jungle* se déroulent dans une région où il n'y a pratiquement pas de jungle. Le pays de Seoni est connu pour être plutôt sec avec de la savane. Toutes les scènes avec les éléphants sont donc exactes. Mais il n'y a pas de forêt tropicale à cet endroit, et les artistes de Disney ont donc créé un environnement de jungle fictive. Pourtant, la zone de Seoni est située entre deux parcs nationaux bien connus où l'on voit fréquemment des tigres, Kahna et Pench. Il s'agissait plutôt de créer une ambiance, comme l'a souligné Frank Armitage, peintre de décors : « Si cela ressemblait à l'environnement, c'était suffisant - l'histoire était l'élément principal[14]. » Ce n'était pas une époque où les maquettistes faisaient des recherches approfondies, ils s'appuyaient principalement sur les esquisses du storyboard, comme le rappelle Sylvia Roemer, maquettiste : « Au fur et à mesure que l'on avançait dans la mise en scène, on travaillait sur la façon dont le personnage arrivait là, on travaillait sur cela avant que les animateurs n'obtiennent la scène, on avait donc un plan de base sur lequel travailler, une perspective sur laquelle travailler et on essayait de suivre les croquis de l'histoire aussi près que possible, on ne voulait pas s'en écarter du tout parce qu'il y avait une certaine mise en scène élaborée[15]. » Si le court métrage *Goliath II* avait ouvert la voie à ce long métrage, la direction artistique de Ralph Hulett sur ce court métrage n'a pas eu d'influence. Il s'agissait d'un mélange des influences de l'UPA, de Peregoy et d'Earle.

Au moins, pour être un peu plus authentiques, ils ont pu obtenir des informations de Clair Weeks, animateur chez Disney pour *Bambi* et *Peter Pan*, qui a passé de nombreuses années en Inde ou en Malaisie pour former de futurs animateurs : « Je suis retourné en Inde et j'ai recommencé à enseigner les médias éducatifs, à réaliser des films pour les enfants et à utiliser les techniques d'animation, sous les auspices de l'ONU, et ce fut une période très intéressante et fructueuse. À chaque fois, vous avez affaire à des personnes qui n'ont aucune connaissance de ce secteur et qui partent de zéro. Je suis parti longtemps, de 1956 à 1982, mais je suis souvent revenu. Chaque fois que je revenais, j'allais voir Walt et il me demandait comment les choses se passaient et si je me plaisais vraiment dans ce pays, parce qu'il n'avait aucune idée de ce qu'il en était[16]. » Ken Anderson, qui a fait le tour du monde et a dessiné tant d'endroits sur des dizaines de blocs-notes, pouvait également donner quelques conseils.

Don Griffith s'est donc appuyé sur les magazines du *National Geographic*, sur des photos, mais aussi sur les illustrations des précédentes publications du *Livre de la Jungle*. Le premier illustrateur n'est autre que le père de Rudyard Kipling lui-même : John Lockwood Kipling, en 1894. Il y eut aussi les Américains W.H. Drake, ou P. Frezeny, les Français Maurice De Becque, Stuart Tresilian, ou les frères Detmold. Mais l'accent est généralement mis davantage sur les protagonistes que sur les paysages. Griffith et Davidovich sont donc partis d'une idée de la jungle plutôt que d'une restitution exacte des lieux où l'histoire aurait pu se dérouler. Ils ont pris soin de dessiner les plantes que l'on pouvait y trouver, principalement le sal tendu, le bambou mais surtout les palmiers. Ils ont ajouté un bon nombre de plantes grimpantes, que l'on trouve davantage dans les forêts profondes d'Afrique et d'Amérique du Sud que dans celles de l'Inde. Steve Hulett se souvient de la façon dont son père Ralph a géré cette situation : « Je suis sûr qu'il a fait des recherches. Il ne s'agissait probablement pas de recherches sur des jungles situées uniquement en Inde. En général, les artistes examinaient différentes jungles sur différents continents et utilisaient ce qui leur semblait bon[17]. »

Dans *Bambi*, nous avons vu dans le volume 2 qu'ils avaient d'abord pensé à dessiner chaque feuille des arbres jusqu'à ce qu'ils optent pour un look semi-oriental. Cette fois, ils ont décidé d'être plus réalistes, ce qui fait dire à beaucoup d'observateurs que le film n'a pas vraiment de style, si ce n'est le look à moitié Xerox.

Al Dempster a développé son approche pour Christopher Finch et Linda Rosenkrantz : « On a essayé d'être littéral jusqu'au point de ne pas être trop éloigné du personnage plat, avec une ligne Xerox autour de lui. Cela n'a pas été facile non plus. Mais nous avons fait en sorte que le personnage fonctionne sur le fond plus doux sans la ligne Xerox, en utilisant des lignes accentuées là où c'était nécessaire. Nous les avons tracées là où nous pensions qu'elles seraient nécessaires pour maintenir le personnage en place. Le reste du décor s'est effacé au fur et à mesure que l'on s'éloignait du personnage. Cela lui a donné un peu plus de profondeur[18]. »

Le maquettiste Don Griffith est plus précis quant à l'utilisation de lignes Xerox plus douces cette fois-ci (aux mêmes interviewers) : « Nous leur avons donné (aux décors) une ligne Xerox qu'ils ont ensuite effacée. Nous l'avons laissée un peu au premier plan. On la remarque à peine. Elle est là, mais on ne la remarque pas. Mais à l'endroit où le personnage touche le sol, si vous vous penchez vraiment et regardez, il y a un dessin au trait[19]. »

Le compromis trouvé a donc été de peindre les superpositions et les éléments de l'arrière-plan de manière assez précise et réaliste, en jouant sur la présence de lignes fines ou plus épaisses, et de peindre les zones éloignées sans contours et en conservant même des zones floues. Avec une canopée épaisse telle qu'ils l'ont peinte, le problème de l'éclairage s'est posé. Une vraie forêt tropicale est sombre, et cela posait le problème de faire ressortir les personnages, car eux aussi devaient être plutôt sombres en raison de l'absence de rayons de soleil. Cela a donné lieu à de nombreux débats passionnés. Par exemple, Steve Hulett se souvient de ce que pensait son père à l'époque : « Je ne l'ai entendu qu'une seule fois exprimer son mécontentement sur le style d'un film, et c'était à propos du *Livre de la jungle*. Il pensait que la palette de couleurs du film devait être plus sombre, que les personnages devaient être mis en valeur sur des décors plus sombres. Il m'a montré des études qu'il avait réalisées et m'a dit : 'Les jungles sont sombres et les personnages devraient être plus clairs sur ces fonds. Il devrait y avoir des faisceaux de lumière qui descendent'. Mais si vous regardez le *Livre de la Jungle*, ils ont décidé d'utiliser des personnages sombres sur des fonds clairs. (Je pense que c'était la préférence de Woolie Reitherman ou peut-être de Walt ; je sais juste que mon père pensait que cette approche était erronée[20].) » Al Dempster a dû se battre, comme il l'a rappelé pour John Culhane : « Je me suis cogné la tête contre un mur de briques en essayant de faire comprendre à Woolie que nous avions besoin d'un changement. Nous avions besoin d'un personnage clair sur un fond sombre. Aucun de ces personnages n'est clair sur un fond sombre. Ce sont tous des personnages sombres sur un fond clair. Chacun d'entre eux est une silhouette, aucun n'est éclairé, aucun n'est dans la lumière[21] . »

Plan sur la végétation et apparition de Baloo

Après un panoramique vers la droite, un ours chantant apparaît. On a vu que les scénaristes essayaient de trouver un fil conducteur à l'histoire mais en fait, le film se résume à une succession de rencontres avec différents personnages, parfois sans transition comme ici. Cela s'explique par le caractère épisodique des livres de Kipling. Frank Thomas l'a bien résumé : « Walt a dit : 'Donnez de la matière à l'ours'. Vous voyez, l'histoire était un récit de voyage très libre. Le garçon et la panthère traversent la jungle et rencontrent un rhinocéros, puis quelqu'un d'autre, puis un éléphant, puis quelque chose d'autre, et ils continuent à rencontrer tous ces personnages jusqu'à ce que, finalement, le rideau tombe et qu'il soit de retour dans le village des hommes, là où est sa place [22] . » Le rhinocéros a finalement été abandonné.

Mais cela correspondait aussi à l'état d'esprit de Walt à l'époque. L'époque où il remettait en question chaque ligne, chaque scène pour s'assurer qu'elles s'intégraient et faisaient progresser l'histoire était révolue. De plus en plus, il se désintéressait du scénario pour se concentrer sur les personnages. *Le Livre de la jungle* est très caractéristique de cette nouvelle approche. C'est pourquoi les voix qu'ils ont trouvées allaient complètement façonner les personnalités et Walt a parié que les spectateurs les aimeraient tellement que le scénario importerait moins. Par exemple, pendant des mois et des mois, les artistes n'ont cessé d'interroger Walt sur le tigre, comme le rappelle Ken Anderson : « Sur *Le Livre de la jungle*, nous nous sommes fâchés avec Milt, Ollie et Frank, tout le monde, parce que nous voulions toujours ... Dans le livre de Kipling, le tigre est présenté comme une menace, il en est la cause. L'enfant était dans la forêt et il avait peur, et c'était lui *la* menace. Alors, chaque fois que nous avions une réunion sur l'histoire, nous disions 'mais qu'en est-il du tigre Walt ?' Il répondait : 'pourquoi devons-nous faire ce maudit tigre maintenant ?'. Les animateurs lui posaient tellement de questions qu'il ne les invitait plus. Je me sentais donc très mal à l'aise avec ce tigre, je ne devais rien dire. Le film a continué, nous l'avions presque terminé et Walt s'est tourné vers moi et m'a demandé : 'Quel genre de tigre maintenant [23] ?' » De même, bien qu'ils aient commencé depuis longtemps à animer et même à peindre plusieurs scènes, le film n'avait toujours pas de fin et, très tard, Walt l'a trouvée au pied levé, en inventant une petite fille qui attirerait le garçon, point final. Cette improvisation était inédite et largement due à son emploi du temps serré comme le regrette Ken Anderson : « Dans *Le Livre de la jungle*, il n'était pas aussi impliqué qu'avant, et il y avait d'autres choses auxquelles il pensait aussi[24]. » Selon son animateur Ollie Johnston, Walt avait mimé l'arrivée de l'ours, à moitié chantant et dansant, il semblait particulièrement intéressé par ce personnage. Mais ces quelques pas lors de son entrée en scène ont été plus profondément étudiés, comme le rappelle Eric Larson : « Ollie a commencé à développer le personnage. Danny Alguire, assistant réalisateur du *Livre de la Jungle* et musicien compétent doté d'un sens de l'humour et du rythme contagieux et d'un talent naturel de comédien, a rencontré Ollie chez lui et tous deux ont mis au point un modèle de marche musicale pour l'ours, Danny jouant tout cela devant la caméra pour étude[25]. »

Gros plan sur Baloo, « Mais, voyons… »

Pour Kipling, Baloo (Bhalu signifiant Ours en hindi) est « l'ours brun endormi qui enseigne aux louveteaux la loi de la jungle ». L'auteur insiste sur sa paresse et sa recherche constante de nourriture (« noix, racines et miel »), et l'on peut déjà y voir les germes du personnage de Disney que Peet a d'abord développé, et il avait même écrit les paroles d'une « chanson de Baloo », sur une musique de George Bruns, le 19 septembre 1963. Sur ses croquis, Peet avait griffonné que Baloo était une « sorte de version joviale de Frère Ours ». Peet avait été le principal artisan des personnages de dessins animés de *Mélodie du sud (1946)*, y compris Frère Ours, et tous les animateurs avaient toujours dit qu'ils s'étaient le plus amusés à les animer. Mais Baloo ne pouvait pas être aussi bête et stupide que Frère Ours, car il était censé être le professeur de Mowgli. Il le faisait donc, mais d'une manière très décontractée et maladroite, et Bill Peet le qualifiait de « gros bouffon enjoué ».

Pour commencer, ils avaient un acteur en tête pour l'inspiration et la voix, comme le rappelle Ollie Johnston dans son livre avec Frank Thomas : « Nous avons essayé de le transformer (Baloo) en une sorte d'Ed Wynn-autorité avec une touche comique. Nous avons testé des étudiants indiens en échange pour voir si nous pouvions obtenir une voix avec une qualité particulière propre à cette région. Aucun d'entre eux ne nous a donné un personnage que nous pouvions voir en fermant les yeux et en écoutant[26]. » Ed Wynn était dans les parages puisqu'il avait été choisi pour jouer l'oncle Albert dans *Mary Poppins* et qu'il était un habitué du studio. Mais pendant longtemps, ils n'ont pas trouvé la bonne inspiration et l'idée d'un type Ed Wynn a été oubliée. En ce qui concerne la voix, l'équipe a très vite compris que l'ours devait avoir une voix très grave et le chanteur familier Thorl Ravenscroft a enregistré quelques démos. Il ne semble pas qu'ils aient vraiment prévu de l'utiliser, car il était plus chanteur qu'acteur. Pourtant, ils disaient de Baloo qu'il avait une voix à la Ravenscroft. Jusqu'à ce que Walt revienne de Las Vegas, comme s'en souvient Johnston : « Il n'était pas souvent présent sur le *Livre de la Jungle*, mais il a fait de nombreuses suggestions importantes, comme au début avec Phil Harris, et après avoir vu l'animation de l'ours, il a dit 'cet ours est merveilleux, nous devons le garder dans le film' et personne d'autre n'aurait pu dire cela, vraiment, nous aurions pu, mais c'est lui qui a dit que nous devions le garder tout au long du film, donc, en hommage à lui, Baloo est devenu le cœur du film[27]. »

Walt connaissait Phil Harris et lorsqu'il l'a vu à une soirée, avec son fort accent du Sud et son style décontracté, il a immédiatement pensé qu'il pourrait être le bon. Harris avait joué dans l'*émission de Jack Benny* et était déjà assez célèbre. Mais lorsque Walt fait part de son idée à ses collaborateurs, tout le monde reste bouche bée. Comment l'homme de spectacle au parler très débridé pouvait-il être un personnage britannique de Kipling particulièrement respecté ? Il fallut un certain temps pour que l'idée soit acceptée.

Comme pour *Bambi*, il a été décidé que, puisque le film reposait sur les personnages, leurs relations seraient la clé de l'histoire. C'est donc le même animateur qui dessine tous les personnages de la scène. Mais il ne fait aucun doute qu'Ollie Johnston s'est rapidement pris d'affection pour l'ours et qu'il a créé un lien particulier entre l'ours et Mowgli. Les relations sont la spécialité d'Ollie Johnston. La sincérité a toujours été son credo. Ainsi, une fois que Peet et Anderson eurent mis en place certaines situations, il a adoré le faire, comme il l'a dit un jour dans une conférence : « Bill Peet faisait des dessins un peu comme Ken Anderson. Ces deux dessins ont vraiment inspiré toute une séquence, comme vous le verrez. Nous avons construit à partir de cela, dans l'histoire, jusqu'à l'idée de les voir naviguer ensemble sur le ruisseau à la fin du grattage (...) Il est très important de reconnaître quand vous avez une bonne idée et d'essayer d'en tirer parti[28]. »

Dans son livre, Johnston écrit : « Lorsque nous avons été suffisamment sûrs de nos personnages, nous sommes revenus à la scène où Baloo et Mowgli se rencontrent pour la première fois et nous avons commencé à créer la relation cruciale entre eux. Comment vont-ils réagir l'un à l'autre ? Le garçon aura-t-il peur de ce grand gaillard ? C'est un jeune homme courageux, mais il est encore bouleversé par sa dispute et essaie encore de mettre les choses au clair dans son esprit[29]. »

Mais si le design, peaufiné par Milt Kahl, est presque définitif, il faut d'abord enregistrer les pistes de Harris. Ils firent un test avec quelques lignes de dialogues écrites par Larry Clemmons, qui se souvint de l'expérience pour Don Peri : « Ils prenaient quelques dialogues, juste une page ou deux, comme une sorte de test d'audition. J'ai reçu un appel de Woolie Reitherman. Il m'a dit : 'Peux-tu venir sur le plateau?' J'ai demandé 'pourquoi?' Il m'a répondu : 'Phil est ici et nous avons un petit problème'. Phil était sur la scène et parlait aux gars qui l'accompagnaient. J'ai demandé ce qu'il y avait. Woolie m'a dit : 'Phil dit qu'il ne peut pas faire ça. Il dit qu'il ne peut pas jouer un ours. Je pense que nous allons le perdre.' Je me suis donc présenté à Phil. Il m'a répondu qu'il ne pouvait pas faire les zoobies, les zoobies, les zabies. 'Qu'est-ce que c'est que ça ? Zoobie-zoobie doobie doo comme un ours ?' J'ai dit : 'Phil, nous ne voulons pas d'un ours, nous voulons Phil Harris comme dans l'*émission de Jack Benny*[30]' ». Alors, ils ont changé quelques bribes, Harris est revenu et il l'a fait à sa façon, en improvisant, en ajoutant des expressions de son cru. Baloo était là. Et cela a ouvert la voie à une nouvelle tendance qui allait durer longtemps : le personnage est devenu l'acteur ou l'actrice. Les voix avaient toujours influencé l'animation, bien sûr, mais maintenant que l'accent était mis sur les personnages et moins sur l'histoire, les personnages étaient presque des reproductions graphiques des acteurs. De plus, ne prenant aucun risque, Woolie Reitherman décide de l'utiliser, voire de le surutiliser. Il sera Thomas O'Malley dans *Les Aristochats* (1970), Petit Jean dans *Robin des Bois* (1973) et manquera de revenir dans *Bernard et Bianca* (1977) comme s'en plaignait Milt Kahl : « C'est une façon paresseuse de procéder. Vous avez Phil Harris, alors pourquoi chercher quelqu'un d'autre ? Modifions le personnage pour l'adapter [31]. » Mais cela n'a pas semblé déranger Ollie Johnston, qui a déclaré à Michael Barrier : « Sous Woolie, je pense qu'il y a eu un grand changement dans la façon de travailler, nous nous sommes embarqués dans une période où il y avait de très bonnes voix, des voix inspirantes avec lesquelles travailler. Je ne pense pas avoir jamais eu quelque chose d'aussi bon que Phil Harris, et bien sûr Sebastian Cabot était bon, mais il était plus conventionnel - Ustinov et Terry Thomas[32]. » Lorsque tout le monde fut convaincu que Harris-Baloo était la combinaison parfaite, le personnage autrefois anecdotique eut plus de temps à l'écran, comme l'écrivit Johnston : « La performance de Phil Harris a ajouté de la sincérité à un personnage haut en couleur qui donnait un nouvel intérêt à tout ce qu'il faisait, mais, plus important encore, cet ours a soudain eu beaucoup de chaleur, ce dont le film avait besoin. Aucune des autres voix que nous avons testées ou des personnalités que nous avons envisagées n'aurait fait cela[33]. »

Après s'être remis d'une grave maladie, Johnston s'est complètement investi dans son travail et a réalisé un nombre sans précédent de dessins par jour. On estime d'ailleurs que Johnston, Thomas et Kahl ont réalisé environ les deux tiers de l'animation de ce film. Baloo a sans doute été l'un des personnages préférés de Johnston au cours de sa carrière. Le nombre de pages consacrées au film dans leur livre *Illusion of Life en* dit long. Dale Oliver était stupéfait : « Ollie essayait d'animer dans sa tête autant qu'il le pouvait, en allant et en revenant du travail, il essayait quelque chose qui lui passait par la tête, c'était vraiment incroyable[34] ! » Johnston s'est attaqué avec enthousiasme aux 40 premiers pieds d'animation de l'ours, comme il l'a dit à Bob Thomas : « Nous avons fait ce test (le premier enregistrement de Harris) et j'ai eu la chance de pouvoir l'animer. Lorsque Phil est revenu, il a regardé l'animation et a dit : 'Mince, c'est un Leonard'. Depuis lors, il a été notre plus grand promoteur[35]. » Maintenant que Harris pouvait mieux visualiser l'ours, il se sentait de plus en plus à l'aise et pouvait aller au-delà du scénario. Harris avait le sens du swing, ayant été batteur et élevé dans la ville de la musique country, Nashville, dans le Tennessee. Ses parents étant artistes de cirque, il avait un don pour la comédie débridée. Son interprétation de Baloo a fait de lui une star internationale.

Kipling l'avait dépeint comme étant « brun ». L'ours de l'Himalaya ou ours noir d'Asie, dont la poitrine est ornée d'un croissant de lune caractéristique, ne se rencontre que dans les États reculés du Nord. Il en va de même pour l'ours malais, très petit et au pelage court et lisse. Il y a aussi l'ours brun de l'Himalaya, le plus grand, mais qui vit dans les montagnes du Nord. Kipling faisait référence à l'ours lippu, une lecture attentive du livre de Kipling le confirme : « ... Au début, Mowgli s'accrochait comme le lippu ». On le voit dans de nombreuses régions de l'Inde, en particulier dans le Madhya Pradesh, avec son museau proéminent et son étrange démarche dansante. Les Indiens le connaissaient bien parce qu'une tradition vieille de 400 ans les utilisait comme « ours danseurs de spectacle » dans les villes et les villages, ou le long des routes. Mais ces ours sont noirâtres et ont aussi un croissant de lune sur la poitrine. Finalement, Walt voulut qu'il soit jaune, et quelques modèles furent créées, mais les animateurs n'aimaient pas cette couleur. Ils ont également essayé quelques nuances de marron. Après plusieurs discussions, il fut finalement décidé de le peindre en trois tons de gris, avec une teinte claire de gris pour le ventre et le museau. Ces couleurs sombres accentueraient le problème de la lisibilité des personnages sur les fonds sombres de la jungle.

Certes, Baloo vole la vedette. Les experts de Kipling étaient pour le moins contrariés, mais le monde a adopté l'un des personnages les plus populaires de Disney. Ses manières décontractées et paresseuses, ajoutées à un cerveau minuscule mais un grand coeur, ont plu au public. Il a de nombreux défauts et ne cherche qu'à s'amuser, comment les gens ne pourraient-ils pas s'identifier à lui ? Il y a quelque chose du Lennie de *Des souris et des hommes* de John Steinbeck.

« Qu'est-ce que c'est que ça ? »

Baloo a beau être personnifié, il reste un ours et ses reniflements nous rappellent cet aspect. Johnston anime également Mowgli, qui ne semble pas du tout effrayé, puisqu'il lui donne même une tape sur le museau. Comme toujours, la longueur du museau était un point auquel tous les animateurs devaient être attentifs, afin d'être fidèles au modèle. À partir du « fiche-moi la paix » de Mowgli, Frank Thomas, l'ami de Johnston, le remplace et le museau qu'il dessine est un peu plus épais et moins long, mais le look final dépendait également de l'assistant. Les deux amis étaient heureux de pouvoir retravailler ensemble et de nombreuses discussions ont permis de définir le plus précisément possible la personnalité de Baloo. Mais très souvent, Milt Kahl faisait quelques dessins clés, surtout pour les scènes les plus complexes. Il expliqua comment il procédait lors d'une conférence : « Si vous prenez l'habitude d'analyser et de savoir comment un ours ou n'importe quel autre animal marcherait normalement pour aller quelque part, je pense que le travail de caricature de n'importe quelle action sera beaucoup plus simple[36]. »

Mowgli frappe l'estomac de Baloo

Le plan de loin sur Mowgli frappant le ventre de Ballo sans aucun impact permet de mesurer à quel point l'enfant est petit, vulnérable et faible. Il met également en valeur la force de l'ours en tant que créature massive, confirmée par le gros plan et le « quelle pitié » compatissant de Baloo. La même idée sous-tend le fait que Baloo ramasse sans effort le maigre garçon. Nous avons vu que dans le livre original, le rôle de Baloo était d'éduquer Mowgli. La phrase « Le vieux Baloo va te montrer comment se battent les ours » semble correspondre à cette idée. De même, dans le livre, le but n'était pas de transformer Mowgli en ours. Il avait pour mission de lui apprendre à respecter certaines règles, à survivre dans la nature, et notamment à adopter certaines habitudes des ours pour se procurer de la nourriture, en bref, la « loi de la jungle ».

Mowgli regarde Baloo

Un Mowgli renfrogné regarde Baloo. Le garçon a été animé par Frank Thomas ici, sur certaines poses de Kahl, mais comme mentionné plus haut, toute scène l'impliquant a été animée par le même animateur que les autres personnages, ce qui signifie que beaucoup l'ont fait : outre Johnston et Kahl, Thomas, Larson, Stanchfield, et Hal King. Le fils de ce dernier, Dale, a retrouvé en lui une grande partie de son père : « Mowgli marchait et se déplaçait exactement comme papa - la canne à pêche droite et les pieds en canard. Je pense qu'il a pris nos mouvements et nos manières, ainsi que les siens, comme référence[37] . » Comme on l'a vu dans *Peter Pan*, King se voyait toujours confier des enfants mignons, et c'est donc en tant que bébé qu'il a fait tout Mowgli. Comme c'était la coutume à l'époque, Kahl a fait de l'animation dans diverses situations, principalement avec Kaa, puis ils en ont fait des feuilles de modèle.

Mowgli n'était rien d'autre qu'une formule trouvée dans les années 1960 pour les adolescents. Avec Moustique dans *Merlin l'enchanteur*, Milt Kahl expérimente pour la première fois un garçon maigre et osseux avec une épaisse mèche de cheveux, le tout inspiré par le style de Ronald Searle. Mais de tels adolescents ne sont pas faciles à animer, selon Ollie Johnston : « Moustique était difficile à animer parce qu'il y avait ce visage d'adolescent et qu'il fallait une mâchoire. On ne peut pas se contenter de petites joues. Ce n'est pas aussi difficile qu'un prince, mais c'est entre le prince et Mowgli, dans la même catégorie. Il y a quelque chose à propos de cet âge [38] .» Mowgli était encore plus jeune que Moustique.

Kipling n'a pas donné de détails sur l'apparence de Mowgli, si ce n'est que « (...) ses yeux se rembrunirent sous ses gros sourcils noirs ». C'est une caractéristique typique des hommes indiens. La peau devait être mate, et c'est à peu près la seule chose qui fait de lui un Indien. Le scénariste Vance Gerry se souvient qu'ils ont fait un petit essai : « Pour le tout premier Mowgli, ils ont essayé de lui donner un air indien, mais je pense que les gens ont pensé que nous ne voulions pas de controverse et qu'il s'agissait d'un film destiné à un public essentiellement occidental. Nous voulons juste le rendre mignon[39] . » Pour l'essentiel, il est bien l'archétype du garçon américain, et sa voix le trahit également. Clair Weeks en a même ri : « Je suis revenu quand ils travaillaient sur le film. Ils m'ont demandé à propos de Mowgli 'à quoi ressemble ce personnage', et tout ça. J'ai répondu qu'il ressemblait à n'importe quel autre petit personnage que vous faites ici, vous l'habillez juste différemment[40] . » L'habiller en effet. Un jeune garçon élevé dans la nature par des loups n'aurait jamais eu l'idée de fabriquer et de porter un pagne, mais il était impensable qu'il soit nu. Les cheveux sont légèrement désordonnés mais correctement coupés sur les épaules. Dans les premières versions du garçon, ses cheveux étaient plus courts. Kipling a écrit : « (...) debout et entièrement nu, sa longue chevelure noire flottant sur ses épaules (...) ». Pourquoi aurait-il eu besoin de se couper les cheveux si correctement ? Kipling ajoute : « Naturellement, en jouant avec lui, les louveteaux avaient souvent mordillé Mowgli plus fort qu'ils ne le voulaient, et il avait les bras et les jambes couverts de cicatrices blanches. » L'enfant de Disney n'a nulle cicatrice, les louveteaux devaient être sans dents ni griffes !

Si la formule avait été utilisée pour Moustique, elle l'était aussi pour un moyen métrage sur lequel les animateurs travaillaient à la même époque, *Winnie l'ourson et l'arbre à miel* (1966). Christopher Robin ressemble beaucoup à Mowgli et, soit dit en passant, sa voix était celle du même garçon, Bruce Reitherman. Le fils de Woolie se souvient de cette expérience : « J'avais fait le tour du studio, j'avais fait le premier moyen-métrage de *Winnie l'ourson,* donc ils savaient à quoi ressemblait ma voix, ils savaient ce que je pouvais apporter en termes de jeu, ce qui n'était pas grand-chose, et je ne veux pas paraître faussement modeste, en d'autres termes je pense que ma force en tant qu'acteur dans ces rôles était que j'étais naturel, je n'affectais pas le ton d'un acteur, je n'essayais pas d'être un gamin trop mignon ou trop malin. J'étais juste une sorte de gamin naturel et décontracté. J'étais tous les petits garçons. J'étais tous les petits enfants que l'on peut rencontrer, je n'essayais pas de jouer. Ils avaient déjà essayé de travailler avec un autre enfant pour interpréter ce rôle et ils ont finalement opté pour moi simplement parce que j'avais cette innocence non travaillée en moi[41] . » L'enfant acteur David Bailey aurait dû être choisi, mais sa voix mue avec la puberté, il a donc fallu changer et c'est Bruce qui a été l'heureux élu : « J'étais dans un grand studio, généralement avec l'un des scénaristes, Larry Clemmons, mon père et une demi-douzaine de personnes. D'une certaine manière, c'était potentiellement intimidant. C'était un rôle important, mais j'avais peu de répliques. En général, j'arrivais le matin et ils passaient en revue les story-boards avec moi. C'était vraiment comme si vous lisiez une énorme bande dessinée. Larry Clemmons me donnait les répliques des autres personnes présentes dans les scènes, car nous enregistrions rarement les dialogues avec les autres acteurs en même temps, même si cela s'est produit quelques fois. Je soupçonne mon père d'avoir passé plus de temps avec les autres acteurs, je soupçonne qu'il pensait que c'était une bonne chose d'avoir quelqu'un d'autre que lui pour me coacher.[42] »

En tant que jeune amateur, il avait peu d'expérience et trouvait tout cela parfois long et difficile : « Il y avait une simple réplique, 'Je ne veux pas retourner au village des hommes', j'ai dû la dire, disons, 50 fois, puis nous avons fait une pause et je l'ai répétée encore 50 fois et je me souviens que j'étais fatigué et Larry continuait à me donner ce coup de pouce d'enthousiasme[43]. » Larry Clemmons était connu pour être très efficace avec les enfants, pas toujours faciles à diriger. Woolie Reitherman s'est tenue en retrait pour ne pas impressionner ou influencer la prestation de son fils.

Bien qu'ils ne l'aient guère fait à l'époque, Woolie Reitherman a insisté pour qu'ils filment son fils dans diverses scènes, comme l'a rappelé Bruce : « Il y a un magnifique petit interlude musical où je me promène, je donne un coup de pied dans un bâton, je frôle une branche, je saute peut-être un petit rondin, je grimpe, je lance un bâton, je me brosse les cheveux du visage et je m'assois peut-être contre un arbre et je m'affale sur le sol. La plupart de ces mouvements sont calqués sur ceux dont je me souviens en regardant les images 16 mm de moi sur le plateau de tournage. À part cela, tout est parti de zéro[44]. »

Ce n'est pas tant la personnalité de Mowgli que ses rapports avec les différents personnages qu'il rencontre qui importent. Il est naïf, insouciant, têtu, capricieux avec Bagheera, et sa bravoure avec Kaa ou Shere Khan vient surtout du fait qu'il n'a pas conscience des dangers réels, malgré les nombreux avertissements de la panthère. Contrairement au livre, il n'est pas fasciné par le village et n'y fait pas d'allers et retours. Le village reste une abstraction dans la version Disney.

« Allez viens, je vais te montrer »

Nous avons dit que le langage de Baloo, avec ses contractions et son argot, était naturel pour Harris, mais cela a choqué beaucoup de Britanniques qui tenaient à l'héritage de leur grand écrivain, même s'il était controversé. Walt, lui, s'en moquait éperdument. Il en avait assez des experts et des critiques, comme l'a avoué Woolie Reitherman à John Canemaker : « Au lieu de suivre la voie de Rudyard Kipling et d'essayer d'être authentique et complexe avec l'histoire, Walt a opté pour la personnalité et le divertissement. Les gens ont réagi à ces personnages et à l'humour terre-à-terre qui se dégageait de ce film[45]. »

Alors que la batterie se fait entendre, il commence à enseigner à Mowgli comment se battre, comme le ferait un entraîneur de boxe, tout en jouant des pieds. L'oreille de Frank Thomas pour la musique et le rythme y contribue. Andreas Deja remarque une légère différence entre les animations de Thomas et celles de Johnston : « Le Baloo de Frank semble un peu plus lourd que celui d'Ollie, mais la différence est minime et le public ne s'en apercevrait pas. Le jeu d'acteur est si constant d'un animateur à l'autre qu'on a l'impression qu'un seul esprit est derrière cette séquence[46] (...) »

Plan sur Mowgli imitant Baloo

C'est là que commence le lien entre les deux. A partir de ce jeu de boxe, Mowgli va peu à peu essayer d'imiter l'ours et même de lui ressembler. C'est un excellent ajout de la part des auteurs de l'histoire, car il permet d'établir un lien fort entre eux, comme l'a analysé Johnston : « Mowgli et Baloo avaient tous deux l'impression qu'il manquait quelque chose dans leur vie avant de se rencontrer. Et ils ont comblé cette lacune l'un chez l'autre[47] . »

Plan arrière de Baloo, les deux s'affrontent

Andreas Deja a étudié ce passage : « Cette séquence est magnifiquement écrite et brillamment animée par Frank. Comme il y a beaucoup de mouvements (larges et subtils) avec les deux personnages qui se tournent autour dans ce simulacre de combat, Frank a fini par faire TOUS les dessins bruts lui-même. Il n'y a pas d'intermédiaires. Cela n'a rien d'inhabituel, puisque Frank contribue généralement à la plupart ou à la totalité des dessins de ses scènes. D'autres animateurs restaient sur un même dessin photographié 2 fois pour les moments calmes, ce qui impliquait seulement deux dessins clés avec beaucoup de dessins intermédiaires fournis par l'assistant. Mais Frank semble toujours avoir quelque chose à faire, même dans les schémas d'action les plus subtils. Il y a toujours quelque chose qui bouge, les choses ne s'arrêtent jamais. En produisant autant de dessins pour une scène donnée, Frank ne pouvait pas se concentrer sur des poses ou des expressions magnifiquement conçues. En soi, ses dessins ne sont peut-être pas trop intimidants pour un étudiant ou un professionnel de l'animation, mais les regarder en mouvement est une tout autre affaire[48] . » Pour les jeunes animateurs, ce moment est une leçon en termes d'animation du poids.

Mowgli grogne

Le roulement des caisses claires semble préparer l'auditeur à quelque chose de grand, comme dans un spectacle de cirque. L'arrêt de la musique pour un grognement doux, terriblement faible et inoffensif, souligne qu'il reste encore un long chemin à parcourir avant que Mowgli ne devienne un ours menaçant. La petite flûte ouvre la voie à la désillusion et au visage consterné de Baloo. Pour les animateurs, Baloo est très amusant en termes d'expressions, utilisant le museau, les joues et les petits yeux de manière appropriée. Thomas est passé de cet air déçu à une humeur complètement différente où l'ours gesticule frénétiquement, se préparant à pousser le plus fort des grognements. Ce grognement retentissant est un mélange de rugissement de lion et de magie de Jimmy Mc Donald, le virtuose des sons spéciaux.

Bagheera entend les grognements au loin

Cette réaction de Bagheera la panthère, animée par Milt Kahl, est une animation qui est utilisée, inversée ou non, à de nombreuses reprises dans le film. Nous avons déjà mentionné que Reitherman aimait les réutilisations, ce qui énervait beaucoup d'artistes, comme Kahl, ainsi que l'a rappelé l'assistant réalisateur Ed Hansen : « Woolie était vraiment le maître de la réutilisation et cela énervait Milt qui disait 'J'anime une scène pour une situation'[49] . »

Son fils Bruce sait que son père a souvent été critiqué à ce sujet, mais il pouvait le justifier : « À l'époque où mon père était chargé de la réalisation et de la production de ces longs métrages, presque chaque film était un référendum sur la question de savoir s'il y aurait même un département d'animation au studio, presque chaque film était une démonstration du ça passe ou ça casse comme modèle d'entreprise. Pouvez-vous vraiment vous permettre de passer 4 ans, de payer tous ces gens, ce que personne dans l'industrie cinématographique ne se donne la peine de faire, et de continuer à obtenir des succès qui justifient cet investissement financier[50] ? »

La panthère saute à travers les arbres

Pour tous ceux qui, comme cet auteur, aiment les grands félins, leur animation dans ce film est un pur délice. Ces animaux sont une merveilleuse combinaison de puissance, de souplesse et d'élégance. Chacun de leurs mouvements est une belle démonstration de force et de beauté. Pouvoir rendre cela en animation n'est pas une mince affaire. Aujourd'hui, Aaron Blaise et Andreas Deja sont des spécialistes. Qui d'autre que Milt Kahl pourrait y parvenir ? D'ailleurs, il a non seulement animé la plupart des mouvements complexes de la panthère noire, mais aussi tous ceux du tigre Shere Khan. Une observation attentive, image par image, de ces félins dessinés à la main est une leçon d'anatomie en action et trahit une connaissance parfaite du squelette et des muscles de ces beautés. Kahl a expliqué un jour comment il avait pu faire cela : « Bagheera, Shere Kahn et ces grands félins - nous disposions d'un grand nombre de séquences d'action en direct au studio. Ils ont fait un film sur les jaguars en Amérique du Sud. Ils avaient beaucoup d'images de lions et de tigres et ce genre de choses, ainsi que beaucoup d'autres félins. Je les ai étudiées et je les ai exploitées (...) Nous avions beaucoup de prises de vue de tigres. Nous avions un film au studio qui s'appelait *Les pas du tigre* (*The Tiger Walks*). Ils ont pris beaucoup de photos, beaucoup d'images sur les jaguars au Brésil - et ce sont des animaux assez similaires - ils se déplacent assez comme un tigre, ce qui m'a beaucoup aidé[51]. » Il n'était pas du genre à rotoscoper ces images et avait toujours hésité à le faire : « Je pense que ce que vous faites, c'est essayer de vous imprégner de connaissances sur un tigre - quelles sont ses caractéristiques - ou bien, simplement comment il se déplace, c'est tout. Comment ils marchent, comment ils courent, comment ils s'arrêtent. Vous savez, il suffit d'absorber tout ce que vous pouvez, puis de l'oublier. Il s'agit juste de mettre ça en scène ». Il ajoute qu'il lui a fallu deux semaines pour tout « absorber ». Mais le perfectionniste qu'il était n'était pas entièrement satisfait des années plus tard : « Je les regarde aujourd'hui et j'aurais fait mieux si j'avais dû les faire maintenant. Je pense que pour la plupart, en particulier pour le léopard, je n'ai pas eu assez d'intervalles. Il y a eu trop d'arrêts de marche et il a ramené ses pieds trop vite, ce qui n'a pas donné cette fluidité que ces chats ont. Ils sont si doux et fluides - c'est pourquoi l'intervalle est un peu plus long. Rien n'est précipité - tout est soyeux et fluide[52]. »

Bien que tous ces félins aient des mouvements similaires, un tigre lourd ne marche pas avec la même souplesse qu'une panthère plus légère. Kahl en était conscient, les courses de Shere Khan et de Bagheera ne sont donc pas les mêmes. De même, l'étude des séquences auxquelles Kahl faisait allusion pourrait s'avérer délicate. Les jaguars représentés dans *Le jaguar, seigneur de l'Amazone* (*Jungle Cat*) (1960) sont plus trapus et plus petits que les léopards. Kahl le savait, comme il l'a montré lors d'une conférence : « Vous remarquez maintenant le jaguar ici - ces pauvres créatures ont plus d'intervalle dans leur marche et je pense que c'est pour une raison différente. Je pense que c'est parce que l'équilibre est si superbe[53]. » Ils se sont également inspirés des innombrables pumas ou lions de montagne qui apparaissent dans de nombreux films de Disney de ces années-là, mais là encore, le corps est un peu différent et la queue certainement plus épaisse. Kahl a animé de nombreux moments de Bagheera, comme lorsqu'ils grimpent à l'arbre, le moment amusant avec Kaa, beaucoup d'autres animateurs ont dû l'animer : Ollie Johnston (début du film, avec Baloo lorsqu'ils observent le roi Louie et complotent, conversation nocturne avec Baloo pour le convaincre, éloge funèbre et séquence finale avec la jeune fille), Walt Stanchfield, Eric Cleworth (avec les loups qu'il a principalement animés, au conseil, conversation avec Hathi à la fin), Eric Larson (endormi avant la première apparition des éléphants et fin du dialogue passionné avec Mowgli), John Ewing (scènes burlesques lors de l'échange de divers personnages à la fin de la chanson du roi Louie).

Kipling a rendu très célèbre la panthère noire, animal particulièrement rare et insaisissable, et plus d'un visiteur de zoo a pensé à lui en observant ce beau félin sombre : « (...) le félin était aussi rusé que Tabaqui, aussi hardi que le buffle sauvage et aussi téméraire que l'éléphant blessé. Mais il avait la voix aussi douce que du miel sauvage tombant goutte à goutte d'un arbre, et la peau plus douce que du duvet ». Tabaqui est un chacal qui a été éliminé par l'équipe de Disney. Chez Kipling, la panthère n'était pas seulement sérieuse, c'était un personnage plutôt tragique avec un lourd passé : « Je suis seul dans la Jungle à savoir que moi, Bagheera, je porte cette marque, la marque du collier ; et pourtant, Petit Frère, je suis né chez les hommes, et c'est chez les hommes que ma mère est morte, dans les cages du palais royal d'Oodeypore [Udaipur aujourd'hui]. » La panthère est revancharde après des années passées dans une cage dont elle a réussi à s'échapper. Mais l'équipe de Disney a estimé que le passé du personnage n'apporterait rien à l'histoire.

En développant le personnage, sous la forte influence des animateurs Thomas et Johnston, ils se sont rendu compte qu'ils tenaient quelque chose dans l'opposition d'attitudes entre le décontracté et l'insouciant Baloo et le sérieux et la lucidité de Bagheera. Le musicologue James Bohn est même allé plus loin : « Étant donné la nature jazzy de 'Il en faut peu pour être heureux' et l'utilisation par Baloo de la langue vernaculaire du jazz, l'association de Bagheera et de Baloo présente un contraste entre les individus de la classe supérieure et ceux de la classe inférieure[54]. » D'ailleurs, très tôt, l'équipe avait imaginé qu'il serait un narrateur hors champ : « Mon nom est Bagheera, je suis un Panthera Niger, c'est-à-dire la Panthère noire en latin ». Qui d'autre qu'une créature de haut rang utiliserait le latin ici ? Le scénario parle même d'une « introduction savante ». Ainsi, à l'origine, Bagheera jouait un rôle prépondérant dans la narration, alors que dans le produit final, il ne s'exprime hors champ que pendant quelques minutes.

Après avoir défini Baloo en fonction de la personnalité de Phil Harris, les animateurs ont décidé de jouer cette nouvelle carte, comme Thomas/Johnston l'ont écrit dans leur livre : « Rapidement, nous avons commencé à voir comment ce nouveau Baloo nous aiderait également avec Bagheera. Qu'est-ce qui pourrait mieux fonctionner avec un esprit libre qu'un homme droit, étouffant et désapprobateur ? Plus l'ours se relâchait, plus la panthère devenait amusante. Nous avons donc recommencé à travailler sur Bagheera et nous nous sommes demandé à quoi il ressemblerait s'il était un animateur ou un scénariste. Sa chambre serait impeccable, tous les crayons bien taillés et disposés en rangées selon la couleur et la longueur[55]. » En conséquence, Bagheera est le rabat-joie et c'est pourquoi Mowgli, enfant et enjoué, est plus d'une fois en conflit avec lui, et les querelles sont nombreuses. Bagheera est un parent tandis que Baloo est un grand frère.

Le fait d'avoir un personnage entièrement peint en noir a causé de nombreux problèmes. Nous avons déjà vu à quel point les peintres de décors étaient contrariés par la lisibilité. Dans les séquences nocturnes comme le conseil des loups, la marche dans la jungle la nuit ou la longue conversation avec Baloo jusqu'à l'aube, tout est noir contre noir. Ils ont donc décidé d'opter pour des nuances de bleu foncé, de gris ou de violet foncé aussi souvent que possible. En outre, ils ont utilisé le clair de lune pour essayer de le rendre plus visible. Si l'on peut regarder les originaux, on peut voir que la couleur noire n'est pas utilisée. Le museau est gris et, bien sûr, les yeux sont verts. D'autre part, s'il s'était agi d'une panthère tachetée, la réalisation de toutes les taches aurait été laborieuse et aurait pris beaucoup de temps. En 1999, pour *Tarzan*, le léopard Sabor avait un nombre limité de taches.

Si les couleurs posaient problème, elles n'étaient rien comparées à la bataille qui allait se dérouler autour de sa voix. Bill Peet avait été chargé de trouver les bonnes voix pour les personnages. Pour la panthère, il avait pensé à Howard Morris. Le New-Yorkais avait été célèbre pour son rôle d'Ernest T. Bass dans l'*émission d'Andy Griffith,* et lors de la pré-production du *Livre de la Jungle*, il était une voix régulière pour de nombreux dessins animés comme les *Jetsons* ou les *Pierrafeu.* Plus tard, il sera la taupe dans un épisode de *Winnie l'Ourson.* Le réalisateur Reitherman savait que Walt n'appréciait pas ce choix et que Peet resterait certainement sur ses positions. Comme Peet l'a écrit : « La voix que j'ai enregistrée pour le léopard a agacé Walt. 'On dirait l'accent de New York, de Brooklyn. Cela ne correspondrait pas à Kipling'. Je lui ai répondu que c'était un bon acteur. Pourquoi ne pas réessayer et voir s'il ne peut pas se débarrasser de l'accent[56]? » Dans un mémo très intéressant envoyé par le réalisateur à Peet, comme le montre le blog d'Andreas Deja, nous ressentons la tension lorsqu'il propose une rencontre : « En mettant de côté tous les sentiments et opinions personnels et en regardant objectivement vers l'objectif commun de mettre un bon divertissement à l'écran, je pense qu'il y a trois problèmes à résoudre. » Et le premier qu'il énumère est la voix de Bagheera. Il ajoute ensuite que lui et les animateurs préféreraient engager Karl Swenson ou Sebastian Cabot pour le rôle. Le premier avait été Merlin, et le second avait été Sir Ector et le narrateur, tous dans *Merlin l'enchanteur.* La rencontre est fatale, et Bill Peet part.

Ce sera donc Sebastian Cabot. Walt l'aimait bien et l'avait choisi pour divers rôles dans ses films en prises de vues réelles Sur la piste de l'Oregon (*Westward Ho, the Wagons !)* (1956) et *Johnny Tremain* (1957). Le choix d'un acteur britannique pour Bagheera confère à la panthère une solennité plus proche de celle de Kipling.

Bagheera arrive

Sur un fond musical précipité de cuivres, la panthère bondit et saute par-dessus les rochers, traverse une prairie et revient à travers les arbres, maintenant le suspense jusqu'à son arrivée, le tout animé par Milt Kahl. Un gros plan révèle la consternation et le dégoût de la panthère lorsqu'elle se rend compte qu'elle s'est inquiétée pour rien. De tels plans nécessitaient un travail plus minutieux sur les contours Xerox. Dans les plans éloignés, ils pouvaient parfois être très grossiers, mais les lignes devaient être plus nettes dans les plans rapprochés, et si nécessaire, ils pouvaient encore utiliser de l'encre. Frank Thomas poursuit l'animation des deux personnages qui se battent sur fond de percussions pour rendre le tout plus vivant.

Mowgli s'est fait gifler par Baloo et part en vrille sur un tronc d'arbre.

Inconscient de sa force, Baloo a fait tomber Mowgli, ce qui indique que Baloo est complètement irresponsable et qu'il n'est pas le meilleur choix pour enseigner, ce que Bagheera souligne avec ironie. Mais un gros plan montre que Baloo n'a pas compris l'ironie. L'ours est manifestement un peu bête, tandis que le raffiné Bagheera est capable de répliques cyniques : « Dis-moi, quand tu as mis tes pauvres élèves k.o, tu crois vraiment qu'ils peuvent retenir tes leçons? » Étonnamment, cette réplique est très proche de celle de Kipling : « Doucement ! Sais-tu seulement ce qu'est la douceur, vieux Pied-de-fer ? grommela Bagheera. Tu lui as couvert tout le visage de bleus aujourd'hui, avec ta...douceur, Beuh! »

L'animation de Bagheera par Kahl est un modèle d'interprétation. Il en va de même pour la situation difficile dans laquelle se trouve Baloo lorsqu'il tente de se justifier. Les animateurs, en l'occurrence Thomas, ont fait des croquis pour essayer de trouver les mouvements subtils qui pourraient exprimer les sentiments de leurs personnages, et Thomas était un maître en la matière. L'assistant Dale Oliver explique : « La philosophie de Frank était de dire : 'Cherche le jeu de comédie, je veux que ce personnage regarde la caméra ou qu'il soit de profil, qu'il regarde à travers cette fenêtre'. Frank travaillait et luttait jusqu'à ce qu'il pense que le personnage pouvait agir comme il l'avait conçu, comme il pensait qu'il devait être. Frank était donc capable de faire preuve de sincérité, de crédibilité[57]. »

Bien que Thomas soit censé dessiner à la fois Mowgli et Baloo, pour un enfant groggy marchant bizarrement, c'est Kahl qui s'en charge, une autre prouesse. Cela rappelle une animation similaire d'un Pongo groggy dans *Les 101 Dalmatiens* qu'il avait déjà réalisée. L'animateur passe habilement d'une démarche instable à une démarche plus assurée et déterminée, alors qu'il fait semblant d'être un dur. C'est une très bonne observation des garçons de cet âge qui veulent être pris au sérieux et les animateurs ont pu trouver l'inspiration chez eux car beaucoup d'entre eux avaient des fils de cet âge. Mais Baloo ne tire pas les leçons de l'expérience lorsqu'ils reprennent le combat et qu'il fait semblant d'être mis à terre pour satisfaire le petit d'homme. Bien sûr, il en fait trop. Il ne fait aucun doute que Baloo plaît aux jeunes spectateurs, il est peut-être grand mais cet ours adulte est aussi enjoué, insouciant, irresponsable et puéril qu'un enfant (comme le montre le jeu des chatouilles). Baloo semble dire à tous les enfants qu'ils ont le droit de rire et de jouer autant qu'ils le souhaitent, alors que Bagheera prône la raison, la responsabilité et la cohérence.

Le dialogue sur le fait d'emmener Mowgli au village des hommes souligne le fossé qui les sépare, mais Mowgli a choisi son camp. Une fois encore, Bagheera, cette fois par Ollie Johnston, ironise sur le fait que Baloo lui apprend tout ce qu'il sait. L'animateur n'a pas oublié d'animer la queue, accompagnant ses différentes humeurs.

Début de la chanson

Il faut apprécier l'incroyable prouesse qu'a réalisée Ollie Johnston : tout le reste de cette séquence a été animé par lui et lui seul. Des milliers et des milliers de dessins. Il marchait sur l'eau, complètement emporté par la séquence. Ted Thomas, le fils de l'ami le plus cher d'Ollie Johnston, n'en revient pas : « À ce stade de leur carrière, ils étaient tous si accomplis qu'ils pouvaient tout faire. Ils pouvaient interpréter plusieurs personnages dans une scène, ils pouvaient faire une séquence entière[58]. » Johnston était connu pour être l'un des animateurs les plus rapides et ses assistants avaient du mal à suivre son rythme. Johnston sera bientôt le mentor d'Andy Gaskill, qui se souvenait : « Frank et Ollie étaient capables de produire entre 8 et 15 pieds d'animation par semaine. Ollie faisait de grandes séquences, il pouvait produire 22 pieds par semaine, ce qui représente beaucoup d'animation, mais de l'animation de haute qualité ! C'est à ce moment-là qu'il a vraiment commencé à prendre son envol[59]. » Un rapport hebdomadaire sur la productivité de l'animation daté du 3 janvier 1967 et rédigé par le directeur de production Don Duckwall indique la quantité de métrage produite par chaque animateur à l'époque : Hal King 10 pieds, John Lounsbery 7 pieds, Frank Thomas 10 pieds, Milt Kahl 8 pieds (mais il devait souvent aider les autres), tandis que Johnston faisait 15 pieds en moyenne. Duckwall nécessitait une moyenne de 7 pieds par animateur. Johnston avait hâte d'animer ses scènes, mais l'animation a commencé pour de bon le 1er juin 1965.

Johnston a écrit lui-même que la chanson offrait de nouveaux défis : « Dans cette séquence, Mowgli essaie généralement d'imiter Baloo. Cela flatte l'ours et donne le sentiment qu'ils répondent aux mêmes vibrations, ce qui renforce leur proximité. Ils ne pourraient pas se sentir mieux l'un envers l'autre ou envers eux-mêmes à ce moment-là[60]. » Il est vrai que le garçon continue d'imiter son nouvel ami, et Johnston a pris soin de minuter les choses pour que Mowgli soit un peu en retard de temps en temps, montrant ainsi qu'il apprenait. Johnston n'a pas souvent animé des séquences musicales, comme l'avait fait par exemple son ami Thomas, mais ici, il a adoré chaque minute. Le rythme étant un élément crucial de cette séquence, il a fait danser les protagonistes sur le tempo, sauf parfois sur les gros plans. Johnston a expliqué un jour lors d'une conférence à CalArts : « Certains d'entre vous ont peut-être vu une feuille d'exposition avec les rythmes dessus, ou vous avez peut-être travaillé avec de la musique vous-même. Quoi qu'il en soit, nous disposions de tout cela en fonction des rythmes. En général, nous devancions le rythme de 3 ou 4 images pour obtenir la synchronisation[61]. »

Baloo ramasse une noix de coco sur un arbre

Bill Peet avait vaguement écrit quelques paroles et Terry Gylkinson avait composé quelques chansons. Thurl Ravenscroft a enregistré une démo, mais même si certaines paroles se sont retrouvées dans la chanson finale, ni la mélodie ni le texte n'ont été utilisés. Le tempo était également assez lent. C'est donc le retour à la case départ, plus ou moins. Cette fois, Gylkinson est parvenu à un résultat beaucoup plus proche de ce que nous connaissons aujourd'hui. Les animateurs ont aimé la chanson mais n'ont pas apprécié le tempo qu'ils trouvaient un peu trop rapide. Gylkinson la ralentit, change quelques paroles, mais le musicien ne sait pas que ses jours sont comptés au studio. Pour une raison assez confuse, il s'est également brouillé avec Walt et a fini par être licencié. Walt était tellement furieux qu'il voulait mettre à la poubelle tout ce qu'il avait composé. Ce fut Presque le cas comme le compositeur suivant, Richard Sherman, s'en souvint : « Walt n'aimait tout simplement pas l'approche pesante et sombre de Bill Peet. La plupart des partitions de Terry allaient dans le même sens. Walt nous a demandé, à Bob et à moi, d'écrire des airs joyeux et lumineux pour sa version de l'histoire[62]. » Les frères Sherman étaient alors au sommet de leur carrière, auréolés de l'immense succès de *Mary Poppins*. Walt les aimait de plus en plus, et c'est donc tout naturellement qu'il a fait appel à eux lorsqu'ils en ont eu fini avec *Poppins*, comme ils l'ont dit.

De nombreux artistes du studio de l'époque étaient des amateurs de jazz, comme nous l'avons vu, et même ceux qui n'étaient pas musiciens écoutaient cette musique. Ainsi, pas à pas, Richard Sherman a donné une touche jazzy à la bande originale. Van Dyke Parks a réarrangé cette chanson, la seule qui n'ait pas été écrite par les Sherman, et elle est devenue le plus grand succès. En fait, bien que ce soit bref et discret, la première fois que nous entendons Baloo, il est déjà en train de « scatter » : « C'est un doobidy doo ». Le « scatting » ou improvisation avec des bouts de syllables, prendra une place importante dans la suite du film. Il correspond très bien à la personnalité de Baloo. L'ours ne réfléchit jamais, n'anticipe jamais, il ne fait qu'improviser, et le scat musical lui va donc comme un gant.

Le style de cette chanson est un mélange de folk et de jazz Dixieland de la Nouvelle-Orléans des années 1920. Le banjo est omniprésent et les basses sont jouées par le tuba en alternance avec la caisse claire. Tout au long du morceau, une trompette en sourdine est jouée, principalement entre les paroles. C'est un air très entraînant qui, comme très souvent chez Disney, commence par le refrain. Quant au texte, il s'agit simplement de la conception de la vie de Baloo, qui se résume à en faire le moins possible, une sorte d'hommage à la paresse. Pour lui, les abeilles et les fourmis trop actives sont des exemples à ne pas suivre.

Baloo soulève un rocher

L'incident du rocher est censé montrer à quel point l'ours peut être négligent, voire irresponsable. Johnston admet qu'il dut tricher un peu ici : « J'ai eu recours à des coupes délicates avec Baloo et le rocher parce que l'enfant aurait été touché par le rocher, alors j'ai pris quelques libertés pour faire ce que je voulais. J'ai animé le rocher moi-même, ce n'était pas dans les effets spéciaux, parce que j'ai dû le chronométrer, puis ils l'ont nettoyé et l'ont terminé, mais je l'ai indiqué clairement [63]. » Mowgli ne le remarque même pas, occupé qu'il est à essayer d'attraper la fourmi qui lui court dessus. Cela montre que le chemin est long avant qu'il ne devienne un ours.

Baloo tape un bananier

Habilement, les scénaristes ont trouvé le moyen de montrer que l'ours paresseux cherche des raccourcis pour faire le moins d'efforts possible. Un simple coup de fesses suffit pour obtenir des bananes par exemple. Johnston a bien utilisé ce que son maître Fred Moore lui avait appris : « Observez les jambes de Baloo quand il danse. Il faut avoir le bon timing et le bon mouvement pour montrer qu'il est grand et qu'il a du poids. Il faut des mouvements d'écrasement et d'étirement (squash and stretch) pour le montrer. Il faut passer d'une sorte de jambe droite à une jambe pliée. Il lance une noix de coco à un moment à Mowgli. Lorsque la noix de coco touche Mowgli, elle s'écrase sur lui et le renvoie en arrière [64]. » L'ours de Johnston est extrêmement souple, moelleux et doux, tandis que les mouvements de Mowgli sont moins fluides. Comme toujours, il a utilisé son crayon bleu gras pour les attitudes grossières et les arcs, puis un crayon noir pour resserrer ses dessins. Ou un assistant le ferait. Cette élasticité est renforcée par la façon dont le bananier se plie avec beaucoup de suivi.

Mais le petit Mowgli n'est pas encore prêt et la nature peut vous tromper, comme il s'en rend compte lorsqu'il observe la cime du bananier, animé par Dan Mac Manus. Et lorsqu'il remercie l'arbre de lui fournir une banane de plus, c'est tout un lot qui lui tombe dessus. Les storyboards sont très bien structurés, à mesure de la chanson, pas à pas, Mowgli apprend. Au début, il est encore très maladroit et victime de la nature, mais à la fin de la chanson, les leçons seront apprises.

Baloo s'apprête à cueillir une figue de Barbarie

Une fois de plus, Mowgli est puni pour sa naïveté et son manque d'expérience dans la jungle, il n'est pas encore prêt. Bien sûr, l'incapacité de Mowgli est soulignée par la facilité exagérée avec laquelle Baloo peut ramasser des fruits et faire des choses en général. Et comme il l'avait fait pour les bananes, il secoue un autre arbre pour une papaye. Johnston s'est amusé à faire bouger les fesses de l'ours aussi souvent que possible, comme s'il était possédé par le rythme.

Bagheera, sur une branche, est consterné

De temps en temps, nous avons droit aux réactions de Bagheera, et son statut de rabat-joie n'a jamais été aussi vrai. Isolé sur cette branche, il se tient à l'écart de toutes ces bêtises, mais ne semble rien pouvoir faire contre cette complicité grandissante entre Mowgli et Baloo. C'est peut-être ce que ressent Baloo lorsqu'il s'empare de sa queue, dénuée de toute élégance et de tout tact. Cette notion d'élégance de la haute société par opposition à la décontraction d'un homme de la basse société est renforcée par le plan suivant qui montre l'énorme derrière de l'ours qui semble prendre toute la place. Et le fait que Mowgli soit pour la première fois sur Baloo est symbolique, comme s'ils ne faisaient qu'un. Mowgli commence même à avoir le comportement d'un ours, en grattant l'épaule de Baloo. Le grattage est une habitude bien connue des ours.

Ollie Johnston a expliqué à John Canemaker comment il avait planifié la danse du grattage contre un arbre : « Walt m'a suggéré de jeter un coup d'œil à ce film sur la nature intitulé *Au pays des ours* (*Bear Country*) (1953), un film d'aventure de Disney datant de 1953 et présentant un montage de véritables grattages d'ours. 'C'est un très bon film, dit Walt. Je ne pense pas que vous puissiez jamais faire mieux'[65]. » Depuis 1948 et L'île aux phoques (*On Seal Island*), Walt avait lancé une série de films traitant de la vie sauvage. Il s'agit des *True Life Adventures,* qui sont bien documentés dans un livre de Didier Ghez[66]. Nous avons vu que *Le jaguar, seigneur de l'Amazone* (1960) avait déjà été utile pour les images de grands félins, mais qu' *Au pays des ours* (1953) et Le désert de l'arctique (*White Wilderness*) (1958) constituaient tous deux un bon matériel pour observer les comportements des ours. Ce sont les époux Millotte qui ont tourné la plupart de ces documentaires. Rétrospectivement, ces films ont été critiqués parce que la narration et le montage anthropomorphisaient beaucoup les animaux. Sans parler des méthodes parfois utilisées pour tourner les images, comme l'a admis plus tard Roy Disney Jr, qui a travaillé sur ces films. Dans *Au Pays des Ours*, il y a une longue séquence avec une musique entraînante où l'on voit des ours se gratter frénétiquement le dos contre les arbres, Ollie Johnston a donc suivi le conseil de Walt.

La séquence de grattage provient d'un des dessins de situation de Ken Anderson dont Johnston se rappelait pour Finch/Rosenkrantz : « Les dessins de Ken Anderson sont vraiment stimulants. Ils m'apportent beaucoup. La façon dont il dessine l'attitude d'un type vous donne la clé de tout un tas d'autres scènes. Les dessins sont vraiment inestimables (...) Je me souviens qu'il avait dessiné l'ours qui arrachait un arbre et se grattait le dos avec ou quelque chose comme ça. C'est ce qui a déclenché toute une séquence. Ce seul dessin m'a donné l'inspiration dont j'avais besoin pour toute cette histoire. Ce n'est pas que cela n'ait pas été travaillé dans l'histoire aussi, dans l'esquisse de l'histoire, mais c'est vraiment ce dessin qui m'a donné ce dont j'avais besoin [67] .» Cette affirmation a été confirmée par le maquettiste/scénariste Vance Gerry, qui commençait à laisser son empreinte sur les films : « Ken Anderson était un artiste fantastique qui avait la capacité, en un seul dessin, de suggérer toute une séquence pour un film, non seulement en rendant le dessin attrayant, extrêmement attrayant, mais aussi en y ajoutant une idée ou un trait d'humour qui vous donnerait envie de développer l'histoire. Et c'est ce qu'il a si bien fait pour nous, en faisant démarrer l'histoire en ouvrant la voie avec ces sortes de 'mises en place', comme on les appelait, ou des 'dessins d'atmosphère' ou tout un tas d'autres termes qu'on utilise pour les appeler[68] . »

Au moment où Baloo commence à se gratter le dos, une percussion, probablement un shaker de samba ou une cabasa, se fait entendre pour amplifier le processus de grattage. Inutile de dire que Mowgli l'imite, même si nous ne sommes pas sûrs que cela doit être très agréable sur la peau d'un être humain ! Une fois encore, Johnston s'amuse à tout exagérer à la manière des dessins animés d'antan, le palmier pliant sous le poids de Baloo.

Baloo tire l'arbre du sol

Cela ressemble à une sorte de transe, et le plaisir de Baloo est de plus en plus grand, au point d'arracher le pauvre palmier. À ce moment précis, le mouvement est rehaussé par un solo de trompette. Johnston explique que l'idée est venue en regardant le groupe enregistrer la chanson : « L'un des membres était un trompettiste nommé Cappy Lewis, qui était vraiment un très bon trompettiste. Woolie essayait de lui faire jouer la musique de manière plus frénétique, pour qu'il ait l'impression d'accompagner l'action de l'ours. Il n'a pas arrêté d'essayer et il a fini par créer ce solo ad-lib que je trouve vraiment génial[69]. » La trompette en sourdine est présente depuis le début, mais le volume est plus élevé. La nouvelle percussion que nous entendons, un guiro, est également plus forte.

Le compositeur George Bruns a étudié la musique indienne pour le film, mais les orchestrations de Walter Sheets ne montrent pas trop cette influence. La seule partie où il y a une touche de cette musique est la séquence d'ouverture avec la flûte. A part cela, pas de tablas, pas de sitar, pas de sarang ni de dholak. Pourtant, Richard Sherman était persuadé qu'ils s'étaient inspirés de cette musique pour la bande originale, comme il l'a exprimé dans une lettre adressée à cet auteur : « J'ai toujours pensé que la chanson « My Own Home » (Ma maison sous le chaume), utilisée comme thème dans le film et chantée par la jeune fille autochtone vers la fin du film, avait un caractère très indien[70]. » La musique du film est résolument orientée jazz et les principaux instruments sont plus occidentaux qu'orientaux. À peine le film sorti, Louis Armstrong a repris ces chansons.

En fait, l'authenticité n'a jamais été à l'ordre du jour, comme elle l'est aujourd'hui. Ils ont très temporairement pensé à utiliser des voix indiennes, ou au moins à faire prendre un léger accent indien aux acteurs et actrices. Mais cette idée a été très vite abandonnée, comme le rappelle Darleen Carr, la voix de la petite fille à la fin du film : « Il n'y a jamais eu de suggestion pour un accent indien, et comme vous le savez, aucun des acteurs n'a pris d'accent indien, y compris Mowgli[71]. »

Baloo continue d'essayer de trouver le meilleur moyen d'être satisfait, d'une branche d'arbre à un rocher, et Johnston a intelligemment utilisé les accents plus forts du solo de trompette pour varier les mouvements et il atteint « l'apogée de l'excitation » comme le dit le script. Pour l'exprimer, l'animateur a pensé à dessiner les yeux d'une manière particulière, comme s'il était hypnotisé avec les deux pupilles au milieu des yeux.

Baloo glisse dans la rivière

La meilleure façon de mettre fin à l'extase de Baloo était d'opter pour un anti-climax. Soudain, la musique est plus douce et plus lente, tandis que Baloo glisse dans la rivière. La musique est aussi Dixieland que possible. Mowgli le rejoint et, une fois de plus, ils ne font qu'un en s'asseyant sur le ventre de Baloo. Cette fois, les leçons de vie sont dites et non chantées. C'était nécessaire, car après tout, l'hommage de Baloo à la paresse avait été chanté de manière très énergique, et il était donc temps de se calmer et de mettre en pratique.

Nous revoyons la panthère dans une réutilisation d'une animation précédente et ensuite, au sommet d'une branche au-dessus du duo. De nombreux plans de cette séquence apparaîtront dans la promotion du film. Les publicitaires ont compris la puissance commerciale de cette séquence. Les animateurs d'effets spéciaux ont réalisé quelques ondulations et éclaboussures d'eau. À l'époque, le département était réduit à une poignée d'artistes.

Dans l'eau, Baloo reprend le chant

La version rythmée reprend, avec le banjo et tout le reste, tandis qu'ils nagent. Alors que Bagheera décide d'abandonner à nouveau et de partir, un gimmick tout au long du film, Mowgli se joint à la chanson. Il serre Baloo dans ses bras autant qu'il le peut. Ollie Johnston a toujours accordé de l'importance au contact dans ses animations de relations étroites. Il fera plus tard de même avec O'Malley et Duchesse dans *Les Aristochats* (1970) ou Penny et Rufus dans *Bernard et Bianca* (1977). Sans aucun doute, ce lien entre Baloo et Mowgli, cette complicité, cette connexion plus qu'amicale témoignent du don de Johnston pour animer des relations sincères. A la fin de cette séquence, Mowgli est fou de joie, son sourire et ses yeux rayonnants lorsqu'il regarde Baloo le prendre dans ses bras sont très significatifs. Bien sûr, il ne faut pas négliger le travail des scénaristes, de Bill Peet à Larry Clemmons et Vance Gerry, mais c'était une époque où l'animateur se sentait plus libre de se laisser aller et d'apporter sa touche.

Premier plan des singes qui regardent

Le spectateur ne comprend pas vraiment pourquoi nous voyons ces quatre singes animés par Dick Lucas. Après tout, ils pourraient tout aussi bien n'être que des spectateurs, étonnés par l'étrange couple qui chante en contrebas. Mais le danger menace.

Pendant des années, Phil Harris a répété à quel point ce rôle avait changé sa vie. Il était déjà célèbre aux États-Unis grâce à ses émissions de télévision et à ses spectacles à Las Vegas, mais ce rôle allait lui apporter une reconnaissance mondiale. Bien que très sceptique au départ, tout le monde au studio bénit Walt d'avoir eu l'idée de l'engager. Jimmy Johnson, directeur de la musique chez Disney, est l'un d'entre eux : « C'est un plaisir de travailler avec Phil, qui est facile à vivre, plein d'humour et qui a un stock inépuisable d'histoires qu'il raconte avec beaucoup d'enthousiasme. Son sens de ce qui lui convient - et de ce qui ne lui convient pas - est très aigu[72]. »

Le succès de ce personnage allait avoir un impact à long terme sur le traitement de l'histoire, comme l'a confirmé Ed Hansen, assistant réalisateur : « Je pense que tous ceux qui ont travaillé sur le *Livre de la jungle* ont vraiment apprécié ce qu'ils faisaient. L'histoire elle-même était tellement différente de ce que nous avions fait auparavant. Les voix étaient excellentes. C'est vraiment l'apogée du développement des personnages. *Le Livre de la jungle* est un tableau dans lequel on trouve la plus grande variété de personnages qui ait jamais existé, et chaque personnage a une personnalité très forte[73]. » Pendant de nombreuses années, les voix et les personnalités ont primé sur toute autre considération, au détriment de l'histoire. C'est peut-être l'une des raisons de la faiblesse des histoires dans les films des années 1970 et 1980. Reitherman et ses collègues ont misé sur le pouvoir des personnages pour porter les films. Mais cela n'a pas suffi. Pourtant, ils avaient de bonnes raisons de croire en cette recette. Après tout, *Le Livre de la jungle* a l'intrigue la plus légère qui soit : Ramener un garçon dans un village parce qu'il est menacé par un tigre. Rien d'autre. Cela fonctionne grâce aux chansons et à la rencontre avec des personnages très réussis, de Baloo aux vautours.

---

[1]Conférence à Glendale, 1985.

[2] Entretien avec l'auteur, mai 2010.

[3]PEET, Bill, *Bill Peet, An Autobiography*, Boston, Houghton Mifflin Company, 1989.

[4] Entretien avec l'auteur, juillet 1987.

[5] Conférence à Glendale, 1985.

[6] GHEZ, Didier, *Walt's People, The Ross Care Letters, volume 29*, Skyway Press, 2024.

[7] Blog de M. Fun

[8] Entretien avec l'auteur, juillet 1987.

[9]CANEMAKER John, *Storytelling in animation, the Art of the Animated Image, Volume 2*, The American Film Institute, 1988.

[10] Entretien avec l'auteur, janvier 1988.

[11]GHEZ, Didier, *Walt's People, Volume 6, Talking Disney with the artists who knew him*, Xlibris Corporation, 2008.

[12] BERTOLACCINI, Bri, *The jungle book (1967) : A Disney Hand-Drawn Animation Masterpiece*, Walt Disney Museum, www.waltdisney.org/blog/jungle-book-q-and-a,Posted on Wed, 09/28/2022.

[13] M. Fun Blog.

[14] Entretien avec l'auteur, mars 2010.

[15] Entretien avec l'auteur, juillet 1988.

[16] Entretien avec l'auteur, juillet 1988.

[17] Entretien avec l'auteur, août 2017.

[18]GHEZ, Didier, *Walt's People, Volume 5, Talking Disney with the artists who knew him*, Xlibris Corporation, 2007.

[19]GHEZ, Didier, *Walt's People, Volume 8, Talking Disney with the artists who knew him*, Xlibris Corporation, 2009.

[20] Entretien avec l'auteur, janvier 2010.

[21]GHEZ, Didier, *Walt's People, Volume 13, Talking Disney with the artists who knew him*, Theme Park Press, 2013.

[22]Walt Disney family Museum special exhibits, *Walt's Family and Friends*, Interview with Ollie Johnston and Frank Thomas, March 30, 2007.

[23] Entretien avec l'auteur, juillet 1988.

[24] Entretien avec l'auteur, juillet 1988.

[25]LARSON, Eric, *50 years in the Mouse House*, édité par Didier Ghez et Joe Campana, Theme Park Press, 2015.

[26]THOMAS, Frank et JOHNSTON, Ollie, *Disney Animation, The illusion of life*, New York, Abbeville Press, 1981.

[27] Entretien avec l'auteur, juillet 1987.

[28]GHEZ, Didier, *Walt's People, Volume 7, Talking Disney with the artists who knew him*, Xlibris Corporation, 2008.

[29]THOMAS, Frank et JOHNSTON, Ollie, *Disney Animation, The illusion of life*, New York, Abbeville Press, 1981.

[30]PERI Don, *Working with Walt, interviews with Disney Artists*, The University Press of Mississippi, 2008.

[31] Conférence de Milt Kahl, 2 avril 1976.

[32] http://www.michaelbarrier.com/

[33]THOMAS, Frank et JOHNSTON, Ollie, *Disney Animation, The illusion of life*, New York, Abbeville Press, 1981.

[34] Entretien avec l'auteur, juillet 1987.

[35]GHEZ, Didier, *Walt's People, Volume 10, Talking Disney with the artists who knew him*, Xlibris Corporation, 2011.

[36] Conférence de Milt Kah, (Talent development discussion group on animal action, Decembre 20, 1973)

[37] Entretien avec l'auteur, octobre 2011.

[38] Entretien avec l'auteur, juillet 1987.

[39] Entretien avec l'auteur, juillet 1998.

[40] Entretien avec l'auteur, juillet 1988.

[41] Entretien avec l'auteur, novembre 2010.

[42] Entretien avec l'auteur, novembre 2010.

[43] Entretien avec l'auteur, novembre 2010.

[44] Entretien avec l'auteur, novembre 2010.

[45]CANEMAKER, John, *Walt Disney's Nine old men*, New York, Disney Editions, 2001.

[46] http://andreasdeja.blogspot.com/

[47]BROOKS, Carroll Ann Brooks, *Drawing Magic from the Pen*, Newsworld, 23 mai 1978.

[48] http://andreasdeja.blogspot.com/

[49] Entretien avec l'auteur , juillet 1988.

[50] Entretien avec l'auteur, novembre 2010

[51] Conférence de Milt Kahl, 12 janvier 1977.

[52] Conférence de Milt Kah, (Talent development discussion group on animal action, Decembre 20, 1973)

[53] Conférence de Milt Kah, (Talent development discussion group on animal action, Decembre 20, 1973)

[54]BOHN, *James, Music in Disney's animated features*, University Press of Mississipi, 2017.

[55]THOMAS, Frank et JOHNSTON, Ollie, *Disney Animation, The illusion of life*, New York, Abbeville Press, 1981.

[56]PEET, Bill, *Bill Peet, An Autobiography*, Boston, Houghton Mifflin Company, 1989.

[57] Entretien avec l'auteur, juillet 1987.

[58] Entretien avec l'auteur, février 2018.

[59] Entretien avec l'auteur, juillet 1987.

[60] THOMAS, Frank et JOHNSTON, Ollie, *Disney Animation, The illusion of life*, New York, Abbeville Press, 1981.

[61]GHEZ, Didier, *Walt's People, Volume 7, Talking Disney with the artists who knew him*, Xlibris Corporation, 2008.

[62] Entretien avec l'auteur, avril 2011.

[63] Entretien avec l'auteur, juillet 1987.

[64]GHEZ, Didier, *Walt's People, Volume 7, Talking Disney with the artists who knew him*, Xlibris Corporation, 2008.

[65]CANEMAKER, John, *Walt Disney's Nine old men,* New York, Disney Editions, 2001.

[66] GHEZ, Didier, *The Origins of Walt Disney'sTrue Life Adventures, Hyperion Historical Alliance Press,* 2022.

[67]GHEZ, Didier, *Walt's People, Volume 6, Talking Disney with the artists who knew him*, Xlibris Corporation, 2008.

[68]Projet TEI, static.library.ucla.edu/oralhistory/text/masters/21198-zz0008zkzw-4-master.html, avril/mai 1989.

[69]GHEZ, Didier, *Walt's People, Volume 7, Talking Disney with the artists who knew him*, Xlibris Corporation, 2008.

[70] Entretien avec l'auteur, avril 2011.

[71] Entretien avec l'auteur, février 2023.

[72]JOHNSON, Jimmy, *Inside the whimsy works*, édité par Greg Ehrbar et Didier Ghez, University Press of Mississippi, 2014.

[73] Entretien avec l'auteur, juillet 1988.

La chanson du roi Louie (Séquence 006) De 30'43 à 36'30

Le contexte social dans lequel a été réalisé *Le Livre de la Jungle* mérite quelques commentaires. Entre les premiers jets de 1962 et la sortie du film, les États-Unis ont connu d'énormes bouleversements. La guerre du Vietnam était une préoccupation quotidienne, déchirant la nation, John Fitzgerald Kennedy était assassiné, Malcolm X aussi, les mouvements pour la guerre civile ainsi que les manifestations anti-guerre tournaient souvent à la violence et à la mort (de New York à Atlanta et Chicago), la guerre froide faisait rage, les Beatles provoquaient un raz-de-marée avec leur tournée triomphale de 1964, la musique rock britannique était omniprésente, défiant Elvis et aussi le jazz. La cérémonie des Oscars de 1968, où l'on attendait des Oscars pour les chansons du *Livre de la jungle,* a même été reportée en raison de l'assassinat de Martin Luther King. En ce qui concerne les films hollywoodiens, certains films sortis la même année que *Le Livre de la Jungle* révèlent un changement de ton : *Bonnie and Clyde, Dans la chaleur de la nuit, Le lauréat, Devine qui vient diner ce soir ?* Bruce Reitherman, la voix de Mowgli, en est conscient : « C'était une époque où le divertissement en général subissait des changements, où l'on pensait que les goûts du public changeaient, où le divertissement familial était considéré d'une manière différente[1] . » Ce contexte a-t-il influencé le film d'une manière ou d'une autre ?

La plupart des artistes de Disney avaient une cinquantaine d'années, Walt était dans la soixantaine. Ils n'avaient pas été élevés dans des années d'émancipation des femmes, de grèves violentes et d'émeutes raciales, l'armée américaine n'avait pas encore été vaincue (la guerre de Corée étant considérée comme un match nul), le tout au son de la musique de jazz. Cela se voit. Quand par exemple ils avaient imaginé d'engager les Beatles pour faire les voix des vautours, Walt avait dit que ce n'était pas forcément une bonne idée, qu'ils allaient vite tomber en désuétude et être oubliés. John Lennon avait de toute manière refusé. La musique, atout incontestable du film, n'est pas du tout influencée par le rock britannique, elle reste du jazz et du Dixieland, ce à quoi les frères Sherman avaient été éduqués par leur père. Bien sûr, les films de Disney s'efforcent toujours de rester à l'écart de la politique et les sujets qui ont nourri la nouvelle génération de films sont absolument absents. Pourtant, Mowgli aux cheveux longs est un enfant indépendant qui se rebelle face à la discipline et aux ordres, le tout incarné par Bagheera. De même, l'armée n'est-elle pas tournée en dérision à travers les autoritaires discours grotesques de Hathi ? On pourrait même ajouter que la décontraction du film a pu être influencée par une époque où les jeunes commençaient à remettre en cause de vieilles valeurs, comme le travail, la famille et le patriotisme. C'est d'ailleurs quelque chose qui a attristé Walt. On pourrait même dire que l'omniprésence d'une musique entraînante tout au long du film a pu être stimulée par l'époque. En effet, nous avons ici deux grandes chansons de jazz à la suite, avec le court intermède des singes qui enlèvent le garçon. Seul Ward Kimball et quelques autres ont peut-être été plus sensibles à l'atmosphère de l'époque, et cela s'est vu dans son travail expérimental (et ses tenues...).

La plupart des autres étaient plus tournés vers le passé. Et beaucoup de ces anciens auraient du mal à être sur la même longueur d'onde que la nouvelle génération d'artistes Disney des années 1980. À titre d'exemple, plusieurs ont indiqué que pour s'inspirer, ils avaient regardé le film de 1942 de Zoltan Korda *Le Livre de la Jungle*, un film médiocre entièrement tourné en studio, avec uniquement des acteurs blancs pour jouer les Indiens, à l'exception de Sabu dans le rôle de Mowgli. Il est intéressant de noter que Mel Shaw, après *Bambi*, a été engagé par Korda pour travailler sur les décors. Le film a été tourné sans aucune connaissance approfondie de la culture locale, et les hyènes tachetées d'Afrique ou les singes d'Amérique du Sud figuraient parmi les animaux représentés. Il y avait même un orang-outan...

Comme le film devait être une succession de rencontres et de séquences divertissantes et que le fil conducteur était secondaire, la production s'est poursuivie même si l'histoire était loin d'être achevée, comme l'a regretté Milt Kahl auprès de Richard Hubler : « Mais nous avons animé quatre séquences de ce film avant de savoir où diable nous allions avec l'histoire. Après que l'histoire originale ait été rejetée (...) C'était à peu près Frank et moi (...) A partir de là, le garçon est kidnappé par les Bandar-log et nous avons eu la séquence du Roi Louie. Oui, à partir du milieu, nous n'avions pas d'histoire. Nous n'avions ni début, ni fin, ni quoi que ce soit d'autre. C'est à peu près à ce moment-là que j'ai dit : 'Vous ne pensez pas qu'on devrait avoir une réunion ?' J'ai commencé à avoir des visions de Pinocchio[2] . » Comme nous l'avons vu dans le volume 1, la production de *Pinocchio* a été interrompue au bout de six mois en raison de problèmes liés au personnage central et à l'histoire.

Si King Louie est une invention totale du studio Disney, il en va de même pour toute la séquence. Cependant, elle est, comme on peut s'y attendre, basée sur le livre, même si c'est de manière assez vague. Dans le chapitre « La chasse de Kaa », Kipling explique que pendant que Baloo et Bagheera dormaient, les singes avaient enlevé Mowgli et l'avaient emmené dans un lieu ancestral « ...ce qu'on appelait les Froids Repaires était une ville abandonnée, perdue et enfouie dans la jungle, et les bêtes ne fréquentent guère un lieu que les hommes ont déjà fréquenté ». Bien sûr, une ville abandonnée et dévorée par la jungle était esthétiquement très attirante. De plus, comme nous le verrons, Kipling a donné une description très détaillée de cette région mythique. *Le Second Livre de la Jungle*, une suite écrite en 1895, mentionne même un trésor à y trouver. Chez Disney, dans une des premières intrigues, lorsque le chasseur Buldeo était encore au casting, il ne cessait d'insister auprès de Mowgli pour qu'il lui dise où était caché le trésor dans cette ville perdue. Cette idée a été abandonnée, mais l'idée d'y organiser une séquence a été conservée. Mais la ville aurait un roi... un roi d'un genre particulier.

Fondu-enchaîné et entrée dans les ruines antiques

Les Froids Repaires de Kipling sont devenus les « ruines antiques », comme le dit Bagheera. Le plan montre un palais hindou perdu dans la jungle. L'endroit est immense puisqu'on voit les piliers de ce qui aurait pu être une porte au premier plan. C'est l'un des quelques plans utilisant la Multiplane du film. La caméra traverse deux niveaux de piliers et de palmiers. Ce plan est celui de Don Griffith. Lorsqu'il s'y est attaqué, il a listé ce que devait contenir la Cité Perdue : « Passages, rues, palais sans toit, trône du roi singe, trésor du donjon ». Le temple que l'on aperçoit de loin est composé de trois tours. Kipling avait donné des descriptions assez précises du lieu : « Un roi l'avait bâtie, il y avait fort longtemps, sur une éminence. On pouvait encore discerner les chaussées de pierre qui conduisaient aux portes en ruine où d'ultimes fragments de bois pendaient aux gonds usés et rouillés. Des arbres surgissaient des remparts où ils avaient poussé ; les créneaux délabrés s'étaient écroulés et des lianes, qui passaient par les fenêtres des tours surmontant les remparts, pendaient en grosses touffes. »

Les temples indiens sont très variés, selon les influences religieuses (bouddhistes ou hindouistes), l'époque et le dieu auquel ils sont dédiés. Les plus hauts ne sont pas ceux que nous voyons ici, car ils sont généralement rectangulaires et couverts de statues. Les premières esquisses de Griffith présentaient trois tours plutôt droites, comme celle du milieu. Dès le départ, il avait décidé d'en placer une plus haute au milieu. Mais ce n'est pas le type de tour le plus typique que l'on trouve en Inde. Il ne fait aucun doute que l'artiste s'est inspiré de celle du fort de Chittorgarh, au Rajasthan, appelée Victory Tower, construite en grès en 1448. Comme ici, elle était construite sur un plateau. Elle a été abandonnée au XVIe siècle.

Ce qui est inhabituel, c'est son format carré à plusieurs niveaux. Mais le choix de ce site indien est logique car Kipling lui-même a fait référence à cette ancienne capitale du Rajasthan dans ses écrits et a même donné le nom d'une princesse de Chittor, Pudimini, à l'éléphant de Petersen Sahib dans *Toomai des Elephants*. Griffith a dû être conseillé par Ken Anderson, qui avait lui-même conçu des possibilités avec des tours plus rondes et moins hautes. Cette tour de droite est plus basse et ressemble beaucoup au temple trikuta de Sri Mallikarjuna à Hirenallur, dédié à Shiva, ou au temple de Dwarka au Gujarat pour Krishna. La troisième tour, à gauche, ne laisse pas de doute : elle est presque une réplique de la tour principale du temple de Bhubaneswar, dans l'État d'Orissa. Le résultat est donc un mélange d'inspirations, indépendamment des styles et des époques. Cependant, l'idée d'une ville perdue envahie par la végétation comme les ficus ou les banians est influencée par le site mondialement connu d'Angkor Vat au Cambodge. La vue de ce palais est très proche de celle que le touriste peut avoir en voyant Angkor pour la première fois, même s'il y a plus de tours. En effet, l'architecture bouddhiste reste un point commun entre plusieurs de ces temples, l'hindouisme et le bouddhisme ayant souvent été imbriqués.

Au fur et à mesure que nous entrons, la musique s'élève et nous entendons d'abord des percussions et du scat. Nous avons le sentiment que l'ambiance de la chanson de Baloo pourrait prévaloir. Cela tisse une toile de fond musicale très cohérente. Et lorsque, après un nouveau fondu-enchaîné, nous découvrons le personnage principal, la voix de scatte est plus forte. On comprend qu'elle vient de cet orang-outan qui est sur son trône. Encore une mise en scène astucieuse où tout est dessiné pour qu'il apparaisse comme une créature vénérée : le trône est central, mais les deux grosses racines ajoutées aux singes qui l'entourent forment une sorte de cercle, avec tous les regards tournés vers lui. Ils avaient temporairement imaginé un trône au sommet d'une succession de 3 plates-formes comme un immense escalier. Le pot de fruits rappelle le cornupia, ressemblant à une offrande ou à un signe d'abondance. Le trône est très orné, dans le style des sculptures hindoues. Une fois de plus, il y a une impression de paresse car le singe détendu est presque couché dans son trône, les yeux fermés. Un œil attentif remarquera quelques problèmes de tenue des cellulos de la tête du singe. Le singe est de Lounsbery, mais les cycles de singes qui l'entourent sont d'Eric Cleworth.

Gros plan sur King Louie

Eric Cleworth a eu le rare honneur de « lancer » le personnage. Comme le singe n'arrête pas de chanter en scat, les scénaristes et animateurs ont pensé à quelques clichés, pourtant vrais, pour en faire un singe, de la banane au grattage de ventre. Il a l'air de s'ennuyer. Mais quelque chose va l'amuser, et le plan suivant montre un Mowgli qui se débat, capturé par plusieurs singes. C'est Fred Hellmich qui s'en charge. Les singes sont mieux dessinés que Mowgli et une partie de l'animation a été réutilisée de scènes précédentes par John Sibley dans la scène 1 de la séquence 005 où ils kidnappent le garçon.

L'idée d'accompagner la chaîne des singes par le son d'un accordéon est géniale. Le fond flou est une autre preuve que les maquettistes se sont inspirés des sites d'Asie du Sud-Est comme Angkor Vat. On y voit le grand visage d'un Dieu aux yeux fermés, à la mode khmère. Les couleurs sont très claires car l'accent est mis sur les singes et Mowgli. Le plan suivant montre le roi Louie, toujours par Cleworth, et Mowgli par Hal King. Il dit : « Alors c'est toi le petit d'homme », ce qui prouve qu'il a entendu parler de lui.

« Ouh, ça c'est fou »

Ce gros plan de Cleworth est très cartoonesque lorsqu'il dit « fou ». Ce qui est intéressant, c'est que le registre d'animation indique que le visage devrait être « idiot à la Kimball. » Nous savons que Ward Kimball, qui a quitté l'unité des longs métrages après *La Belle et le Clochard* (1955) où il devait animer les chats siamois, faisait souvent rouler les yeux de ses personnages, comme dans le cas du Chesire Cat. Les yeux roulants contribuent grandement à transmettre cette folie. Hal King a dû animer le garçon à l'envers, ce qui n'est pas courant, mais les dessins sont bons.

Les singes déposent Mowgli devant le roi Louie médusé

C'est maintenant Milt Kahl qui prend en charge l'animation. Dans une série bien connue intitulée *The Disney Family Album*, Woolie Reitherman a déclaré : « Nous avons utilisé un orang-outan dans le Livre *de la Jungle* parce que c'est en fait ce que Rudyard Kipling avait dans son histoire du *Livre de la Jungle*, bien sûr nous avons pris beaucoup de libertés avec lui[3] . » Peut-être a-t-il suivi à la lettre le conseil de Walt : ne pas lire le livre de Kipling. Kipling connaissait suffisamment l'Inde pour savoir que ces singes n'y vivent pas, mais en Indonésie. Pourtant, Bill Peet avait déjà « pris ces libertés » et en avait esquissé un dans ses premiers travaux. Après son départ, Ken Anderson a pris la relève et c'est lui qui a planifié toute la collection d'animaux à présenter, y compris Rocky le rhinocéros, qui a disparu à la dernière minute. Anderson se sentait pardonné par Walt et fit de son mieux pour le mériter en contribuant à des centaines de dessins, principalement du Roi Louie, de Shere Kahn et, plus tard, de la petite fille indienne.

Les batailles d'egos n'étaient pas inconnues au sein du studio et cet auteur pense que le départ de Bill Peet a été un soulagement pour certains. Ken Anderson fait tout pour combler le vide et se sent probablement plus libre de s'exprimer, d'autant plus qu'il s'entend très bien avec les animateurs. Son rôle va bientôt devenir de plus en plus important. Il nous explique comment il travaille : « Lorsque j'esquisse un nouveau personnage, j'essaie d'abord de penser à sa personnalité et, s'il s'agit d'un chat, je me demande à quoi il ressemblera dans cette personnalité, quelles seront ses poses et ses actions. Les animateurs utilisaient généralement les croquis que je faisais comme modèles, mais un seul animateur les améliorait, et c'était Milt. Il les prenait et les améliorait[4]. » Walt Stanchfield a souvent souligné son talent : « Peu de gens connaissent mieux le jeu d'acteur que Ken Anderson. Ken est passé de l'animation à la mise en scène il y a de nombreuses années et a développé la fonction de présentation visuelle à un très haut niveau. Il a fait de nombreuses études pour inspirer les réalisateurs, les scénaristes, les maquettistes et les animateurs à tirer le maximum de possibilités de chaque personnage et de chaque situation[5]. »

Dans son livre, Kipling est très sévère à l'égard des singes (bandar-log) : « Mowgli, dit Baloo, tu as parlé aux bandar-log, le peuple singe (...) Le people sans loi, mangeur de tout. C'est une grande honte. » Il fait également dire à Baloo : « Ils sont très nombreux, mauvais, malpropres, impudents, et ce qu'ils désirent, si tant est qu'ils aient un désir précis, c'est se faire remarquer du Peuple de la Jungle ». L'auteur a également insisté sur le fait qu'ils n'avaient pas de chef ! Le regretté expert Michael Sporn avait écrit sur son blog : « Je me souviens que Walt Disney aurait dit qu'il ne fallait jamais animer un singe. Ils sont déjà assez drôles dans la vie réelle ; l'animation ne peut pas les améliorer. Je me souviens avoir pensé à cette citation le jour où j'ai vu ce film pour la première fois[6]. » Il semble que Walt ait changé d'avis lorsqu'il a vu les croquis en couleur d'Anderson. En montrant certains d'entre eux, ce dernier a expliqué à cet auteur : « Prenez ces King Louie là, ce sont tous des essais différents, des costumes différents, des casques différents, soufflant dans une corne, parce que nous ne savions pas ce qu'il allait être, aucune des scènes n'était encore animée. La position dans le fauteuil vient d'un dessin que j'ai fait. C'est Milt qui l'a animée et il a été très bon[7]. »

Mais avant de l'animer, Kahl a dû affiner le dessin sommaire de son collègue. Il lui a donné un museau moins rond, mais l'a allongé. Ils ont également décidé d'entourer ses yeux d'une couleur violette également utilisée pour ses mains, le museau étant rose. Le reste du corps est principalement orange, comme on pouvait s'y attendre. Nous avons vu dans le volume 2 que Marc Davis les avait souvent dessinés en direct lorsqu'il était jeune au zoo de San Francisco et qu'il avait peut-être apporté un coup de main à son ami Kahl. Ils pouvaient également s'inspirer des orangs-outans du zoo de Los Angeles, comme on peut le voir dans l'épisode télévisé mentionné plus haut. Une fois que Kahl a été satisfait du design final, il a réalisé quelques animations qu'il a commentées pour Michael Barrier et Milton Gray : « J'avais un personnage sacrément drôle, King Louie. Il ressemblait vraiment à un orang-outan, un peu méchant, aux cheveux fins et à l'aspect mité. C'était un bien meilleur personnage que celui que nous avons eu dans le film. Ce qui s'est passé, c'est que Walt a regardé l'animation de quelqu'un d'autre et qu'il l'a critiquée, et je vous jure que nous avons dû changer le personnage à cause de cela. Je n'ai pas vraiment eu l'occasion de construire le personnage. Si j'avais fait à mon idée, il aurait aimé[8] ». Du Milt Kahl pur jus... Ce qui déplaît à Walt, c'est que le singe est trop chauve et que ses yeux sont trop petits. Kahl, mécontent, l'a mal pris et Andreas Deja raconte ce qui s'est passé ensuite : « Walt a demandé ces changements. Selon Dave Michener, qui a assisté Milt Kahl sur le *Livre de la Jungle*, Milt n'était pas d'humeur à s'occuper de ces modifications. Il a dit à Dave : 'Tu le fais[9] !" ». À l'époque, John Freeman n'est plus l'assistant de Kahl, c'est Dave Michener qui s'en charge. Cela signifie qu'il devrait également dessiner chaque rayure du tigre Shere Khan ! Mais il y a quelque chose qui a frappé Andreas Deja : « Je me suis demandé pourquoi un détail, très typique des orangs-outans mâles, n'apparaissait pas dans le dessin du personnage. Les orangs-outans mâles ont des joues en forme de rabats, et ni Bill Peet, ni Ken Anderson, ni Milt Kahl ne se sont amusés à dessiner ces rabats sur le visage de Louie, pendant la phase de conception. Je suppose qu'ils ont considéré qu'il s'agissait d'une caractéristique peu attrayante et qu'ils l'ont donc laissée de côté[10]. » Quoi qu'il en soit, le système Xerox était très bien adapté à la silhouette velue du singe, avec ses cheveux en désordre et ses coudes poilus. Kahl exigeait qu'on ne retouche en rien ses propres dessins pour en conserver le trait vif et original.

Quant à sa personnalité, il est « le roi de la danse », comme l'a écrit Bob Sherman, mais c'est un roi, tout court. Il est le roi des singes, d'où le choix d'un singe plus grand pour régner sur des singes plus petits et obéissants. Tous les singes de l'Inde ayant plus ou moins la même taille, ils ont dû recourir au singe de Bornéo/Sumatra. C'est un roi nonchalant comme l'exprime le premier plan, comme s'il s'agissait d'une interprétation des « Rois Fainéants » français. D'ailleurs, comme on le pense des rois, il a la grosse tête et n'accepte pas d'être défié, ce qu'une courte scène révèlera plus tard. Comme nous l'avons écrit, il n'y a pas de roi chez Kipling, mais l'idée d'en avoir un est peut-être venue du fait que l'ancienne grande cité abandonnée a appartenu à un roi. En ce qui concerne l'animation, elle a été partagée entre 4 animateurs principaux : Cleworth, Lounsbery, mais surtout Kahl et Thomas.

Lorsqu'ils ont envisagé la voix du singe, les Sherman ont immédiatement pensé à Louis Armstrong, comme l'a expliqué Richard : « Louis Armstrong et ses enregistrements hot five et hot seven des années 1920 comptent parmi mes préférés. C'était l'occasion d'écrire dans ce style merveilleux. La chanson et son introduction dans la version originale 'I'm the king of swingers' (je suis le roi du swing) sont un hommage à Louis Armstrong. C'est un fait peu connu [11]. » Le compositeur a toujours été un grand admirateur de Louis Armstrong et le nom King Louie lui rend hommage. Il se trouve que Walt Disney lui-même aimait beaucoup le jazzman. Mais très vite, Dick Sherman s'est rendu compte qu'ils ne pouvaient pas faire cela. À l'époque, il aurait été politiquement incorrect d'avoir un artiste noir dans le rôle d'un singe. Comme nous l'avons dit plus haut, cette époque était celle de la lutte des Noirs pour leurs droits civiques. Lyndon B. Johnson avait adopté des lois qui amélioraient la situation, mais il restait encore beaucoup de chemin à parcourir. L'équipe de Disney craignait que la NAACP (National Association for the Advancement of Colored People) fondée en 1909, qui s'était battue pour leur émancipation, ne les poursuive en justice. Le musicologue James Bohn explique que c'est aussi une raison pour le changement de Louis en Louie : « Alors que le surnom King Louie fonctionne comme une double référence à Prima et à Louis XIV, le puissant monarque français, le personnage a en fait été nommé en l'honneur de Louis Armstrong [12]. » C'était une façon de dissimuler toute référence à Armstrong qui aurait pu être interprétée comme offensante. Dans les premières versions, il était appelé « Le Fou Louie ».

Pour ce qui est de la voix, puisqu'il a été jugé préférable de ne pas contacter Armstrong, Richard Sherman avait une autre option, comme il l'a confié à Daniel Kothenschulte : « Je me souviens que Louis Prima, que Dieu le bénisse, avait fait tout un enregistrement de *Mary Poppins* où il avait chanté des riffs sur une chanson appelée 'Chim Chim Cher-ee'. Il avait fait beaucoup de 'scooby dooby dooby' et des choses comme ça. J'ai donc pris ce disque, je l'ai apporté à la réunion et j'ai dit : 'Voici King Louie'. La première chose que Walt a dite, c'est : 'Je veux que vous alliez à Las Vegas. Il joue là-bas. Joue la chanson pour lui. Je veux qu'il le fasse' [13]. » L'homme est devenu mondialement célèbre grâce notamment à son tube « Just a Gigolo » (1955). Né à la Nouvelle-Orléans, il a été élevé au royaume du jazz et de la musique Dixieland, bien que ses parents soient originaires de Sicile. C'est ce qui explique les mots italiens qu'il utilise dans certaines de ses chansons. Bien qu'ils n'aient jamais enregistré ensemble, Prima semblait correspondre à l'approche de Phil Harris, car tous deux étaient connus pour improviser, changer les paroles et, bien sûr, scatter beaucoup. Prima a vécu une longue histoire d'amour avec Las Vegas, surtout après sa rencontre avec le saxophoniste Sam Butera, lui aussi italo-américain et fondateur du groupe The Witnesses. Prima l'avait connu par l'intermédiaire de son frère Leon, propriétaire d'un club à la Nouvelle-Orléans où Butera jouait. Prima et son groupe étaient très détendus, pleins d'humour et le public de Las Vegas adorait ça.

Heureusement, Tutti Camerata, qui était directeur musical chez Disney, connaissait Prima. Mais les Sherman devaient encore le convaincre de jouer le rôle, et Richard racontait souvent l'histoire de cette rencontre, comme dans leur livre : « Nous sommes allés à Las Vegas et avons joué 'Etre un homme comme vous' pour Louis Prima, Sam Butera et les Witnesses. C'étaient des sauvages sur scène, mais ils étaient les personnes les plus sérieuses que vous ayez jamais vues alors qu'ils s'asseyaient et nous écoutaient faire la démo de la chanson pour la première fois. Quand nous avons eu fini, Louis Prima nous a demandé : 'Vous essayez de faire de moi un singe ?' On a répondu 'oui' et il a dit 'Eh bien, je suis votre homme[14] !' ». Ce qu'il oublie de dire, c'est qu'ils ont attendu pendant des heures pour pouvoir jouer leur chanson, et ce n'est qu'à 4 heures du matin qu'ils ont trouvé une petite pièce avec un piano droit, mais Prima a fini par accepter. Il interprétera même la chanson avec son groupe.

Le roi Louie saisit Mowgli par le pagne

Nous avons noté en préambule qu'après tout, nous pourrions trouver quelques touches du milieu des années 60 dans le film et que King Louie pourrait en être le meilleur exemple : Le singe est un gars « cool » typique, un passionné de musique, qui ne pense qu'à s'amuser et à se divertir, que les hippies de l'époque appréciaient bien pour cela, loin d'un bourreau de travail de « l'Establishment ». Milt Kahl va essayer de trouver toutes sortes d'attitudes qui feront de lui cet « homme » décontracté. De plus, il fera bon usage de ses quatre mains tout au long de sa prestation, comme il en a rarement eu l'occasion. Au début des années 1960, Kahl était devenu obsédé par les mains dans l'animation. Dans ses cours de formation des jeunes, Walt Stanchfield prenait pour référence les études de Kahl sur les mains et ajoutait : « Laissez-moi vous rappeler que les mains sont les deuxièmes plus importantes après la langue en matière de communication. La langue et l'expression faciale sont presque toujours soutenues par les mains pour plus d'emphase. Nous avons tous vu des acteurs utiliser leurs mains seules pour exprimer des idées et des émotions[15]. » Le fait que le garçon agité gesticule frénétiquement met en évidence un contraste de comportement avec un singe plus lent et détendu, augmenté d'un peu de scat ici et là. Mowgli (gros plan de Kahl) ne commence à se calmer que lorsque le roi Louie essaie de lui serrer la main en l'appelant « cousin ». Cette réplique ouvre la voie au futur prétexte de la chanson, y compris son titre.

Le roi Louie offre une banane à Mowgli

Mowgli se calmera encore plus et commencera même à changer son attitude lorsque le singe lui parlera de rester dans la jungle. La banane est également un moyen de l'amadouer, tout comme le fait de couronner la tête du garçon avec sa propre peau de banane. Le travail sur la déformation de la joue droite pendant qu'il parle est très bien fait. Ensuite, lorsque le roi Louie lui laisse le trône, il semble qu'il fasse intelligemment de son mieux pour revaloriser le garçon parce qu'il a quelque chose à lui demander. De nombreuses répliques sont interrompues par des scats ici et là et Prima savait très bien le faire. Avec la phrase « c'est moi », Kahl a trouvé cette pose géniale où tous les membres pointent vers lui alors qu'il n'a qu'un seul bras. Cette pose est on ne peut plus significative, mettant en avant son égocentrisme, voire son narcissisme. Les scénaristes ont certainement insisté sur le fait qu'il était un roi et que, comme beaucoup de rois, il était imbu de sa personne. Kahl alterne également différents tempos, lorsque le singe est détendu ou désireux de faire quelque chose, comme lorsqu'il revient vers le trône d'un pas pressé. Et, encore une fois, il utilise les deux mains arrière pour les deux bananes. Sur son blog, Andreas Deja nous informe : « Cette scène dans laquelle le roi Louie offre à Mowgli 'deux bananes' a été animée verticalement sur du papier à 16 pouces. C'est logique, car la caméra se déplace d'un plan moyen jusqu'aux pieds, qui tirent une banane, puis une autre, en direction de Mowgli[16]. » Deux bananes semblent suffire à l'enfant naïf pour accepter le marché du roi Louie, même s'il ne fait pas vraiment le lien entre les deux. C'est une caractéristique constante du garçon innocent que d'être rapidement influencé au point de suivre n'importe qui, de Baloo à Kaa.

Le roi Louie s'assoit sur le bras du trône

Walt a associé Kahl et Thomas aussi souvent qu'il le pouvait. Le fils de Frank, Ted sait pourquoi : « Je pense que Walt savait que Milt excellait dans le dessin et que Frank excellait dans le jeu et le rythme, et que si vous les mettiez tous les deux ensemble, vous pourriez obtenir un résultat super, c'était l'idée. Bien sûr, il l'a fait pour *Bambi* avec beaucoup de succès et il l'a fait pour *Merlin l'enchanteur* avec succès et je pense qu'il en est de même pour *Jungle Book*[17] . » On ne peut pas trouver de personnages plus opposés : Kahl était très attaché à l'aspect esthétique de son travail, célèbre pour ses colères bruyantes et son langage fleuri, tandis que Thomas était cérébral, à la recherche de la meilleure mécanique pour son animation, à la voix douce, mais qui savait ce qu'il voulait. C'est pourquoi ils étaient souvent en désaccord, comme l'a admis Frank Thomas : « Je me souviens que Milt m'a regardé jeter un dessin qu'il trouvait magnifique et que j'ai dit que je ne pouvais pas l'utiliser, il m'a demandé 'Comment ça, tu ne peux pas l'utiliser ?' J'ai répondu qu'il n'exprimait pas l'émotion que je voulais transmettre, et il m'a dit 'Bon sang, chaque fois que tu as un bon dessin, mets-le dedans[18] '. »

Bien que la relation entre les deux hommes se soit tendue avec le temps, ils respectaient leurs talents respectifs et travaillaient efficacement, comme l'a confirmé Kahl : « Certaines personnes, comme Frank Thomas ou Ollie, sont proches de pouvoir faire à peu près tout[19] . » Pour le bien du film, ils collaboraient, comme l'a rappelé Dale Oliver : « La différence de point de vue entre Milt et Frank dans leurs dessins était qu'ils pouvaient se demander mutuellement de l'aide, Frank n'apportant que quelques changements, tandis que Milt, qui était un expert des mots de 5 lettres, disait : 'Pourquoi diable l'as-tu dessiné de cette façon, pour quoi faire ? Oublie ça'. Il ne s'exposait jamais à une situation de dessin impossible, il changeait la scène de telle sorte qu'il n'avait pas à dessiner[20] . » Kahl poursuit : « Nous avons toujours travaillé en étroite collaboration au fil des ans. Je vais en quelque sorte donner le coup d'envoi et faire démarrer le personnage - je vérifie souvent avec lui - je lui envoie souvent des dessins. » Mais ils ont tous eu recours à Milt Kahl pour obtenir de l'aide et des solutions, comme l'a expliqué Walt Stanchfield : « Tout le monde savait que Milt Kahl était l'un des meilleurs artistes et nous allions tous lui demander des dessins et de l'aide, même Ollie, Frank et Lounsbery, qui revenaient avec ses magnifiques dessins et disaient 'c'est magnifique, mais je ne peux pas l'utiliser'. C'était un style légèrement différent ». Stanchfield l'a souvent expérimenté lui-même : « Je me souviens que je travaillais sur Dieu sait quel personnage, mais j'avais besoin d'un modèle et je suis allé voir Milt. Il a pris une feuille de papier et c'était comme s'il avait tout en tête et qu'il le traçait, et voilà, pas d'ébauche, pas d'essai, il a juste dessiné, c'était incroyable. Ça lui a pris 5 minutes, je crois[21].

Le roi Louie commence à chanter

Après d'autres scats, le singe commence à chanter « Etre un homme comme vous » et il est vraiment difficile de voir une quelconque différence dans l'animation entre Kahl et Thomas ici. C'est la première chanson que les Sherman ont écrite pour le film après que Gylkinson ait été renvoyé par Walt, comme l'a rappelé Richard : « La chanson de base a été écrite avant que les story-boards ne soient développés. Une fois que les scénaristes et les artistes ont entendu la chanson, nous avons collaboré avec eux au développement de la séquence. Encore une fois, je dois ajouter que Walt Disney a eu beaucoup à voir avec ce qui s'est passé dans cette séquence follement drôle. À l'époque, chez Disney, c'était toujours un travail d'équipe. L'ajout de Baloo et des singes dans la chanson et toutes les choses folles qui se produisent pendant l'interprétation de la chanson ont été développés après l'écriture de la chanson de base[22]. » Une autre chanson, « Monkey See-Monkey Do » destinée aux singes, fut vite abandonnée. Bob trouvait des paroles, et le musicologue James Bohn explique comment ils ont trouvé la notion de « roi de la danse » : « Lors de la séance de brainstorming qui a abouti à 'Etre un homme comme vous', les frères se sont efforcés de trouver un moyen de rendre la chanson plus légère. Richard a raconté une autre façon dont l'utilisation des singes comme concept a conduit à la chanson : 'Qu'est-ce qu'un singe fait ? Il se balance dans un arbre. Si un singe se balance dans un arbre, nous l'appelons le roi des singes, appelons-le le roi du swing. Nous sommes partis à fond'[23].' (swing veut dire balançoire).

Une fois son contrat signé, Prima s'est impliqué à fond, comme l'a écrit le manager musical Jim Johnson : 'Louis Prima voulait vraiment le rôle. Il a emmené tout son groupe à Burbank, à ses frais, pour auditionner devant Walt et les animateurs. Ils se sont installés sur l'une des scènes et ont joué leur numéro habituel de Las Vegas. Dans le cadre de son numéro, le batteur de Louis a enfilé un masque de singe en caoutchouc et a joué de la batterie avec des baguettes, les lançant en l'air, les rattrapant, puis jouant de la batterie dans toute la salle, sur des chaises, sur le sol et sur d'autres instruments[24].'

Le jour auquel il fait allusion est un jour que peu de gens oublieront. Le groupe enthousiaste est arrivé pour enregistrer la chanson sur la grande scène. Les animateurs, les scénaristes, les compositeurs et les réalisateurs étaient là et ils ont vu les musiciens se produire et justifier leur réputation de 'spectacle le plus déjanté de Vegas'. Tout comme ils l'ont fait sur scène dans la ville-casino, ils ont commencé à traîner, à parader et à jouer en marchant et en dansant. Les artistes riaient, s'amusaient et se félicitaient d'avoir filmé pour pouvoir utiliser les images. Richard Sherman se souvint : « Louis Prima et son groupe Sam Butera and the Witnesses étaient de superbes musiciens. Ils ont joué et chanté la chanson plusieurs fois jusqu'à ce qu'eux-mêmes et notre réalisateur, Woolie Reitherman, soient satisfaits[25]. » Bien qu'il n'ait pas été avec eux, l'assistant Floyd Norman s'est souvenu du moment où ils sont tous revenus de la session : « Le jour où Louis Prima et son groupe sont venus enregistrer, tous les animateurs vétérans étaient présents. Louis Prima était un showman de Las Vegas, et il savait vraiment comment monter un spectacle. Il s'est vraiment mis dans la peau du roi Louie et il a fait vibrer la salle. Tout le monde hurlait de rire. Les choses étaient bien plus drôles ce jour-là sur le plateau d'enregistrement que dans le film fini (...) La porte de l'aile D s'est ouverte et les vieux, Milt, Frank et Ollie, sont entrés en riant à gorge déployée. On aurait pu croire qu'ils revenaient d'une fête. D'une certaine manière, c'était le cas (...) Alors que Prima faisait son numéro, le showman de Vegas ne pouvait pas rester en place. Il a commencé à se prendre pour l'orang-outan, et avec toute l'énergie dépensée, le groupe n'a pas pu s'empêcher de se joindre à lui (...) Je n'exagère pas quand je dis que Louis Prima et son groupe ont complètement 'flippé'. Les derniers morceaux que vous entendez sur la bande originale du film ont été édulcorés. Et je veux dire, très, très édulcorés. Louis Prima en plein 'Vegas tilt' était plus que ce que les cinéphiles de Disney des années 60 auraient pu supporter[26] . »

La séance avait été très animée, peut-être même un peu trop, comme l'a dit Richard Sherman : « Plus tard, comme le film devait être entièrement scénarisé, il a été décidé qu'un nouvel enregistrement était nécessaire pour que l'ensemble de la partition ne semble pas recollé l'un à l'autre. Le rythme et le style sont restés les mêmes, mais cela a donné une impression de continuité à la bande sonore[27] . » En fait, les ingénieurs du son n'ont pas dû pouvoir contrôler la qualité du son car les musiciens se déplaçaient constamment. En outre, ils n'étaient pas toujours synchronisés car ils avaient été habitués à jouer de manière très décontractée.

Prima était très heureux de faire partie du jeu et il appelait régulièrement pour être tenu au courant de l'évolution des choses, même lorsqu'il était en vacances à Lake Tahoe. Les animateurs étaient impatients de voir ce que les scénaristes allaient tirer de cette séance de folie et de commencer à animer cette séquence. À l'époque, les animateurs avaient de plus en plus leur mot à dire sur les story-boards, comme s'en souvient Norman : « D'habitude, les animateurs ne s'immiscent pas dans les réunions sur les histoires, mais Frank Thomas voulait rester dans les parages. Je suppose qu'il avait des suggestions à faire. Certains pensaient que les animateurs devaient rester en bas et nous laisser tranquilles. Mais il n'est pas facile de dire à un superviseur de l'animation de s'en aller. En fait, Thomas a apporté de bonnes idées [28]. » Et c'est lui qui serait l'animateur de la chanson. Certains animateurs voulaient participer de plus en plus au processus d'écriture de l'histoire. Contrairement à Bill Peet qui faisait savoir qu'il préférait travailler seul et n'avait que peu de considération pour les idées des animateurs, comme l'avait montré son rejet du projet *Chantecler*, Ken Anderson aimait la compagnie des animateurs et se considérait comme le 10ème Vieux Sage. De plus, Woolie Reitherman avait lui-même été animateur et était proche d'eux. Enfin, Larry Clemmons était très ouvert aux idées de chacun. Frank Thomas était probablement celui qui était le plus intéressé par ce projet. Dans les années qui ont suivi, en particulier sur *Les Aristochats* (1970) et *Robin des Bois* (1973), lui, Johnston et Kahl étaient toujours présents lors des réunions sur l'histoire.

Ollie Johnston l'avait déjà fait avec Baloo, mais ici, Thomas garde le rythme dans tout ce que fait King Louie, il y a un vrai groove dans l'animation et cette séquence est probablement l'une des meilleures choses que Thomas ait jamais faites. Ses années passées en tant que batteur sur grosse caisse dans le groupe de son université l'ont-elles aidé ? Il y a une certaine souplesse dans les mouvements, renforcée par les très longs bras. Il a conservé le principe de Kahl, qui consiste à utiliser le plus souvent possible la capacité d'utiliser les membres postérieurs, comme lorsqu'il s'adresse à Mowgli sur son trône. On voit que Thomas n'a pas dû passer trop de temps sur le garçon qui est très vite fait. Mais pour Andreas Deja, l'animation de Thomas est admirable : « Frank a fait les 58 dessins de la scène, il n'y a pas d'entre-deux. Tout au long de la scène, Louie rebondit au rythme de la musique, ce qui fait que le mouvement d'ensemble est assez complexe. En raison de la quantité de travail, ils n'ont pas eu le temps d'affiner les dessins. Cette tâche a été confiée à l'assistant de Frank, Dale Oliver, qui a tracé les poses sur de nouvelles feuilles de papier avec de fines lignes de crayon noir esquissées[29]. »

Le gros plan où le roi Louie cherche des puces dans les cheveux de Mowgli est un plan emblématique et merveilleusement animé. Quant aux paroles, nous comprenons les inquiétudes du singe : il est frustré et aimerait être comme les hommes. C'est une pure invention de l'équipe de Disney. Bien sûr, vu le nombre de proverbes et d'expressions idiomatiques utilisant le mot « monkey » en anglais, Bob Sherman n'a pas pu s'empêcher d'écrire de nombreux jeux de mots perdus en français. Sur le plan de plus loin où il chante, Thomas répète le gag des yeux qui roulent.

Début du refrain

Avec d'autres mots comme « Ohh be do », et les choeurs des singes, « Hoop de Weep » commence le refrain. Nous voyons ensuite un gros plan sur les singes animés par Hal Ambro. Dans le livre de Kipling, il est évident que les « Bandar-log » ou singes sont des singes langurs car il indique qu'ils sont gris. Les singes langurs sont très répandus en Inde et omniprésents autour des temples pour essayer de ramasser les offrandes ou les restes de nourriture. Ils sont tous gris avec de longues et fines queues et leurs visages sont noirs. Ils sont donc très éloignés de ces derniers. On peut supposer que le fait d'avoir des singes au visage noir aurait pu poser plusieurs problèmes : auraient-ils été associés à des personnes noires ? Nous avons vu qu'ils s'efforçaient d'éviter ce genre d'ambiguïté. Ou peut-être que les visages noirs auraient été moins « lisibles ». Ils ont donc opté pour des singes rhésus indiens, qui sont effectivement bruns avec un visage et un museau rosés. Comme Hambro a plus ou moins dupliqué un singe en plusieurs, ils ont pensé à leur donner différentes nuances de brun, du rougeâtre au beige clair, pour plus de variété. Le rôle de ces singes est aussi de tenir le rythme. Il s'agit de cycles, mais ils maintiennent ce rythme tout au long, en se déplaçant sur le rythme, ajouté à leurs parties vocales.

Mowgli sur le trône et Flunky faisant du scat

Thomas a également animé un autre singe appelé Flunky, dont le nom n'est jamais prononcé dans le film. Il est censé être un serviteur soumis qui n'est là que pour servir de ventilateur à son roi. Cette idée a peut-être été inspirée par des films comme *Cléopâtre* (1963), sorti quelques années auparavant, où des esclaves font la même chose pour la reine d'Égypte. Ce singe est un peu différent et s'inspire d'un autre singe indien que l'on ne trouve que dans le Sud, le macaque à queue de lion dont la crinière argentée est une caractéristique typique. Ici, la crinière a été remplacée par des poils blancs. Son visage ressemble un peu à celui de King Louie, avec un museau rosé mais plus court et des yeux violets. Pour l'instant, il n'est qu'un choriste, mais son rôle va grandir, trop pour sa Majesté.

Flunky rejoint King Louie

Jusqu'à présent, l'attention s'est portée sur le roi Louie, égocentrique, qui se délecte de sa célébrité. Mais voici qu'arrive un audacieux Flunky qui va jusqu'à frapper son patron avec sa feuille de palmier. L'affrontement entre les deux protagonistes est lancé. King Louie est gêné par sa présence, ce qui gâche sa prestation. Une fois la chanson enregistrée, les scénaristes et animateurs ont pensé utiliser les solos joués par le groupe de Sam Butera. Il y a bien un duo avec une trompette. Ainsi, ce qui était un duel de jazz est devenu un duel de singes. A chaque nouveau plan, on voit que le singe prend de l'assurance et vole la vedette, et quand le roi Louie le chasse, il décide de monter en haut d'un pilier pour qu'on le laisse tranquille. Le combat se poursuit et Flunky se laisse emporter, oubliant son rang puisqu'il siffle maintenant une mélodie lyrique, un legato.

Flunky danse le charleston au sommet du pilier en sifflant

Mindy Aloff, écrivaine spécialiste du ballet, a analysé le passage : « L'action, comme la chanson, se compose de gags, de prises de bec, de défilés à la manière des groupes séculaires de la Nouvelle-Orléans, d'un peu de danse en couple et de beaucoup de ce que l'on pourrait appeler le maintien du rythme par le corps, parfois entrecoupé de pas de danse jazz que l'on peut nommer et parfois de simples sauts et passes sur place. Toute la séquence se déroule avec une nonchalance traînante, et le grand plaisir qu'elle procure semble, à première vue, presque imprévu. La situation narrative, cependant, est complexe[30]. » La façon dont Flunky danse fait écho à ce que nous avons dit à propos de l'âge des animateurs et de ce avec quoi ils ont été élevés : « Bien que cela semble désinvolte, décontracté, dans l'esprit des années 1960, et que le fait que King Louie et plus tard Baloo se pavanent et se trémoussent ait l'air déstructuré d'un Frug des années 1960, si le tempo était accéléré, nous verrions un Charleston, une danse des Années Folles. Et il s'avère que l'un des singes - un vétéran aux cheveux blancs, dont le travail consiste à tenir un parapluie de palme pour le roi Louie - chante avec la diction du chanteur Rudy Vallee, avant l'ère des grands orchestres, et danse en fait l'un des pas emblématiques du charleston : de petits coups de pied en forme de poire, le bras opposé au coup de pied étant projeté vers l'avant. À un moment donné, le vieux singe se fait un mégaphone avec ses mains et chante également d'une voix nasillarde. (Vallee chantait de cette façon et utilisait un mégaphone pour projeter son chant) ». Le charleston était *la* danse des années folles et tous les artistes de Disney étaient adolescents à l'époque. Marie, la femme d'Ollie Johnston, aurait pu servir de modèle à Thomas, car elle était une très bonne danseuse de charleston. Piqué au vif par la performance de Flunky, le roi Louie tente à son tour de le battre en faisant des choses plus extravagantes. C'est maintenant Eric Cleworth qui l'anime au sommet du pilier, et on sent une légère différence, dans la longueur du museau et la taille des yeux. Thomas a fait son travail, d'autres animateurs suivront désormais. Le plan des singes qui applaudissent a été laissé à Walt Stanchfield. Après avoir passé des années à être assistant pour les autres, il animait plus que jamais.

Walt Stanchfield (1919-2000) naît à Los Angeles et comprend très vite que le dessin sera sa passion. Après avoir obtenu son diplôme, il est engagé par Charles Mintz, dont Walt Disney se souviendra toujours avec amertume. Il n'a guère le temps de suivre les cours d'art de Chouinard puisqu'il s'engage dans la marine américaine pendant la Seconde Guerre mondiale. Il travaille ensuite pour Walter Lantz et enfin pour Disney en 1948 en tant qu'assistant : « Je ne me souviens même pas du premier film sur lequel j'ai travaillé, je crois que c'était *Cendrillon*, vous en savez probablement plus que moi. En ce qui concerne l'animation, j'ai fait ma première animation sur *La Belle au bois dormant*. Je crois que c'était sur La Belle au bois dormant, puis j'ai fait un peu d'animation sur tous les films. Je pense que j'étais une sorte de free-lance à l'époque, mais avec qui ai-je travaillé ? Eh bien, peu après mon arrivée ici, j'ai travaillé avec Lounsbery, puis, sous sa direction, je suis passé à l'animation. J'ai travaillé pour lui pendant dix ans, puis j'ai rejoint Ollie Johnston, avec qui j'ai travaillé pendant dix ans également[31]. » En fait, il a commencé sur *Ichabod and Mr Toad* (1948). Au milieu des années cinquante, il a commencé à travailler pour Ollie Johnston. Lorsque vint le moment de l'assister sur *Les 101 Dalmatiens* (1961), Johnston avait de graves problèmes de santé et fut très reconnaissant de l'aide précieuse de Stanchfield, ce sur quoi l'humble Stanchfield ne s'attardait pas : « Nous nous sommes bien entendus, il y avait beaucoup d'atomes crochus entre nous. Mon style de dessin correspondait à ses besoins, nous avons donc bien travaillé ensemble ». Au fil du temps, on lui confie de plus en plus de scènes d'animation, en particulier dans les années 1960 : « Sur *Le Livre de la jungle*, j'ai fait quelques singes, quelques scènes de Mowgli, quelques scènes avec la petite fille, quelques scènes avec la panthère[32]. » Il a été crédité pour la première fois sur *Winnie l'ourson dans le vent* (1968) et a été promu superviseur du clean-up sur *L'apprentie sorcière* (1971) et *Robin des Bois* (1973). Il travaille ensuite à nouveau pour NBC et Disney, mais, comme le studio connaît un changement de génération, son rôle change et il devient une sorte de professeur/consultant, et ses cours se sont révélés inestimables pour de nombreux jeunes artistes de l'époque. À la fin des années 1980, il a participé à l'aventure de *Qui veut la peau de Roger Rabbit ?* (1988) et le producteur Don Hahn a plaisanté un jour en disant qu'il fallait un peu d'imagination lorsque Stanchfield imitait Jessica Rabbit pour que les élèves soient inspirés ! Hahn a eu la brillante idée de publier deux volumes de ces cours sous le titre *Drawn to Life*. Dans son introduction, le producteur Hahn écrit : « En partie peintre, en partie poète, en partie musicien, en partie tennisman, en partie savant excentrique, en partie professeur avisé, Walt a inspiré une génération de jeunes artistes non seulement par sa vaste compréhension du métier d'animateur, mais aussi par sa capacité à enseigner ce métier et à partager son enthousiasme pour une vie dans les arts[33]. » Plus loin dans son texte, Hahn ajoute qu'il était un « philosophe aimé ». On trouve ici et là quelques-unes de ses réflexions approfondies, telles que : « Nous avons tous des bizarreries psychologiques qui nous entraînent dans la vie, le long de nombreux chemins qui souvent ne sont pas vraiment choisis par nous-mêmes. Pourquoi avons-nous choisi de faire carrière dans l'art ? Certainement pas parce que nous étions doués pour cela. Si c'était le cas, nous n'aurions pas à nous battre pour réussir. Mais nous avançons, chacun à son rythme, certains désireux de s'améliorer, d'autres attendant que la lumière s'allume. Certains d'entre nous sont poussés par un besoin invisible de créer. D'autres ont besoin d'un projet imposé de l'extérieur pour se mettre en action ». Son plus grand combat a été de promouvoir l'art du croquis : « Le croquis est un moyen d'éveiller et d'aiguiser notre conscience. Si notre conscience est paresseuse, certaines des impressions que nous recevons par l'intermédiaire de nos sens, et qui sont si importantes pour le dessin, seront négligées. Comme lorsque nous regardons un coucher de soleil avec des lunettes noires pendant que nous dessinons, notre sensibilité doit être aiguisée pour comprendre la signification et l'histoire de la pose[34]. » Beaucoup d'animateurs d'aujourd'hui qui apprenaient le métier à l'époque lui doivent beaucoup.

Mowgli s'amuse et imite le roi Louie

Kahl est de retour. Comme il l'avait fait avec Baloo, Mowgli admire maintenant le roi Louie et l'appelle même « cousin ». Le singe s'approche, il est sur le point de parler affaires et sur le gros plan, on voit un Mowgli qui regarde en dehors de l'écran tandis que le roi Louie est tout ouïe, ce que Kahl anime également. Certains cellos tenus permettent d'économiser sur l'animation. Le roi Louie révèle maintenant ce qu'il recherche depuis le début. Bien que le feu soit un élément important dans les histoires de Kipling, ce n'est pas du tout ce que recherchent les singes : « (...) Au lieu d'aller dormir, comme Mowgli l'eût fait après un long trajet, ils se prirent par la main, dansèrent et se mirent à gambader en chantant leurs stupides chansons. L'un des singes fit un discours et dit à ses compagnons que la capture de Mowgli marquait quelque chose de nouveau dans l'histoire des Bandar-log, car Mowgli allait leur apprendre à entrelacer des bouts de bois et des tiges de bambou pour s'abriter de la pluie et du froid. » Premièrement, nous voyons que même avec Kipling, il y avait des chants et des danses, mais deuxièmement, le secret qu'ils recherchaient était de savoir comment fabriquer des abris avec des bâtons et des cannes. Alors que le roi Louie se remet à chanter en prenant Mowgli par les cheveux, il se rend compte qu'il s'est trompé, Mowgli ne sait rien du « feu rouge des hommes ». Les animations de Kahl et de Thomas sont vraiment identiques et toute cette séquence est fluide.

Baloo et Bagheera arrivent aux ruines

Dans le livre de Kipling, c'est Chil le cerf-volant qui avertit de l'endroit où Mowgli a été emmené. Mais Bill Peet l'avait écarté. Ensuite, Baloo et Bagheera essayaient de persuader Kaa le serpent de venir avec eux pour qu'il fasse fuir les singes. Ce plan rasant donne une idée de l'immensité du palais en ruines. Il offre un autre angle, comme une contre-plongée sur les bâtiments imposants, exprimant la difficulté de l'ascension vers le site. C'est l'occasion de voir davantage les racines envahissantes des banians sur les pierres, comme l'avait prévu Don Griffith.

Don Griffith (1918-1987) avait appris le métier de maquettiste/layout chez Disney des plus grands, de Don Phillippi à Hugh Hennesy en passant par Ken O'Connor, et il allait porter le flambeau pendant de nombreuses années avant de prendre sa retraite en 1984. Il était le lien entre les anciens et la nouvelle génération. Il est né dans le Montana, a perdu son père très jeune et sa mère a décidé qu'ils iraient vivre à Hollywood. Il n'a jamais reçu de formation artistique particulière en dehors de l'école secondaire. Il a été engagé à 19 ans, en janvier 1937, comme facteur interne, in-betweener et vérificateur à la toute fin de la production de *Blanche-Neige*, où il a surtout appris. Commence alors une longue carrière. Il n'avait jamais eu l'intention de devenir animateur et il aimait bien le Layout : « Quand j'ai commencé ici, tout le monde venait pour ça [l'animation], c'était le seul département. Mais quand je suis arrivé, je me suis rendu compte qu'il y avait d'autres départements, et je me suis donc tourné vers celui-ci parce que j'aime rendre les choses plutôt que de faire des dessins au trait. Je pense que c'est un excellent département. C'est un travail amusant. Mais il faut s'orienter dans cette direction [35] », a-t-il déclaré à Finch/Rosenkrantz. Pourtant, il a trouvé que le format Cinémascope était un gros problème. De l'avis général, c'était un homme très sympathique, toujours prêt à aider les débutants, comme s'en souvient Sylvia Roemer, une collègue de Layout : « Don Griffith, qui nous a quittés, était un excellent artiste, une personne très sérieuse, qui pouvait aussi être très drôle, il y avait des moments où il était enjoué, mais très sérieux dans son travail, et très calme et modeste. Comme beaucoup, il a eu des difficultés à s'adapter à une production plus soucieuse de son budget dans les années 1970, mais il s'y conformait[36]. » Il se peut en effet qu'il ait eu du mal à s'adapter aux contraintes d'un budget limité dans les années 1970 et qu'il l'ait fait savoir au réalisateur Woolie Reitherman, comme l'a rappelé le maquettiste/layout Glenn Vilppu : « Woolie avait travaillé avec Griffith pendant 100 ans (rires), son bureau était à côté, c'était un type très sympa, nous ne lui soumettions pas nos projets de mise en scène, si nous avions une question sur quelque chose, nous nous adressions à Don. Il était assez ouvert à ce que vous vouliez faire[37]. »

Il faut admirer la façon dont Ollie Johnston utilise son savoir-faire en matière de poids. La panthère est agile, son saut est doux et souple, alors que Baloo s'efforce de soulever son lourd derrière. Dans le plan suivant, à l'intérieur des ruines, Johnston redessine le mouvement d'une panthère que l'on a vue à maintes reprises et qui regarde par-dessus son épaule pour voir si Baloo arrive. Le volume de la chanson a été baissé pour nous faire comprendre que nous sommes avec le couple qui regarde le site. Cela explique pourquoi le plan suivant de Mowgli et du roi Louie est légèrement en plongée. Curieusement, le projet indique que cette scène a été réalisée par Dick Lucas. En fait, il a utilisé d'anciennes animations du garçon et du singe et les a redessinées.

Gros plan sur Bagheera et Baloo

Johnston anime la panthère qui comprend ce que veut le roi Louie, alors que Baloo ne semble pas le comprendre, ce qui est cohérent avec ce que chacun est censé être. Lorsqu'ils sont ensemble, ils agissent presque comme un duo de clowns, Bagheera étant le clown blanc sérieux et cérébral, tandis que Baloo est le bouffon à l'esprit étroit. La réaction de Baloo, qui consiste en « je lui arracherai les tripes » est un comportement physique instinctif, rien de plus. Le solo de trompette est très habilement utilisé, et la longue note forte « touche » l'ours (qui tend le cou), qui oublie ses intentions et se laisse emporter par le rythme. Les Sherman avaient esquissé la chanson mais s'étaient montrés très ouverts à toute digression ou changement, et George Bruns et Walter Sheets ont orchestré tout cela. Baloo est plus que jamais un enfant et Bagheera doit prendre les choses en main....

Baloo : « J'ai de la force et de la cervelle à revendre »

Sur ce gros plan, on comprend que l'ours est déjà perdu. Ils ont entouré ses pupilles de couleurs indiquant qu'il est prisonnier d'une sorte de transe. Comme il l'avait fait dans sa longue séquence « Il en faut peu pour être heureux », Johnston peut à nouveau animer l'ours au rythme de la partie instrumentale. Ensuite, on assiste à une parade menée par le roi Louie suivi de Flunky et Mowgli, le tout réalisé par John Ewing. Cela provient du show du groupe de Prima et Butera lorsqu'ils ont enregistré la chanson devant les animateurs médusés. Il s'agissait d'une routine bien connue de ce groupe, qui ne pouvait jamais rester immobile. Ils ont fait la même chose ce jour-là et l'équipe de Disney a pensé qu'il fallait garder cela dans leur séquence. Ed Hansen, l'assistant réalisateur, se souvient : « Louis Prima est venu avec son groupe, ils l'ont filmé, les animateurs ont observé les chanteurs en action, ce qui les a beaucoup inspirés[38]. » Ken Anderson avait un jour envisagé de faire danser Mowgli avec le roi Louie pour un duo. Ewing a également réalisé la panthère qui part à gauche sur le plateau, mais il s'agit d'une autre scène inversée réutilisée.

Bagheera se fige en statue près de la porte

La course de Bagheera est une autre réutilisation d'une scène précédente par Milt Kahl, mais le reste est l'œuvre de John Lounsbery cette fois. Le fait que Bagheera se transforme en une statue semblable à celle qui se trouve près de la porte est absolument génial. Le défilé que l'on voit au premier plan est le même que précédemment et est également réutilisé. L'animation de la panthère par Lounsbery est moins crédible mais sa spécialité est plus proche du burlesque comme on le verra dans le passage suivant.

Baloo apparaît vêtu d'une jupe en forme de banane

Ce qui fait le succès de cette séquence, c'est qu'elle ne cesse de monter en puissance, avec la chanson du roi Louie, puis l'entrée de tous dans la danse, le suspense qui monte avec le plan de Bagheera pour sauver Mowgli, une complication avec Baloo, happé par le rythme, et quand on croit avoir tout vu, voici ce moment complètement grotesque et outrancier avec un Baloo déguisé : une demi noix de coco en guise de museau de singe, et une jupe en banane inspirée de ce que portait Joséphine Baker dans les années 1920 lorsqu'elle se produisait en spectacle. Cette tenue provient de certains croquis de Ken Anderson et confirme ce qu'Ollie Johnston avait dit à propos de ses dessins de situations menant à des séquences entières. Phil

Harris a fait ce qu'il savait faire de mieux, c'est-à-dire improviser et scatter, sans que personne ne le retienne !

Ce qui est amusant, c'est que l'homme qui animait ces scènes farfelues était l'homme le plus réservé que l'on puisse rencontrer. Lounsbery était tout en retenue, mais lorsqu'il s'agissait de duos de vaudeville, il était un maître : Grand Coquin et Gédéon dans *Pinocchio*, Hyacinthe et Ben Ali dans La *Danse des heures* de *Fantasia*, les cuisiniers italiens dans *La Belle et le clochard* et tant d'autres. Tout était à l'intérieur. Pour une fois, c'est Eric Cleworth qui a fait le gros plan d'un Bagheera stupéfait avec un œil au beurre noir (en fait bleu).

Le roi Louie entre dans la danse

Le roi Louie qui court vers Baloo est une autre réutilisation. C'est alors que commence le duel de scat entre les deux protagonistes, et nous sommes censés penser que le roi Louie croit qu'il est confronté à une femelle singe. Baloo danse en effet comme s'il en était un, serait-il le premier drag queen de l'animation Disney ? Tout est assez rapide et on ne remarque pas vraiment que les dessins sont très grossiers et que le système Xerox a gardé les nombreuses lignes des animateurs.

On peut supposer qu'un tel duo a été enregistré avec les deux chanteurs dans la même pièce. Mais comme c'est très souvent le cas, leurs emplois du temps ne correspondaient pas, et ils ont dû enregistrer séparément, Phil Harris arrivant en deuxième position. Mais cela ne se ressent pas. James Bohn ajoute un détail : « À l'origine, les frères Sherman voulaient que Baloo répète chaque ligne de scat chantée par King Louie. Cependant, lorsque Phil Harris fut appelé pour enregistrer la partie, le musicien s'y opposa, déclarant qu'il serait naturel d'improviser quelque chose de différent[39] . » La danse est en fait une succession de danses diverses : torsion, pose tête contre tête, pas de carioca, dos à la caméra. Au plan suivant, les singes, animés par Fred Hellmich, dansent un jitterbug.

Gros plan sur King Louie imitant un chimpanzé

Le storyboard est planifié de telle manière, avec un montage plus rapide, à construire un crescendo de lâcher-prise. Le roi Louie de Lounsbery est de plus en plus excité, suivi d'un très court gros plan sur Baloo : « remue-toi, baby ! » improvisé par Phil Harris. Il faut noter qu'il y a beaucoup de gros plans ou de plans très simples avec des personnages en plein milieu pour être très lisibles, et pour Vance Gerry, c'était la marque de Reitherman comme il l'a expliqué à Dominique De Ziegler à

UCLA : « Et Woolie... Woolie Reitherman était le réalisateur, et il avait été animateur. Il me demandait constamment de rendre les choses compréhensibles, de faire en sorte que le public comprenne. Pas seulement vous, mais le public doit voir ce que vous essayez de lui dire. Nous avons passé plus de temps à essayer de communiquer avec le public qu'à faire quoi que ce soit d'autre (...) C'est comme essayer d'être très évident. Beaucoup plus évident que ce que vous vouliez être, surtout si vous étiez un jeune homme avec beaucoup de goûts obscurs et de films arty dans la tête. Vous ne vouliez pas être évident. Mais j'ai fini par apprendre qu'il fallait l'être, sinon on perdait le public et il ne revenait jamais[40] . »

Baloo et le roi Louie dansent le jitterbug

Cela devait arriver, ils dansent maintenant ensemble dans un plan très iconique, et là encore, on ne peut que se souvenir du duo Ali Gator et Hyacinth de Lounsbery dans *Fantasia* et de son crescendo de danse similaire. Eric Larson, qui n'a pas travaillé sur cette séquence, l'a adorée comme il l'a avoué dans son autobiographie : « Il y a le comique extravagant, si bien synchronisé dans les actions de l'Ours et du Roi Louie[41] . «

Pendant ce temps, Harris et Prima continuent à faire du scat. Mowgli lui-même les imite avec quelques singes, le tout réalisé par Fred Hellmich. Dans un style très cartoonesque, Baloo perd le contrôle du singe qui est jeté à Bagheera essayant d'attraper le garçon. Hellmich a réalisé la plupart de ces scènes, supervisé par Lounsbery et certes, Bagheera n'est pas aussi bien dessiné que par Kahl ou Johnston, mais le plan est bref lorsque le roi Louie lui attrape la queue. Fred Hellmich était, comme Walt Stanchfield ou John Ewing, l'un de ces assistants qui travaillaient depuis longtemps au studio mais qui n'ont jamais vraiment eu l'occasion de faire beaucoup d'animation par eux-mêmes. L'homme, d'origine allemande, était un joueur d'échecs et jouait souvent avec Milt Kahl.

Dans une courte scène suivante, on voit Mowgli danser à nouveau un jitterbug endiablé et, à l'arrière-plan, quatre singes (le dessin de l'un d'entre eux est reproduit trois fois) exécutant une danse qui pourrait être une référence à celle de la première Silly Symphony *The Skeleton Dance* (1929) d'Ub Iwerks. Le plan sur les singes qui jouent du tambour est une réutilisation d'un plan similaire précédent. Le montage devient de plus en plus rapide et, comme c'est la règle dans de tels crescendos, nous voyons tous les protagonistes l'un après l'autre devenir plus endiablés, cette fois-ci Flunky avec une autre réutilisation de la danse que Thomas avait faite au sommet d'un pilier. Puis c'est Baloo, louchant dans sa transe (« c'qu'on s'amuse ici »), King Louie sur un panoramique où il ne peut plus se contrôler et s'apprête à gifler le dos de Baloo.

Gros plan sur Baloo qui perd son déguisement

L'ours ne se rend pas compte que son déguisement de noix de coco a disparu et il est ridicule puisqu'il est le seul à ne pas le savoir. Ensuite, des gros plans sur le roi Louie, puis sur des singes abasourdis par Hellmich, expriment leur perplexité et leur désillusion. Le Mowgli de Dick Lucas suit avant la fin de la chanson et Baloo continue de chanter en solo jusqu'à ce qu'il comprenne que la fête est finie. Il s'agit de l'une des rares animations de Baloo réalisées par Hal King.

Les enjeux du *Livre de la jungle* étaient considérables. Mais personne ne savait à quel point ils l'étaient avant que Walt ne se rende à l'hôpital St Joseph à la fin de l'année 1966. Le film était alors en pleine production, mais le patron avait rapidement donné quelques idées sur la façon de terminer le film avec l'attraction de la petite fille indienne pour séduire Mowgli et l'éloigner de la jungle. Ollie Johnston a déclaré que c'était la dernière fois qu'il le voyait. 20 ans plus tard, il a raconté ce moment à cet auteur et avait encore les larmes aux yeux. La mort soudaine de Walt a été un choc car tout le monde pensait qu'il était éternel et aussi parce qu'ils ne savaient pas qu'il avait des tumeurs aux poumons. Walt a tout fait pour le cacher au personnel.

Lorsque, le 15 décembre 1966, la triste nouvelle a été annoncée au personnel du studio, personne ne pouvait plus travailler et Roy a décidé de fermer le studio pour la journée. Incrédulité totale, douleur, chagrin, puis viennent les inquiétudes et les questions. Ward Kimball se souvient : « Quand Walt est mort, j'étais à Paris, il était environ 12h30, je suis allé dans ma chambre d'hôtel et on m'a appelé du hall pour me dire que Walt Disney était mort. J'ai dit 'Quoi ?', c'était à la une des journaux, j'ai pris un journal, je n'arrivais pas à y croire parce qu'on ne savait rien. Nous savions qu'il toussait, il avait l'habitude de nous avertir, pour lever nos pieds des bureaux et nous asseoir droit pour faire comme si vous travailliez, il venait dans le couloir et il toussait. En fait, ses poumons étaient noirs, couverts de goudron. Quoi qu'il en soit, je suis rentré, je me suis allongé sur mon lit et je n'ai pas dormi une minute. Je ne pensais pas que cela m'affecterait autant, parce que je ne vais pas aux enterrements et que je préfère me souvenir de la personne que j'ai connue, et je n'aime pas rester près du cercueil couvert de noir, mais je l'ai fait, et en une minute j'ai eu les larmes aux yeux, et j'ai pensé que c'était terrible parce que j'ai réalisé à quel point il était important pour moi. Je me suis demandé : Qui va s'en charger ? Il n'y a personne qui puisse prendre sa place. Je savais que Ron Miller essayait de faire le meilleur travail possible, mais il n'était pas du tout sûr de lui[42]. »

Roy Disney a dû prendre son courage à deux mains et a dirigé l'ensemble des opérations du mieux qu'il a pu, bien qu'il ait pris de l'âge et ait prévu de prendre sa retraite. Il n'a pas été difficile de motiver le personnel pour qu'il donne le meilleur de lui-même dans l'accomplissement de ses tâches. En ce qui concerne *Le Livre de la Jungle*, ils savaient qu'un échec au box-office signifierait la fin du département animation, à un moment où un deuxième parc était dans les tuyaux, où un projet Epcot était le dernier rêve de Walt à être (vaguement) réalisé, et où de plus en plus de films en prises de vues réelles étaient produits.

Le film a été un triomphe et a sauvé le département Animation. Toute une génération de futurs artistes Disney l'a vu et a décidé de faire carrière dans l'animation. Woolie Reitherman et la vieille garde sont soulagés et se retroussent les manches pour reprendre le flambeau avec les projets à venir *Les Aristochats* et *Robin des Bois*. Mais une question les hantera pendant des années : « Qu'aurait fait Walt ? » Ce n'était peut-être pas la bonne question, car Walt Disney a toujours innové et pris tout le monde au dépourvu.

Le rôle de Woolie Reitherman était certainement très difficile. Nommé directeur au sein de son groupe de collègues animateurs au début des années 1960, Walt lui avait fait entièrement confiance pour le remplacer plus ou moins. Il a dû passer plus d'une nuit blanche à essayer de maintenir le studio à flot, à gérer les batailles d'egos, à prendre des décisions à partir d'options contradictoires, et à toujours garder un œil sur le budget tout en préservant la réputation du studio d'animation, moteur de l'entreprise. Mais il n'était pas du genre à se plaindre ou à baisser les bras, après tout, il avait été un pilote coriace pendant la Seconde Guerre mondiale, et rien n'était comparable à un combat aussi dangereux. Son fils Bruce, la voix de Mowgli, explique : « Il était très conscient du pouvoir de Walt Disney, non seulement de l'homme, mais aussi de ce qu'il représentait, à la fois le type de divertissement dont il était le pionnier et le courage qu'il avait, en tant qu'homme d'affaires, pour le réaliser. Je pense que mon père n'a jamais perdu de vue le fait qu'il s'agissait d'un studio, d'un atelier, d'un endroit où de nombreuses personnes talentueuses se réunissaient, avec des compétences et des talents particuliers, et qu'à chaque fois qu'ils tournaient un nouveau film, c'était comme s'ils faisaient le plafond de la chapelle Sixtine (...)[43] ».

Pour finir, citons Hazel George, la fidèle infirmière de Walt, qui a commenté le dernier plan montrant Baloo et Bagheera dansant au coucher du soleil : « C'est ainsi que Walt s'en est allé ».

---

[1] Entretien avec l'auteur, novembre 2010.

[2] GHEZ, Didier, *Walt's People, Volume 7, Talking Disney with the artists who knew him*, Xlibris Corporation, 2008.

[3] Série télévisée Disney Family Album, 1er mars 1985.

[4] Entretien avec l'auteur, juillet 1987.

[5] STANCHFIELD, Walt, *Drawn to Life*, Volume 2, Focal Press, 2009.

[6] http://www.michaelspornanimation.com/splog/

[7] Entretien avec l'auteur, juillet 1987.

[8] Mikebarrier.com, interview Milt Kahl.

[9] http://andreasdeja.blogspot.com/

[10] http://andreasdeja.blogspot.com/2012/03/king-louie.html

[11] Entretien avec l'auteur, avril 2011.

[12] BOHN, *James, Music in Disney's animated features*, University Press of Mississipi, 2017.

[13] KOTHENSCHULTE, Daniel, *Les archives Walt Disney, les films d'animation 1921-1968*, Taschen, 2016.

[14] SHERMAN Robert et Richard, *Walt's time from before to beyond*, Camphor Tree Publishers, 1998.

[15] STANCHFIELD, Walt, *Drawn to Life*, Volume 2, Focal Press, 2009.

[16] http://andreasdeja.blogspot.com/January 1er, 2022.

[17] Entretien avec l'auteur, février 2018.

[18] Entretien avec l'auteur, juillet 1987.

[19] Conférence du syndicat AFL-CIO d'Hollywood, le 16 février 1977.

[20] Entretien avec l'auteur, juillet 1987.

[21] Entretien avec l'auteur, juillet 1988.

[22] Entretien avec l'auteur, avril 2011.

[23] BOHN, *James, Music in Disney's animated features*, University Press of Mississipi, 2017.

[24] JOHNSON, Jimmy, *Inside the whimsy works*, édité par Greg Ehrbar et Didier Ghez, University Press of Mississippi, 2014.

[25] Entretien avec l'auteur, novembre 2010.

[26] Blog Mr Fun, 17 juin 2006.

[27] Entretien avec l'auteur, avril 2011.

[28] Entretien avec l'auteur, février 2010.

[29] http://andreasdeja.blogspot.com/

[30] ALOFF, Mindy, *Hippo in a tutu, dancing in Disney Animation*, Disney Editions, 2008.

[31] Entretien avec l'auteur, juillet 1988.

[32] Entretien avec l'auteur, juillet 1988.

[33] STANCHFIELD, Walt, *Drawn to Life*, Volume 1, Focal Press, 2009.

[34] STANCHFIELD, Walt, *Drawn to Life*, Volume 1, Focal Press, 2009.

[35] GHEZ, Didier, *Walt's People, Volume 8, Talking Disney with the artists who knew him*, Xlibris Corporation, 2009.

[36] Entretien avec l'auteur, juillet 1987.

[37] Entretien avec l'auteur, décembre 2017.

[38] Entretien avec l'auteur, juillet 1987.

[39] BOHN, James, Music in Disney's animated features, University Press of Mississipi, 2017.

[40] Projet TEI, static.library.ucla.edu/oralhistory/text/masters/21198-zz0008zkzw-4-master.html, avril/mai 1989.

[41] LARSON, Eric, *50 years in the Mouse House,* édité par Didier Ghez et Joe Campana, Theme Park Press, 2015.

[42] Entretien avec l'auteur, juillet 1987.

[43] Entretien avec l'auteur, novembre 2010.

Bibliographie

- *De Blanche Neige à Hercule*, Dreamland, 1997. Avant-propos de Frank Thomas et Ollie Johnston

- *Les Héroïnes Disney*, Dreamland, 2000. Préface de Glen Keane.

- *La série people de Walt*, X-Libris, Volumes 2,3,4,5,6,7 de 2006 à 2008.

- American Journal of Literature : *Disneyland and culture*, chapitre "Clashes of cultures" Virginia University press, 2010.

- Les figurines Disney (Hachette) 1 Mowgli et Kaa 5 Bambi 8 Peter Pan 9 Robin des bois 10 La petite sirène 11 Dumbo 12 Arthur 14 Belle 15 Pinocchio 17 Crochet 19 Lady 20 Baloo 22 Cruella 27 Merlin 29 Simplet 35 Pocahontas 36 Chat du Cheschire 37 Rouky 38 Mulan 41 Raiponce 42 Le clochard 44 Tiana 50 Clochette 53 Rox 54 Le bossu 58 La sorcière de Blanche-Neige 63 Lilo 67 Flynn 68 Vaiana 69 Taram 74 Kida - Atlantis 80 Maui (de 2017 à 2020)

- *The Best of Disney's Animated Features*, Volume 1, Theme Park Press, Décembre 2020. Préface d'Andreas Deja.

- *Les Séquences cultes des classiques Disney, Blanche Neige, Pinocchio, Fantasia*, L'Harmattan, 2022.

- *The Best of Disney's Animated Features*, Volume 2, Mon Beau Livre, Octobre 2022. Préface de Ted Thomas.

- *L'Encyclopédie des Personnages Disney*, contributeur, Hachette heroes, Octobre 2022.

- *Forgotten Disney*, McFarland, chapitre Not such a Small One, 2023.

- *Les Séquences cultes des classiques Disney*, Volume 2. BOD. Novembre 2023.

- *The Best of Disney's Animated Features*, Volume 3, Bookmundo, Février 2025. Préface de Brian Sibley.

Biographie

Aujourd'hui à la retraite, Christian Renaut a été professeur d'anglais dans un lycée de Rennes, en Bretagne, en France. Il a participé à de nombreux projets artistiques au fil des ans, souvent en tant que semi-professionnel. Il a notamment réalisé des dessins au pastel et des aquarelles. Il a également dirigé une compagnie théâtrale pendant 20 ans, tout en étant auteur et compositeur de 10 pièces et comédies musicales. Il a été l'un des membres fondateurs d'un groupe local, qui a sorti quelques CD dans les années 1980 et 1990. Il se produit aujourd'hui dans un groupe de reprises, Route 70 West. Il aime également la photographie, la zoologie et le modélisme.

Cependant, sa passion de longue date a toujours été Disney et surtout les films d'animation. Depuis l'âge de 6 ans, il a rassemblé une étonnante collection de livres, d'œuvres d'art, de figurines (environ 1 600) et de coupures de presse. En 1987, il a pu réaliser son rêve de visiter les studios et de rencontrer les légendes de Disney. Il est devenu ami avec certains d'entre eux. Après plusieurs voyages en 1987, 1988, 1990, 1998 et 2018, il a écrit des dizaines de livres en anglais ou en français sur Disney, et contribué à des ouvrages collectifs pour des éditeurs américains ou français.